中古时代的历史书写
与皇帝权力起源

徐 冲 著

**The Writing of History and Origins of
Imperial Power in Medieval China**
Xu Chong

上海古籍出版社

图书在版编目(CIP)数据

中古时代的历史书写与皇帝权力起源 / 徐冲著. —上海：上海古籍出版社，2017.9（2022.6重印）
 ISBN 978－7－5325－8531－1

Ⅰ.①中… Ⅱ.①徐… Ⅲ.①中国历史－中古史－研究②政治制度－研究－中国－中古 Ⅳ.①K240.7 ②D691.2

中国版本图书馆 CIP 数据核字（2017）第 166345 号

中古时代的历史书写与皇帝权力起源
徐 冲 著
上海古籍出版社　出版
上海市闵行区号景路159弄1-5号A座5F　邮政编码201101
　　（1）网址：www.guji.com.cn
　　（2）E-mail：gujil@guji.com.cn
　　（3）易文网网址：www.ewen.co
上海世纪出版股份有限公司发行中心发行经销
常熟新骅印刷有限公司印刷
开本 635×965　1/16　印张 22　插页 5　字数 320,000
2017 年 9 月第 1 版　2022 年 6 月第 4 次印刷
印数：5,501—6,800
ISBN 978－7－5325－8531－1

K・2355　定价：116.00 元
如有质量问题，请与承印公司联系

序

罗 新

与徐冲君相识已经十多年了,所幸友谊与日俱增而不是日见其淡。回想在《三国志》阅读课上的初识,我纳闷为什么他后来从没向我提起那时的我是多么草包而且猖狂。和很多教师不同的是,我和他多年交往的主要内容不是学业授受,而是东拉西扯聊闲天。徐冲,以及他的许多同学,很早就表现出了出众的学习和思考能力,使我更清楚地认识到自己这一代学人只能起烘托的作用,这也决定了我在他们面前从不敢以师长自居。好在我没有。看到这么多年轻学人成就日高,如庾信诗所谓"上林催猎响,河桥争渡喧",对中国学术的未来再不必作杞人之忧,虽在极不舒畅的时代环境中,毕竟因依稀的远景而可略感宽慰。

评价三十多年来中国学术的复兴(也许充其量只是回到正轨),要等我们所祈求的未来出现后才可以进行,未来越美好,这三十年的意义就越重要。与五四之后的那三十年不同,我们这个时代未能产出一批宗师级的大家,尽管成就卓越者也可以列出一个不短的名单。我记得1981年一个下雪的冬夜,在北大老二教听一位大名鼎鼎的七七级作家演讲,他斩钉截铁地说,我们这个时代不可能出现伟大的作家。那时我少年及青春期的梦想只是受到暂时的打击,多年后我才理解他的话:心灵和人格都笼罩阴霾的社会甚至不可能产生伟大的情感,谈什么文学、谈什么学术呢。然而五、六年来观察年轻学人的思想自觉与学术实践,我越来越对未来抱持信心,或许这并不全是一厢情愿、自我陶醉。我已经读到很多令我自叹不如的论著,我知道更多的正在涌现出来,而徐冲这一本,无疑会列入这个越来越长的书单。

读者一定会留意到徐冲在本书前言里对自己的要求:"不受制于任何意识形态的束缚,在对自我立场与现实处境的不断反思中探求'历史'的更多可能。"这里的"意识形态"大概并不单单指某种政治教条,而是包含了一切学术之外的主流的、热闹的、时髦的思潮。这正是"先立乎其大者"。历史学家理应在寂寞中有为有守、苦心孤诣,才能无中生有、掀翻常识,从而有所贡献于所处时代的知识与思想的再生产。标的虽高,却绝非高不可攀。徐冲此书虽非字字珠玑,却至少都别出心裁,自有会心。书中各章,我有幸见证了作者的开题、推敲和修订,现在捧读定稿,深深为他感到欣幸。

在新一代中古史学者中,徐冲是少数几个较早形成独特风格的,这当然是难得的成就,但我作为老友也乐见他能更上层楼、别开生面。六年前在奈良古平城京遗址聊天,我们谈到各自对未来学术的期待,我说我这一代以及比我年长者所能做的十分有限,史学的重大突破还是看你们。岁月匆匆,这些年间我虽有跬步之进,徐冲君已矫矫在前矣。今昔之叹,哪抵得上对将来的期盼呢?

诚惶诚恐敢言之。

目　　录

序 ……………………………………………………… 罗　新　1

前言 ……………………………………………………………… 1

单元一："起元" …………………………………………………… 1
 小引 ………………………………………………………… 3
 第一章　魏晋国史书写的"禅让后起元" ………………… 5
  一、"从泰始为断"：西晋国史书写的"起元"问题 ……… 5
  二、"禅让"与魏晋王朝的皇帝权力起源 ………………… 11
 第二章　南北朝国史书写的"起元"前移 ………………… 19
  一、"起元义熙，为王业之始"：刘宋国史的"禅让前起元" …… 19
  二、"取平四胡之岁为齐元"：北齐国史的"禅让前起元" …… 29
  三、结语 …………………………………………………… 41
 第三章　西魏北周无年号纪年考 ………………………… 44
  一、问题的提出 …………………………………………… 44
  二、西魏北周无年号纪年的时代面貌 …………………… 47
  三、无年号纪年与魏、周禅代 …………………………… 58

单元二："开国群雄传" ………………………………………… 67
 小引 ………………………………………………………… 69

第一章 "开国群雄传"小考 …… 72
一、三国至南朝前期"开国群雄传"的存在 …… 72
二、"驱除"观念的变化 …… 87
三、南北朝后期"开国群雄传"的缺失 …… 91
四、结语 …… 98

第二章 《旧唐书》"隋末群雄传"形成过程臆说 …… 100
一、五代修《旧唐书》立"隋末群雄传" …… 102
二、韦述《唐书》立"隋末群雄传" …… 107
三、令狐德棻《国史》不立"隋末群雄传" …… 111
四、关于"隋末群雄传"进入唐代国史的一个推测 …… 116

单元三:"外戚传"与"皇后传" …… 123

小引 …… 125

第一章 汉代的"外戚传"与外戚权力 …… 127
一、汉代的"外戚传" …… 127
二、汉代外戚权力的"正当"与"不正当" …… 132

第二章 魏晋南朝"皇后传"的成立 …… 142
一、魏文帝《甲午诏书》与"汉魏革命" …… 142
二、魏晋南朝"皇后传"的成立 …… 146
三、结语 …… 151

第三章 新出北魏《李晖仪墓志》与魏收《魏书》:北朝外戚书写的一个断面 …… 154
一、前言 …… 154
二、《李晖仪墓志》序文与魏收《魏书》的外戚认识 …… 157
三、魏收家族与陇西李氏的姻戚关系 …… 163
四、结语 …… 167

单元四："隐逸列传" ········· 169

小引 ········· 171

第一章 汉代的隐逸书写与隐逸理解 ········· 173

第二章 "处士功曹"小论 ········· 183
一、关于《隶释》所载《繁阳令杨君碑》与《杨君碑阴》 ········· 186
二、繁阳令杨君碑碑阴题名者的身份与"处士功曹" ········· 191
三、不应辟命场合"故吏"身份的扩张 ········· 198
四、地方社会的"新秩序" ········· 205

第三章 "二十四贤"与曹魏王朝的隐逸书写 ········· 211
一、《四八目》所载"二十四贤"的史料价值 ········· 212
二、"二十四贤"的构成与汉魏革命 ········· 216
三、曹丕彰表"隐逸"的建安背景：两例个案 ········· 224
四、曹魏王朝的隐逸书写 ········· 230

第四章 两晋南朝"隐逸列传"的成立 ········· 236
一、《三国志·魏书》的隐逸书写 ········· 236
二、两晋南朝"隐逸列传"的成立 ········· 240
三、"新秩序"下的王权与隐逸 ········· 247

附录一：两晋南朝"白衣领职"补论 ········· 256
一、东晋前期的"白衣领职" ········· 257
二、魏晋时期的"白衣领某职" ········· 260
三、东晋末南朝"白衣领职"与"免官"的并列 ········· 263
四、余论 ········· 267

附录二：汉唐间的君臣关系与"臣某"形式 ········· 270
一、问题的提出 ········· 270
二、汉代情形的再确认 ········· 273
三、魏晋南朝"第二次君臣关系"下的"臣某"形式 ········· 277

四、魏晋南朝"第一次君臣关系"下的"臣某"形式 …………… 284
　　五、结语：对汉唐间"二重君臣关系"的反思 ………………… 290
附录三：川胜义雄《六朝贵族制社会研究》评介 ……………… 295
　　一、前言 ………………………………………………………… 295
　　二、内容简介 …………………………………………………… 297
　　三、京都学派？——学术史中的川胜史学 …………………… 301

参考文献 ………………………………………………………………… 310

索引 ……………………………………………………………………… 332

前　　言

"多年以后，奥雷连诺上校站在行刑队面前，准会想起父亲带他去参观冰块的那个遥远的下午。"加西亚·马尔克斯在《百年孤独》的开头写下的这句具有永恒魅力的经典，说明对时间流逝的感知与纪念，或许是人类与生俱来的本能，但同时又是人类行为中最为奥妙难解的谜团之一。我们歌颂远古的"黄金时代"，我们追赶"时代的车轮"，我们看到"历史终结"，我们谈论"大国崛起"。与现代社会中的其他"专家"相比，历史学家的身份也因此常常显得有些尴尬。"学历史有什么用？"这个几乎每一位历史系的教师和学生都会遭遇的"终极提问"，在我看来就是"历史感"支配下的人类行为的一个滑稽注脚。人们对于"历史"的关注，可能和人类"历史"本身一样古老。现代"历史学"的成立，既没有也不可能剥夺非历史学家的"历史需求"。毋宁说"历史学"本身也不过是作为一种人类基本行为的"历史需求"的现代变奏之一。

本书是在现代历史学——更为具体地说，是1980年代以降的中国古代史研究领域——的学科规范之下，对于中国中古时代政治社会的"历史需求"问题，所提供的一份观察报告。如同书名所显示的那样，我关注的核心问题，是中古时代每一个王朝的皇帝权力起源过程，与其纪传体王朝史的"历史书写"之间，究竟构成了怎样的关系。在中国古代史的视野之内，汉唐之间的王朝更替频繁，且参与要素多元，为我们观察皇帝权力的起源过程提供了足够数量且类型丰富的样本。而叙述这一起源过程的纪传体王朝史，恰恰又构成了这一历史时期最为主流的历史书写类型。将这两方面的内容结合在一起进行深入讨论，相信会为更为深刻地理解"历史需求"这一复杂而有趣的人类行为提供一份独特的经验，并与我们今天的具体处境发生更多层次的关联。

敏锐的读者可能从目录和参考文献中即可察觉，本书相关的主要史料是汉唐间的"正史"。这一类型的史料在现代历史学科中有着某种近乎矛盾的双重形象。一方面，作为传统史学的代表，正史在民国以降的主流历史学中颇有"污名化"的趋势，以至于有罗志田指出的"史料的尽量扩充与不看二十四史"之吊诡现象的出现。另一方面，在一种"史学史式"的视野下，魏晋南北朝时期被描述为一个个性解放、私人撰史盛行的时代，几部有名的正史成为了探讨其作者个人"史学思想"的重要素材。"正史"的上述形象无疑与中国现代历史学科的构建本身相辅相成，本书则希望能在突破如是学科限制、更为充分地发掘正史价值方面做一些探索性质的努力。

正史当然不是北朝墓志、敦煌卷子这样的一手史料，不是西北汉简、满文老档这样的原始档案，但是所有这些现代历史学的评价都不能抹杀其在中国古代尤其是中古时期的"历史书写"中的核心地位。研究古代中国而无视或者不能"正视"正史，无疑是十分偏颇的；而我们也需要从更多新的角度来对正史文本进行重新解读。昆廷·斯金纳（Quentin Skinner）将西方思想史研究的焦距从经典作家的经典文本转向了这些文本所在的具体"政治"语境；在更为宽泛的意义上，我们也可以将对中国古代正史的理解从"史学"转向"政治"，从"作者"扩展至"时代"。"二十四史"只是中国古代数量庞大的正史书写中因为种种因素留存至今的一小部分。若运用历史学的各种手段，特别是通过搜寻已经佚失的同时代其他正史作品的蛛丝马迹，努力重建其被书写当时的具体语境，当可发掘出彼时的政治社会通过相关的历史书写所欲呈现的样态、结构与功能。在这样的视野中，一些史学史式的二元对立概念如"官修/私撰"、"国史/前朝史"、"直书/曲笔"等等，都不再具有决定性的意义。本书刻意回避了"纪传体断代史"这一"史学史"意味甚浓的指称，而代之以"纪传体王朝史"，也是出于类似的考虑。

为达到上述目标而全面展开对中国古代历史书写的再探讨，当然是这本小书所不能胜任的。量力而行，我只在中古时期的"纪传体王朝史"中选取了四种较为典型的结构性存在作为探讨对象，即本书四个单元所显示的"起元"、"开国群雄传"、"外戚传/皇后传"和"隐逸列传"。"起元"

指国史中从何时开始采用本王朝的纪年方式纪年。可以看到,"禅让后起元"的书写方式贯穿于魏晋王朝,甚至一直延续到了刘宋前期;但从大明六年徐爰撰修刘宋国史开始,南北朝的国史书写全面转向了"禅让前起元"。"开国群雄传"指纪传体王朝史中以前代王朝的末世群雄为书写对象的一组列传。同样以徐爰撰修刘宋国史为节点,"开国群雄传"在魏晋和南北朝的纪传体王朝史中呈现出存在与缺失的截然区分。"皇后传"看似是纪传体王朝史中与"本纪"一样自明的结构,但在两汉时代的历史书写中却一直是以"外戚传"名篇的,直到魏晋时期才被有意识地改称。"隐逸列传"的成立也发生于汉魏之际,其背后是魏晋王朝皇帝权力的起源与东汉后期清流士人的谱系关系。在我看来,纪传体王朝史中的这四种结构都可以视为中国古代王朝的特定"意识形态装置",即通过在纪传体王朝史中设定如是结构,达到特定的意识形态目的。这同时也意味着,纪传体王朝史中意识形态装置的设置,与政治社会中皇帝权力结构的构成,存在某种程度的对应和互动关系。如本书的具体考察所显示的,意识形态装置的面貌转换,往往与皇帝权力结构的深刻变动相辅相成。

我在书中也谨慎避免了使用"皇权"一词,而一律代之以"皇帝权力"。后者并非前者的全称那么简单,而是希望以一种新的眼光来重新审视中国古代史。在相当多的中国古代史研究中,"皇权"被理解为"皇帝个人的权力",并在"皇权与相权"之类的经典命题中得到主体性的应用。而使用"皇帝权力"替代"皇权",是意欲将其还原至政治社会中权力秩序的层面,也就是用以指称在中国古代政治社会中所实现的最高支配权及其相关的权力秩序。作为这一最高支配权担当者的皇帝个人或者"皇权",只是整体权力秩序的表象之一;真正值得深入考察的,是权力秩序本身的起源、结构与崩坏。"组织,既是一种容器,又是容器中的内容;既是结构,又是过程;既是对人类行为的制约力量,同时又是人类行为的结果。"①埃哈尔·费埃德伯格(Erhard Friedberg)对于现代社会中"组织"的这一描述,

---

① (法)埃哈尔·费埃德伯格(Erhad Friedberg)著,张月等译《权力与规则——组织行动的动力》,上海:格致出版社,2008年,第3页。

也适用于本书关于中国古代社会"皇帝权力"的理解。

藉由"历史书写"问题,在本书中尤其得到重视的,是身处皇帝权力结构之中的人们自身,对于这一权力秩序的表达、认同、反抗与再造。我们可以将这些均视为"意识形态"的不同表现形式。作为"历史需求"背后的力量,"意识形态"与人类文明如影随形,从来未随"历史"终结。就像本书单元一所讨论的,魏晋国史在前代王朝纪年之下书写本王朝的"创业之主",北齐时代的李德林却以为国史若在北魏年号之下书写高欢事迹,"便是编魏年,纪魏事,此即魏末功臣之传,岂复皇朝帝纪者也"。这与何者秉笔直书、何者隐晦曲笔的问题完全无关,却是不同时代与皇帝权力相关的意识形态的生动呈现。意识形态不是对权力的粉饰与伪装,它本身就是权力,在与支配群体的共谋中维持着权力秩序的平衡状态;某个时刻却也会成为颠覆性的力量,引发冲突与变革。旧的王朝崩溃,新的皇帝权力起源,但历史并没有陷入循环。因为破坏前者的意识形态力量,一定也是后者成立过程的参与者,直至新的权力秩序格局的形成。本书所讨论的中古时代纪传体王朝史的历史书写与皇帝权力起源之间的复杂关系,正是在这样的脉络中才得以成立的。

总之,本书是我近年来在中国古代史研究领域学习与摸索过程的一次小结。2003年夏天曾在本科毕业纪念册上写下"咸与维新"之语与同学共勉。轻狂趋新的少年情怀自然不值一哂,此刻却能深深感到,不受制于任何意识形态的束缚,在对自我立场与现实处境的不断反思中探求"历史"的更多可能,本是历史学家的基本诉求,但实践起来委实不易。期待学界师友与读者诸君的批评指正,以新旧我。

本书的大半基础来自于2008年6月在北京大学历史系通过答辩的博士论文《"汉魏革命"再研究:君臣关系与历史书写》。部分内容曾经发表,此次经增删修改、统一体例后汇为一编,虽然分量轻如鸿毛,也算是研究生涯的一个小小纪念。个人资质鲁钝,在史学领域迟迟不能得其门而入,直到现在写文章也常常有"业余选手"的感觉。幸而无论是在北大求学阶段,还是来复旦工作以后,身边总有可以请益学问、切磋互动的师长和学友。北大历史系的阎步克先生、罗新先生和李新峰先生,在我的成长道路上有着无可替代的巨大作用,即使在今天也仍然如此。尤其是业师阎先生,以自身的研究业绩,示范了一位历史学学者所能达到的思维高度,引我前行。陈苏镇、胡宝国、王铿、侯旭东、叶炜、顾江龙、余欣、魏斌、王珊、孙英刚、朱溢、方诚峰、孙正军、陈侃理、仇鹿鸣、陈文龙、胡鸿、凌文超等师友的批评指正,让本书各章最初的幼稚面目褪去不少。由伊藤敏雄、荣新江、罗新诸先生促成的2005—2007年在日本的留学,极大推动了我个人研究思路的形成,与渡辺信一郎、中村圭爾、辻正博、佐藤達郎、佐川英治、岡部毅史、松下憲一、阿部幸信、安部聡一郎、小尾孝夫、戶川貴行、永田拓治、福永善隆等日本师友的交流让我受益匪浅。台湾大学历史系的甘怀真先生,是另一位对我的思考有重要影响的学者,现在还常常"翻墙"去看他主页上的最新文章。蔡宗宪、赵立新、郑雅如、李昭毅、涂宗呈、王安泰、游逸飞等诸位学友之谊也让我心怀感念。而2008年来上海工作以后,复旦历史系宽松的研究环境和活跃的交流气氛提供了本书得以完成的基础。当然学院生活冷暖自知,今天我还能在这里安心地看看古书,依赖的是"家里人"一直以来的信任和包容。在此谨向所有参与我成长的人们深致谢意。

单元一:"起   元"

小　　引

《晋书》卷四〇《贾充传附贾谧传》记录了一段西晋朝廷关于"国史"修撰的争论：

> （贾谧）丧未终，起为秘书监，掌国史。先是，朝廷议立《晋书》限断，中书监荀勖谓宜以魏正始起年，著作郎王瓒欲引嘉平已下朝臣尽入晋史，于时依违未有所决。惠帝立，更使议之。谧上议，请从泰始为断。于是事下三府，司徒王戎、司空张华、领军将军王衍、侍中乐广、黄门侍郎嵇绍、国子博士谢衡皆从谧议。骑都尉济北侯荀畯、侍中荀藩、黄门侍郎华混以为宜用正始开元。博士荀熙、刁协谓宜嘉平起年。谧重执奏戎、华之议，事遂施行。①

贾谧为西晋开国元老贾充之孙，②曾"掌国史"之职。上引史料中所谓的"《晋书》"、"晋史"，当然也都是指西晋王朝之"国史"。可以看到，从武帝朝到惠帝朝，在王朝修撰国史的过程中，围绕"立《晋书》限断"的问题，西晋朝廷中出现了三种不同意见，即"从泰始为断"、"用正始开元"和"宜嘉平起年"。其中，泰始为武帝司马炎受魏禅建立晋王朝后行用的第一个年号（元年为265年）。正始和嘉平则均为曹魏后期年号。如所周知，司马懿于正始元年（240）与曹爽一起受魏明帝遗诏

---

① 《晋书》，北京：中华书局点校本，1974年，第1173—1174页。
② 谧本姓韩，为贾充外孙。充死后无嗣，其妇郭槐请以谧为充子黎民子，奉充后。此事在朝廷引起一定争论，详见《晋书·贾充传》，第1171页。

辅政少主；①而后于嘉平元年（249）发动高平陵之变，②废杀曹爽，一举夺得对于朝廷大权的实际控制，并从此开始其身份"去臣化"进程。三个年份对于司马氏政权的成立都具有特殊意义。从"事遂施行"的记载看来，西晋王朝的国史书写最终采取了贾谧、王戎、张华等所主张的"从泰始为断"。

　　问题在于，"为断"、"开元"、"起年"究为何意？从上引史料的叙述来看，这几个词与"立《晋书》限断"的所指是一致的，均意指西晋国史《晋书》的某种书写方式；所争者只是在于从何时开始采取这种书写方式。结合后文的论述，笔者将这一书写方式称之为"起元"。关于其具体含义，后文将有详细讨论。这里仅想指出，围绕国史书写的"起元"问题所发生的争论，并非仅见于西晋王朝，而是在整个魏晋南北朝时期都多有表现，且多出现于国史修撰的起步阶段，被视之为整部国史的"条例"之所在。如果我们承认纪传体王朝史③的书写是中国古代王朝自我合法化的主要路径之一，那么以上争论的频繁出现，就折射出"起元"在纪传体王朝史中作为一种意识形态装置的重要地位。对这一国史"书法"问题具体含义及其变化的考察，将促使我们正视"历史书写"与王朝皇帝权力起源的"正当性"之间的密切关系，并由此发现后者在汉唐间历史进程中的转换曲折。

---

① 近年学者渐摆脱曹、马两党对立斗争的二元模式，对于司马懿的崛起过程与曹魏皇帝权力的关系给予了更多关注。参考津田資久《曹魏至親諸王攷—『魏志』陳思王植伝の再検討を中心として》，《史朋》38，2005 年，第 1—29 页；同氏《符瑞「張掖郡玄石図」の出現と司馬懿の政治的立場》，《九州大学東洋史論集》35，2007 年，第 33—68 页；仇鹿鸣《魏晋嬗代史事探微》，《复旦学报》（社会科学版）2008 年第 2 期，第 105—115 页；同氏《陈寅恪范式及其挑战——以魏晋之际的政治史研究为中心》，收入《中国中古史研究：中国中古史青年学者联谊会会刊》第 2 卷，北京：中华书局，2011 年，第 199—220 页。
② 参考仇鹿鸣《高平陵之变发微——以军事、地理因素为中心》，《文史》2010 年第 4 期，第 55—65 页。
③ 笔者所谓的"纪传体王朝史"，指的是中国古代以单一王朝为书写对象的纪传体史书，与学界通常所称的"纪传体断代史"所指大体一致。但后者是一种带有浓厚"史学史"色彩的概念；笔者代之以"纪传体王朝史"，则是将此类历史书写首先作为一种"政治行为"来理解。

第一章　魏晋国史书写的"禅让后起元"

一、"从泰始为断"：西晋国史书写的"起元"问题

前文所引《晋书·贾谧传》载西晋朝廷关于国史修撰"起元"的争论，"从泰始为断"、"用正始开元"和"宜嘉平起年"，三种不同的国史书写方式，其间究竟有何区别，以至于"依违未有所决"，在武帝朝和惠帝朝两度引发朝臣议论？对此，周一良曾做如下解读：

> 按理说，一个王朝的开端，当然应该从取得政权，建立新朝之日算起。当时荀勖却主张从魏正始开始，而王瓒又主张从魏嘉平开始。……只有王戎、张华、王衍、乐广等朝中主要大臣，都主张照贾谧的意见，从武帝代魏建立晋朝政权的泰始元年开始。最后就这样定了下来。……孙盛《晋阳秋》，王隐、虞预、臧荣绪诸家《晋书》，干宝《晋纪》都从司马懿叙起，均见汤球辑本。唐修《晋书》中司马懿父子三人都立本纪。看来贾谧意见未被以后史家所采用，实际仍是把断限向前延伸了。①

---

① 周一良《魏晋南北朝史学与王朝禅代》，收入氏著《魏晋南北朝史论集》，北京大学出版社，1997年，第427—428页。

中国古代"一个王朝的开端",是否"当然应该从取得政权,建立新朝之日算起",实际上是一个比较复杂的问题,未必可以一语遽断。这里暂且只是关注上引文对于"立《晋书》限断"的理解。从整体的叙述看来,周氏是把"从泰始为断"理解为:西晋国史不立司马懿、司马师、司马昭父子三人之纪,而以武帝司马炎为本纪之首。这样的理解是否妥当呢?

如果将"从泰始为断"理解为从武帝司马炎才开始立本纪,那么"用正始开元"和"宜嘉平起年"应该也就意味着在国史中要从宣帝司马懿开始立本纪。但是问题在于,即使是其中较早的正始元年,也已经到了司马懿的晚年。① 按照中国古代纪传体王朝史的书写传统,所谓"本纪"都是从皇帝的出生就开始书写的,绝无从晚年开始之例。而且,若这两种意见均意指在国史中从司马懿开始立本纪,那区别又在哪里呢?这是上述理解的第一个难通之处。

其次,西晋王朝建立后,司马懿、司马师和司马昭父子三人分别被追尊为高祖、世宗和太祖。这是他们在宗庙中所获得的权力位置。而中国古代纪传体王朝史的本纪书写,可以说与其书写对象在宗庙中的权力位置存在着一定的对应关系。尤其是在宗庙中获得高祖、世宗和太祖之尊位者,几乎可以肯定在国史中必立本纪。上引周文所列举的孙盛《晋阳秋》,王隐、虞预、臧荣绪诸家《晋书》,干宝《晋纪》,及唐修《晋书》,都或为司马懿父子三人立本纪,或从司马懿叙起,反映的其实乃是上述纪传体王朝史的书写通则。很难想象负责西晋国史修撰且身为王朝开国功臣之后的贾谧反会提出不立《高祖本纪》、《世宗本纪》和《太祖本纪》,且能得到朝中多数大臣的支持而"事遂施行"。

之前曹魏王朝的相关情形或许可以为我们提供一个参照。在曹丕代汉建魏之后,其父曹操被追尊为太祖、武帝。② 那么,曹魏王朝的国史是否

---

① 据《晋书》卷一《宣帝纪》,司马懿死于嘉平三年(251),时年73岁,则正始元年(240)时已62岁。其在高平陵之变前以老病之态迷惑曹爽,也正是以此为前提的。
② 《三国志》卷二《魏书·文帝纪》,北京:中华书局点校本,1959年,第76页。

为曹操立本纪？虽然曹魏国史王沈《魏书》今已不存,①但从《三国志》裴松之注引用的佚文片段看来,可以确定其当以曹操为本纪之首。如卷一《魏书·武帝纪》裴松之注引王沈《魏书》曰：

> 太尉桥玄,世名知人,睹太祖而异之,曰："吾见天下名士多矣,未有若君者也！君善自持。吾老矣！愿以妻子为托。"由是声名益重。

又同卷裴松之注引王沈《魏书》曰：

> 长吏受取贪饕,依倚贵势,历前相不见举；闻太祖至,咸皆举免,小大震怖,奸宄遁逃,窜入他郡。政教大行,一郡清平。初,城阳景王刘章以有功于汉,故其国为立祠,青州诸郡转相仿效,济南尤盛,至六百余祠。贾人或假二千石舆服导从作倡乐,奢侈日甚,民坐贫穷,历世长吏无敢禁绝者。太祖到,皆毁坏祠屋,止绝官吏民不得祠祀。及至秉政,遂除奸邪鬼神之事,世之淫祀由此遂绝。②

类似这种叙述曹操早年经历的文字,只能来自于王沈《魏书》中的《武帝纪》或者《太祖本纪》。另外,陈寿的《三国志·魏书》与王沈《魏书》之间存在着相当程度的继承关系,③前者以《武帝纪》为本纪之首可以从侧面说明后者亦当如此。又魏明帝时鱼豢所私撰的纪传体史书《魏略》亦为曹操立本纪。④

事实上,有史料可以证明,西晋国史书写的实践结果是立有司马懿父子三人之本纪的。《初学记》卷二十一《文部·史传》"帝书、王籍"条引陆

---

① 关于王沈《魏书》,参考满田刚《王沈『魏书』研究》,《創価大学大学院紀要》20,1999年,第263—278页。
② 以上两段引文分别见《三国志》,第2、4页。
③ 满田刚『三国志』魏書の典拠について(卷一～卷十)》确认了《三国志·魏书》卷一至卷十与王沈《魏书》之间的继承关系,载《創価大学人文論集》14,2002年,第A237—A265页。
④ 参考津田資久《『魏略』の基礎の研究》,《史朋》31,1998年,第1—29页。

机《〈晋书〉限断议》曰:

> "三祖"实终为臣,故书为臣之事,不可〔不〕如"传",此实录之谓也。而名同帝王,故自帝王之籍,不可以不称"纪",则追王之义。①

唐修《晋书》卷五四《陆机传》载其太康末入洛后"累迁太子洗马、著作郎"。②《初学记》所引上述文字名为"《〈晋书〉限断议》",应该并非陆机偶发的个人议论,而是其任著作郎期间参与国史修撰时所公开发表的见解。又《初学记》卷十二《职官部下·著作郎》"司文籍、议限断"条引王隐《晋书》曰:"陆士衡以文学为秘书监虞濬所请,为著作郎。议《晋书》限断。"③因为内容的相近,可以认为其参与的就是前引《晋书·贾谧传》所述的"朝廷议立《晋书》限断"之事。

如上所见,陆机认为,出于"追王之义",需要以本纪来书写"三祖";但是在本纪的名目之下,出于"实录"的考虑,则应该按照"传"的方式来书写三祖的"为臣之事"。④ 以名"纪"实"传"的方式来书写三祖的具体意识形态含义后文将有讨论,这里只是由此可以确认,陆机也明确主张在国史中要为三祖立本纪。

而有迹象显示,陆机后来确实修撰了西晋国史中"三祖"之本纪。《史通通释》卷十二《古今正史》载:

> 晋史。洛京时,著作郎陆机始撰三祖《纪》,佐著作郎束皙又撰十

---

① 《初学记》,北京:中华书局,1962年,第503页。其中"不可〔不〕如传"原作"不可如传",据(清)严可均校辑《全上古三代秦汉三国六朝文》补,北京:中华书局,1958年,《全晋文》卷九七,第2017页。又北齐时李德林曾在和魏收讨论北齐国史修撰的"起元"问题时,谈及陆机《晋书》限断议的一些片段内容,详参本书单元一第二章第二节《"取平四胡之岁为齐元":北齐国史的"禅让前起元"》。
② 《晋书》,第1473页。
③ 《初学记》,第299页。
④ 阎步克《西晋"清议"呼吁之简析及推论》一文已经指出,陆机对西晋"三祖"采用了一种名"纪"实"传"的微妙处理。收入氏著《乐师与史官:传统政治文化与政治制度论集》,北京:三联书店,2001年,第249页。

《志》。会中朝丧乱，其书不存。

又同书卷二《本纪》曰：

> 陆机《晋书》列《纪》三祖，直序其事，竟不编年。年既不编，何《纪》之有？①

刘知幾所谓"三祖《纪》"或者"列《纪》三祖"，究竟是涵括了司马懿、司马师、司马昭父子三人的同一本纪之名，还是《高祖本纪》、《世宗本纪》、《太祖本纪》三篇本纪的简称，现在是无从确切知晓了。但从其所言至少可以确认，西晋国史之中一定是为"三祖"立了本纪的，且主其事者为陆机。②

综上所述，对于西晋国史书写实践结果的任何理解，均须同时满足如下两点方可成立：

A. "从泰始为断"。
B. 立有"三祖"之本纪。

那么，前引《晋书·贾谧传》中所述国史书写的"为断"、"开元"、"起年"之语，就应该既非从某位皇帝开始立本纪，亦非自某一时间开始书写某位皇帝的事迹；所谓"立《晋书》限断"，所谓"从泰始为断"、"用正始开元"和"宜嘉平起年"，必别有所指。

---

① 以上引文分见(唐)刘知幾撰，(清)浦起龙释《史通通释》，上海古籍出版社，1978年，第349、38页。
② 陆机、束皙所与撰之西晋国史既"会中朝丧乱，其书不存"(《史通通释·古今正史》)，则刘知幾在唐代亦无可能看到原书，但其议论当有所本。又《晋书》卷五一《束皙传》载其"转著作佐郎，撰《晋书》帝《纪》、十《志》"，第1432页。《北堂书钞》卷五七《设官部九·著作佐郎》"束皙创三帝纪"条引《文士传》云："束皙，元康四年晚应司空辟，入府匝月，除佐著作郎，著作西观。造《晋书》，草创三帝《纪》。"北京：中国书店影印孔氏三十三万卷堂影钞本，1989年，第188页。均与上引《史通》言陆机撰三祖《纪》有所不同。又《北堂书钞》同卷"难晋书限断"条引干宝《晋纪》云："秘书监贾谧请束皙为著作佐郎，难陆机《晋书》限断。"显示在《晋书》之"限断"问题上，陆机与束皙及其背后的贾谧之间似亦有分歧。限于史料，不作深论。

虽然并没有直接的史料来证明，但结合后文的论述，笔者还是希望在此提出一种关于"起元"的理解，来统括上述关于西晋国史书写的两点认识。即，"为断"、"开元"、"起年"等等所谓"立《晋书》限断"，指的是在西晋王朝的国史书写之中，从何时开始废弃曹魏王朝纪年，而改用晋之纪年。曹魏王朝纪年指的自然是曹魏皇帝所行之年号；晋之纪年在晋王朝正式成立之后所指的当然也是晋帝所行年号，而在此之前则应采取如"晋元年"、"晋二年"的纪年方式（也可能是"高祖元年"、"晋公二年"之类）。

按照这样的理解，则所谓"用正始开元"，是指在西晋国史《高祖本纪》的书写中，自正始元年（240）司马懿就任辅政之职后，就废弃曹魏王朝年号纪年，而改用"晋元年"或者"高祖元年"这样的晋之纪年。"宜嘉平起年"则是将国史行用晋之纪年的时间点推迟到嘉平元年（249）司马懿发动高平陵之变、废杀曹爽之后。而所谓"从泰始为断"，则是指在国史书写之中，在武帝司马炎受魏禅、新王朝正式成立之后，才开始以晋之年号"泰始"纪年。这并非意味着西晋国史不立"三祖本纪"，而是说在魏晋禅让程序完成之前，仍然要在曹魏王朝的年号纪年之下书写"三祖"之本纪。虽然出现了一定争议，但可以看到，西晋国史书写"起元"的主流意见和最后的实践结果都是"从泰始为断"。

曹魏王朝国史的书写方式也可以为笔者对于"起元"的上述理解提供一定参考。前已述及，曹魏国史王沈《魏书》亦以太祖曹操为本纪之首。虽然在《三国志》裴松之注引用的佚文中看不到王沈《魏书》之"太祖本纪"究竟使用何种纪年方式的直接记录，如下史料的叙述还是值得注意的。《三国志》卷五《魏书·文昭甄皇后传》裴松之注引王沈《魏书》曰：

> 十六年七月，太祖征关中，武宣皇后从，留孟津，帝居守邺。……十七年正月，大军还邺，后朝武宣皇后，望幄座悲喜，感动左右。……二十一年，太祖东征，武宣皇后、文帝及明帝、东乡公主皆从，时后以病留邺。二十二年九月，大军还，……①

---

① 《三国志》，第160—161页。

上引史料当出自王沈《魏书》中的"文昭甄皇后传"。可以看到,其中出现了诸如"十六年"、"二十二年"这样的纪年方式。与《三国志·魏书》中的相关记事对照,很容易就可以确认,以上纪年指的是汉献帝的建安年号。也就是说,曹魏国史王沈《魏书》中的"皇后传",①是在汉献帝建安年号之下来书写的。由此可以推测,其书太祖武皇帝曹操之本纪,亦应行用汉献帝之建安纪年。因为本纪之纪年,相当于整部纪传体王朝史中的"世界时间",其他部分必与其保持一致。当然禅让完成之后,曹魏国史应即改用魏文帝之"黄初"年号纪年,也是无须多言的。借用前引《晋书·贾谧传》的说法,曹魏国史的"起元"方式可称之为"从黄初为断"。

二、"禅让"与魏晋王朝的皇帝权力起源

通过以上考察可以确认,在曹魏与西晋的国史书写中,都采取了基本相同的"起元"方式,笔者将其称之为"禅让后起元"。即,在接受前代王朝之禅让、正式建立新王朝之后,方采用本王朝年号纪年;而在此之前,在书写相当于创业之主的"太祖"或者"三祖"之本纪时,则采用前代王朝年号纪年。换言之,须在前代王朝的年号纪年之下来书写本王朝开国之君的"创业"经纬。那么,魏晋王朝在国史中对于本王朝皇帝权力的起源过程采取如是书写方式,应该如何解读呢?

西晋朝廷之所以在国史书写的"起元"问题上出现争议,或者说"起元"问题对于西晋王朝的历史书写之所以如此重要,当然首先是源自"纪年"——也就是对于政治世界时间秩序的控制与支配——在中国古代皇帝权力结构中的重要地位。此前武帝通过创制年号纪年将汉王朝的时间秩序扩展至包括诸侯王国在内的帝国全境,最终实现了"中国一统",就是

---

① 作为曹魏王朝国史的王沈《魏书》当立"皇后传",而非《汉书》那样的"外戚传",参考本书单元三《"外戚传"与"皇后传"》中的相关叙述。

代表性的例子。① 在这一意识形态背景之下,所谓"元年"在中国古代王朝的历史书写中具备着非同寻常的重要功能。学者指出:

> 如同清人赵翼指出的那样,"古人最重者元","元年"并不能随意置换为"一年"。《公羊传》云:"元年者何?君之始年也。"汉武帝时董仲舒奏对,即专门阐释过"《春秋》谓一元之意",云"谓一为元者,视大始而欲正本也"。稍后司马迁论孔子次《春秋》,亦首重其"纪元年,正时日月",及杜预注释《左传》,同样谓之曰:"凡人君即位,欲其体元以居正,故不言一年一月也。"②

以上诸说中最为关键者,即《公羊传》所谓"元年"与"君之始年"之间存在的对应关系。那么在国史书写中何时开始"起元"的争论,也就意味着分歧的焦点在于,从何时开始正式承认与宣扬被书写者"君"的身份。事实上,这同时也意味着"一个王朝的开端",应该从何时开始算起。所以"起元"问题才能等同于"立《晋书》限断";若以"嘉平起年",则意味着"引嘉平已下朝臣尽入晋史"。

然而西晋国史书写最终实践的起元方式是"从泰始为断"。按照上文的解读,也就是将魏、晋王朝禅让正式完成之后的泰始元年设定为西晋王朝的"君之始年"。同样,曹魏国史书写的"从黄初为断",也应该意味着汉魏王朝禅让正式完成之后的黄初元年,被设定为了曹魏王朝的"君之始年"。魏晋王朝国史的这一书写方式背后,究竟蕴含了怎样的意识形态功

---

① 学者关于汉武帝启用年号纪年的政治意义的认识几无异议,代表性的研究如廖伯源《说新——兼论年号之起源》,收入氏著《秦汉史论丛(增订本)》,北京:中华书局,2008年,第1—23页;辛德勇《重谈中国古代以年号纪年的启用时间》,《文史》2009年第1期,第43—90页;平勢隆郎《中国古代纪年の研究—天文と暦の検討から》,东京:汲古书院,1996年;阿部幸信《漢初「郡国制」再考》,《日本秦汉史学会会报》第9卷,2008年,第53—80页;同氏《前漢時代における内外観の変遷—印制の視点から—》,《中国史学》第18卷,2008年,第121—140页。但关于武帝启用年号纪年的具体时间,学界颇有分歧。上引辛德勇文在对以往诸说进行全面整理与深入辨析的基础上,提出"太初元年(前104)启用年号纪年说",敬希读者参看。
② 辛德勇《所谓"天凤三年鄩郡都尉"砖铭文与秦"故鄩郡"的名称以及莽汉之际的年号问题(下)》,《文史》2011年第2期,第85页。

能呢？

考虑到魏、晋两王朝正是中国古代最先经由"禅让"模式完成王朝更替并成为其后王朝更替之典范的，①其国史的上述书写方式当与"禅让"模式下皇帝权力起源的正当性密切相关。如所周知，自延康元年（220）十一月魏王曹丕接受汉献帝所禅让之皇帝位，完成汉王朝的终结与曹魏王朝的建立开始，整个中古时期新王朝皇帝权力的起源，基本上都采取了"禅让"这种独特的王朝更替模式。② 新王朝的创立者均为前代王朝的末世权臣，当然终究是凭借其实力来实现王朝更替的。但在形式上，王朝更替的路径却不是对于前代王朝的暴力反抗与颠覆，而是通过前代皇帝将帝位"让"与新朝君主来实现。

对于中古时期这一独特的王朝更替模式，前贤已经积累了不少研究成果。从中可以观察到以下两种基本倾向。其一，在对王朝更替的历史过程进行把握时，将重点置于权臣通过何种措施或者路径来实现对于军政权力的实际控制，从而保证自己最终登上皇位。③ 其二，若观察与这一

---

① "禅让"思想本身当然有更为古老的起源和脉络，讨论者众，较新的研究，参考彭裕商《禅让说源流及学派兴衰——以竹书〈唐虞之道〉、〈子羔〉、〈容成氏〉为中心》，《历史研究》2009年第3期，第4—15页。魏晋之前的王莽代汉建新，虽然也应该视为不同于暴力革命的"禅让"，但其采取的模式比较特别，并未构成其后王朝更替的"典范"。参考杨永俊《禅让政治研究》，北京：学苑出版社，2005年；松浦千春《王莽禅讓考》，《一関工業高等専門学校研究紀要》42，2008年，第27—38页；楼劲《西汉时期"革命论"之退化与政治思想之转折变迁》，收入《中国社会科学院历史研究所学刊》第7集，北京：商务印书馆，2011年。甘怀真《从天下国家的观点论中国中古的朝代》也强调了"汉魏的禅代如何建立起此后中古朝代交替的模式"，载《中国中古史研究：中国中古史青年学者联谊会会刊》第2卷，第3—22页。
② 参考宫川尚志《六朝史研究 政治·社会篇》，第二章《禪讓による王朝革命の研究》，京都：平乐寺书店，1956年，第73—172页；前引杨永俊《禅让政治研究》。其中关于曹魏代汉的模式与程序，与"皇帝即位/天子即位"的学术脉络相关，战后日本学者有较多讨论。参考尾形勇《中国古代の「家」と国家——皇帝支配下の秩序構造》，第六章《古代帝国の秩序構造と皇帝支配》，东京：岩波书店，1979年，第280—314页；松浦千春《禪讓儀禮試論－漢魏禪讓儀式の再検討－》，《一関工業高等専門学校研究紀要》40，2005年，第92—106页；渡邉義浩《漢魏における皇帝即位と天子即位》，收入氏著《後漢における「儒教国家」の成立》，东京：汲古书院，2009年。当然，这一历史时期也有曹魏灭蜀汉、西晋灭孙吴、北周灭北齐、隋灭陈等，乃是出于攻伐而非"禅让"，不待详论。
③ 参考周一良《东晋以后政权嬗代之特征》，收入氏著《魏晋南北朝史札记》之《〈南齐书〉札记》，北京：中华书局，1985年，第254—264页；陶贤都《魏晋南北朝霸府与霸府政治研究》，长沙：湖南人民出版社，2007年。

更替过程相关的历史书写,则看到的是"在处理前朝历史的末代或本朝历史的开端时弥缝回护,或略而不详,或公然曲笔"。① 两种倾向背后的认识基础其实是相通的,都是以中国古代的王朝更替为不正当的"篡位",而认为所谓"禅让"不过是权臣对于"篡位"行为所进行的伪装与回护。周一良在上述两方面的研究中都有重要贡献,可以说也从侧面说明了这两种倾向互为表里的特质之所在。

在这样的视野中,藉由"禅让"模式而起源的皇帝权力,与不经此模式而起源的皇帝权力,事实上除了前者显得更为"虚伪"之外,并没有任何本质上的差别。然而若看到王朝更替是中国古代皇帝权力结构的常态,②而"禅让"则是中古时期王朝更替的基本模式,那么就必须承认,藉由"禅让"所进行的王朝更替在当时的历史世界之中具有无可否认的"正当性"。对于这样一种沿用达数百年之久的王朝更替模式,并不能仅从后人的立场出发简单地理解为是对于"篡位"的伪装与回护;而有必要立足于彼时的历史情境,来解释其中的正当性原理为何,具体又是如何运作的。换言之,我们必须去追寻藉由"禅让"模式而起源的皇帝权力的特质之所在。

在这方面,前述魏晋王朝国史书写的"起元"方式为我们提供了极好的观察角度。以西晋国史书写为例,其最终实践的"从泰始为断",意味着将魏、晋王朝禅让正式完成之后的泰始元年设定为西晋王朝的"君之始年"。那么,此前的司马懿、司马师、司马昭所谓"三祖"的身份,也必定非"君",也就是"臣"。如前引陆机《议〈晋书〉限断》所提示的,"三祖实终为臣,故书为臣之事不可不如'传'"。③ 所谓"为臣",当然是为曹魏王朝之

---

① 参考周一良《魏晋南北朝史学与王朝禅代》,收入氏著《魏晋南北朝史论集》,第 426 页;李传印《魏晋南北朝时期史学与政治的关系》,武汉:华中科技大学出版社,2004 年。
② 王朝更替之所以成为中国古代皇帝权力结构的常态,与它的暴力起源是直接相关的;同时,其意识形态上的正当性,又与天下观念的形成密不可分。参考渡边信一郎《中国古代的王权与天下秩序——从日中比较史的视角出发》之《序说 天下与王朝之名》,东京:校仓书房,2003 年,本书所引用中译本,徐冲译,北京:中华书局,2008 年,第 1—17 页。
③ 《初学记》卷二一《文部·史传》"帝书、王籍"条,第 503 页。

臣。这固然是一个历史事实,因为西晋"三祖"实际上都没有成为皇帝;但是在西晋王朝成立后所撰国史之三祖本纪的书写中仍然坚持采用曹魏王朝年号纪年,意味着对于西晋王朝而言,作为创业之主的三祖必须呈现为曹魏王朝之"臣"的形象。① 换言之,在西晋王朝所自我书写的本王朝皇帝权力的起源中,曹魏王朝之"臣"是其能够获致"正当性"的必要条件。从同样的认识角度出发,曹魏国史在汉献帝建安纪年下书写太祖曹操之本纪,当也显示了汉王朝之"臣"的身份对于曹魏王朝皇帝权力起源的重要性。

不妨与前代进行简单的对比。如两汉王朝的创建者刘邦与刘秀,虽然其身份均本为前代王朝之"臣",却又都是通过暴力路径来推翻前朝而建立新王朝的。也就是说,他们都是站在了前代王朝的对立面,通过否定前代王朝的正当性——同时也否定了自己曾经具有的"臣"之身份——来实现自我合法化,然后藉由暴力将身份转换为"君"。笔者将此路径称之为"不臣而君"。以刘邦与刘秀即位前诸人的劝进之辞为例。《汉书》卷一下《高祖纪下》载诸侯劝进汉王刘邦曰:

> 先时秦为亡道,天下诛之。……大王起于微末,灭乱秦,威动海内。②

必须先将前代王朝之秦表述为"亡道"、"乱秦",借此使其丧失正当性,方可将作为原秦之臣子刘邦的"灭乱秦"行为正当化。而《后汉书》卷一上《光武帝纪上》载光武帝刘秀诸将劝进之辞亦曰,"汉遭王莽,宗庙废绝,豪杰愤怒,兆人涂炭"。③ 又记其即位告天祝词曰:

---

① 周一良《魏晋南北朝史学与王朝禅代》认为荀勖主张以正始起元的意图,"是借断限的上延,赋予司马氏父子以孔子所赞颂的周文王那种'三分天下有其二,以服事殷'的'至德'的形象"。《魏晋南北朝史论集》,第427页。笔者则以为类似意图恰恰是主张"从泰始为断"者所欲达到的。分歧显然来自于对"起元"的不同理解。
② 《汉书》,北京:中华书局点校本,1962年,第52页。
③ 《后汉书》,北京:中华书局点校本,1965年,第20页。

> 王莽篡位,秀发愤兴兵,破王寻、王邑于昆阳,诛王朗、铜马于河北,平定天下,海内蒙恩。①

也是将王莽表述为"篡位"且给天下人民带来涂炭之灾的无道之君,以正当化原新莽之臣子刘秀起兵反抗王朝的行为。可以说两汉的前代王朝嬴秦与新莽之所以在中国历史上成为了反面王朝的典型,除了它们自身的原因之外,与两汉王朝所采取的这种自我合法化路径也甚有干系。②

而在始于魏晋的"禅让"王朝更替模式之下,新王朝创业之主的身份最初也是前代王朝之臣子,但却并没有站在前代王朝的对立面否定这一身份;③相反,其所采取的立场是将这一身份发扬光大,竭心尽力来平定前代王朝之末世乱局,由此成为前代王朝之"功臣",实现"臣"之身份的最大化;既而由此开启王朝更替的契机,以功德为公、为王,开建王国,遇以殊礼,其身份一步步实现"去臣化";最后由其本人或者继任者接受前代皇帝的禅让,正式即位建立新朝。④ 也就是说,在"禅让"的王朝更替模式下,新王朝的创业之主,必须经历一个"自臣至君"的身份转换过程;新王朝的皇帝权力,藉由这样的过程而正当起源。这与前述两汉王朝更替的"不臣而君"路径形成了鲜明对比。不同的王朝更替路径,显示了两个时代的意识形态中对于皇帝权力结构下"君臣关系"的不同理解。⑤

---

① 《后汉书》,第22页。
② 两汉王朝的自我合法化路径不仅止于此,学界已有相当丰富的研究成果。参考顾颉刚《汉代学术史略》,北京:人民出版社,2008年;陈苏镇《〈春秋〉与"汉道":两汉政治与政治文化研究》,北京:中华书局,2011年;杨权《新五德理论与两汉政治——"尧后火德"说考论》,北京:中华书局,2006年;前引楼劲《西汉时期"革命论"之退化与政治思想之转折变迁》。
③ 当然这并不意味着其对前代王朝采取完全肯定的态度。关于曹魏王朝君臣对于东汉后期王朝因外戚与宦官专权而失去"正当性"的政治态度,参考本书单元四第三章《"二十四贤"与曹魏王朝的隐逸书写》。
④ 具体过程要更为复杂,可参考前引日本学界关于曹魏代汉程序的研究,此不赘述。
⑤ 关于魏晋时期相对于汉代在"君臣关系"方面所发生的变化及其给皇帝权力结构带来的影响,参考徐冲《关于曹魏的侍中尚书》,《国学研究》第16卷,2005年,第259—273页;同氏《"汉魏革命"再研究:君臣关系与历史书写》,第一章第二节《曹魏"侍中尚书"的渊源》,北京大学历史系博士论文,2008年,第20—38页。

前论魏晋国史中"禅让后起元"的书写方式，显然承担了按照上述模式正当化其皇帝权力起源过程的意识形态功能。以曹魏王朝的国史书写为例，在太祖曹操之纪中采用汉献帝建安年号纪年，所强调和肯定的正是其创业之主在前代王朝的"功臣"身份。《三国志·魏书》以《武帝纪》为本纪第一，详细叙述了太祖曹操在建安年间（196～219）为平定汉末乱局而东征西讨的赫赫功业；与此相应，也记录了来自于汉王朝的不断升级的殊礼待遇。可以推测曹魏国史《太祖本纪》的书写方式当与此相去不远。这当然反映了曹魏王朝成立之后对于其创业之主的确认与尊崇，但更重要的也在于借此描述其皇帝权力之能够成立何以"正当"。"禅让"的王朝更替模式不仅仅体现在延康（汉）、黄初（魏）间"禅让"之际一系列诏书、上表及相关礼仪的记录上，①更表达于其国史《太祖本纪》的整体书写之中。而西晋国史"从泰始为断"，在曹魏王朝纪年之下来书写"三祖"本纪，也是可以从同样的角度来进行解读的。也只有如此才能真正理解，陆机为何要对其所主持的西晋国史"三祖本纪"采取"名纪实传"的处理方式。

　　魏晋时期在纪传体王朝史书写中为正当化皇帝权力起源所使用的意识形态装置尚不止于本纪中的"禅让后起元"。这一时期纪传体王朝史中成立的"开国群雄传"，亦在此过程中发挥着重要功能。如本书单元二所论，开国群雄传的书写对象是与王朝"创业之主"之间不存在原初性君臣关系的前代王朝之末世群雄；其位置通常被置于本纪之后、诸臣传之前。如在曹魏国史王沈《魏书》的场合，其开国群雄传的书写对象就囊括了董卓、袁绍、刘备、孙坚等东汉末群雄。结合本章所述"禅让"王朝更替模式下皇帝权力起源的特质之所在，可以进一步认识到，开国群雄传在王朝开国史的书写中所承担的独特功能，在于通过标示新王朝的"驱除"之所在，来塑造其创业之主对于前代王朝的"功臣"身份，以正当化其"自臣至君"的身份转换过程。正是在这一意义上，前代王朝之末世群雄于本王朝之

---

①　与整体风格相应，《三国志》卷二《魏书·文帝纪》对于汉魏禅代过程的记录也很简洁。但裴松之注引用了大量与此相关的各种记录，弥足珍贵，其史料价值尚有待充分发掘。见是书第62—76页。

"开国"不可或缺,必须在开国史中以"开国群雄传"的形式来书写。而这与前述"禅让后起元"所承担的意识形态功能显然是相辅相成的。也就是说,在魏晋王朝的国史书写之中,二者作为一组联动装置,共同发挥着"正当化"其皇帝权力起源过程的重要作用。

【再版补记】笔者近撰《"禅让"与魏晋王权的历史特质》一文(载《文汇报·文汇学人》2015年7月3日第T09版),对魏晋王权采取"禅让"模式完成王朝更替的政治文化意义进行了更为系统的阐发。

第二章　南北朝国史书写的"起元"前移

以上考察了魏晋王朝国史书写中的"禅让后起元";在"禅让"的王朝更替模式之下,这一历史书写与"开国群雄传"一起,作为联动的意识形态装置,揭示出其时皇帝权力起源的正当性,在于王朝"创业之主"对于前代王朝而言的"功臣"身份。然而,世入南北朝后,尽管王朝更替表面上仍然行用"禅让"模式,在纪传体王朝史——尤其是"国史"——的书写中,却可以观察到新的动向。这在前述"起元"与"开国群雄传"这一组联动装置中都表现出来,折射出这一时期的皇帝权力起源在正当性方面所发生的巨大转换。后者详见本书单元二中的专论,本章将主要集中于前者进行相关考察。

一、"起元义熙,为王业之始":刘宋国史的"禅让前起元"

如前文所论,"禅让后起元",即在前代王朝年号纪年之下来书写"创业之主",是整个魏晋时期国史书写的通则。如在西晋的国史书写中,所实践的"起元"标准是"从泰始为断":在武帝司马炎接受曹魏皇帝禅让、晋王朝正式成立之后,方才开始使用本王朝之年号纪年;在此之前,则在曹魏王朝的年号纪年之下来书写"三祖"的"创业"经纬。那么世入南朝之后,国史书写的"起元"标准是否仍然如此?对于这一问题,虽然南朝诸国史今无一存,但是几则与刘宋、萧齐之国史书写相关的史料仍然提供了考察的线索。

先来看刘宋国史书写的"起元"问题。关于刘宋王朝的国史书写,据《宋书》卷一〇〇《自序》载沈约《上〈宋书〉表》:

> 宋故著作郎何承天始撰《宋书》,草立纪传,止于武帝功臣,篇牍未广。其所撰志,唯《天文》《律历》,自此外,悉委奉朝请山谦之。谦之,孝建初,又被诏撰述,寻值病亡,仍使南台侍御史苏宝生续造诸传,元嘉名臣,皆其所撰。宝生被诛,大明中,又命著作郎徐爰踵成前作。爰因何、苏所述,勒为一史,起自义熙之初,讫于大明之末。①

又《宋书》卷九四《徐爰传》亦载:

> 先是元嘉中,使著作郎何承天草创国史,世祖初,又使奉朝请山谦之、南台御史苏宝生踵成之。(大明)六年,又以爰领著作郎,使终其业。爰虽因前作,而专为一家之书。②

更为整合性的叙述见于《史通通释》卷十二《古今正史》:

> 宋史。元嘉中,著作郎何承天草创纪传。自此以外,悉委奉朝请山谦之补承天残缺。后又命裴松之续成国史。松之寻卒,史佐孙冲之表求别自创立,为一家之言。孝建初,又敕南台侍御史苏宝生续造诸传,元嘉名臣皆其所撰。宝生被诛,大明六年,又命著作郎徐爰踵成前作。爰因何、孙、山、苏所述,勒为一书。③

综上所引史料可以看到,刘宋王朝的纪传体国史草创自文帝元嘉年间,其后不断得到增补与完善;至明帝大明六年(462)方由著作郎徐爰"勒

---

① 《宋书》,北京:中华书局点校本,1974年,第2467页。
② 《宋书》,第2308页。
③ 《史通通释》,第352—353页。

为一史",即作为一部较为完整的纪传体王朝史而成立。无论是《宋书·自序》和《史通·古今正史》中的"勒为一史"、"勒为一书",还是《徐爰传》中的"专为一家之书",都显示了徐爰修撰国史时在体例上是意欲有所更革。《徐爰传》在上引文的叙述之后即紧接其上表文,表述的正是所欲创制之处:

> 臣闻虞史炳图,原光被之美,夏载昭策,先随山之勤。天飞虽王德所至,终陟固有资田跃,神宗始于俾乂,上日兆于纳揆。其在《殷颂》,《长发》玄王,受命作周,实唯雍伯,考行之盛则,振古之弘轨。降逮二汉,亦同兹义,基帝创乎丰郊,绍祚本于昆邑。魏以武命《国志》,晋以宣启《阳秋》,明黄初非更姓之本,泰始为造物之末。又近代之令准,式远之鸿规。典谟缅邈,纪传成准,善恶具书,成败毕记。然余分紫色,滔天泯夏,亲所艾夷,而不序于始传,涉、圣、卓、绍,烟起云腾,非所诛灭,而显冠乎首述,岂不以事先归之前录,功偕著之后撰。①

徐爰上表首先引据前代经典与历史,来说明纪传体国史书写所应遵循的规范;并且以"明黄初非更姓之本,泰始为造物之末"一句为界,主要就是从前述"起元"与"开国群雄传"这样两个互相关联的层面上来展开讨论的。

可以看到,在王朝国史书写的"起元"问题上,徐爰明确主张,王朝之"开国"应该始自"创业之主",而非后来接受前代王朝禅让的守成之君。那么,王朝的国史书写相应亦须从创业之主开始起元。虽然也引用《三国志·魏书》与《晋书》之书法——"魏以武命《国志》,晋以宣启《阳秋》"——以为佐证,但说"明黄初非更姓之本,泰始为造物之末",显示其真正意欲肯定的乃是国史书写用"禅让前起元",即应自曹操(魏武)、司马懿(晋宣)这样的创业之主开始。这从下文关于刘宋本朝国史书写的主张中可以得到证明,

---

① 《宋书》,第 2308—2309 页。《宋本册府元龟》卷五五八《国史部》载徐爰此表,"又近代之令准,式远之鸿规"作"又近代之令,远乏鸿规",似更近于徐爰上表之原貌。北京:中华书局影印本,1989 年,第 1585 页。

事实上构成了对于魏晋纪传体王朝史中"禅让后起元"之书法的否定。

与此相关,在"开国群雄传"的书写问题上,徐爰认为,像《汉书》、《后汉书》(或者《东观汉记》)、《三国志·魏书》等纪传体王朝史那样,将陈涉、更始帝、董卓、袁绍等与其新王朝的创业之主间不存在原初性君臣关系的末世群雄"显冠乎首述",即置于纪传体王朝史列传的开端,是不合适的。正确的书写方式应该是"事先归之前录,功偕著之后撰",即将这些末世群雄之事迹本末——相当于其列传——置于前代王朝史中,本朝国史则只需书写创业之主平定他们的功业即可。这也意味着,本朝国史之中不当设置"开国群雄传"。①

在如上叙述了纪传体国史书写所应遵循的一般规范之后,接下去徐爰就把议论的对象转向了本朝国史的书写问题:

> 伏惟皇宋承金行之浇季,钟经纶之屯极,拥玄光以凤翔,秉神符而龙举,剿定鲸鲵,天人伫属。晋禄数终,上帝临宋,便应奄膺纮宇,对越神工,而恭服勤于三分,让德迈于不嗣,其为巍巍荡荡,赫赫明明,历观邈闻,莫或斯等。宜依衔书改文,登舟变号,起元义熙,为王业之始,载序宣力,为功臣之断。其伪玄篡窃,同于新莽,虽灵武克殄,自详之晋录。及犯命干纪,受戮霸朝,虽揖禅之前,皆著之宋策。国典体大,方垂不朽,请外详议,伏须遵承。②

在刘宋国史书写的"起元"问题上,徐爰明确提出了"起元义熙,为王业之始"的原则。③ 如所周知,"义熙"乃刘宋高祖刘裕起兵击灭桓玄、迎还晋安帝后所改之年号(元年为405年);此后刘裕逐步掌握了朝廷实权,在东征西讨的同时,亦开始其身份"去臣化"进程,直至永初元年(420)接受晋禅,

---

① 详细讨论见本书单元二第一章《"开国群雄传"小考》。
② 《宋书》,第2309页。
③ 《宋书》卷十一《志序》载:"《天文》、《五行》,自马彪以后,无复记录。何书自黄初之始,徐志肇义熙之元。"(第204页)"何书"指何承天所撰《宋书》,"徐志"指徐爰所撰《宋书》,都是刘宋国史之一种。则徐爰把"起元义熙"的书写原则也贯彻到了其书的《天文》、《五行》二志之中。

正式建立刘宋王朝。按照前文对"起元"的理解,"起元义熙",意指在刘宋王朝的国史书写之中,自此年开始废弃晋之"义熙"年号纪年,而改用诸如"宋元年"或者"高祖元年"之类的刘宋王朝之纪年,来书写刘裕的"创业"经纬。而对于桓玄这样的东晋末乱世群雄,则与以上所论一般原则相应,主张不应在刘宋国史之中为其立传详细记录本末,而只需在本纪之中作为武帝刘裕之功业,记录其被平定的经过就可以了。

如前所述,徐爰上表所论两点都是针对传统国史书写而在体例上意欲有所更革、创制之处。由此可以判断,前文所论魏晋时期国史书写中承担了意识形态功能的联动装置——"禅让后起元"+"开国群雄传"——至少到徐爰所在的刘宋后期,仍然于国史书写之中持续存在并发挥作用。如果我们像前文那样承认历史书写具有正当化本王朝皇帝权力起源的意识形态功能,那么就不能不说,在刘宋王朝成立后相当长的一段时间之内,其统治群体所认可与宣扬的皇帝权力起源过程,仍然继承和延续了魏晋以来的传统特质。

这与学界关于刘宋皇帝权力结构的传统印象颇有不同。作为南朝的创始王朝,学者更多看到的是刘宋皇帝权力结构相对于前代而言的断裂与革新之处。视刘宋开国皇帝刘裕为东晋"门阀政治的掘墓人"也好,[1]强调刘宋王朝皇帝权力的重振与"皇亲"的崛起也好,[2]均与这一历史定位有关。具体到王朝更替的"禅让"模式方面,清人赵翼也曾经敏锐地指出南朝与魏晋的不同之处,且将这一差异之始归之于刘裕:

---

[1] 参考田余庆《刘裕与孙恩——门阀政治的"掘墓人"》,收入氏著《东晋门阀政治》,北京大学出版社,1989年,第292—329页;祝总斌《试论东晋后期高级士族之没落与桓玄代晋之性质》、《晋恭帝之死与宋初政争》,收入氏著《材不材斋史学丛稿》,北京:中华书局,2009年,第257—312页。

[2] 参考越智重明《魏晋南朝の政治と社會》,第三篇第一章《皇親》,东京:吉川弘文馆,1963年,第375—399页;川勝義雄《六朝貴族制社會研究》,第三编第一章《刘宋政权的成立与寒门武人——从与贵族制的关联来看》,东京:岩波书店,1982年,本书所引为中译本,徐谷梵、李济沧译,上海古籍出版社,2008年,第223—237页(笔者撰有《川勝義雄〈六朝貴族制社會研究〉评介》一文,在介绍该书主要内容的同时,也对"川胜史学"与战后日本中国古代史研究思潮的独特关系进行了讨论,见本书"附录三");小尾孝夫《劉宋前期における政治構造と皇帝家の姻族・婚姻関係》,《歴史》100,2003年,第1—26页。

> 曹操立功汉朝,已加九锡,封二十郡,爵魏王,建天子旌旗,出警入跸,然及身犹不敢称帝,至子丕始行禅代。司马氏三世相魏,懿已拜丞相,加九锡,不敢受;师更加黄钺,剑履上殿,亦不敢受;昭进位相国,加九锡,封十郡,爵晋公,亦辞至十余次,晚始受晋王之命,建天子旌旗,如操故事,然及身亦未称帝,至其子炎始行禅代。及刘裕则身为晋辅而即移晋祚。自后齐、梁以下诸君,莫不皆然,此又一变局也。①

笔者无意否认南朝皇帝权力结构相对于魏晋而言所发生的巨大转换;如下文所示,这一转换也构成了本书论述的重要主题。但是对于这一转换的节点是否必然与现实中的王朝更替同步而置于晋宋之际,则颇存疑问。尽管刘裕"及身"即已称帝,然而自迎还晋安帝的义熙元年(405)至于晋宋禅代的永初元年(420),刘裕所主导的刘宋皇帝权力起源的过程仍然持续了长达十五年的时间。在此过程中,我们仍然可以观察到相当多的"魏晋式"的意识形态因素在起着作用。刘裕每一次个人地位的上升,既以东征西讨的赫赫武功为其基石,又以"立功——固辞不受封赏——立下更大功劳——接受封赏"的模式为其表现,②与曹操所主导的曹魏皇帝权力起源过程极为相似。义熙十二年(416)十月,刘裕在克复洛阳之后进位相国,总百揆,扬州牧,封十郡为宋公,备九锡之礼,加玺绶、远游冠,位在诸侯王上,迈出了晋宋禅让的关键一步。而东晋皇帝在"策书"之中就以列举"十大功"的方式着重强调了他对于东晋王朝的"功臣"身份:

> 1. 乃者桓玄肆僭,滔天泯夏,拔本塞源,颠倒六位,庶僚俛眉,四方莫聊。公精贯朝日,气凌霄汉,奋其灵武,大歼群憝,克复皇邑,奉帝歆神。此公之大节,始于勤王者也。
> 2. 授律群后,沂流长骛,薄伐峥嵘,献捷南郢,大憨折首,群逆毕

---

① (清)赵翼撰,王树民校证《廿二史札记校证》,卷七《〈三国志〉、〈晋书〉·禅代》,北京:中华书局,1984年,第143—144页。
② 详见《宋书》卷一《武帝纪》中的相关记事,此不赘举。

夷,三光旋采,旧物反正。此又公之功也。

3. 出藩入辅,弘兹保弼,阜财利用,繁殖生民,编户岁滋,疆宇日启,导德明刑,四境有截。此又公之功也。

4. 鲜卑负众,僭盗三齐,狼噬冀、青,虔刘沂、岱,介恃遐阻,仍为边毒。公搜乘秣驷,复入远疆,冲橹四临,万雉俱溃,窃号之虏,显戮司寇,拓土三千,申威龙漠。此又公之功也。

5. 卢循妖凶,伺隙五岭,乘虚肆逆,侵覆江、豫,旆拂寰内,矢及王城,朝野丧沮,莫有固志,家献徙卜之计,国议迁都之规。公乘辕南济,义形于色,嶷然内湛,视崄若夷,摅略运奇,英谟不世,狡寇穷蚴,丧旗宵遁,俾我畿甸,拯于将坠。此又公之功也。

6. 追奔逐北,扬旆江湩,偏旅浮海,指日遄至。番禺之功,俘级万数,左里之捷,鱼溃鸟散。元凶远迸,传首万里,海南肃清,荒服来款。此又公之功也。

7. 刘毅叛换,负衅西夏,凌上罔主,志肆奸暴,附丽协党,扇荡王畿。公御轨以刑,消之不日,仓兕电沵,神兵风扫,罪人斯得,荆、衡清晏。此又公之功也。

8. 谯纵怙乱,寇窃一隅,王化阻阂,三巴沦溺。公指命偏师,授以良图,凌波浮湍,致届井络,僭竖伏锧,梁、岷草偃。此又公之功也。

9. 马休、鲁宗,阻兵内侮,驱率二方,连旗称乱。公投袂星言,研其上略,江津之师,势踰风电,回斾沔川,实繁震慑,二叛奔迸,荆、雍来苏,玄泽浸育,温风潜被。此又公之功也。

10. 永嘉不竞,四夷擅华,五都幅裂,山陵幽辱,祖宗怀没世之愤,遗氓有匪风之思。公远齐伊宰纳隍之仁,近同小白灭亡之耻,鞠旅陈师,赫然大号,分命群帅,北徇司、兖。许、郑风靡,巩、洛载清,伪牧逆藩,交臂请罪,百年榛秽,一朝扫涤。此又公之功也。①

---

① 《宋书》卷二《武帝纪中》,第38—39页。颇为讽刺的是,这种排比列举"此又公之功也"的书法,成为了其后南北朝禅让之际的标准化模式。参考《南齐书》、《梁书》、《陈书》及《北齐书》各《本纪》中的相关部分,此不赘举。

以上列举的"十大功"中，起兵击讨桓玄，率军攻灭卢循，以及与刘毅、谯纵、司马休之等东晋政权内部政治上的对手所进行的争斗，或许都可以看作是刘裕为保持乃至巩固、强化自身的权力地位所不得不为，其成为对于东晋朝廷之"功"更多的只是一种带有特定立场的结果上的确认；但两次"北伐"，即攻灭南燕慕容超与后秦姚泓，尤其是后者，一举克复魏晋旧都洛阳与长安，则只能视为刘裕及其周边团体按照魏晋以来"禅让"模式的意识形态要求，为取得王朝更替的正当资格——"最大化"王朝"功臣"的身份——而进一步采取的行动。类似的行动，亦见于数十年前的桓温北伐。《晋书》卷九八《桓温传》曰："温既负其才力，久怀异志，欲先立功河朔，还受九锡。"①同样的评价完全适用于刘裕北伐。只不过桓温因太和四年（369）的枋头之败而"名实顿减"，遂饮恨未能身移晋祚，②甚至为其子桓玄楚政权的迅速倒台埋下了伏笔；而刘裕却因两次北伐的巨大成功，顺利启动了晋宋禅代的规范程序。

对于刘裕所主导的上述刘宋皇帝权力起源的过程与面貌，刘宋前期的国史——如前所述，与事者包括何承天、孙冲之、山谦之、苏宝生等，时限则一直持续到大明六年（462）徐爰负责国史修撰之前——也仍然秉承了魏晋传统，使用"禅让后起元＋开国群雄传"的联动装置来进行书写，虽然王朝的皇帝权力结构较之魏晋时期已有巨大改变。在这里，我们看到了政治构造、意识形态与历史书写之间所形成的复杂关系。而到了大明六年，徐爰利用其负责撰修国史的机会，提出了新的国史书写原则。对此，刘宋朝廷的反应是：

> 于是内外博议，太宰江夏王义恭等三十五人同爰议，宜以义熙元年为断。散骑常侍巴陵王休若、尚书金部郎檀道鸾二人谓宜以元兴三年为始。太学博士虞龢谓宜以开国为宋公元年。诏曰："项籍、圣公，编录二汉，前史已有成例。桓玄传宜在宋典。余如爰议。"③

---

① 《晋书》，第 2577 页。
② 参考田余庆《桓温的先世和桓温北伐问题》，收入氏著《东晋门阀政治》，第 140—198 页。
③ 《宋书》，第 2309 页。

可以看到，上述徐爰的两点主张中，第一点得到了朝廷人士的全面赞成。即使有所异议，也只是在"禅让前起元"的具体年份上意见不同。"义熙"已如前述。元兴三年为义熙元年前一年（404），即刘裕起兵击讨桓玄之年。"开国"指义熙十二年（416）刘裕受封"宋公"，开建"宋国"。① 与前文所述西晋朝廷关于国史"起元"的讨论情形及实践结果——"从泰始为断"——相比，大明六年（462）的刘宋朝廷已无人主张"从永初为断"了（刘裕受晋禅建宋后改元永初，420年）。换言之，国史书写的"起元"出现了前移的显著变化，由魏晋以来的"禅让后起元"一变为"禅让前起元"。② 而第二点虽在大明六年当时未能通过，但二十年后沈约在萧齐永明年间（483—493）撰修作为前代史的《宋书》时，就把徐爰的这一主张也实现了。此后"南、北八史列传，只述开国功臣，胥用沈法"，③南北朝纪传体王朝史的书写，呈现了"开国群雄传"的结构性缺失。④

从刘宋朝廷的反应看，徐爰将刘宋国史"起元"前移的做法显然并非仅为个人意见，而是时代意识形态推动的结果。这一"禅让前起元"的原则不仅在大明六年当时得到了朝廷人士的全面赞成，亦为其后萧齐王朝的国史书写所贯彻。《南齐书》卷五二《文学·檀超传》载：

> 建元二年，初置史官，以超与骠骑记室江淹掌史职。上表立条例。开元纪号，不取宋年。封爵各详本传，无假年表。立十志：《律历》、《礼乐》、《天文》、《五行》、《郊祀》、《刑法》、《艺文》依班固，《朝会》、《舆服》依蔡邕、司马彪，《州郡》依徐爰，《百官》依范晔，合《州郡》。班固五星载《天文》，日蚀载《五行》；改日蚀入《天文志》。以建

---

① "以'开国'为'宋公元年'"之语从侧面支持了前文对于国史书写中所谓"起元"的理解。
② 周一良在《魏晋南北朝史学与王朝禅代》一文中已经以上引徐爰上表所论为主要材料讨论了刘宋国史书写的断限问题，但认为"刘宋时史家对于这个问题在宋史上的处理，与晋代史官有近似之处。他们也采用了把宋史断限向上延伸的办法"。《魏晋南北朝史论集》，第430页。笔者的理解与此显然不同。
③ （清）钱大昕撰，方诗铭·周殿杰校点《廿二史考异》，卷二四《〈宋书〉二》，上海古籍出版社，2004年，第421页。
④ 详参本书单元二《"开国群雄传"》。

元为始。帝女体自皇宗，立传以备甥舅之重。又立《处士》、《列女传》。诏内外详议。①

"建元"为南齐高帝萧道成完成宋、齐禅代后所建的第一个年号，元年为479年。在新王朝成立的第二年即任命檀超与江淹负责国史修撰，②是因为历史书写于王朝维系"正当性"所不可或缺。而"开元纪号，不取宋年"被明确置于国史"条例"之首，也清楚说明了"起元"在国史书写中的核心地位。如前文引《公羊传》所云："元年者何？君之始年也。"在国史中将何年作为王朝的"君之始年"，也就意味着从何年开始将本王朝的"创业之主"书写为"君"。对"起元"的不同处理方式，折射出不同时代对于皇帝权力起源之正当性的不同理解。

那么，应该如何理解这里的"开元纪号，不取宋年"？周一良的解读如下：

> 据《南齐书·檀超传》，修齐史"以建元（齐高帝纪元）为始"，"开元纪号，不取宋年"。这就是说，修齐朝国史的断限不再从本朝建立向上延伸，而是从萧道成即位之年算起。③

即在周氏看来，"开元纪号，不取宋年"等同于"以建元为始"，意指南齐国史书写从"萧道成即位之年"开始算起。然而《南齐书·檀超传》所谓的"以建元为始"，并非说"修齐史'以建元为始'"，而只是针对《天文志》而言的。能否将其与作为整部国史"条例"之首的"开元纪号，不取宋年"合并理解并得出以上结论，笔者持怀疑态度。而且若将"开元纪号，不取宋年"理解为指南齐国史书写从"萧道成即位之年"也就是建元元年（479）开始，

---

① 《南齐书》，北京：中华书局点校本，1972年，第891页。
② 《史通通释》卷十二《古今正史》载："齐史。江淹始受诏著述，以为史之所难，无出于志，故先著十志，以见其才。沈约复著《齐纪》二十篇。"（第354页）刘知幾没有提到檀超，或许说明南齐国史"十志"的工作主要是由江淹完成的。
③ 周一良《魏晋南北朝史学与王朝禅代》，《魏晋南北朝史论集》，第432页。

也显然与中国古代纪传体王朝史书写的一般原则相悖。建元元年时齐高帝萧道成已经五十三岁,且事实上仅三年后即别于人世。难以想象南齐国史会舍弃其创业之主在刘宋时期的创业事迹于不顾;因为对本王朝皇帝权力的起源过程进行合乎意识形态要求的书写,本是国史撰述的根本目的之所在。

与前文对于"起元"的理解相应,笔者仍将南齐国史书写的"开元纪号,不取宋年",理解为在对本王朝开国史的书写之中,于高帝萧道成起事创业之后,尽管事实上仍当宋世,也要开始以齐之纪年("齐元年"或者"齐公元年"之类)书写其创业经纬。这与前述刘宋后期徐爰所主张的刘宋国史"起元义熙,为王业之始"保持了一致,进一步贯彻了"禅让前起元"的原则。这一原则被南齐史臣明确置于国史书写的"条例"之首;而对于檀超与江淹所立国史条例,其后虽有王俭、袁彖等提出了一些异议,①但均与这一起元原则无关。结合前述刘宋大明年间朝廷对国史起元的讨论情形,可以说"禅让前起元"已经成为南朝国史书写的共识与通则。② 虽然其后梁、陈两朝之国史今已不存,但推测所用之起元形式亦当近是。

二、"取平四胡之岁为齐元":
北齐国史的"禅让前起元"

经历了刘宋前期的过渡,以大明六年(462)徐爰撰修国史为标志,"禅让前起元"被确立为南朝国史书写的新原则。为其所书写和正当化的皇帝权力起源,成为南朝意识形态的组成部分,也与魏晋王朝的相关情形构成了对比。那么,很自然的问题就是,在北朝我们是否可以观察到与此相关的动向?

---

① 王俭的异议见《南齐书》卷五二《文学·檀超传》,袁彖的异议见《南齐书》卷四八《袁彖传》。
② 沈约撰《宋书》亦在南齐永明年间。如前文所述,其中的《徐爰传》详细记述了徐爰在纂修刘宋国史时所提出的新原则。这或许也可以从侧面说明沈约所处时代在意识形态上对于徐爰主张的再确认。

北魏王朝起于塞外,其皇帝权力的起源过程自与"禅让"模式无涉。从道武帝珪到太武帝焘,在拓跋政权统一华北的漫长过程中,其与其他十六国政权以及南朝的关系基本以相互间的武力征伐与臣服支配为主;① 而在魏晋南朝已经意识形态化的"正统论"式的王朝更替观念似乎影响有限。② 如著名的天兴元年(398)六月丙子道武帝"议定国号诏":

> 群臣曰:"昔周秦以前,世居所生之土,有国有家,及王天下,即承为号。自汉以来,罢侯置守,时无世继,其应运而起者,皆不由尺土之资。今国家万世相承,启基云代。臣等以为若取长远,应以代为号。"诏曰:"昔朕远祖,总御幽都,控制遐国,虽践王位,未定九州。逮于朕躬,处百代之季,天下分裂,诸华乏主。民俗虽殊,抚之在德,故躬率六军,扫平中土,凶逆荡除,遐迩率服。宜仍先号,以为魏焉。布告天下,咸知朕意。"③

---

① 早期北魏史是北朝史研究的一大热点,可参考田余庆《拓跋史探》,北京:三联书店,2003年;严耀中《北魏前期政治制度》,长春:吉林教育出版社,1990年;李凭《北魏平城时代》,上海古籍出版社,2011年;张金龙《北魏政治史》,兰州:甘肃教育出版社,2008年;郑钦仁《北魏官僚机构研究》,台北:稻禾出版社,1995年;同氏《北魏官僚机构研究续篇》,台北:稻禾出版社,1995年;康乐《从西郊到南郊:国家祭典与北魏政治》,台北:稻乡出版社,1995年;川本芳昭《魏晋南北朝时代の民族問題》,东京:汲古书院,1998年;松下憲一《北魏胡族体制論》,札幌:北海道大学大学院文学研究科,2007年;佐藤賢《北魏前期の「内朝」「外朝」と胡漢問題》,《集刊東洋学》88,2002年,第21—41页;同氏《北魏内某官制度の考察》,《東洋学報》86‐1,2004年,第37—64页。
② 关于中国古代王朝的"正统论",可参考饶宗颐《中国史学上之正统论》,上海远东出版社,1996年。
③ 《魏书》卷二《太祖纪》,北京:中华书局点校本,1974年,第32—33页。此段议论中的"宜仍先号,以为魏焉",指登国元年(386)拓跋珪曾由"代王"改称"魏王"。又《魏书》卷二四《崔玄伯传》载其关于北魏国号的议论曰:"三皇五帝之立号也,或因所生之土,或即封国之名。故虞夏商周始皆诸侯,及圣德既隆,万国宗戴,称号随本,不复更立。……国家虽统北方广漠之土,逮于陛下,……是以登国之初,改代曰魏。……夫'魏'者大名,神州之上国,斯乃革命之征验,利见之玄符也。臣愚以为宜号为魏。"其后"太祖从之。于是四方宾王之贡,咸称大魏矣"(第620—621页)。关于北魏国号,学界已有不少讨论,重要者如田余庆《〈代歌〉、〈代记〉和北魏国史——国史之狱的史学史考察》,收入氏著《拓跋史探》,第217—243页;何德章《北魏国号与正统问题》,《历史研究》1992年第3期,第113—125页;松下憲一《北魏胡族体制論》第五章《北魏の国号「大代」と「大魏」》,第111—158页;佐藤賢《もうひとつの漢魏交替——北魏道武帝期における「魏」号制定問題をめぐって》,《東方学》113,2007年,第15—33页。

虽然有着群臣以"代"为国号和"诏曰"以"魏"为国号的分歧,①但两者都以北魏国家为一"万世相承"、"启基云代"的古老政权,在经历"扫平中土"、"遐迩率服"的过程之后,上升为"王天下"的正统王朝。这里我们虽然可以看到华夏政治社会在战国以后所发展出的"天下国家论"的明显介入,②却与魏晋南朝"禅让"模式的王朝更替差别极大;③后者中新王朝的"创业之主"都来自于前代王朝的内部,且与前代王朝有着明确的"君臣关系"存在。

不过,在孝文帝掌权之后,可以观察到北魏的统治群体对于本王朝的皇帝权力起源过程进行了可视为"再书写"的一系列努力。如将宗庙中的"太祖"之位由平文帝后移至道武帝,④将北魏的五行德次由土德改为水德以越过五胡国家群直承西晋王朝,⑤都是其中的重要步骤。同样的努力也出现在国史书写方面。《史通通释》卷十二《古今正史》载:

> 元魏史。……初,《国记》自邓、崔以下,皆相承作编年体。至孝文太和十一年,诏秘书丞李彪、著作郎崔光,始分为纪、传异科。宣武时,命邢峦追撰《孝文起居注》。既而崔光、王遵业补续,下讫孝明之世。温子昇复修《孝庄纪》,济阴王晖业撰《辨宗室录》。魏史官私所撰,尽于斯矣。齐天保二年,敕秘书监魏收博采旧闻,勒成一

---

① 事实上终北魏一代"大代"之号都未曾废止,参考松下宪一《北魏胡族体制论》第五章《北魏の国号「大代」と「大魏」》。
② 参考前引甘怀真《从天下国家的观点论中国中古的朝代》,第13—15页。
③ 何德章、佐藤贤都认为北魏之"魏"乃是承续曹魏,笔者并不赞同这一解读。从现实的层面来说,如田余庆《〈代歌〉、〈代纪〉和北魏国史——国史之狱的史学史考察》所指出的,登国元年行用魏号,是拓跋珪欲以称魏国之王为手段,宣告魏地是其势力范围,以抵抗来自后燕及慕容永等敌对势力的军事威胁,;而天兴元年拓跋珪称帝后行用魏号,似仅停留于以"德治理论"破解"华夷难题"层面的"天下国家论"(参考前引甘怀真《从天下国家的观点论中国中古的朝代》,第14—15页),尚未与"正统论"式的王朝更替观念完全连接。
④ 参考佐川英治《東魏北齊革命と『魏書』の編纂》,《東洋史研究》64-1,2005年,第37—64页;王铭《"正统"与"政统":拓跋魏"太祖"庙号改易及其历史书写》,《中华文史论丛》2011年第2期,第293—325页。
⑤ 参考罗新《十六国北朝的五德历运问题》,《中国史研究》2004年第3期,第47—56页。

史。……上自道武,下终孝靖,纪、传与志凡百三十卷。①

所谓"《国记》",就是在北魏前期两度引发"国史之狱"的北魏编年体国史,主事者主要包括邓渊、崔浩、高允诸人。② 而在魏收《魏书》之前,拥有"纪传体王朝史"规模的北魏"国史",事实上是从太和十一年(487)李彪、崔光等修史才开始的。《魏书》中有两处具体涉及此事的记载。卷六二《李彪传》载:

> 自成帝以来至于太和,崔浩、高允著述《国书》,编年序录,为《春秋》之体,遗落时事,三无一存。彪与秘书令高祐始奏从迁、固之体,创为纪、传、表、志之目焉。③

又卷五七《高祐传》载祐上表曰:

> 惟圣朝创制上古,开基《长发》,自始均以后,至于成帝,其间世数久远,是以史弗能传。臣等疏陋,忝当史职,披览《国记》,窃有志焉。愚谓自王业始基,庶事草创,皇始以降,光宅中土,宜依迁、固大体,令事类相从,纪传区别,表志殊贯,如此修缀,事可备尽。④

将国史从编年体改为纪传体,并不仅止于书写体例的改变,更意味着是对于本王朝皇帝权力起源过程的再书写。尤其上引高祐所谓"王业始基,庶

---

① 《史通通释》,第 364—365 页。刘知幾的这段叙述当本于《北齐书》卷三七《魏收传》,北京:中华书局点校本,1972 年,第 487—488 页。但今本《北齐书·魏收传》系后人以《北史》卷五六《魏收传》补,北京:中华书局点校本,1974 年,第 2030—2031 页。
② 关于邓渊的"国史之狱",参考前引田余庆《〈代歌〉、〈代纪〉和北魏国史——国史之狱的史学史考察》;关于崔浩的"国史之狱",参考周一良《魏晋南北朝史札记·〈魏书〉札记》之《崔浩国史之狱》,第 342—350 页;陈识仁《崔浩案外二题》,收入黄清连编《结网三编》,台北:稻乡出版社,2007 年,第 27—64 页;松下憲一《北魏崔浩國史事件——法制からの再檢討》,《東洋史研究》69-2,2010 年,第 205—232 页。
③ 《魏书》,第 1381 页。
④ 《魏书》,第 1260 页。

事草创,皇始以降,光宅中土",李彪在宣武年间再次上表请修国史中所谓"唯我皇魏之奄有中华也,岁越百龄,年几十纪。太祖以弗违开基,武皇以奉时拓业",①都强调了道武帝拓跋珪在北魏史上的特殊地位;学者由是指出,"在这一意义上,《魏史》(引者:即北魏纪传体国史)乃是以孝文帝的汉化政策为归结点的中华王朝的发展史"。②

其后孝文迁都,③乃至河阴变起,④伴随着政治和社会形势翻天覆地的变化,北魏王朝及其统治人群在关于本王朝皇帝权力起源过程的再书写上也经历了若干反覆,学者已有申论。⑤ 不过遗憾的是,关于拥有如此丰富变奏的北魏纪传体国史书写是如何处理"起元"问题的,我们今天找不到任何材料可以说明,只能暂置不论。

自北魏末年的大乱局中崛起的北齐、北周两王朝,其皇帝权力的起源过程与当年的北魏相比已经有很大不同。其中最为显著的区别,就是它们都是以"禅让"模式完成王朝更替的。这意味着要承认北魏为其之前的正统王朝,也说明了"正统论"式的王朝更替观念在北魏后期已经意识形态化。东魏、西魏对立局面的出现,正是这一意识形态发挥作用的历史性表现。⑥

具体到北齐王朝,其皇帝权力起源过程实际上与魏晋王朝是比较相似的。"创业之主"高欢一直以"魏臣"的身份东征西讨,其后也经历了身份"去臣化"过程,但最终完成魏齐禅代、正式即位为帝的却是其子文宣帝

---

① 《魏书》,第1394页。
② 佐川英治《東魏北齊革命と『魏書』の編纂》,第49页。
③ 关于孝文帝迁都,参考何德章《论北魏孝文帝迁都事件》,收入氏著《魏晋南北朝史丛稿》,北京:商务印书馆,2010年,第1—25页;松下憲一《北魏胡族体制論》第四章《北魏の洛陽遷都》,第87—110页。
④ 关于"河阴之变",参考窪添慶文《河陰の変小考》,收入氏著《魏晋南北朝官僚制研究》,东京:汲古书院,2003年,第439—454页;陈爽《河阴之变考论》,收入《中国社会科学院历史研究所学刊》第4集,北京:商务印书馆,2007年。
⑤ 参考前引佐川英治《東魏北齊革命と『魏書』の編纂》、王铭《"正统"与"政统":拓跋魏"太祖"庙号改易及其历史书写》。
⑥ 何德章《北魏帝位异动与东西魏的政治走向》指出,北魏末年的帝位更替,实际上是以确立孝文帝的法统为其政治内涵。文载武汉大学中国三至九世纪研究所编《魏晋南北朝隋唐史资料》第18辑,2001年,第51—62页。

高洋。① 那么,北齐国史是如何处理其"君之始年"的问题的呢? 幸运的是,关于北齐国史书写中的"起元"问题,有着相当集中的材料存在。《北齐书》卷四二《阳休之传》载:

> 又魏收监史之日,立《高祖本纪》,取平四胡之岁为齐元。收在齐州,恐史官改夺其意,上表论之。武平中,收还朝,敕集朝贤议其事。休之立议从天保为限断。魏收存日,犹两议未决。收死后,便讽动内外,发诏从其议。②

所谓"平四胡之岁",指北魏永熙元年(532)。其年闰三月,北齐高祖武帝高欢在韩陵之战中击溃诸尔朱氏势力,由此奠定其霸业基础。那么所谓"立《高祖本纪》,取平四胡之岁为齐元",根据前文对于"起元"的解读,即指在北齐国史之《高祖本纪》的书写中,自永熙元年就开始使用齐之纪年("齐元年"或者"高祖元年"之类),而非在北魏年号纪年之下来书写高欢的"创业"经纬。据上引文,魏收自任监国史职起就确立了这一书写原则,并一直维持到了他去世之日。魏收任监国史在天保八年(557),去世则在武平三年(572)。③ 可以说在北齐统治的主要时段之内,王朝的国史书写一直都是"取平四胡之岁为齐元"。这与南朝自刘宋大明六年(462)徐爰撰修国史以来出现的"起元义熙,为王业之始"、"开元纪号,不取宋年"都是一致的,也贯彻了"禅让前起元"原则。

上引材料提到阳休之任史官时,"立议从天保为限断",即在国史书写中从文宣帝高洋正式接受东魏禅让、建立新朝开始才以北齐年号纪年(天

---

① 具体参见《魏书》、《北齐书》、《北史》之本纪中的相关记载,此不赘述。又高洋是在高欢原定的继承人即其兄高澄意外死亡后成为"齐王"之继承人的。关于高澄之死的政治背景,参考何德章《高澄之死臆说》,收入氏著《魏晋南北朝史丛稿》,第355—368页;姜望来《谣谶与北朝政治研究》附录《高洋所谓"殷家弟及"试释》,天津古籍出版社,2011年,第243—269页;稲住哲朗《北齊文宣帝高洋の即位と婁太后》,《東アジアと日本——交流と変容》4,2007年,第1—10页。
② 《北齐书》,第563页。
③ 参考《北史》卷五六《魏收传》,第2028、2038页。

保元年为550年)。这等于是回到了魏晋王朝国史书写中的"禅让后起元",显然与魏收所主有异。从"发诏从其议"的记载看来,在魏收死后,这一提议似乎还一度得到了诏书的确认。但是,《魏书·阳休之传》中的这段记载却是作为阳休之"晚节有缺"的几个例证之一来加以叙述的,并在最后总结道,"凡此诸事,深为时论所鄙"。① 与恃才轻薄的魏收有所争执,恐怕还算不上是一种道德上的缺失。之所以"深为时论所鄙",也许是因为阳休之的这一动议有不惜违背当时公认的国史书写通则来谄媚"今上"的嫌疑。②

关于北齐当时国史书写"起元"问题的"时论"如何,还可以找到更多的材料来加以说明。《北史》卷七二《李德林传》载:

> 魏收与阳休之论《齐书》起元事,百司会议。收与德林致书往复,词多不载。③

可见在这场争论之中,李德林也是参与其中的。当时他还非常年轻,却已经在朝野崭露头角。而为《北史》"词多不载"的魏收与李德林之间的"致书往复",在《隋书》卷四二《李德林传》中仍多有留存,弥足珍贵。以下逐段加以分析:

> 魏收与阳休之论《齐书》起元事,敕集百司会议。收与德林书曰:"前者议文,总诸事意,小如混漫,难可领解。今便随事条列,幸为留怀,细加推逐。凡言或者,皆是敌人之议。既闻人说,因而探论耳。"④

---

① 《北齐书》,第563页。
② 《太平御览》卷六〇三《文部十九·史传上》引《三国典略》曰:"齐主以魏收之卒也,命中书监阳休之裁正其所撰《魏书》。休之以收叙其家事稍美,且寡才学,淹延岁时,竟不措手,惟削去嫡庶一百余字。"北京:中华书局,1960年重印商务影宋本,第2714页。这段记载也颇可反映阳休之的人品学识。
③ 《北史》,第2505页。
④ 《隋书》,北京:中华书局点校本,1973年,第1195页。

从这段叙述来看,李德林无疑是站在了支持魏收的立场上。① 所谓"敌人之议",指的当然是阳休之等人在"《齐书》起元事"上"从天保为限断"的立议。从其后两人的书信往来内容看,主要是魏收在向李德林请教。李德林虽为魏收之晚辈,但在学识方面,他显然为魏收提供了非常重要的支持。② 由此也可以推测,魏收起初在国史书写中主张"立高祖本纪,取平四胡之岁为齐元",可能也只是遵循某种传统或者惯例的做法;至于其经典依据何在,并没有深入考量。所以在遭人非议攻讦之后,还要来向晚辈李德林讨教。《隋书》同传下文载李德林复书曰:

> 即位之元,《春秋》常义。谨按鲁君息姑不称即位,亦有元年,非独即位得称元年也。议云受终之元,《尚书》之古典。谨按《大传》,周公摄政,一年救乱,二年伐殷,三年践奄,四年建侯卫,五年营成周,六年制礼作乐,七年致政成王。论者或以舜、禹受终,是为天子。然则周公以臣礼而死,此亦称元,非独受终为帝也。蒙示议文,扶病省览,荒情迷识,暂得发蒙。当世君子,必无横议,唯应阁笔赞成而已。辄谓前二条有益于议,仰见议中不录,谨以写呈。③

"即位之元,《春秋》常义"、"受终之元,《尚书》之古典"与"舜、禹受终,是为天子",显然都是阳休之等的"敌人之议",为主张国史"从天保为限断"而引经据典。《春秋》、《尚书》经典中的"受终"、"即位",指向的都是现实中以"禅让"模式完成的魏、齐王朝更替。也就是说,要在王朝更替正式完成之后,才以齐之"元年"记事。这也意味着北齐高祖高欢的"创业"事迹,要在北魏、东魏年号纪年之下来书写。国史书写中的"君之始年",应该始自

---

① 李德林为博陵安平人,父敬族"魏孝静帝时,命当世通人正定文籍,以为内校书,别在直阁省"(《隋书》卷四二《李德林传》,第1193页)。而魏收为钜鹿下曲阳人,孝静帝时曾任散骑常侍、兼中书侍郎、著作郎,主修国史(《北史》卷五六《魏收传》,第2026页)。《隋书·李德林传》又载其年十五即已"善属文,辞核而理畅。魏收尝对高隆之谓其父曰:'贤子文笔终当继温子升。'"显示魏收与李德林家族似有私交。
② 当然也不排除这其中有《隋书》编者的有意剪裁,以达到抬高、美化李德林的目的。
③ 《隋书》,第1195页。

文宣帝高洋的天保元年(550)。

对此,秉持"以平四胡之岁为齐元"立场的李德林,亦引经典中的鲁君息姑和周公为例,主张即使实际上当时未即帝位,甚至"以臣礼而死"(即终身保持了"臣"的身份),但在王朝后来关于皇帝权力起源的历史书写中也是可以称"元"纪年的。从所引周公摄政称"一年救乱"、"二年伐殷"之例,可以推测魏收所主张的"取平四胡之岁为齐元"国史书写形式亦当近似,即为"齐元年"、"齐二年"之类。

前文第一章曾经论述西晋朝廷关于国史"起元"的争论,并指出在陆机所主持的国史书写实践中,立有"三祖本纪",同时也贯彻了贾谧等所主张的"从泰始为断",也就是"禅让后起元"。这一"故事"在北齐朝廷的这场"起元"争论中显然曾为阳休之一方引以为援,且似颇受瞩目;故李德林在给魏收的复信中不得不数次对"士衡之谬"加以辨析:

> 摄之与相,其义一也。故周公摄政,孔子曰"周公相成王";魏武相汉,曹植曰"如虞翼唐"。或云高祖身未居摄,灼然非理。摄者专赏罚之名,古今事殊,不可以体为断。陆机见舜肆类上帝,班瑞群后,便云舜有天下,须格于文祖也,欲使晋之三主异于舜摄。窃以为舜若尧死狱讼不归,便是夏朝之益,何得不须格于文祖也?若使用王者之礼,便曰即真,则周公负扆朝诸侯,霍光行周公之事,皆真帝乎?斯不然矣。必知高祖与舜摄不殊,不得从士衡之谬。……
>
> 陆机称纪元立断,或以正始,或以嘉平。束晳议云,赤雀、白鱼之事。恐晋朝之议,是并论受命之元,非止代终之断也。公议云陆机不议元者,是所未喻,愿更思之。陆机以刊木著于《虞书》,鼋黎见于《商典》,以蔽晋朝正始、嘉平之议,斯又谬矣。唯可二代相涉,两史并书,必不得以后朝创业之迹,断入前史。若然,则世宗、高祖皆天保以前,唯入魏氏列传,不作齐朝帝纪,可乎?此既不可,彼复何证!①

---

① 《隋书》,第1196—1197页。

前文曾据《初学记》卷二一《文部·史传》"帝书、王籍"条引陆机《〈晋书〉限断议》曰："'三祖'实终为臣,故书为臣之事,不可〔不〕如'传',此实录之谓也。而名同帝王,故自帝王之籍,不可以不称'纪',则追王之义。"①而北齐时代的李德林显然有机会读到更为完整的陆机《〈晋书〉限断议》,上引文中所提示的陆机之议是非常珍贵的。可以看到,在西晋朝廷的国史"起元"争论中,陆机的确是站在了贾谧等"从泰始为断"的一方,其具体意见包括:

其一,西晋三祖与舜摄不同。因为舜摄政而有天下经过了"格于文祖",也就是受终于尧之祖庙的程序,而西晋三祖未经此程序,故不能视为摄政乃至有天下。

其二,"刊木"为夏禹之事,见于《尚书·虞书·益稷》;"耆黎"即"戡黎",为周文王之事,《西伯戡黎》见于《尚书·商书》。陆机引此"以蔽晋朝正始、嘉平之议",似意在说明新王朝"创业之主"的事迹亦载于前代王朝的纪传体王朝史中,也就是在前代王朝的纪年之下书写的;则在本王朝国史中书写时,自不必如主张"用正始开元"、"宜嘉平起年"者所说的那样,需在新王朝之纪年下书写。

然而在李德林看来,第一,舜有天下须"格于文祖",乃是一种特殊情形下的临时举措,未可视为通例;而高欢所居者虽然乃"相"而非"摄",但二者实质上并没有什么不同,关键在于是否曾"专赏罚"。高欢相魏当同于"舜摄"。这也意味着即使高欢未及魏、齐禅让,也已经可以视为"有天下"之"君"了。第二,固然在前代王朝与本王朝各自的纪传体王朝史中,本王朝的"创业之主"都会占有一席之地;但本王朝国史中所要书写的乃是"创业之迹",也就是本王朝皇帝权力起源的正当过程,"前代史"的书写方式完全不能适用于这一要求。所谓天保以前的高祖高欢、世宗高澄不可能"唯入魏氏列传,不作齐朝帝纪",其意正在乎此。

又有"敌人之议"主张国史中所谓的"书元年者",应该按照"当时实

---

① 《初学记》,第 503 页。

录",而非事后"追书"。也就是说,既然在高欢相魏之时,天下行用元魏年号,则北齐国史在书写这段历史时只需如实记录直书即可。对于这种论调,李德林的态度更为鲜明:

> 大齐之兴,实由武帝,谦匿受命,岂直史也?……若欲高祖事事谦冲,即须号令皆推魏氏。便是编魏年,纪魏事,此即魏末功臣之传,岂复皇朝帝纪者也。①

对于北齐王朝的国史书写而言,最为重要的"历史事实",并非"年号"这样的表面记录,而是所谓的"大齐之兴"。而欲"如实"描述这一"历史秩序"的形成过程(所谓"直史"也),国史之纪年也就不再是单纯的表面记录,而具有了标志性的权力意味(所谓"号令"也)。"大齐之兴,实由武帝",则在书写武帝高欢的"创业之迹"时,虽然仍当魏世,也必须行用本王朝之"大齐"纪年。李德林在这里将国史"以平四胡之岁为齐元"的主张,明确与本王朝皇帝权力起源过程的书写联系起来进行解读,对于我们深刻理解前述刘宋后期以来国史书写中"禅让前起元"装置所承担的意识形态功能,无疑也具有重要意义。

事实上在高欢创业乃至魏、齐禅让的整个过程中,与南朝刘宋以后的情形类似,魏晋以来所形成的关于王朝更替的意识形态典范并未被完全否定。"禅让"仍然是王朝更替的基本模式就是最好的证明。"创业之主"对于前朝而言的"功臣"身份,在正当化新王朝皇帝权力起源方面也继续占有一席之地。这方面我们可以看到一个有趣的例子。东魏天平三年(536)肆州新兴郡所立《七宝山灵光寺造像记》曰:

> 统御天下者,非贤圣无以承其先;开基立业者,非能哲何能纂其次。羲皇垂代之初,尧舜遵而成轨。夏殷周制礼兴隆,汉魏述而知法。刘石增晖,苻姚重焕。太武、孝文皇帝,可谓中代贤君,

---

① 《隋书》,第1196—1197页。

> 是以子孙绍袭,国祚永隆。今高王神圣重光,翼弼大魏,荡定天下,使平世累叶,芬葩无穷。当今八风相合,六律相应,雨泽以时,五谷丰熟,民安足食,兵钾不起,四海晏安,中夏清密,礼乐日新,政和民悦。①

此造像记虽为山西地方底层僧众所立,但其中所表现出的历史认识与时代认识,当来自于其时的东魏洛阳朝廷,以及背后遥制的高欢晋阳霸府。"今高王神圣重光,翼弼大魏,荡定天下,使平世累叶,芬葩无穷",刻意强调了高欢对于北魏王朝的绝大功劳;其后的"八风相合,六律相应,雨泽以时,五谷丰熟"云云,则是与此相应的天地秩序达至了和谐。王朝更替的契机即暗含于此。十五年后魏、齐禅代之时,东魏皇帝的诏书之中,也仍然遵循南朝刘宋以来的规范惯例,详列"齐王"的"十三大功",以为禅让张本。

然而在禅让完成之后,由新王朝重新书写本王朝的皇帝权力起源过程之时,也就是在国史的书写之中,如前引魏收与李德林之言所显示的,却有新的意识形态动向出现。值得注意的是,李德林否定北齐国史"以天保为限断"——即"禅让后起元"——的理由,在于这种"号令皆推魏氏"、"编魏年、纪魏事"的书写方式会将本朝的"创业之主"高欢塑造为"事事谦冲"的"魏末功臣"形象。这一方面从反面印证了前文第一章所论魏晋王朝通过国史中的"禅让后起元"所书写的皇帝权力起源的"正当性"之所在,另一方面也折射出,伴随着南北朝历史的持续进展,包括了意识形态因素在内的皇帝权力结构在这一方面所发生的巨大转换。显然,前代王朝之"功臣",已经不再是新王朝的皇帝权力正当起源的首要条件,某种程度上反而变得有损于此;"创业"这一暴力成就本身,取代了对于前代王朝而言的"功业",成为了这一历史时期的皇帝权力正当起

---

① 牛诚修辑《定襄金石考》卷一,收入《石刻史料新编》第二辑第十三册,台北:新文丰出版公司,1979年,第9949页。参考侯旭东《北朝村民的生活世界:朝廷、州县与村里》,北京:商务印书馆,2005年,第286页。

源的新起点。①

北齐国史书写的这场争论最后结果如何,今天已经不能确知了。但是从阳休之所为"深为时论所鄙"和李德林后来也参与了北齐"国史"的编撰看来,②魏收最初所确立的"起元"原则可能并未受到根本动摇。甚至可以看到,"禅让前起元"一直持续到了唐代前期的国史书写之中。③ 若将唐代前期某种程度上仍然作为"后南北朝时代"来把握的话,④则可以说以大明六年(462)徐爰撰修国史为标志,南北朝双方所实践的国史书写在"起元"标准上保持了一致。这与这一时期纪传体王朝史中"开国群雄传"的结构性缺失又是正相对应的。⑤

三、结　语

通过以上略嫌繁琐的考察,魏晋南北朝国史书写中所谓"起元"问题的转换轨迹,已经清晰显露出来。可以看到,从率先以"禅让"模式完成王朝更替的魏晋时期开始,王朝国史书写实践的是"禅让后起元",即必须在前代王朝纪年之下来书写本朝的"创业之主",行用本王朝之纪年则须待禅让完成之后。而以刘宋大明六年(462)徐爰撰修国史为转折点,在南北

---

① 《汉书》卷五《景帝纪》元年(前156)冬十月诏曰:"盖闻古者祖有功而宗有德,……"其后颜师古注引应劭曰:"始取天下者为祖,高帝称高祖是也。始治天下者为宗,文帝称太宗是也。"师古又曰:"应说非也。祖,始也,始受命也。宗,尊也,有德可尊。"(第138页)阿部幸信《漢初「郡国制」再考》指出,从颜师古对于应劭的批评中,也可以看出自刘宋前后至于唐代,关于王朝之"祖"、"宗",出现了与前代不同的理解。载《日本秦漢史学会会報》9,第58—60页。这与本文所论南北朝皇帝权力起源正当性之转换在一定程度上可以相互照应,但仍须进一步讨论。
② 参考《隋书·李德林传》以及《史通·古今正史》中的相关记载。
③ 《唐会要》卷六三《修国史》载高宗显庆元年(656)所成之令狐德棻《国史》"起义宁,尽贞观末,凡八十一卷"。北京:中华书局,1956年,第1093页。"义宁"乃唐高祖李渊在长安拥立隋恭帝后所改之年号(元年为617年),可视为唐王朝的"创业"之年,但距其受隋禅后改元武德、正式建立唐王朝尚有年余。关于唐代国史书写中的"起元"与"开国群雄传"问题,详参本书单元二第二章《〈旧唐书〉"隋末群雄传"形成过程臆说》。
④ 宇文所安(Stephen Owen)《史中有史:从编辑〈剑桥中国文学史〉谈起》(上),《读书》2008年第5期,第21—30页。
⑤ 详参本书单元二第一章《"开国群雄传"小考》。

朝所实践的国史书写之中,都出现了"起元"前移的显著变化。即自本王朝开国之君创业伊始,就开始废弃前代王朝年号纪年而行用本王朝之纪年,并无须等到"禅让"完成。也就是说,是由"禅让后起元"转为"禅让前起元"了。

需要指出的是,上述"禅让前起元"的书写方式似仅应用于刘宋以降的南北朝各朝"国史"。在今天所见各"前代史"的场合,则仍然是"禅让后起元"。如沈约在萧齐永明年间(483~493)所撰《宋书》,以东晋义熙年号记述刘裕创业经纬;李百药在唐代贞观年间(627~649)所撰《北齐书》,也是在北魏年号之下来书写高欢事迹的。可以推测,这是后代纂修"前代史"时对前朝"国史"进行相应删改的结果。差异的存在,反而更加凸显了"起元"在本朝国史书写中所承担的重要意识形态功能。

国史书写中"起元"的上述转换轨迹,与所谓的"开国群雄传"存在着密切关系。也是肇端于刘宋大明年间的徐爰撰修国史,纪传体王朝史中的开国群雄传经历了自存在到缺失的显著变化。① 二者以不同的联动方式,共同在王朝皇帝权力起源的书写中发挥着重要的意识形态功能。如下表所示:

表1　中古时期"起元"与"开国群雄传"联动装置示意

阶　　段	联 动 装 置
A. 魏晋~刘宋前期②	禅让后起元+开国群雄传
B. 刘宋后期~唐代前期	禅让前起元-开国群雄传

在阶段 A 的国史书写中,"禅让后起元+开国群雄传"这一联动装置,强调了本王朝"创业之主"在前代王朝的"臣"之身份与平定前代王朝末世乱局的"功业"之所在;显示在本王朝皇帝权力起源的书写中,对于前代王朝而言的"功臣"身份,是其获致"正当性"的必要条件。这与这一时期"禅让"模式下的王朝更替在意识形态上也保持了一致。

---

① 详参本书单元二第一章《"开国群雄传"小考》。
② 本表的所谓"刘宋前期"、"刘宋后期",以大明六年(462)的徐爰撰修国史为界。

而进入阶段 B 后,尽管王朝更替表面上仍然继续行用"禅让",但国史书写转而采用"禅让前起元—开国群雄传"的联动装置,却透露出这一时期王朝皇帝权力起源在"正当性"上所发生的巨大转换。"创业之主"取代"前朝功臣",即"创业"这一暴力成就本身,取代了对于前代王朝而言的"功业",成为了这一历史时期王朝皇帝权力起源的新起点。这其中已然内含了对于"禅让"模式的否定以及新的王朝更替观念之可能。

【再版补记】关于拙著前两单元讨论的"起元"与"开国群雄传"问题,柳春新《陆机〈晋记〉与晋史的修撰起源》(载《魏晋南北朝隋唐史资料》第 32 辑,2015 年)与何德章《评〈中古时代的历史书写与皇帝权力起源〉》(载《中国史研究》2016 年第 1 期)从不同角度出发,提示了不同于拙著的理解思路,大大推进了学界在这一问题上的理解深度。

第三章　西魏北周无年号纪年考

一、问题的提出

与前两章所讨论的魏晋和刘宋、北齐王朝相比,北周并没有留下与国史书写的"起元"问题直接相关的材料。这或许和北周王朝本身的历史书写发展程度有关。《史通通释》卷十二《古今正史》载:

> 宇文周史。大统年有秘书丞柳虯兼领著作,直辞正色,事有可称。至隋开皇中,秘书监牛弘道撰《周纪》十有八篇,略叙纪纲,仍皆抵忤。皇家贞观初,敕秘书丞令狐德棻、秘书郎岑文本共加修辑,定为《周书》五十卷。①

大统为西魏文帝年号。所谓"大统年有秘书丞柳虯兼领著作",据《周书》卷三八《柳虯传》,事在大统十四年(548)。② 而魏、周禅代之后,如《史通》上引文所示,未见北周王朝本身有如北齐那样积极的"国史"修撰

---

① 《史通通释》,第369—370页。
② 《周书》,北京:中华书局点校本,1971年,第681页。

行为。① 关于北周的第一部纪传体王朝史，是作为"前代史"的唐贞观年间所修《周书》。如前章文末所论，在"前代史"的场合，事实上与我们这里所讨论的"起元"问题无关。

然而，历史书写的不够发达，并不意味着就没有意识形态上的需求。事实上，如陈寅恪先生所指出的，正是由于自身政治、军事实力不及北齐，文化正统方面又不如萧梁，宇文泰及其周边群体才更加需要以意识形态方面的努力来凝聚关陇人心，以求自存乃至进一步的发展。② 拟《尚书》以布文诰，③仿《周官》而改官制，④其背后的动力莫不在此。本章所要讨论的"无年号纪年"，也可以从这样的视角出发，将其视为北周王朝在正当化其皇帝权力起源的过程方面所采取的一个特别举措。

如所周知，作为宣示皇帝支配权力最为基本的意识形态装置之一，自从汉武帝太初元年（前104）启用"年号"纪年之后，⑤中国历代王朝均沿用

---

① 北周的"六官"体系中并非没有史官的位置。（唐）李林甫等撰，陈仲夫点校《唐六典》卷八《门下省》"起居郎"条载："后周春官府置外史，掌书王言及动作，以为国志，即其任也；又有著作二人，掌缀国录，盖起居注、著作自此分也。"北京：中华书局，1992年，第248页。（唐）杜佑撰，王文锦等点校《通典》卷二一《职官三》"起居"条略同，北京：中华书局，1988年，第556页。参考王仲荦《北周六典》卷四《春官府》"外史下大夫"条与"著作上士"条，北京：中华书局，1979年，第186—192页。
② 见陈寅恪《隋唐制度渊源略论稿》和《唐代政治史述论稿》中的相关叙述，北京：三联书店《陈寅恪集》版，2001年；亦可参考万绳楠整理《陈寅恪魏晋南北朝史讲演录》，合肥：黄山书社，1987年。
③ 参考（清）赵翼撰，王树民校证《廿二史札记校证》卷十五《魏齐周隋书并北史·后周诏诰用尚书体》，第327—330页。其中苏绰所撰"六条诏书"尤其吸引了学者的注意，参考谷川道雄《中国中世社会与共同体》第三编第二章《西魏"六条诏书"中的士大夫伦理》，东京：国书刊行会，1976年，本书所引为中译本，马彪译，北京：中华书局，2002年，第218—236页；渡辺信一郎《天空の玉座——中国古代帝国の朝政と儀礼》第Ⅱ章《元会の構造—中国古代国家の儀礼の秩序—》，东京：柏書房，1996年，第105—194页；魏斌《五条诏书小史》，武汉大学中国三至九世纪研究所编《魏晋南北朝隋唐史资料》第25辑，2010年，第1—21页。
④ 参考前引陈寅恪《隋唐制度渊源略论稿》之三《职官》；王仲荦《北周六典》当然更是这方面的经典之作。具体研究方面，可参考榎本あゆち《西魏末、北周の御正について》，《名古屋大学東洋史研究報告》25，2001年，第160—174页；前島佳孝《柱国と国公——西魏北周における官位制度改革の一齣》，《九州大学東洋史論集》34，2006年，第71—109页；同氏《西魏宇文泰政権の官制構造について》，《東洋史研究》69-4，2011年，第576—610页。
⑤ 参考前引辛德勇《重谈中国古代以年号纪年的启用时间》。

不革；中古时代更是多有在其上做文章者。① 影响所及，甚至柔然这样以"可汗"为首脑的北族游牧政治体，也用上了年号。② 然而在西魏北周之际，却赫然存在着一段不用年号纪年的时期。清人赵翼很早即已注意到了这一现象：

> 自汉武帝创置年号，便于记事，诚万世不易之良法，然后世有不用年号者。《周书·崔宣猷传》，明帝即位，依《周礼》称天王，不建年号，宣猷请仍用以记事，乃从之。是明帝即位之初无年号也，然不始于此。按西魏废帝及恭帝皆无年号，其时宇文泰当国，专用《周礼》，故不设年号，但称元年、二年，周孝闵帝禅代亦因之，直至明帝三年，因宣猷奏，乃复用年号耳。③

赵氏首先指出，北周明帝即位之初就是没有年号的。其引以为据的《周书》卷三五《崔猷传》相关记载如下：

> 世宗即位，征拜御正中大夫。时依《周礼》称天王，又不建年号，猷以为世有浇淳，运有治乱，故帝王以之沿革，圣哲因时制宜。今天子称王，不足以威天下，请遵秦汉称皇帝，建年号。朝议从之。④

可以看到，明帝即位之后（据《周书·明帝纪》，事在周三年），在崔猷的建议下，北周王朝重新恢复了"称皇帝"与"建年号"这两项秦汉以来皇帝制

---

① 参考辛德勇《所谓"天凤三年鄗郡都尉"砖铭文与秦"故鄗郡"的名称以及莽汉之际的年号问题（上）》，《文史》2011年第1期，第41—90页；辛德勇《所谓"天凤三年鄗郡都尉"砖铭文与秦"故鄗郡"的名称以及莽汉之际的年号问题（下）》，《文史》2011年第2期，第71—119页；魏斌《孙吴年号与符瑞问题》，收入《中国中古史研究：中国中古史青年学者联谊会会刊》第1卷，北京：中华书局，2011年，第134—153页。
② 参考周伟洲《敕勒与柔然》，上海人民出版社，1983年。当然中古时期也是北族政治文化深刻影响中原文化的时期，参考罗新《从可汗号到皇帝尊号》，收入氏著《中古北族名号研究》，北京大学出版社，2009年，第225—237页。
③ 参考（清）赵翼撰，王树民校证《廿二史札记校证》卷十五《魏齐周隋书并北史·魏末周初无年号》，第330—331页。
④ 《周书》，第616—617页。

度的传统。则所谓"不建年号",应该是和魏、周禅代之后北周"依《周礼》称天王"相应的配套举措。① 不过赵翼又指出,这一举措并非起于北周建立伊始,而是在魏、周禅让之前的西魏废帝及恭帝时期,也就是北周王朝的"创业之主"宇文泰时代就已经开始行用了。对此,赵氏所谓的"专用《周礼》,故不设年号",只是一个笼统的解释。事实上,宇文泰当政前期,也就是西魏文帝时代,一直行用"大统"年号。为何在废帝及恭帝即位之后即废去年号不用,而改以新的纪年方式? 其中的契机与魏、周禅代的关系如何? 应该如何理解由此而来的北周皇帝权力起源的特质? 这都是需要我们进一步加以考察的问题。

二、西魏北周无年号纪年的时代面貌

前文引赵翼之言,指出西魏北周自宇文泰当权的废帝、恭帝时期至禅让完成后的孝闵帝、明帝时期,均"不设年号,但称元年、二年"。这无疑是一个敏锐的观察。不过其历史上的具体面貌是否确实如此,还需要我们结合相关史料中的具体记载,进行一番确认工作。尤其是这一时期在以纪传体王朝史为主的传世文献史料以外,还存在着碑刻、墓志和造像记等多种类型的石刻史料,其表现形式值得注意。②

赵翼的上述印象当主要来自于唐初所修两部与北周相关的纪传体王朝史,即《周书》和《北史》。因为"编年体"的本纪相当于整部纪传体王朝史的"世界时间",表2例列出了两书三篇"本纪"中代表性的纪年方式,作为我们展开讨论的基础:

---

① 参考谷川道雄《五胡十六国、北周的天王称号》,收入氏著《增补 隋唐帝国形成史论》,东京:筑摩书房,1998年,本书所引为中译本,李济沧译,上海古籍出版社,2004年,第239—253页;内田昌功《東晋十六国における皇帝と天王》,《史朋》41,2008年,第1—15页。
② 在使用石刻材料尤其是造像记深入北朝历史内部方面,前引侯旭东《北朝村民的生活世界:朝廷、州县与乡里》及同氏《五、六世纪北方民众佛教信仰》(北京:中国社会科学出版社,1998年)为我们提供了范例。

表 2 《周书》、《北史》中的西魏、北周纪年

《周书》本纪	《北史·魏本纪》	《北史·周本纪》	相关大事记
(大统)十七年(551)	(大统)十七年	(大统)十七年	西魏文帝死,废帝立。宇文泰为大冢宰。
魏废帝元年(552)	(废帝)元年	废帝元年	侯景之乱。梁元帝即位于江陵。
(废帝)三年(554)	(废帝)三年	(废帝)三年	宇文泰废废帝,改立恭帝。
魏恭帝元年(554)	(恭帝)元年	恭帝元年	西魏军克江陵,杀梁元帝。
(恭帝)三年(556)	(恭帝)三年	魏恭帝三年	宇文泰死。
元年(557)	周闵帝元年	元年	西魏、北周禅代,孝愍帝即位。后宇文护废孝愍帝,改立明帝。
二年(558)		二年	以大冢宰宇文护为太师。
武成元年(559)		武成元年	宇文护归政,明帝亲政。

可以看到,《周书》、《北史》"本纪"中的西魏、北周部分,在西魏文帝大统十七年之后,北周明帝武成元年之前,确实皆以"不设年号,但称元年、二年"为纪年方式。而且这里所书的"武成元年"实际上相当于"(周)三年"。据《周书》卷四《明帝纪》,是年"秋八月己亥,改天王称皇帝,追尊文王为帝,大赦改元"。① 与"改天王称皇帝"的举措相应,显然这里的所谓"改元"即指废弃之前的无年号纪年方式,而建元"武成",与前引《崔猷传》所述为一事。那么,在这一年的八月之前,北周王朝仍当行用"(周)三年"的无年号纪年。

---

① 《周书》,第 58 页。

另外,虽然同是无年号纪年,上表中的西魏末期与北周初期之间也有微妙的差别存在。如废帝元年、恭帝三年之类所示,西魏无年号纪年的显示方式中包括了皇帝个人在内。而北周的无年号纪年却呈现出了分歧的面貌,《北史·魏本纪》以"周闵帝元年"为称,《周书》与《北史·周本纪》则仅称元年、二年。"废帝"、"恭帝"、"闵帝"当然都是事后追称的谥号;但上述差别的存在还是提醒我们,在西魏、北周行用无年号纪年的当时,其表现形式是否有所不同?或者是否与《周书》、《北史》所示有所不同呢?

在这一方面,庾信入北周后所作大量的碑文和墓志类作品为我们提供了非常集中的材料。试以《庾子山集注》①所收石刻史料中的西魏北周无年号纪年为对象,列表如下:

表3 庾信作碑文、志文中的西魏北周无年号纪年

石刻史料	碑文、志文写作年代推测	无 年 号 纪 年
A. 慕容宁神道碑	保定五年(565):碑文记此年葬。	后魏元年,重授敷州刺史;三年,改封武阳郡开国公;皇朝受终,文祖革命。神宗选贤与能,改弦创制,爰降册书,授公柱国,增邑四千户。二年,授同州刺史;三年,授公大司寇。
B. 豆卢永恩神道碑	天和元年(566):碑文记此年葬。	魏元年,授骠骑大将军、开府仪同三司;三年,都督成州诸军事、成州刺史;后魏元年,改封支县侯;三年,朝廷使大将安政公随突厥吐谷浑归国;周元年,授都督鄀州诸军事、鄀州刺史;二年,授陇右总管府长史。
C. 长孙俭神道碑	天和六年(571):碑文记此年"天子……再改铭旌,恩隆封墓"。	后魏二年,改武川昌宁郡开国公;三年,加都督东南道五十二州诸军事;维周革命,光宅钦明,作二天官,允谐邦治。元年,授小冢宰。

---

① (北周)庾信撰,(清)倪璠注,许逸民校点《庾子山集注》,北京:中华书局,1980年。表中史料皆出自是书卷十三、十四、十五三卷,不再一一出注。

(续表)

石刻史料	碑文、志文写作年代推测	无年号纪年
D. 郑伟墓志铭	天和六年(571)：碑文记此年葬。	魏后二年，授大将军事、江陵防主、都督十五州诸军事。
E. 赵广墓志铭	天和六年(571)：碑文记此年葬。	大周建国，宗子维城；元年，授使持节、骠骑大将军、开府仪同三司；二年，拜大将军。
F. 司马裔神道碑	建德元年(572)：碑文记此年裔与夫人合葬。	魏前元年，移镇汉中，除白马城主，领华阳郡守。
G. 宇文显和墓志铭	建德二年(573)：碑文记此年迁葬。	以魏后元年疾甚，亡于同州，春秋五十七。
H. 纥干(田)弘神道碑	建德四年(575)：碑文记此年葬。	前魏元年，转骠骑大将军开府。
I. 宇文宪神道碑	宣政元年(578)：碑文记此年宪卒，葬年未详。	后魏二年，封涪城县开国公；周元年，进爵安城郡公。
J. 宇文(郑)常神道碑	大象二年(580)：碑文记此年葬。	魏后三年，授使持节、车骑大将军、仪同三司。
K. 宇文(郑)常墓志铭	大象二年(580)：据J此年葬。	魏后三年，授使持节、车骑大将军、仪同三司。
L. 普屯(辛)威神道碑	开皇元年(581)：碑文记此年葬。	周元年，改授大将军、枹罕郡开国公，增邑一千户。

如上表所示，在庾信入北周后所作的诸碑文、墓志文中，并未出现如前引《周书》、《北史》中的"(魏)废帝元年"、"(魏)恭帝三年"、"周闵帝元年"这样与皇帝个人联系在一起的纪年方式，而是一律以魏前/前魏某年、魏后/后魏某年、周某年的面貌出现。而因为庾信作品的书写对象多为北周王公贵胄，传于《周书》者也不在少数，事实上很容易在上述两种不同的无年号纪年方式之间建立对应关系。如表3-B《豆卢永恩神道碑》记其

"魏元年,授骠骑大将军、开府仪同三司",①《周书》本传则作"魏废帝元年"云云。② 表 3 - F《司马裔神道碑》记其"魏前元年,移镇汉中,除白马城主,领华阳郡守",《周书》本传则称"魏废帝元年,征裔,令以本部镇汉中。除白马城主,带华阳郡守"。③ 不少新出北周墓志的纪年方式也可以证明这一点。如《拓跋虎墓志》记其"后元年,从晋国公平江陵",④而如表 2 所示,《周书》和《北史》都把北周平江陵之役系于魏恭帝元年。最为典型的例子当属田弘。表 3 - H《纥干(田)弘神道碑》作"前魏元年,转骠骑大将军、开府",《周书》卷二七《田弘传》则作"魏废帝元年,加骠骑大将军、开府仪同三司"。⑤ 同时《田弘墓志》亦已出土,记为"魏前元年,迁骠骑大将军、开府"。⑥《新出魏晋南北朝墓志疏证·田弘墓志》就此指出:

> 三者(引者:指《纥干(田)弘神道碑》、《田弘墓志》、《周书·田弘传》)并无矛盾,因为魏废帝、魏恭帝没有年号,北周时就把魏废帝某年称为前魏某年或魏前某年,而将魏恭帝某年称后魏某年或魏后某年。⑦

也就是说,《疏证》首先肯定在时间上,魏废帝某年=前魏/魏前某年,魏恭帝某年=后魏/魏后某年。这与我们据表 3 所得出的结论是一致的。而对于北周石刻史料中所出现的这种西魏时代特别纪年方式的性质,《疏证》似将其理解为在"魏废帝、魏恭帝没有年号"情况下北周时代所出现的一种事后"追称"。如果这一理解成立的话,那么西魏当世的纪年方式又

---

① 此处"魏元年",严可均辑《全后周文》引碑本作"魏前元年",第 3959 页。
② 《周书》卷十九《豆卢宁传附弟永恩传》,第 310 页。
③ 《周书》卷三六《司马裔传》,第 645 页。
④ 虎葬于保定四年(564)。参考牟发松《〈拓跋虎墓志〉释考》,武汉大学中国三至九世纪研究所编《魏晋南北朝隋唐史资料》第 18 辑,2001 年,第 127—139 页;罗新、叶炜《新出魏晋南北朝墓志疏证·拓跋虎墓志》(以下简称《疏证》),北京:中华书局,2005 年,第 251—254 页。
⑤ 《周书》,第 449 页。《北史》卷六五《田弘传》同,第 2314 页。
⑥ 原州联合考古队编《北周田弘墓》,东京:勉诚出版,2000 年。《疏证》,第 274—277 页。
⑦ 《疏证》,第 277 页。

是如何的呢？"没有年号"，当然不等于没有纪年方式。尽管目前存世和出土的西魏废帝、恭帝时代的石刻史料并不算多，仍有可以为我们提供线索者。

首先来看《鞏伏龙造像记》：

> 大魏国元年，岁次壬申，六月丁酉朔，十一日丁未，正信佛弟子鞏伏龙，为忘（亡）比丘慧□造石像一区，愿忘（亡）师业或（惑）永消，常生净土，住大乘海，为众尊首。清信女窦国女。佛弟子鞏伏龙，息定国，［像］主比丘慧光供养佛。清信优婆夷柳申姬供养佛。清信优婆夷无素姬供养佛。①

此造像出土时间、地点均不详。马衡民国十一年（1922）一月廿一日跋云：

> 《魏正信佛弟子鞏伏龙造四面像记》，未见著录，不知石在何所。此本有刘燕庭"喜海"印记，当为刘氏藏石。碑题"大魏国元年岁次壬申六月丁酉朔十一日丁未"。按西魏废帝以大统十七年三月即位，依周礼废年号，以次年为元年，正值壬申。又考刘羲叟《通鉴长历》是年六月丁酉朔，亦碑合，是为废帝之元年无疑。西魏末年石刻传世者极少，此碑之外，惟《秦徒卌人造四面像》一种而已。……《秦徒卌人造四面像》题"三年丙子"，为恭帝之三年，明年而西魏亡。前人多误为北魏道武帝天赐三年，因附正之于此。②

如马氏所言，根据此造像记中年月干支的记载，我们可以轻易确认其所谓

---

① 拓片见北京图书馆金石组编《北京图书馆藏中国历代石刻拓本汇编》，郑州：中州古籍出版社，1989年，第3册，第20页；故宫博物院藏《清拓西魏巩伏龙造像碑》：http://www.dpm.org.cn/shtml/117/@/5298.html，此拓为马衡捐赠品；毛远明校注《汉魏六朝碑刻校注·鞏伏龙造像记》（以下简称《校注》），第8册，北京：线装书局，2006年，第220页。录文见《校注》，第8册，第221页。
② 故宫博物院藏《清拓西魏巩伏龙造像碑》所载马衡跋语。

"大魏国元年",指的的是西魏废帝元年(552)。① 虽然"大魏国元年"这一民间表现形式并不符合中国古代王朝纪年的通例,②但无疑可以表明废帝即位当时所用纪年方式应为元年、二年之类,而不同于《周书》、《北史》那样与皇帝个人关联在一起的表现。③ 另外马氏提到的《秦徒册人造四面像》中所记"三年丙子",亦与恭帝三年(556)干支一致,说明同样的纪年方式亦为恭帝时代所延续。

又《薛氏造佛碑像》记:

> 唯大魏元年岁次甲戌四月丁亥朔十二日庚辰……佛弟子薛山俱、薛季讹、薛景、乡宿二百他人等姿□□去留之难保,慨人之无常,念之切忆,独伏累表,各竭精心,共造石像一躯……化主李庆和……④

此造像碑出土地不详,据刻中有"汾州主簿、吐京太守"、"正平郡功曹、郡主簿"等字样推测,当出于今山西吕梁山地。⑤ 现藏美国波士顿美术馆。

---

① 参考陈垣《二十史朔闰表》,北京:中华书局,1962年新1版;方诗铭、方小芬编著《中国史历日和中西历日对照表》,上海人民出版社,2007年。《北京图书馆藏中国历代石刻拓本汇编》误将此造像系于太和十七年,《校注》已辨之。
② 虽然在战国以降"天下国家"的框架中,王朝的更替仍然被理解为一"国"代替另一"国"(参考前引甘怀真《从天下国家的观点论中国中古的朝代》);但在王朝纪年的正式场合,"国"出现的情况是极其少见的。而北朝造像记中,类似"皇帝国主"的讲法亦不少见,可与这里的"大魏国"互参。这一现象或涉及佛教世界观传入对中国传统王朝世界观的冲击,值得继续讨论。
③ 《资治通鉴》卷一六五《梁纪二十一》"元帝承圣三年(五五四)"载:"魏主自元烈之死,有怨言,密谋诛太师泰。……由是魏主谋泄。泰废魏主,置之雍州,立其弟齐王廓。去年号,称元年。复姓拓跋氏,九十九姓改为单者,皆复其旧。魏初统国三十六,大姓九十九,后多灭绝。泰乃以诸将功高者为三十六姓,次者为九十九姓,所将士卒亦改从其姓。"北京:中华书局点校本,1956年,第5108—5111页。《通鉴》将无年号纪年的开始行用置于宇文泰废废帝、立恭帝之后,未知何据,至少目前为止还看不到其他支持这一方案的史料。又宇文泰"以诸将功高者为三十六姓",所谓"功高者",《周书》、《北史》明言指克江陵梁政权之功,置于此处恭帝始即位之年亦误。
④ 录文引自金申《中国历代纪年佛像图典》,北京:文物出版社,1994年,图版见第266—268页,录文及说明见第503—504页。
⑤ 参考《魏书》卷一〇六《地形志》。在《魏书》中汾州的正平、平阳二郡和吐京镇为山胡聚居且叛乱频发之地。参考北村一仁《「山胡」世界の形成とその背景——後漢末〜北朝期における黄河東西岸地域社会について》,《東洋史苑》77,2011年,第1—38页。

其像雕镂技法多样,刀法纯熟流畅,为西魏佛碑精品。① 不过引起我们兴趣的是其中"大魏元年岁次甲戌"的纪年方式。废帝元年(552)岁次壬申,岁次甲戌且四月朔丁亥的乃是恭帝元年(554)。此造像记的纪年方式与前引马衡提到的《秦徒卅人造四面像》中的"三年丙子"类似,都说明在恭帝之世,纪年方式仅止于"改元",并没有行用所谓"魏后/后魏某年"的纪年方式。

又《荔非广通合邑子五十人等造像碑》记:

> 是以荔非广通合邑子五十人等,仰寻大行,咸割财帛,造石像一区,四面开刊,真容严备,兴功之福,优愿皇祚永康,百辽(僚)休太,龙王降雨,五谷丰溢,万民安宁,普及一切。师僧父母,同学善友,法界苍生,廿五有共,至普提。魏元三年岁次丙子五月己亥朔十五日敬造。②

此造像碑1996年出于今陕西省白水县北宋妙觉寺遗址中。荔非氏为关中羌人大姓,相关造像碑已经有数种发现。③ 由"岁次丙子"可以推测此造像碑所谓"魏元三年"即指西魏恭帝三年(556),而"五月己亥朔"当为"五月乙亥朔"之误。所谓"魏元三年",应该是民间底层人群对于西魏王朝推行的这种特别的无年号纪年方式的不规范应用,其正式形式推测当为"魏三年"。

类似的底层不规范应用情形又见于《张始孙造像记》:

> 今有佛弟子□人张始孙,被旨除为祇州开化郡太守。敬信三宝,

---

① 金申《中国历代纪年佛像图典》,第503—504页。
② 陕西省考古研究所、白水县文物管理委员会《陕西白水北宋妙觉寺塔基及地宫的发掘》,《考古与文物》2005年第4期,第14—30页。
③ 如《荔非明达四面造像题名》,参考马长寿《碑铭所见前秦至隋初的关中部族》,桂林:广西师范大学出版社,2006年,尤其是其中第五章《渭河以北各州县的羌民和他们的汉化过程》。又陕西省文物普查队《耀县新发现的一批造像碑》一文收录有《荔非厗欢道教造像碑》、《荔非兴度观世音造像座》(保定二年)、《荔非郎虎造像碑座》,载《考古与文物》1994年第2期,第45—58页。

舍己家珍，上为□大王、五等诸侯、□僧、父母妻、存亡眷属及己身，敬造文□石像一区。愿此造之因福，四恩三有，同沾法泽，弥勒三会，愿登初首。……大魏元年岁次丁丑，二月庚午朔十二日造。①

此造像碑出土地点不明。其中纪年刻写的虽然是"大魏元年"，但岁次丁丑既非废帝元年，亦非恭帝元年，而与周元年（557）的干支相合，"二月庚午朔"亦与此年二月一致。又祈愿文中"上为□大王、五等诸侯"之语，也正与这一时期北周王朝称天王不称皇帝的特别制度有关。②《八琼室金石补正》引蒋清翊跋早已注意到了这一问题：

> 是象造于丁丑，为北周明帝元年，③即魏恭帝之四年。是年正月已行禅让。而象勒魏元年者，盖文帝大统之后，废帝、恭帝俱无年号。新君即位，只改元示更始耳。宇文之篡，事出仓卒，远方不知禅代，以为行废立之事。详记岁干月朔，俟后推而得之。④

此造像者"详记岁干月朔"的目的是否是为了让后人可以"推而得之"可置不论，蒋氏关于其将"周元年"刻为"魏元年"的理解还是非常中肯的。这首先说明远离朝廷的底层民众造像者并不太了解或者关心西魏、北周禅代的意义；⑤而其采取"大魏元年"的纪年方式，恐怕也是受到了之前废帝即位称魏元年、恭帝即位后又称魏元年的影响。

又新出土的《韦彪妻柳遗兰墓志》一般被学者断为西魏末作品，但其

---

① 拓片见北京图书馆金石组编《北京图书馆藏中国历代石刻拓本汇编》，第8册，第97页。（清）陆增祥《八琼室金石补正》卷十六有录文，见《石刻史料新编》第1辑第6册，台北：新文丰出版公司，1977年，第4247页。
② 侯旭东《造像记所见民众的国家观念与国家认同》对于北朝时期底层民众为皇帝造像祈愿的现象进行过仔细讨论，收入前引氏著《北朝村民的生活世界：朝廷、州县与村里》，第265—296页。
③ 准确地说此年二月之时，北周天王仍为孝闵帝，明帝即位尚在九月。
④ 《八琼室金石补正》卷十六，《石刻史料新编》第1辑第6册，第4247页。
⑤ 侯旭东《造像记所见民众的国家观念与国家认同》指出类似现象亦见于东魏北齐底层僧众的造像记中，见前引氏著《北朝村民的生活世界：朝廷、州县与村里》，第278页。

中并非没有再讨论的余地。其志文载：

> 开山原隐,皇夹将为,风烟如阔,万祚庆尘何□,飞止游之苍梧,岂会分古为今,合骨不远也。云霞卷舒,蔡灭空然,非欲人之闻见。何求贯见,合于礼哉！搔骨痛之,不知瘗非栖神舍房也。寻天只尺,动容虔力,何事流仁,湊恻无为也。无乃彪志焉,二年二月廿日甲申。①

从"无乃彪志焉"的表述出发,学者都同意此志当为韦彪为其妻柳遗兰所作。《疏证》又据同书所收《韦彪墓志》及彪母《柳敬怜墓志》,推定柳遗兰当卒于西魏文帝大统十六年(550)之后,北周明帝武成二年(560)之前,是为的论。而对于志文中的"二年二月廿日甲申",《疏证》曰：

> 柳遗兰墓志云下葬时间为"二年二月廿日甲申",二十日为甲申,则月朔为乙丑朔。据陈垣《二十史朔闰表》,大统十六年(550)之后,北周明帝武成二年(560)之前,没有一个二月朔乙丑。案大统十七年,即西魏废帝元年(552),十一月乙丑朔。因此,怀疑二月当作十一月。这一年历史上称为废帝元年,而实际上前一年三月废帝即位,不建年号,当时人以次年为废帝二年,也可以理解。②

《疏证》由廿日甲申,推出此月为乙丑朔；又据废帝元年(552)十一月乙丑朔,怀疑"二月"为"十一月"之误；但如此又与志文所记"二年"不合,故加以解释说"前一年三月废帝即位,不建年号,当时人以次年为废帝二年,也可以理解"。不过西魏废帝虽然即位于大统十七年(551),但其称元则可以明确是在次年。各种史料中大统十七年和废帝元年也是区分得很清楚

---

① 参考周伟洲、贾麦明、穆小军《新出土的四方北朝韦氏墓志考释》,《文博》2000年第2期,第65—72页；《疏证·韦彪妻柳遗兰墓志》,第237—238页；《校注·韦彪妻柳遗兰墓志》,第8册,第224—225页。
② 《疏证·韦彪妻柳遗兰墓志》,第238页。

的。《周书》和《北史》当然是代表性的。① 另外我们还可以举出《韦隆墓志》：

> 大统十七年二月薨于本邑。诏赠持节、本将军、南秦州刺史。元年岁次壬申，十月辛酉，葬于杜原。虑陵谷贸迁，故刊名为记。②

毛远明《校注》指出："元年，指西魏废帝元钦元年，该年正值壬申。废帝无年号，历史上以元年、二年称之。"事实上，元年、二年就是"废帝"当时所行用的纪年方式，而非后来所谓"历史上"的称呼。同是韦氏家族所出墓志，《韦隆墓志》以废帝元年为大统十七年的翌年，《韦彪妻柳遗兰墓志》不当又以大统十七年为废帝元年，而以翌年为废帝二年。至少目前为止也还没有看到其他以大统十七年为废帝元年或以废帝元年为废帝二年之例。上引《疏证》所说未免迂曲。毛远明《校注》则提出了另一种解释方案：

> 据《长历》，废帝二年二月廿一日为甲寅，原刻"廿日甲申"，或是"廿一日甲寅"之讹，录以备考。③

此说确实可以解决"二年"的问题，但需改动原刻两处地方，尤其误"甲申"为"甲寅"的情况似乎也不多见。笔者以为更为合理的方案是将此"二年"理解为"周二年"（558）。此年二月朔甲子，廿一日为甲申，原刻"廿日甲申"当为"廿一日甲申"之讹。那么，《柳遗兰墓志》中的纪年方式可为魏、周禅代后继续行用无年号纪年再添一证。

---

① 见《周书》卷二《文帝纪下》，第33页。又《杨泰妻元氏墓志》记其"以大统之十五年薨于长安。册赠华山郡主，礼也。粤十七年三月廿八日同窆于华阴潼乡"。拓片见杜葆仁、夏振英《华阴潼关出土的北魏杨氏墓志考证》，《考古与文物》1984年第5期，第17—27页；录文见赵超《汉魏南北朝墓志汇编》，天津古籍出版社，1992年，第385页。若废帝即位于三月下旬之前，则这方墓志可以说明大统十七年三月废帝即位之后仍继续行用大统十七年纪年。
② 周伟洲、贾麦明、穆小军《新出土的四方北朝韦氏墓志考释》；《校注·韦隆墓志》，第8册，第222—223页。
③ 《校注》，第8册，第225页。

三、无年号纪年与魏、周禅代

以上主要从西魏至初唐时代多种类型的史料出发,对于西魏北周无年号纪年的时代面貌进行了初步探讨。所得结果如下表所示:

表4 西魏、北周无年号纪年的时代面貌

时代	代表性史料	无年号纪年形式＝所指年代
西魏	《鞏伏龙造像记》	大魏国元年＝废帝元年,552
	《韦隆墓志》	元年＝废帝元年
	《薛氏造佛碑像》	大魏元年＝恭帝元年,554
	《荔非广通合邑子五十人等造像碑》	魏元三年＝恭帝三年,556
北周	《司马裔神道碑》	魏前元年＝废帝元年
	《纥干(田)弘神道碑》	前魏元年＝废帝元年
	《慕容宁神道碑》	后魏元年＝恭帝元年
	《郑伟墓志铭》	魏后二年＝恭帝二年,555
	《张始孙造像记》	大魏(周)元年＝周元年,557
	《韦彪妻柳遗兰墓志》	二年＝周二年,558
初唐	《周书》、《北史》	魏废帝元年 魏恭帝元年 周(闵帝)元年

可以看到,《周书》、《北史》中所使用的与皇帝个人联系在一起的西魏北周无年号纪年形式,并非两王朝行用当时的原貌。甚至北周时代史料中常常出现的"魏前/前魏某年"、"魏后/后魏某年",也只是一种后世追称。在行用无年号纪年的西魏、北周当世,其形式可以确认就是元年、二年之类,最多再在前面加上魏、周王朝之名。

前文引赵翼之言,指出"西魏废帝及恭帝皆无年号",是缘于"其时宇文泰当国,专用《周礼》,故不设年号,但称元年、二年"。① 这一观察是十分敏锐的。虽然宇文泰自大统年间开始就已经"命苏绰、卢辩依周制改创其事",②但更大规模和系统性地行用"周制"应该是进入废帝、恭帝时代以后的事情。史载废帝三年(554)春正月,"始作九命之典,以叙内外官爵";恭帝三年(556)春正月,"初行周礼,建六官"。③ 在这样的背景之下,去年号,称元年、二年,应该也可以视为对于周制的模拟。④

这里引起我们注意的是在本章开始即已引用过的《周书》卷三五《崔猷传》中的叙述:"时依《周礼》称天王,又不建年号。"⑤这说明在北周初年,《周礼》、天王与不建年号三者之间存在着一种相互对应的密切关系。而如前所述,行用《周礼》和不建年号均是在西魏废帝、恭帝时代即已开始推行的政治举措。那么,很自然的问题就是,废帝与恭帝两位西魏皇帝,其当世所称究竟是"皇帝"还是"天王"呢?

今天所见的大多数史料所指向的答案都是"皇帝"。《周书》卷二《文帝纪下》一直以"魏帝"这样一个专称来指称废帝和恭帝,试举二例:

> (废帝三年)自元烈诛,魏帝有怨言。魏淮安王育、广平王赞等垂泣谏之,帝不听。

> (恭帝三年)魏帝封太祖子直为秦郡公,招为正平公,邑各一

---

① (清)赵翼撰,王树民校证《廿二史札记校证》卷十五《魏齐周隋书并北史·魏末周初无年号》,第331页。
② 《周书》卷二《文帝纪下》,第36页。参考前引王仲荦《北周六典》卷一《总叙第一》、《创革第二》。
③ 参考《周书》卷二《文帝纪下》中的相关记载。
④ 将"无年号纪年"与"周制"联系在一起,并不仅见西魏北周时代。唐肃宗亦曾于上元二年(761)九月去年号,但称元年,其发布的《去上元年号大赦文》曰:"三代受命,正朔皆殊,宗周之王,实得天统。阳生元气之本,律首黄钟之尊,制度可行,叶用斯在。自今已后,朕号唯称皇帝,其年但号元年,去上元之号,其以今年十一月为天正岁首,使建丑建寅,每月以所建为数。"《全唐文》卷四五,上海古籍出版社,1990年,第498页。"宗周之王,实得天统"之语,明示了"去年号,称元年"与"周制"之间的密切联系。此材料承孙英刚先生提示,谨致谢意。
⑤ 《周书》,第616—617页。

千户。①

这一专称亦见于《北史》卷九《周本纪》。而是书卷五《魏本纪》的记载更为明确：

> 废帝讳钦，文皇帝之长子也。母曰乙皇后。大统元年正月乙卯，立为皇太子。十七年三月，即皇帝位。

> 恭皇帝讳廓，文皇之第四子也。大统十四年，封为齐王。废帝三年正月，即皇帝位，改元。②

"即皇帝位"之说，似乎可以说明西魏废帝、恭帝时代并未称"天王"，仍称"皇帝"。但此说也并非完全没有可疑之处。《周书》和《北史》作为唐代所修的前代史，其中所出现的称呼多为后世追称，并不能直接等同于当世的用法。比如我们同样也可以找到以"帝"称呼北周皇帝的例子。如《北史》卷九《周本纪》载："魏帝有怨言，于是帝与公卿议，废帝，立齐王廓，是为恭帝。"③这里的"魏帝"指西魏废帝，"帝与公卿议"中的"帝"则指宇文泰，在当时当然并不是皇帝。又如《周书》卷三《孝闵帝纪》载："(恭帝三年)十二月丁亥，魏帝诏以岐阳之地封帝为周公。庚子，禅位于帝。"④这里的"魏帝"指西魏恭帝，"帝"则指北周孝闵帝，其在当时为周公，禅让后为周天王，事实上均不以"皇帝"为称。另外，既然《周书》和《北史》都明载禅让礼仪之后，北周孝闵帝"即天王位"，那么从禅让的原理出发，将天下让与"周公"的也当是"魏天王"才比较合理。

如果把目光转向西魏、北周当世史料，在著名的《强独乐建北周文王

---

① 以上两条史料分见《周书》，第35、36—37页。
② 以上两条史料分见《北史》，第182、182—183页。
③ 《北史》，第328页。
④ 《周书》，第45页。

造像碑》①中可以看到一些有趣的叙述。此碑立于今四川省成都市龙泉驿，碑额题"此周文王之碑。大周使持节、车骑大将军、仪同三司、大都督、散骑常侍、军都县开国伯强独乐为文王建立佛道二尊像，树其碑。元年岁次丁丑造。"②"元年岁次丁丑"，即指北周孝闵帝元年（557）。据《周书》、《北史》记载，此年正月孝闵帝即天王位后，追尊其父宇文泰为文王。此碑既以"周文王"为称，当是北周蜀中将领在获知禅代与追尊消息后所为，其受到长安朝廷的指示亦不无可能。毕竟四川也是北周新征服的地区，在禅代之际尤其需要维持稳定局面。③ 碑文中的相关叙述，也应该可以视为新成立的北周朝廷所认可的官方意识形态表达。其中有如下叙述：

> 至永熙年中，高贼昌狂，挟威并相。主上嫌恨，遂迁京师，内外百官，归还雍都。……故武帝拜为都督中外诸军事、大丞相，威振八极，六合来宾。……昊天不吊，春秋五十，薨于长安。百姓号慕，如遭老妣之丧。国王大臣，咸推世子，代其父位。……魏王知天命去已，祚归于周，周畏天之命，即依恭受。而天王既临万国，寻思汉祖乃尊谥太上皇，魏文谥父为武帝。昔我周之绍隆，武王灭纣，谥先文王。今既天归周，恒应袭其故。遂依尊号文王，班告天下。④

---

① 此碑自宋代即已见于著述（王象之《舆地纪胜》），清代以后更成为书法名碑。近年其在中古佛教、道教造像方面的研究价值引起学者注意，参考丁明夷《从强独乐建周文王佛道造像碑看北朝道教造像》，《文物》1986 年第 3 期，第 52—62 页；胡文和《关于〈强独乐为文王建立佛道二尊像，树其碑，元年岁次丁丑造〉碑的辨证》，收入氏著《中国道教石刻艺术史》，北京：高等教育出版社，2004 年，第 201—204 页。也有学者围绕碑额与碑文的真伪问题提出辨析，参考荣远大、刘雨茂《北周文王碑真伪考》，《成都文物》2000 年第 1 期，第 18—21 页；薛登《〈北周文王碑〉及相关遗迹辨正》，《成都文物》2003 年第 4 期，第 10—25 页。又前岛佳孝撰有《「周文王之碑」の試釈と基礎の考察》，对碑文所涉及史实进行了初步阐释，载中央大学人文科学研究所编《档案的世界》，东京：中央大学出版部，2009 年。
② 拓片见北京图书馆金石组编《北京图书馆藏中国历代石刻拓本汇编》第 8 册，第 99 页。
③ 关于西魏北周对四川地区的征服和经营，参考前岛佳孝《西魏・北周の四川支配の確立とその経営》，《中央大学人文科学研究所紀要》65，2009 年，第 31—65 页。
④ 前引《北京图书馆藏中国历代石刻拓本汇编》所收拓片不甚清晰，录文转引自陆增祥《八琼室金石补正》卷二三，《石刻史料新编》第 1 辑第 6 册，第 4354—4355 页。其中个别文字如"老妣之丧"、"天命去已"、"班告天下"，据台湾中研院傅斯年图书馆藏两通拓片（编号 T674. 45. 1342，T684. 45. 1342）修正。又"魏王知天命去已"，刘喜海《金石苑》卷二录作"魏主"。《石刻史料新编》第 1 辑第 9 册，第 6282 页。前引前岛氏文亦录作"魏主"。存疑。

这段文字从孝武帝西奔入关一直讲到魏、周禅让完成后宇文泰被追尊为"文王"。前已据《史通》叙及北周未修"国史";但这通在禅让完成后不久即行刻写的《强独乐建北周文王造像碑》,事实上可以发挥和国史同样的正当化王朝皇帝权力起源过程的意识形态作用。值得注意的是,其中先称魏孝武帝为"主上"、"武帝",但在宇文泰卒后,却以"国王"来称呼其时在位的西魏皇帝恭帝;①禅让之际,又称之以"魏王",与周之"天王"相对。对此,我们除了认为此时西魏皇帝亦称"天王"以外,似乎找不到其他更为合理的解释。②

如果可以确认这一点的话,我们对于西魏北周无年号纪年的认识就更加完整了。可以认为,在大统十七年(551)西魏文帝卒后,宇文泰立文帝之子废帝嗣位,改魏"皇帝"为魏"天王",去年号,称元年,自己则"以冢宰总百揆",是与魏、周禅让进程紧密相关的系列举措。此前一年也就是东魏武定八年(550),东魏、北齐的禅让进程正式完成,文宣帝高洋即皇帝位,改元天保。北齐王朝的宣告成立,对于宇文泰及其周边人群所主导的北周皇帝权力的起源,应该构成了极为重要的背景,某种程度上也可以视

---

① 前引前岛佳孝文指出,西魏末年,原郡王、爵者已降格为郡公(例降),则宇文泰死时西魏政权内很可能不存在拥有王爵者;这里的"国王"可能指周边诸势力的国王,但如此理解的话,又为何列于大臣之前呢?笔者的上述理解似可回应前岛氏的疑惑。
② 前引牟发松《〈拓跋虎墓志〉释考》指出,西魏恭帝世,部分西魏宗王降爵为公,应缘于行《周礼》后天子称"天王"。亦可为一证。学界以往对西魏史的研究,多聚焦于宇文泰对实际军政权力的把握过程,而对于西魏皇帝在此间的作用与功能不甚着意。这类似于在汉魏之际的历史研究中多重曹操霸府而轻献帝朝廷的倾向。事实上在此王朝更替期间,看似"傀儡"的皇帝一方的制度性动向,往往具有重要的时代意义。笔者关于曹魏"侍中尚书"的研究即着意于此,参考前引徐冲《关于曹魏的侍中尚书》、《"汉魏革命"再研究:君臣关系与历史书写》第一章第二节《曹魏"侍中尚书"的渊源》。具体到本章关注的西魏改"皇帝"为"天王",与赐姓政策中的改元氏为拓跋氏,应该也是相配合的举措。关于西魏史的较新研究成果,可参考毛汉光《西魏府兵史论》,收入氏著《中国中古政治史论》,上海书店出版社,2002年,第188—305页;李文才《试论西魏、北周时期的赐、复胡姓》,收入氏著《魏晋南北朝隋唐政治与文化论稿》,北京:世界知识出版社,2006年,第208—223页;山下将司《西魏・恭帝元年「賜姓」政策の再檢討》,《早稲田大学大学院文学研究科紀要》45-4,1999年,第99—111页;佐川英治《孝武西遷と國姓賜与——六世紀華北の民族と政治》,《岡山大学文学部紀要》38,2002年,第292—279页;前引前岛佳孝《柱国と国公——西魏北周における官位制度改革の一齣》、《西魏宇文泰政権の官制構造について》二文及《西魏行台考》,《東洋学報》90-4,2009年,第365—397页。

为强有力的推动。若将西魏王朝大统十七年包括无年号纪年在内的系列措施(或许文帝之死也是这个系列的组成部分),视为宇文泰集团在北齐王朝成立这一历史事件面前所作出的政治回应,当无大误。

值得追问的是,这些以"行周制"为主要特征的系列举措,其对于北周王朝的皇帝权力起源,究竟具有怎样的意识形态功能呢? 不妨与北齐进行简单的对比。如前所述,虽然在高欢的创业过程和魏、齐禅让程序中,其对于东魏王朝而言的"功臣"身份仍然占有重要地位;但在北齐王朝成立之后的国史书写中,通过"取平四胡之岁为齐元",将北齐王朝的"君之始年"前移到了高欢创业之初,也格外强调这一过程中高欢所取得的暴力成就,并不愿让"皇朝帝纪"呈现为"魏末功臣之传"的形象。①

然而北周王朝所认可的宇文泰形象与此颇为不同。如前引《北周文王碑》先以"姬姜受齐鲁之封,晋宋垂拱而取天位者,皆由立身有涵天之功,平暴理乱,存济苍生故耳"数句开头,其后即历数宇文泰对于魏王朝所立下的赫赫功劳,两者间的对应关系是很明显的。庾信撰《齐王宪神道碑》中则有更具对比性——相对于北齐王朝的皇帝权力起源——的表现:

> 太祖以百二诸侯,三分天下,函谷先登,鸿沟大定,功业如此,人臣以终。②

虽然是个人作品,但庾信关于本朝太祖的如是叙述一定来自于北周王朝的官方定位。其与《周书》卷二《文帝纪下》"史臣曰"对于宇文泰的评价"亿兆之望有归,揖让之期允集。功业若此,人臣以终"③在文字上的相似,反映的是两种叙述在"史料来源"上的一致。北周滕王宇文逌撰《庾信集序》亦曰:"太祖夹辅魏朝,作相关右,三分有二,九合一匡,德迈晋宣,雄逾

---

① 详参本书单元一第二章第二节《"取平四胡之岁为齐元":北齐国史的"禅让前起元"》。
② 《庾子山集注》卷十三,第732页。
③ 《周书》,第38页。

魏武,功高网地,道映在田",①表达的也是同样的意思。又王褒《太傅燕文公于谨碑铭》曰:

  于时王业缔构,国步权舆。太祖地虽二分,功犹再驾,忠诚简帝,有志兴王。②

据《周书》卷十五《于谨传》,谨卒于周武帝天和三年(568)。"地虽二分"云云,也是在强调北周皇帝权力起源的过程中宇文泰的"周文王"形象。这一形象的要点,即如庾信所言,是在为魏王朝立下不世之功的同时,仍然恪守臣道,"人臣以终"。而如《为行军元帅郧国公韦孝宽檄陈文》所云:

  我太祖文皇帝自天攸纵,膺运挺生,屈道藩条,或跃伊始。属玄运将改,禄去王室,三川已震,九鼎将飞,事切在泥,祸深流虿。乃推诚仗义,援手濡足,迎卫乘舆,崇建旗社,举天维于将坠,振地轴于已倾。血气食毛,咸受其赐。是则我有大造于区夏也。重以辟土服远,包荆卷蜀,功高于九合,业重于三分,愈执忠贞之操,终以人至之礼。至哉大矣,无得称焉。③

北周王朝甚至将如此正当化后的皇帝权力起源过程叙述用在了对南朝方面的宣传上。

  北周王朝这一"历史书写"最为重要的"假想敌"无疑乃是北齐。宇文泰"三分天下、人臣以终"的"周文王"形象,与前述北齐国史书写通过将"起元"前移,置"君之始年"于高欢创业之始的做法形成了鲜明对比,事实上也构成了宇文泰及其周边人群凝聚关陇人心以抗东敌的意识形态举措

---

① 《庾子山集注》,第60页。
② 《艺文类聚》卷四六《职官部二·太傅》引,上海古籍出版社,1999年新2版,第825—826页。
③ 《文苑英华》卷六四五,北京:中华书局,1966年,第3314页。

的一个重要部分。本章所讨论的无年号纪年与魏、周禅代的关系,也必须置于这一整体背景之下才能得到充分理解。而就本单元所讨论的主题看来,北周对于正当化皇帝权力起源过程的叙述模式,不同于刘宋大明六年(462)以后所形成的时代主流传统,某种程度上却貌似对于魏晋传统的回归。如何理解这种回归,不仅关涉到如何理解北周以《周礼》改制,更无法脱离对于"关陇国家群"在北魏帝国崩溃之后重建帝国之路径与性质的整体思考。① 限于学力与篇幅,本单元暂且搁笔于此,仅指出唐代初年修撰的国史中仍然安装了"禅让前起元"的意识形态装置。②

【再版补记】孙英刚《无年号与改正朔:安史之乱中肃宗重塑正统的努力》(收入氏著《神文时代:谶纬、术数与中古政治研究》,上海古籍出版社,2014年)指出,"无年号纪年"亦见于西魏北周之前的慕容燕和之后的唐肃宗。

---

① 前引陈寅恪《隋唐制度渊源略论稿》和《唐代政治史述论稿》无疑是关于这一历史主题最为经典的论述。谷川道雄《增补 隋唐帝国形成史论》和毛汉光《中国中古政治史论》则可以视为之后的两大里程碑。近年阎步克先生从"制度史观"出发揭示西魏北周在官僚政治方面所取得的进展,视之为通向隋唐帝国的"历史出口",参考氏著《品位与职位——秦汉魏晋南北朝官阶制度研究》,第九章《西魏北周军号散官双授考》、第十章《东西官阶互动与南北清浊异同》,北京:中华书局,2002年,第473—579页;同氏《中国古代官阶制度引论》,北京大学出版社,2010年。另可参考何德章《"关陇文化本位"与"南朝文化北传"——关于隋唐政治文化的核心因素》,《唐研究》第十三卷,2007年,第15—29页。
② 详参本书单元二第二章《〈旧唐书〉"隋末群雄传"形成过程臆说》。

单元二:"开国群雄传"

小　引

近年来，与世界观的转换相应，以中国古代的"历史书写"为对象的研究，在学界显著增多。在这一股潮流中，又大致可以区分出两种倾向。其一以某一特定作者的特定作品为对象，着重讨论作者的个人意向如何作用于作品之书写。其一则以某一历史对象在不同时代的书写为对象，着重探讨相关书写在不同时代出现的文本差异以及由此所反映出的观念更替。以魏晋南北朝史研究而言，我们可以举出津田资久与安部聪一郎两位青年学者的研究，分别为这样两种倾向的代表。①

而在上述两种倾向之外，笔者以为尚有第三种可能的方向有待发掘。应该看到，在中国古代的历史书写之中，"纪传体王朝史"的受重视程度，可能是任何其他体裁的作品都无法比拟的。"正史"之称，正是其核心地位的写照。② 这一体裁的史书基本由纪、传、表、志四大部分构成，也是人所熟知的常识，不必赘述。不过事实上，在这样的基本体例之下，还有另

---

① 津田資久《『魏志』の帝室衰亡叙述に見える陳寿の政治意識》，《東洋学報》84-4，2003年，第393—420页；同氏《曹魏至親諸王攷—『魏志』陳思王植伝の再検討を中心として—》，《史朋》38，2005年，第1—29页。安部聡一郎《党錮の「名士」再考—貴族制成立過程の再検討のために—》，《史学雑誌》111-10，2002年，第1591—1620页；同氏《『後漢書』郭太列伝の構成過程—人物批評家としての郭泰像の成立—》，《金沢大学文学部論叢》（史学・考古学・地理学篇）28，2008年，第13—110页；同氏《隠逸・逸民の人士と魏晋期の国家》，《歴史学研究》846，2008年，第34—42页。日本魏晋南北朝史学界近年在"史料论"方面的整体进展，参考佐川英治、阿部幸信、安部聡一郎、戸川貴行《日本魏晋南北朝研究的新动向》，收入《中国中古史研究：中国中古史青年学者联谊会会刊》第1卷，北京：中华书局，2011年，第3—29页。
② 虽然"正史"以"纪传体王朝史"为主，但其中也包括少数"纪传体通史"。《史记》自不待言，《隋书·经籍志》所载梁武帝撰《通史》亦为其例。另外，刘知幾《史通·古今正史》是合"纪传"与"编年"而言的，与一般的"正史"观念有异。

一些未必无关紧要的"结构性存在",尚较少为人所关注。如果可以把纪传体王朝史作为组成皇帝权力结构的装置之一,则其中某一"结构性存在"的成立、改变与消失,也当与相关时代的权力结构变动密切相关。本单元即以纪传体王朝史中的"开国群雄传"为对象,做一尝试性的考察。

那么,何为"开国群雄传"? 应该说这一词语并不见于古代史料,乃是笔者为了便于说明而杜撰的概念。在尝试定义之前,不妨先来看看唐代史家刘知幾的一段话。《史通通释》卷四《断限》曰:

> 当魏武乘时拨乱,电扫群雄,锋镝之所交,网罗之所及者,盖唯二袁、刘、吕而已。若进鸩行弑,燃脐就戮,总关王室,不涉霸图,而陈寿《国志》引居传首。夫汉之董卓,犹秦之赵高。昔车令之诛,既不列于《汉史》,何太师之毙,遂独刊于《魏书》乎? 兼复臧洪、陶谦、刘虞、孙瓒,生于季末,自相吞噬。其于曹氏也,非唯理异犬牙,固亦事同风马。汉典所具,而魏册仍编。岂非流宕忘归,迷而不悟者也?①

刘知幾在这里批评的是陈寿《三国志·魏书》。翻检《三国志·魏书》,可以发现刘知幾在上引文中提到的董卓、袁术、袁绍、吕布、陶谦、公孙瓒诸人,均立有传。虽然从此处的表述来看,"二袁、刘、吕"与曹操的关系和其他诸人似有差别,但是刘知幾在总体上的看法,是此诸人之传,都应该列入书写东汉王朝的纪传体王朝史("汉典")中去,而非书写曹魏王朝的纪传体王朝史("魏册")。这一意见在同书卷四《题目》中表达得更为清楚:

> 夫战争方殷,雄雌未决,则有不奉正朔,自相君长。必国史为传,宜别立科条。至如陈、项诸雄,寄编汉籍。董、袁群贼,附列魏志。既同臣子之例,孰辨彼此之殊?②

---

① (唐)刘知幾撰,(清)浦起龙释《史通通释》,上海古籍出版社,1978年,第96页。
② 《史通通释》,第92页。

如"不奉正朔,自相君长"之语所提示的,董卓、袁绍诸人的共同点在于,他们与曹魏王朝的"创业之主"曹操之间不存在原初性君臣关系。而在刘知幾看来,这些不同于"臣子"的"群贼"不当成为"国史为传"的对象;即使立传,亦不应同于"臣子之例"。然而事实上,如刘知幾所批评的,《三国志·魏书》不仅为"董、袁群贼"立传,而且是将其"引居传首"的,夏侯惇、荀彧等开国功臣之传尚居其后。

由此,就引发出了两个相互关联的问题:

1. 陈寿《三国志·魏书》为何为"董、袁群贼"立传?
2. 刘知幾为何对《三国志·魏书》的这一做法持批评态度?

笔者无意进入《三国志》的"史学史"和《史通》的"史学理论"这样两个庞大的研究脉络来解答上述两个问题。引起笔者思考兴趣的,毋宁说是可以由此看到,皇帝权力对群雄的"规训",并没有伴随着天下平定、王朝建立就戛然而止。通过对这一主题的具体考察,或可展现出在中国古代王朝更替的常态之下,皇帝权力的起源过程仍然有相当丰富的变奏存在。

第一章 "开国群雄传"小考

一、三国至南朝前期"开国群雄传"的存在

(一)《三国志》

让我们首先从刘知幾所批评的《三国志·魏书》开始本单元的考察。① 如上引《史通·题目》所言,在《三国志·魏书》中,"董、袁群贼,附列魏志"。为了后文讨论的方便,可将其立传的具体情况表列如下:

表1 《三国志·魏书》中的"汉末群雄传"

卷数	传　　主
卷六	董卓、袁绍、袁术、刘表
卷七	吕布、臧洪
卷八	公孙瓒、陶谦、张杨、公孙度、张燕、张绣、张鲁

表1所列《三国志·魏书》这三卷的传主均为东汉末年之乱世群雄;②更为

---

① 《三国志》,北京:中华书局点校本,1959年。
② 与此相应,无论是《东观汉记》还是范晔《后汉书》,均于列传之末为这些东汉末群雄立传。见(东汉)刘珍等撰,吴树平校注《东观汉记校注》,郑州:中州古籍出版社,1987年;《后汉书》,北京:中华书局点校本,1965年。又关于东汉末群雄,可参考方诗铭《曹操、袁绍与黄巾》,上海社会科学院出版社,1995年;柳春新《汉末晋初之际政治研究》,长沙:岳麓书社,2006年;于涛《三国前传:汉末群雄天子梦》,北京:中华书局,2006年。

关键的是，在身份上，他们与曹魏王朝的"创业之主"曹操之间不存在原初性的君臣关系。

值得注意的是这三卷"汉末群雄传"在整部《三国志·魏书》中所处的位置。可以看到，《三国志》卷一至卷四为《魏书》中始自曹操的诸帝本纪，卷五为后妃传，卷六至卷八如表 1 所示，卷九以降则为以"诸曹诸夏侯传"为首的诸臣传。上引刘知幾称这些"汉末群雄传"被"陈寿《国志》引居传首"，清人周寿昌言"故亦传于魏臣之前"①，都是对其在《三国志·魏书》中所处位置的准确观察。"诸曹诸夏侯"与荀彧、贾诩等都是曹魏王朝的开国功臣，然而，与曹操之间并不存在原初性君臣关系的东汉末年群雄之列传，却被《三国志·魏书》置于本纪之后，"开国功臣传"之前。

有趣的是，在《三国志·吴书》中也可以观察到类似的结构存在。即卷四九《吴书》四《刘繇（笮融附）、太史慈、士燮传》。这一卷被置于诸吴主传之后，妃嫔传与诸臣传之前。虽然太史慈与士燮后来都归伏于孙吴政权，但是若考虑到他们被与刘繇、笮融这样孙吴政权草创时期的主要敌手置于同卷之中，且与以张昭为首的孙吴的"开国功臣传"远远相隔的话，则可以说他们的共同特点也在于是与孙吴政权的"创业之主"之间不存在原初性君臣关系的东汉末年之乱世群雄。

与此形成对照的是，《三国志·蜀书》中却不能确认有类似的结构存在。对同样与刘备之间也不存在原初性君臣关系的刘焉、刘璋二人的记述，是作为《二牧传》被置于以刘备为对象的《先主传》之前的。

这样的不同很容易让人联想到陈寿作《三国志》的史料来源。如所周知，在陈寿作《三国志》之前，曹魏与孙吴政权都已经有"国史"性质的纪传

---

① （清）周寿昌《后汉书注补正》，转引自卢弼《三国志集解》卷六，北京：中华书局影印本，1982 年，第 186 页。

体史书存在,即王沈《魏书》与韦昭《吴书》。① 而蜀汉政权似未修撰"国史"。因此,陈寿在入晋后撰写《三国志》时,可能只有《蜀书》主要出于己之新撰,而《魏书》与《吴书》则大量利用了王沈《魏书》与韦昭《吴书》的成果。上述两者相似的"汉末群雄传"之编排,很有可能就是分别直接承自王沈《魏书》与韦昭《吴书》的。②

而王沈《魏书》与韦昭《吴书》中的"汉末群雄传",从今天所能看到的一些轶文推测,实际上比《三国志·魏书》与《三国志·吴书》的内容都分别要更为丰富一些。

首先来看王沈《魏书》。其中包含董卓、袁绍等汉末群雄之传自不待言。另外,因为有《三国志·蜀书》与《三国志·吴书》的存在,《三国志·魏书》并没有为蜀汉与孙吴政权之君臣立传。但是在王沈《魏书》中,却很可能是有相应编排的。如《三国志》卷三二《蜀书·先主传》载刘备为平原相事,裴松之注引《魏书》曰:

> 刘平结客刺备,备不知而待客甚厚,客以状语之而去。是时人民饥馑,屯聚钞暴。备外御寇难,内丰财施,士之下者,必与同席而坐,同簋而食,无所简择。众多归焉。③

又《三国志》卷四六《吴书·孙坚传》载孙坚为长沙太守事,裴松之注引《魏书》曰:

---

① 参考满田刚《王沈『魏书』研究》,《创价大学大学院纪要》20,1999年,第263—278页;同氏『太平寰宇记』所引王沈『魏書』について——附論:『太平寰宇記』所引『魏志』・『魏略』・魏收『魏書』》,《創價大学人文論集》22,2010年,第175—206页;陈博《韦昭〈吴书〉考》,《文献》1996年第3期,第68—77页;满田刚《韋昭『呉書』について》,《創價大学人文論集》16,2004年,第A235—A285页;同氏『太平寰宇記』所引韋昭『呉書』について》,《創價大学人文論集》23,2011年,第53—75页。
② 满田刚『『三国志』魏书の典據について(卷一〜卷十)》对《三国志·魏书》卷一至卷十与王沈《魏书》之间的继承关系进行了具体考察,载《創價大学人文論集》14,2002年,第A237—A265页。
③ 《三国志》,第872—873页。

>　　坚到郡,郡中震服,任用良吏。敕吏曰:"谨遇良善,治官曹文书,必循治,以盗贼付太守。"①

上引《魏书》当指王沈《魏书》。② 虽然裴松之注引用时仅称"《魏书》曰",但是像上面这样记述刘备与孙坚早年事迹的文字,当分别来自王沈《魏书》中原有的刘备与孙坚本人之传,而非在本纪或者他人之传中顺带叙及者。③

再来看韦昭《吴书》。如上所述,《三国志·吴书》中的"汉末群雄传"仅仅包括刘繇、笮融、太史慈、士燮数人,具有明显的江东地域性色彩。而韦昭《吴书》之"汉末群雄传"的网罗范围却很可能要广泛得多。已有学者指出,韦昭《吴书》中是立有《陶谦传》的。④ 事实上,检索《三国志·魏书》之"汉末群雄传"中的裴注文字,会发现几乎每一位传主在韦昭《吴书》中都有相应轶文留存下来。断言这些轶文均来自《吴书》中的相应列传是有些武断的,但是韦昭《吴书》亦为汉末群雄立传大概是无可置疑的事实。⑤ 如《三国志》卷六《魏书·董卓传》载董卓与诸豪帅交往事,裴松之注引《吴书》曰:

---

① 《三国志》,第1095页。
② 裴松之注称引"《魏书》"者,指王沈《魏书》;引《三国志·魏书》的场合,则径称"《魏志》"云云。参考李纯蛟《〈三国志〉书名称谓考》,《浙江学刊》1993年第3期,第110—112页。
③ 不同于王沈《魏书》之"国史"性质,鱼豢《魏略》为私撰纪传体史书。其逸文中亦有载汉末群雄与蜀、吴君臣事迹者(见表2),可以推测《魏略》亦为其立传。津田资久《『魏略』の基礎的研究》根据《东观汉记》的体例,推测《魏略》亦将蜀、吴君臣之传置于篇末为"载记",似乎并没有史料上的依据,载《史朋》31,1998年,第1—29页。笔者以为《魏略》更为可能的做法,是如王沈《魏书》一样,将蜀、吴君臣也作为"开国群雄传"之一部列入本纪与诸臣传之间。
④ 参考前引陈博文。但陈文提出韦昭《吴书》为陶谦立传"与当时盛行的以本地名门豪族相标榜的社会习尚有关",又言韦昭《吴书》未为袁术、刘表立传,则都是不准确的。
⑤ 前引满田刚《韋昭『吳書』について》已经指出了这一点,并认为其反映孙吴政权以承接后汉、统一天下为其国家定位。与这一问题相关,魏斌《孙吴年号与符瑞问题》为我们提供了更为深入的思考,收入前引《中国中古史研究:中国中古史青年学者联谊会会刊》第1卷,第134—153页。

> 郡召卓为吏,使监领盗贼。胡尝出钞,多虏民人,凉州刺史成就辟卓为从事,使领兵骑讨捕,大破之,斩获千计。并州刺史段颎荐卓公府,司徒袁隗辟为掾。①

又《三国志》卷八《魏书·公孙瓒传》载刘虞为幽州牧事,裴松之注引《吴书》曰:

> 虞,东海恭王之后也。遭世衰乱,又与时主疏远,仕县为户曹吏。以能治身奉职,召为郡吏,以孝廉为郎,累迁至幽州刺史,转甘陵相,甚得东土戎狄之心。②

像上面这样的文字显然也当分别出自韦昭《吴书》中的《董卓传》与《刘虞传》。可以推测其他汉末群雄亦应有传。另外,如同王沈《魏书》立有刘备、孙坚传一样,不难想象,韦昭《吴书》也很可能是立有《曹操传》的。③

因此,可以说在曹魏与孙吴政权各自所修的纪传体"国史"中,都存在着对象几乎相同(有时是"相反")的"汉末群雄传"。甚至在鱼豢《魏略》这样的私撰纪传体史书中也可以找到类似的存在。三部书中所载东汉末群雄的具体情况可列如表2。虽然根据现有史料尚不能明确判断它们在原书中所处的位置,但是从《三国志·魏书》与《三国志·吴书》的编排情况看,很可能也是作为一组单独的列传被置于其各自的本纪之后、诸臣传之前的。

---

① 《三国志》,第172页。
② 《三国志》,第240页。
③ 《三国志》卷一《魏书·武帝纪》注引韦曜(昭)《吴书》曰:"太祖迎(曹)嵩,辎重百余两。陶谦遣都尉张闿将骑二百卫送,闿于泰山华、费间杀嵩,取财物,因奔淮南。太祖归咎于陶谦,故伐之。"(第11页)称曹操为"太祖",显系魏晋人所改。但尚无法判断这段逸文是来自韦昭《吴书》中的《曹操传》还是《陶谦传》。

表 2　王沈《魏书》、鱼豢《魏略》与韦昭《吴书》所载"东汉末群雄"

书　名	东汉末群雄	出　　处
王沈《魏书》	董卓	《三国志》卷六《魏书·董卓传》裴松之注引
	袁绍①	《三国志》卷六《魏书·袁绍传》裴松之注引 《后汉书》卷七四上《袁绍传》李贤注引
	鲍信	《后汉书》卷七四上《袁绍传》李贤注引
	袁术	《三国志》卷六《魏书·袁术传》裴松之注引
	刘虞	《三国志》卷八《魏书·公孙瓒传》裴松之注引
	吕布	《太平御览》②卷四三四引
	公孙度	《三国志》卷八《魏书·公孙度传》裴松之注引 《世说新语》③卷中之上《识鉴第七》刘孝标注引
	公孙渊	《三国志》卷八《魏书·公孙渊传》裴松之注引
	刘备	《三国志》卷三二《蜀书·先主传》裴松之注引 《北堂书钞》④卷三四注引 《太平御览》卷四七五引
	诸葛亮	《三国志》卷三五《蜀书·诸葛亮传》裴松之注引
	关羽	《三国志》卷三六《蜀书·关羽传》裴松之注引
	孙坚	《三国志》卷四六《吴书·孙坚传》裴松之注引
	孙策	《三国志》卷四六《吴书·孙策传》裴松之注引
鱼豢《魏略》	杨秋	《三国志》卷一《魏书·武帝纪》裴松之注引
	公孙渊	《三国志》卷八《魏书·公孙渊传》裴松之注引
	张绣	《三国志》卷八《魏书·张绣传》裴松之注引
	刘禅（刘备子）	《三国志》卷三三《蜀书·后主禅传》裴松之注引

---

① 《三国志》卷十二《魏书·鲍勋传》裴松之注引《魏书》曰："（鲍）信知卓必为乱，劝袁绍袭卓，绍畏卓不敢发。语在《绍传》。"（第 384 页）亦可说明王沈《魏书》中有《袁绍传》。
② 《太平御览》，北京：中华书局，1960 年重印商务影宋本。
③ （宋）刘义庆撰，（梁）刘孝标注，朱铸禹汇校集注《世说新语汇校集注》，上海古籍出版社，2002 年。
④ 《北堂书钞》，北京：中国书店影印孔氏三十三万卷堂影钞本，1989 年。

(续表)

书　名	东汉末群雄	出　处
鱼豢《魏略》	诸葛亮	《三国志》卷三五《蜀书·诸葛亮传》裴松之注引
	魏延	《三国志》卷四〇《蜀书·魏延传》裴松之注引
	姜维	《三国志》卷四四《蜀书·姜维传》裴松之注引
	孙权	《三国志》卷四七《吴书·吴主权传》裴松之注引
韦昭《吴书》	曹操(陶谦?)	《三国志》卷一《魏书·武帝纪》裴松之注引
	董卓	《三国志》卷六《魏书·董卓传》裴松之注引
	袁尚(袁绍子)	《三国志》卷六《魏书·袁绍传》裴松之注引
	袁术	《三国志》卷六《魏书·袁术传》裴松之注引 《太平御览》卷八五〇、卷八五七引
	刘虞	《三国志》卷八《魏书·公孙瓒传》裴松之注引
	陶谦	《三国志》卷八《魏书·陶谦传》裴松之注引 《后汉书》卷七三《魏书·陶谦传》李贤注引 《北堂书钞》卷六九注引 《太平御览》卷四四二、卷五四一引
	公孙渊（公孙度孙）	《三国志》卷八《魏书·公孙渊传》裴松之注引
	张绣	《三国志》卷八《魏书·张绣传》裴松之注引
	刘璋(刘备?)	《三国志》卷三一《蜀书·刘璋传》裴松之注引
	刘备	《三国志》卷三二《蜀书·先主传》裴松之注引
	关羽	《三国志》卷三六《蜀书·关羽传》裴松之注引
	刘繇	《艺文类聚》卷二一注引
	刘基(刘繇子)	《三国志》卷四九《吴书·刘繇传》裴松之注引 《太平御览》卷五一六引
	太史慈	《三国志》卷四九《吴书·太史慈传》裴松之注引 《太平御览》卷三四二引
	士壹(士燮弟)	《三国志》卷四九《吴书·士壹传》裴松之注引

这当然应该看作是各王朝对于自身正统性的一种自我书写。而从王沈《魏书》传孙坚、刘备或者韦昭《吴书》传曹操、刘备之类,容易让人将这种做法仅仅理解为对立政权之间的相互贬损,如沈约《宋书》以"索虏"传北魏、魏收《魏书》以"岛夷"传南朝之类。但是如果考虑到董卓、袁绍等汉末群雄也被列入了书写对象的话,则应该说在曹魏、孙吴的君臣看来,对于自身之正统性最为重要者,乃是如何证明其与汉之法统的承接关系。在这样的思路里,"对立政权"的君臣也是被作为汉之"末世群雄"来书写的。

由以上对于三国西晋时期纪传体王朝史相关情形的具体考察,我们现在可以对"开国群雄传"这一概念进行明确定义了。所谓"开国群雄传",①乃是中国古代纪传体王朝史中的列传之一种。其书写对象是与王朝"创业之主"之间不存在原初性君臣关系的前代王朝之末世群雄;其在纪传体王朝史中的位置则通常被置于本纪之后,诸臣传之前。刘知幾在前引《史通通释》卷四《题目》中认为,即使在"国史"中为这些群雄立传的话,也应该"别立科条",以显示他们与其他"臣子"的区别之所在。事实上如《三国志·魏书》所示,"开国群雄传"作为一个整体,无论是在书写对象还是在编排位置上,都已经被有意识地与其他"臣子"之传区别开来。通过本节的考察可以明确,在三国西晋时代所书写的纪传体王朝史中,"开国群雄传"是一种结构性的存在。很明显,其在整部纪传体王朝史中发挥着某种独特的功能。

那么,在此之前,"开国群雄传"是否就已经在纪传体王朝史中成立了呢?

(二)《汉书》与《东观汉记》

众所周知,开创中国古代纪传体史书体例的是司马迁的《史记》。不

---

① 这里所用的"开国"概念,意指创建王朝而言,与中国古代古典意义上的"开国"——封邦建国,尤其在中古时代的"封建"场合有较多运用——所指不同。关于后者,参考王安泰《开建五等——西晋五等爵制成立的历史考察》,台北:花木兰出版社,2009年。

过《史记》为通史，记事上起五帝，下讫汉武，其书写对象并非某一特定王朝。① "纪传体王朝史"作为一种书写"典范"而成立，应该说是在东汉时期。其时既出现了以纪传体书写前朝历史的班固《汉书》，②也出现了以纪传体书写本朝"国史"的《东观汉记》。③ 在这两部史书中，是否有着"开国群雄传"的结构性存在？

首先来看班固《汉书》。④ 作为《汉书》之书写对象的西汉王朝，其建立也经历了一个扫灭、收伏秦末群雄并最终一统天下的过程。如前引刘知幾的批评"至如陈、项诸雄，寄编汉籍。董、袁群贼，附列魏志"所提示的，《汉书》对于秦末群雄的书写方式与《三国志·魏书》对于东汉末群雄的处理似乎比较相似。具体情形如下表所示：

表3　《汉书》中的"秦末群雄传"

卷数	传　主	卷数	传　主
卷三一	陈胜、项籍	卷三三	魏豹、田儋、韩王信
卷三二	张耳、陈余	卷三四	韩信、彭越、黥布、卢绾、吴芮

以陈胜和项羽为首，《汉书》卷三一至三四所收诸人确为活跃于秦、楚、汉

---

① 参考稻叶一郎《中国史学史の研究》，第二部第二章《『史记』の成立》，京都大学学术出版会，2006年，第140—185页。不过"近代史"的比例在《史记》中是非常高的。关于时代与个人因素对《史记》面貌所造成的巨大影响，参考逯耀东《抑郁与超越：司马迁与汉武帝时代》，北京：三联书店，2008年。
② 参考杨树达《〈汉书〉所据史料考》，收入陈其泰、张爱芳主编《〈汉书〉研究》，北京：中国大百科全书出版社，2009年，第200—207页；汪春泓《论刘向、刘歆和〈汉书〉之关系》，《古籍整理研究学刊》2009年第5期，第40—52页；稻叶一郎《中国史学史の研究》，第二部第三章《『漢書』の成立》，第186—229页；吕世浩《从〈史记〉到〈汉书〉——转折过程与历史意义》，台北：台大出版中心，2009年。
③ 参考吴树平《〈东观汉记〉的撰修经过及作者事略》、《〈东观汉记〉的书名》、《〈东观汉记〉的材料来源》、《〈东观汉记〉中的本纪、表、列传、载记和序》、《蔡邕撰修〈东观汉记〉十志》、《〈东观汉记〉的流传》诸文，均收入氏著《秦汉文献研究》，济南：齐鲁书社，1988年，第108—295页。
④ 《汉书》，北京：中华书局点校本，1962年。

间的乱世群雄。① 此诸人之传亦被置于本纪之后,诸臣传之前。②

然而上述诸人之传却未必可以一律以"开国群雄传"视之。陈胜、项羽与汉高祖刘邦之间不存在君臣关系自然无须多言。而其后诸人的身份则比较复杂。大致看来,张耳、陈余为平民出身群雄之代表,魏豹等为战国王族后裔,韩信等则为汉初所封异姓诸侯王。但同时张耳也具有异姓诸侯王的身份,韩信、卢绾也曾经与汉高祖刘邦之间存在过原初性君臣关系,而诸异姓诸侯王在很大程度上又具有"功臣"身份。"与王朝'创业之主'之间不存在原初性君臣关系的前代王朝之末世群雄"这一定义,是无法涵盖《汉书》卷三一至卷三四列传传主之身份的。这四卷列传看起来似乎是"开国群雄传"、"开国功臣传"与"异姓诸侯王传"相互混杂的产物。

《汉书》对于秦末群雄的上述书写方式首先无疑是与秦末汉初特殊的政治局面相对应的。如异姓诸侯王之分封与"郡国并立体制"都是那一时代所特有的政治现象。③ 面对这样的书写对象,"开国群雄传"可能确非是一种合适的处理方式。不过《汉书》对于秦末群雄的书写,尤其是在其位置编排上,仍然可以说与"开国群雄传"存在相通之处。作为中国古代第一部纪传体王朝史,《汉书》的这一处理,当对后世的历史书写构成了相当的"典范"作用。

与汉高祖刘邦一样,光武帝刘秀建立东汉王朝也经历了削平前代王

---

① 关于秦、楚、汉间的历史发展,参考田余庆《说张楚——关于"亡秦必楚"问题的探讨》,收入氏著《秦汉魏晋史探微》(重订本),北京:中华书局,2004年,第1—29页;李开元《汉帝国的建立与刘邦集团——军功受益阶层研究》,北京:三联书店,2000年;陈苏镇《〈春秋〉与"汉道":两汉政治与政治文化研究》,第一章《西汉再建帝业的道路——儒术兴起的历史背景》,北京:中华书局,2011年,第7—132页;西嶋定生《秦漢帝国》,东京:讲谈社学术文库,1997年。
② 不过《汉书》卷三六《季布、栾布、田叔传》的位置有些特别。这可能是缘于传主的特殊身份,即作为原秦末群雄之臣而著名于汉者。
③ 参考前引李开元《汉帝国的建立与刘邦集团——军功受益阶层研究》;陈苏镇《〈春秋〉与"汉道":两汉政治与政治文化研究》;阿部幸信《漢初「郡国制」再考》,《日本秦漢史学会会報》9,2008年,第53—80页;同氏《前漢時代における内外観の變遷——印制の視點から》,《中国史学》第18卷,2008年,第121—140页。

朝之末世群雄的过程。① 但是,《东观汉记》对此的处理方式似乎与《汉书》不尽相同。

原本《东观汉记》至元代就已经全部散佚了。从今天所能收集到的轶文看来,可以肯定其中包括刘玄、刘盆子、隗嚣、公孙述等新末群雄之传。但是其在整部《东观汉记》中的位置则无法仅仅根据轶文做出判断。这与所谓"载记"的问题密切相关。

《东观汉记》包括本纪、表、志、列传、载记等几个构成部分已为学者所揭示。② 关于其中的"载记",直接的史料根据来自于范晔《后汉书》与刘知幾《史通》。《后汉书》卷四十上《班固传上》载:

> 显宗甚奇之,召诣校书部,除兰台令史,与前睢阳令陈宗、长陵令尹敏、司隶从事孟异共成《世祖本纪》。迁为郎,典校秘书。固又撰功臣、平林、新市、公孙述事,作列传、载记二十八篇,奏之。帝乃复使终成前所著书。③

《史通通释》卷十二《古今正史》亦云:

> 在汉中兴,明帝始诏班固与睢阳令陈宗、长陵令尹敏、司隶从事孟异作世祖本纪,并撰功臣及新市、平林、公孙述事,作列传、载记二十八篇。④

正是根据以上记载,四库馆臣辑本《东观汉记》的整理者得到了如下认识:

---

① 参考陈苏镇《〈春秋〉与"汉道":两汉政治与政治文化研究》,第五章第一节《汉室复兴的历程及其政治文化环境》;小嶋茂稔《漢代国家統治の構造と展開》,第Ⅰ部第一章《後漢建国に至る政治過程の特質と郡県制》,东京:汲古书院,2009年,第73—123页。
② 参考前引吴树平《秦汉文献研究》中有关《东观汉记》诸文。
③ 《后汉书》,第1334页。
④ 《史通通释》,第341页。又同书卷四《题目》亦载:"惟《东观》以平林、下江诸人列为载记"(第92页)。

> 考新市、平林发难最先,公孙述削平独后。《史通》举此以包载记之终始,则知其它专兵窃据者尽当列诸载记。故今自更始而下,以类编入。①

也就是说,在四库馆臣看来,《东观汉记》是将新末群雄全部列入"载记"中的。因此,其所辑《东观汉记》即将刘玄、刘盆子、隗嚣、公孙述等十九人及"铜马等群盗"一条,一并作为"载记"置于篇末。相应的,在本纪之后、诸臣传之前,则并未有"开国群雄传"之编排。②

对于四库馆臣辑本《东观汉记》的这种处理方式,吴树平表示了不同的意见:

> (四库馆臣)对《史通》所言作出这样的理解,具有很大的肊测成分。从王莽末年到光武帝即位初期,天下逐兔争捷,分合无常,短期或长期"专兵窃据"者伙矣。认为班固把这些人物统统归入载记,今天找不到任何材料加以证实。③

并举出《史通通释》卷四《编次》所云"作者乃抑圣公于传内,登文叔于纪首"的记载,④主张据此可以断定"刘玄在《东观汉记》中是被纳入列传的"。⑤ 正是出于这样的认识,在其所著《东观汉记校注》中,吴氏对于新末群雄做了如下安排:将刘玄、王郎诸人编为一卷置于本纪之后、诸臣传之

---

① 四库馆臣辑本《东观汉记》卷二三《载记·刘玄》之按语。影印文渊阁四库全书本,台北:台湾商务印书馆,1986年。
② 四库馆臣辑本《东观汉记》卷八《列传三》之按语:"案:本书列传,自外戚、宗室外,一以时代先后编之,略依官秩崇卑为次,而隐逸、方技殿焉。"
③ 吴树平《〈东观汉记〉中的本纪、表、列传、载记和序》,氏著《秦汉文献研究》,第163页。
④ "圣公"指更始帝刘玄,"文叔"指光武帝刘秀。《史通》原文为:"当汉氏之中兴也,更始升坛改元,寒暑三易。世祖称臣北面,诚节不亏。既而兵败长安,祚归高邑,兄亡弟及,历数相承。作者乃抑圣公于传内,登文叔于纪首,事等跻僖,位先不窋。夫《东观》秉笔,容或诸于当时。后来所修,理当刊革者也。"《史通通释》,第102—103页。
⑤ 吴树平《〈东观汉记〉中的本纪、表、列传、载记和序》,氏著《秦汉文献研究》,第163页。

前,这与《三国志·魏书》中的"开国群雄传"是一致的;①而将刘盆子、隗嚣、公孙述诸人一并归入篇末的"载记"之中。

表4 《东观汉记》所载"新末群雄传"

版 本	新末群雄传	卷 数	位 置
四库馆臣辑本	刘玄、公宾就、申屠志、陈遵、刘盆子、樊崇、吕母、王郎、卢芳、苏茂、彭宠、张丰、秦丰、邓奉、庞萌、隗嚣、公孙述、延岑、田戎及"铜马等群盗"	卷二三/载记	诸列传之后
吴树平校注本	刘玄、朱鲔、申屠志、王郎、苏茂、庞萌、王闳、彭宠、卢芳	卷八/传三	本纪之后,诸臣传之前
	王常、刘盆子、樊崇、吕母、隗嚣、王元、公孙述、延岑、田戎	卷二一/载记	诸列传之后

上述两种版本的《东观汉记》中"新末群雄传"之概况如表4所示。限于史料,我们尚不能判断如上四库馆臣与吴树平对于《东观汉记》所载"新末群雄传"不同处理的孰是孰非。换言之,我们尚不能明了《东观汉记》之"载记"的全部内容及其在原书中所处的实际位置。但根据上引《后汉书·班固传》及《史通·古今正史》所言,《东观汉记》将部分新末群雄之传列入了"载记"应该是没有疑问的。这与同时代的《汉书》对于秦末群雄的书写方式形成了对比,也与前述三国西晋时期纪传体王朝史中的"开国群雄传"不尽相同。

以上关于《汉书》和《东观汉记》的考察说明,在东汉时期,对于前代王朝之末世群雄的书写方式,尚未形成统一的规范,"开国群雄传"也尚未成为纪传体王朝史中的结构性存在。但是,在将前代王朝之末世群雄列为纪传体王朝史之书写对象这一点上,《汉书》与《东观汉记》却是一致的。应该说,这构成了三国西晋时代"开国群雄传"最为重要的渊源。

---

① 不同之处在于,"宗王传"被置于"新末群雄传"之前。但是吴氏的这一处理未必得当。可以看到,《汉书》、《三国志·魏书》以及范晔《后汉书》中的"宗王传"均位于"前代末世群雄传"之后。"宗王传"被置于前是从欧阳修《新唐书》才开始出现的新体例。

（三）诸家《后汉书》

如上所述，在三国西晋时期的纪传体王朝史中，"开国群雄传"作为一种结构性存在而成立了。而这种书写方式在东汉时期的两部纪传体王朝史《汉书》与《东观汉记》中，也可以找到部分渊源。虽然《东观汉记》对于新末群雄还出现了"载记"这样的处理方式，但显然并未构成一种"典范"。如刘知幾在《史通通释》卷四《题目》中所云："惟《东观》以平林、下江诸人列为载记，顾后来作者，莫之遵效。"①本节我们就来考察，《东观汉记》之后的诸家《后汉书》对于新末群雄是如何书写的。

在东汉历史结束以后，自三国后期经两晋至于南朝，出现了多部以东汉王朝为书写对象的纪传体王朝史，即通常所说的"诸家《后汉书》"。② 但诸家《后汉书》中以完整形式保存下来的，只有书写于刘宋初期的范晔《后汉书》。其对于新末群雄的书写方式如下表所示。

表5　范晔《后汉书》中的"新末群雄传"

卷　数	传　　主
卷十一	刘玄、刘盆子
卷十二	王昌、刘永、彭萌、张步、王宏、李宪、彭宠、卢芳
卷十三	隗嚣、公孙述

可以看到，上述"新末群雄传"在整部范晔《后汉书》中被置于本纪与皇后纪之后、诸臣传之前。显然，"开国群雄传"在此获得的也是一种很容易被识别出来的结构性位置。这与《三国志·魏书》的做法是完全一致的，而

---

① 《史通通释》，第92页。
② 本文所言之"诸家《后汉书》"，仅指各纪传体《后汉书》，编年体如袁宏《后汉纪》之类不在其列。即同于周天游《八家后汉书辑注》的收录对象，上海古籍出版社，1986年。相关研究，参考小嶋茂稔《范曄『後漢書』の史料の特質に關する考察—從來の諸説の檢討を中心に》，《史料批判研究》1，1998年，第1—12页；安部聡一郎《後漢時代關係史料の再檢討——先行研究の檢討を中心に》，《史料批判研究》4，2000年，第1—43页；同氏《袁宏『後漢紀』・范曄『後漢書』史料の成立過程について：劉平・趙孝の記事を中心に》，《史料批判研究》5，2000年，第113—140页。

类似于《东观汉记》之"载记"的处理方式在其中则看不到一点继承或者影响的痕迹。

其他诸家《后汉书》因为并没有以完整的形式保存下来,要断言它们也有着与范晔《后汉书》完全相同的"开国群雄传"编排是有些困难的。但首先可以肯定的是,从上引刘知幾在《史通·题目》中的批评来看,与范晔《后汉书》一样,其他诸家《后汉书》也没有继承《东观汉记》将新末群雄部分列入"载记"的做法。

其次,从今天所能收集到的轶文看来,可以确认为新末群雄立传的纪传体《后汉书》并不在少数。据《八家后汉书辑注》列表如下:

表6　诸家《后汉书》中的"新末群雄传"

作者·书名	著述时代	传主	作者·书名	著述时代	传主
谢承《后汉书》	三国·吴	刘玄	谢沈《后汉书》	东晋	刘盆子
薛莹《后汉记》	西晋	不明	张莹《后汉南记》	东晋	不明
司马彪《续汉书》	西晋	刘玄、刘盆子、王郎、隗嚣、公孙述	袁山松《后汉书》	东晋	刘盆子
华峤《后汉书》①	西晋	不明			

如上表所示,从现在所能见到的诸家《后汉书》之轶文看来,司马彪《续汉书》中可以确认的新末群雄之传是最多的,且涵盖了范晔《后汉书》之"开国群雄传"中的主要人物。另外在谢承《后汉书》、谢沈《后汉书》和袁山松《后汉书》中,虽然只能确认"刘玄传"或者"刘盆子传"的存在,但以情理度之,各书为其他新末群雄立传的可能性也是相当高的。

对于以上诸家《后汉书》中的"新末群雄传",《八家后汉书辑注》均将其列于本纪之后、诸臣传之前。虽然从现存史料中并不能确认原书的具

---

① 关于华峤所撰东汉纪传体王朝史之书名,诸史料所存颇不一致。《三国志·蜀书·来敏传》裴松之注引作"后汉书",同书《华歆传》裴松之注引两晋之际傅畅所撰《晋诸公赞》亦作"后汉书"。《隋书·经籍志》、《旧唐书·经籍志》、《新唐书·艺文志》、《太平御览》卷首《经史图书纲目》等皆作"后汉书"。作"汉后书"者,仅有《晋书》本传。《四库全书》所收内府藏本《史通·古今正史》亦作"后汉书";浦起龙《史通通释》作"汉后书",并加注"或作'后汉',误",恐系浦氏据《晋书》妄改。《史通通释》中的此类问题不少,需要注意。

体面貌究竟如何,但是从范晔《后汉书》的编排情况来推断,《八家后汉书辑注》的处理方式应该说是现在所能想到的最为合适的安排。即,诸家《后汉书》也是以"开国群雄传"来书写新末群雄的。

二、"驱除"观念的变化

通过以上考察可以明确,在自三国至于南朝前期所书写的纪传体王朝史中,都有"开国群雄传"的结构性存在。这一存在并不因其书写载体是"国史"(如王沈《魏书》、韦昭《吴书》)还是"前代史"(如范晔《后汉书》)、是"官撰"还是"私修"(如鱼豢《魏略》)而有所改变。从某种意义上说,这反映了在这一历史时期统治群体所共享的意识形态中,"开国群雄传"也作为一种结构性存在而发挥着作用。

那么,原本在东汉王朝所书写的纪传体王朝史《汉书》与《东观汉记》中位置尚显模糊的前代王朝之末世群雄,何以自三国时代开始,就在纪传体王朝史中,以"开国群雄传"的形式,获得了一种结构性的位置呢?要直接回答这一问题是很困难的。但我们可以观察到一种或许与此相关的观念变化,那就是"驱除"。

"驱除"作为一个普通的动词,本只是"驱逐、排除"之意。如《史记》卷十六《秦楚之际月表》所言:

> 秦既称帝,患兵革不休,以有诸侯也,于是无尺土之封,堕坏名城,销锋镝,鉏豪杰,维万世之安。然王迹之兴,起于闾巷,合从讨伐,轶于三代。向秦之禁,适足以资贤者为驱除难耳。①

其后《索隐》曰:"谓秦前时之禁兵及不封树诸侯,适足以资后之贤者,即高帝也。言驱除患难耳。"也就是说,秦王朝的某项具体举措,恰恰起到了为后起的汉高祖刘邦(或者汉王朝)扫除障碍的作用。而当这一词语后来与

---

① 《史记》,北京:中华书局点校本,1959年,第760页。

王朝更替的正统观念结合在一起时，就引申出了另外一层意义。如《艺文类聚》卷十一《帝王部一》引《汉杂事》曰：

> 古者天子称皇，其次称王。秦承百王之末，为汉驱除。自以德兼三皇、五帝，故并以为号。①

应劭《风俗通义》卷一《皇霸》亦曰：

> 谨案：《战国策》、《太史公记》：……秦因愚弱之极运，震电之萧条，混一海内，为汉驱除。②

在上述语境里，"驱除"由一个普通的动词变成了具有特定含义的名词性指称。并不特指具体某项恶政，秦王朝的存在本身即成为了汉高祖刘邦或者汉王朝的"驱除"。

与"驱除"的这一名词性指称相应，秦王朝以外，新莽也成为了"驱除"应用的对象。见《汉书》卷九九下《王莽传下》：

> 赞曰：……昔秦燔诗书以立私议，莽诵六艺以文奸言，同归殊途，俱用灭亡。皆炕龙绝气，非命之运，紫色蛙声，余分闰位，圣王之驱除云尔！③

这里的"圣王"应该兼指汉高祖刘邦与光武帝刘秀，"驱除"自然也是兼指嬴秦与新莽而言的。可以说视嬴秦为汉高祖刘邦（或者西汉王朝）之"驱

---

① 《艺文类聚》，上海古籍出版社，1982年新1版，第199页。蔡邕《独断》卷上有类似表达。
② （汉）应劭撰，王利器校注《风俗通义校注》，北京：中华书局，1981年，第49页。对于这段文字，王利器注曰："《史记·秦始皇本纪》引贾生言，又见《陈涉世家》，《汉书·陈胜项籍传·赞》因之。"但事实上，在《史记》和贾谊《新书》的相关文字中，都看不到"为汉驱除"之语，可能是应劭在引用时根据其所在时代观念而自行添加的。
③ 《汉书》，第4194页。

除",视新莽为光武帝刘秀(或者东汉王朝)之"驱除",乃是东汉时人的普遍观念。

然而世入汉末三国,"驱除"观念的应用对象却悄然发生了转移。目前能够确认的最早例证,来自《三国志》卷五四《吴书·吕蒙传》:

> 孙权与陆逊论周瑜、鲁肃及蒙曰:"……(吕蒙)图取关羽,胜于子敬。子敬答孤书云:'帝王之起,皆有驱除,羽不足忌。'此子敬内不能办,外为大言耳。孤亦恕之,不苟责也。"①

显然,此处鲁肃(子敬)视关羽为孙吴王朝之"驱除"。而对于孙吴王朝而言,如上节所述,关羽的身份乃是与孙吴政权之间不存在原初性君臣关系的汉末群雄。

汉末三国时代"驱除"应用的对象自前代王朝本身转移到了"末世群雄"之上,对此应该如何理解呢?首先应该考虑到,对于时人来说,汉王朝四百年之久的巨大存在乃是无可回避的历史现实。汉之后的任何新兴政权,无疑很难将这样的前代王朝与短命暴亡的嬴秦、新莽等量齐观。这些政权更为普遍的做法,是标榜自己方为汉王朝法统的真正继承者,并以各种手段进行自我正当化。② 前文谈及在曹魏和孙吴政权各自的"国史"中,对立政权的君臣也都是被作为汉王朝之"末世群雄"来书写的,正是这一观念的典型反映。

与此密切相关的是,其时的王朝更替模式,也由暴力颠覆转为了"禅让"。当然王朝更替终究仍需凭借实力来实现,但其所采取的路径却是前代天子将帝位"让"与新朝君主。③ 这绝非仅仅只是"演戏"或者"伪装",

---

① 《三国志》,第1281页。
② 这与中国古代王朝所谓"正统论"问题也是密切相关的。参考饶宗颐《中国史学上之正统论》,上海远东出版社,1996年。
③ "禅让"在中古时期成为王朝更替的经典模式,与天下观念的形成和推演有非常密切的关系。参考渡辺信一郎《中国古代的王权与天下秩序——从日中比较史的视角出发》之《序说 天下与王朝之名》,东京:校仓书房,2003年,本书所引为中译本,徐冲译,北京:中华书局,2008年,第1—17页;甘怀真《从天下国家的观点论中国中古的朝代》也强调了"汉魏的禅代如何建立起此后中古朝代交替的模式",载《中国中古史研究:中国中古史青年学者联谊会会刊》第2卷,北京:中华书局,2011年,第3—22页。

而是反映了新王朝皇帝权力起源的正当性之所在。可以看到,在"禅让"的王朝更替模式之下,新王朝的创业之主并未站在前代王朝的对立面而否定其"臣子"身份;相反,他所采取的立场是将这一身份发扬光大,竭心尽力来平定前代王朝之末世乱局,由此成为前代王朝之"功臣",实现"臣"之身份的最大化;再从中寻找王朝更替的契机,以功德为公、为王,开建王国,遇以殊礼,其身份一步步实现"去臣化";最后由其本人或者继任者接受前代天子的禅让,正式即位,建立新朝。也就是说,在"禅让"模式下,新王朝的创业之主,必须经历一个自"臣"至"君"的身份转换过程;新王朝的皇帝权力,藉由这样的过程而正当地起源。①

这样,我们就可以把上述汉末三国时期"驱除"观念的变化与"开国群雄传"的成立结合起来进行理解了。在"禅让"的王朝更替模式之下,新王朝的创业之主需要前代王朝的末世群雄来发挥"驱除"作用:既可以其"乱"来说明前代王朝之气数已尽,天命将移,又可以己平乱之功来作为接受禅让的资格。而"开国群雄传"在纪传体王朝史中所发挥的独特功能,也正是通过标示新王朝的"驱除"之所在,来塑造其创业之主对于前代王朝的"功臣"身份,以正当化其自"臣"至"君"的身份转换过程。正是在这一意义上,前代王朝之末世群雄于本王朝之"开国"不可或缺,必须在国史中以"开国群雄传"的形式来书写。②

而上述观念成形后,转而又会改变人们对于历史的既成叙述。如《晋书》卷四八《段灼传》所言:

> (王)莽既屠肌,六合云扰,刘圣公已立而不辨,(刘)盆子承之而覆败,公孙述又称帝于蜀汉。如此数子,固非所谓应天顺人者,徒为

---

① 关于这一问题更为详尽的论述,请参考本书单元一第一章第二节《"禅让"与魏晋王朝的皇帝权力起源》。
② 魏晋王朝在国史书写中为正当化其皇帝权力起源所使用的意识形态装置,与"开国群雄传"相辅相成的,尚有本纪书写中的"禅让后起元"。参考本书单元一第一章《魏晋国史书写的"禅让后起元"》。

光武之驱除者耳。①

前引《汉书·王莽传·赞》视王莽为光武帝刘秀与东汉王朝之"驱除"。但到了西晋段灼的场合,他所揭举的光武帝之"驱除",显然已经不是作为前代王朝的新莽,而是转移到了刘玄、刘盆子、公孙述等"数子"——即与光武帝刘秀之间不存在原初性君臣关系的新末群雄——身上了。这种转移,与前述诸家《后汉书》中"开国群雄传"的成立也是相辅相成的。

三、南北朝后期"开国群雄传"的缺失

如上所述,在自三国经两晋至于南朝前期所书写的纪传体王朝史中,可以确认有"开国群雄传"的结构性存在。其书写对象是与王朝"创业之主"之间不存在原初性君臣关系的前代王朝之末世群雄;其在纪传体王朝史中的位置则通常被置于本纪之后、诸臣传之前。与"驱除"观念的变化相应,其功能在于标示本王朝的"驱除"之所在,以发挥正当化本王朝皇帝权力起源过程的意识形态功能。

然而,自南朝后期开始,尽管"帝王之起,皆有驱除"作为一种观念已经普遍化,②但在各王朝所书写的纪传体王朝史中,"开国群雄传"却被"驱除"出去,出现了缺失的现象。下面我们就对此问题进行考察。

可以看到,南北朝的王朝更替,形式上仍然延续了魏晋以来的"禅让"模式。③ 其中活跃着与王朝"创业之主"之间不存在原初性君臣关系的末世群雄是毋庸置疑的。然而,对于这些末世群雄,相应的纪传体王朝史却并没有采取"开国群雄传"的书写方式。

---

① 《晋书》,北京:中华书局点校本,1974 年,第 1346 页。
② 在《晋书》、《南齐书》、《梁书》、《魏书》、《北史》等正史中,都可以找到若干应用于前代王朝之末世群雄的"驱除"用例,此不赘举。
③ 参考宫川尚志《六朝史研究 政治·社会篇》,第二章《禪讓による王朝革命の研究》,京都:平乐寺书店,1956 年,第 73—172 页。

以南朝刘宋为例。东晋末年,先有孙恩、卢循之乱,后有桓温之子桓玄篡晋建楚。刘裕正是在扫灭这些末世群雄之后,才得以建立刘宋王朝的。按照三国时代以来纪传体王朝史的书写传统,纪传体王朝史《宋书》在本纪之后、诸臣传之前,应该立有以卢循、桓玄等为书写对象的"开国群雄传"。然而事实上,在沈约于南齐所撰前代史《宋书》之中,并无《卢循传》或者《桓玄传》的踪迹。这种"开国群雄传"的缺失,如表7所示,在南朝四史之中是共通的。①

表7 南朝四史纪传简目

书名	卷数	内容	卷数	内容
宋书	卷一～十	本纪	卷九一～九八	孝义、良吏、隐逸、恩幸、索虏、夷蛮诸传
	卷四一	后妃传	卷九九	二凶传
	卷四二～九十	诸臣传		
南齐书	卷一～八	本纪	卷二一～五一	诸臣传
	卷二十	皇后传	卷五二～五九	文学、良政、高逸、孝义、幸臣、魏虏诸传
梁书	卷一～六	本纪	卷四七～五四	孝行、儒林、文学、处士、止足、良吏、诸夷诸传
	卷七	皇后传	卷五五～五六	萧综、萧纪等诸王传、侯景传
	卷八～四六	诸臣传		
陈书	卷一～六	本纪	卷三二～三四	孝行、儒林、文学诸传
	卷七	皇后传	卷三五～三六	熊昙朗等逆臣传、陈叔陵等诸王传
	卷八～三一	诸臣传		

---

① 《宋书》,北京:中华书局点校本,1974年;《南齐书》,北京:中华书局点校本,1972年;《梁书》,北京:中华书局点校本,1973年;《陈书》,北京:中华书局点校本,1972年。

表8 《北齐书》、《周书》纪传简目

书名	卷 数	内 容	卷 数	内 容
北齐书	卷一～八	本纪	卷十五～四三	诸臣传
北齐书	卷九	皇后传	卷四四～五十	儒林、文苑、循吏、酷吏、外戚、方伎、恩幸诸传
北齐书	卷十～十四	宗王传		
周书	卷一～八	本纪	卷四五～四七	儒林、孝义、艺术诸传
周书	卷九	皇后传	卷四八	萧詧传
周书	卷十～十三	宗王传	卷四九～五十	异域传
周书	卷十四～四四	诸臣传		

北朝的纪传体王朝史中也存在类似情况。北魏王朝起于塞外，其皇帝权力的起源过程本与"禅让"模式无涉。① 不过，在孝文帝掌权之后，可以观察到北魏的统治群体对于本王朝的皇帝权力起源过程进行了可视为"再书写"的一系列努力。如将宗庙中的"太祖"之位由平文帝转移至道武帝，②将北魏王朝的五行德次由土德改为水德以越过五胡国家群直承西晋王朝，③都是其中的重要步骤。同样的努力也出现在国史书写方面，即洛阳迁都之后纪传体国史的创设。④ 但是限于史料，对于北魏纪传体国史中是否立有"开国群雄传"，我们尚无法展开深入讨论。⑤ 而北魏末年，先是

---

① 参考田余庆《拓跋史探》，北京：三联书店，2003年；张金龙《北魏政治史》，兰州：甘肃教育出版社，2008年。
② 参考佐川英治《東魏北齊革命と『魏書』の編纂》，《東洋史研究》64-1，2005年，第37—64页；王铭《"正统"与"政统"：拓跋魏"太祖"庙号改易及其历史书写》，《中华文史论丛》2011年第2期，第293—325页。
③ 参考罗新《十六国北朝的五德历运问题》，《中国史研究》2004年第3期，第47—56页。
④ 参考前引佐川英志《東魏北齊革命と『魏書』の編纂》。关于北魏的历史书写与皇帝权力起源的关系，本书单元一第二章第二节《"取平四胡之岁为齐元"：北齐国史的"禅让前起元"》有更为详尽的探讨，敬希参看。
⑤ 这个问题等同于，在魏收《魏书》中被置于卷末的十六国和南朝部分，在北魏纪传体国史中的原本面貌如何呢？这是一个有趣却又无法深入的问题，希望今后能发现更多线索。

六镇乱起,后有尔朱荣入洛与河阴之变;①高欢及其周边人群也是在与尔朱氏的殊死争斗中才得以建立起东魏、北齐王朝。北齐和北周两王朝的成立也都经历了经典的"禅让"模式。然而如表8所示,《北齐书》没有以"开国群雄传"的形式为尔朱荣诸人立传。与此相关联的现象是,东魏、北齐与西魏、北周作为两个对立政权,虽然都标榜自己接续了北魏的法统,②但是并没有把对立政权的君臣以"开国群雄传"的形式写入本王朝的纪传体史书之中。如前文第二节所述,同样是对立政权的关系,王沈《魏书》中立有《孙坚传》和《刘备传》,韦昭《吴书》中也很可能立有《曹操传》。《北齐书》、《周书》的做法与此形成了鲜明的对比。③

那么,何以在南北朝时代所书写的纪传体王朝史中,三国两晋以来的"开国群雄传"就发生了"集体缺失"呢?似乎找不到能够直接解答这一疑问的史料。但至少可以肯定的是,这绝非偶然现象,而是人们有意为之的结果。沈约《宋书》卷一〇〇《自序》中的如下叙述可以为此提供一点线索:

> 臣今谨更创立,制成新史,始自义熙肇号,终于升明三年。桓玄、谯纵、卢循、马、鲁之徒,身为晋贼,非关后代。吴隐、谢混、郗僧施,义止前朝,不宜滥入宋典。刘毅、何无忌、魏咏之、檀凭之、孟昶、诸葛长民,志在兴复,情非造宋。今并刊除,归之晋籍。④

如《宋书·自序》所言,沈约于南齐永明年间(483~492)所撰前代史《宋书》,是在自刘宋何承天以来所多次纂修之"国史"基础上修成的,其中尤

---

① 关于"河阴之变",参考窪添慶文《河陰の変小考》,收入氏著《魏晋南北朝官僚制研究》,东京:汲古书院,2003年,第439—454页;陈爽《河阴之变考论》,收入《中国社会科学院历史研究所学刊》第4集,北京:商务印书馆,2007年。
② 参考何德章《北魏末帝位异动与东西魏的政治走向》,武汉大学中国三至九世纪研究所编《魏晋南北朝隋唐史资料》第18辑,2001年,第51—62页。
③ 《北齐书》,北京:中华书局点校本,1972年;《周书》,北京:中华书局点校本,1971年。
④ 《宋书》,第2467—2468页。

其继承了徐爰的成果。① 对于桓玄、卢循、谢混、刘毅诸人,沈约说"今并刊除,归之晋籍",当理解为在其所修《宋书》中不再为他们立传之意。② 由此可知,在沈约之前刘宋王朝自身所修之"国史"中,原本是为以上诸人立传了的。谢混、刘毅等暂且不论,关于桓玄和卢循则可以推测,当是继承了三国时代以来纪传体王朝史的书写传统,以"开国群雄传"的形式被书写于作为刘宋国史的"宋书"之中。这与同时代范晔的《后汉书》对于新末群雄的书写方式是一致的。

事实上,围绕着是否为桓玄立传,在刘宋后期徐爰修撰"国史"之时就已经发生了争议。《宋书》卷九四《徐爰传》载:

> 先是元嘉中,使著作郎何承天草创国史,世祖初,又使奉朝请山谦之、南台御史苏宝生踵成之。六年,又以爰领著作郎,使终其业。爰虽因前作,而专为一家之书。③

从"爰虽因前作,而专为一家之书"的叙述来看,徐爰作"国史"时在体例上意欲有所更革。这在《宋书·徐爰传》其后所载的徐爰上表中有非常清晰的表达。此不避繁冗,全引如下:

> 臣闻虞史炳图,原光被之美,夏载昭策,先随山之勤。天飞虽王德所至,终陟固有资田跃,神宗始于俾乂,上日兆于纳揆。其在《殷颂》,《长发》玄王,受命作周,实唯雍伯,考行之盛则,振古之弘轨。降逮二汉,亦同兹义,基帝创乎丰郊,绍祚本于昆邑。魏以武命《国志》,

---

① 参考(清)王鸣盛撰,黄曙辉点校《十七史商榷》,卷五三"沈约宋书"条,上海书店出版社,2005 年;(清)赵翼撰,王树民校证《廿二史札记校证》,卷九"120 宋书多徐爰旧本"条,北京:中华书局,1984 年。关于刘宋国史,本书单元一第二章第一节《"起元义熙,为王业之始":刘宋国史的"禅让前起元"》有更为详尽的探讨,敬希参看。
② 李传印《魏晋南北朝时期史学与政治的关系》(武汉:华中科技大学出版社,2004 年)将沈约的这一做法仅仅理解为与其《宋书》"始自义熙肇号"的断限问题相关(第 56—58 页),恐不确。
③ 《宋书》,第 2308 页。

晋以宣启《阳秋》，明黄初非更姓之本，泰始为造物之末。又近代之令准，式远之鸿规。典谟缅邈，纪传成准，善恶具书，成败毕记。然余分紫色，滔天泯夏，亲所芟夷，而不序于始传，涉、圣、卓、绍，烟起云腾，非所诛灭，而显冠乎首述，岂不以事先归之前录，功偕著之后撰。

伏惟皇宋承金行之浇季，钟经纶之屯极，拥玄光以凤翔，秉神符而龙举，剿定鲸鲵，天人伫属。晋禄数终，上帝临宋，便应奄膺纮宇，对越神工，而恭服勤于三分，让德迈于不嗣，其为巍巍荡荡，赫赫明明，历观逖闻，莫或斯等。宜依衔书改文，登舟变号，起元义熙，为王业之始，载序宣力，为功臣之断。其伪玄篡窃，同于新莽，虽灵武克殄，自详之晋录。及犯命干纪，受戮霸朝，虽揖禅之前，皆著之宋策。国典体大，方垂不朽，请外详议，伏须遵承。①

徐爰上表首先引述经典来阐述"国史"书写应该遵循的规范，然后再来叙述刘宋"国史"的具体操作。可以看到，他的主张主要包括两个互相关联的方面。首先是与王朝起始相关的国史"起元"问题。徐爰认为，王朝之开国应该始自"创业之主"，而非后来接受前代王朝禅让之君。具体到刘宋的场合，就是要"起元义熙，为王业之始"。如所周知，"义熙"乃刘裕击败桓玄控制晋安帝后所改之年号，距离刘宋王朝的正式成立还有一段时间。这一主张意味着魏晋以来国史书写中的"禅让后起元"要转为"禅让前起元"。② 其次，对于被本朝"创业之主"所亲自平定的"余分紫色"，即与其不存在原创性君臣关系的前代王朝之末世群雄，应该"不序于始传"，也就是不于国史列传之首为其立传；并对前史将陈涉、刘玄、董卓、袁绍这些"非所诛命"的末世群雄"冠乎首述"的做法提出了批评。具体到刘宋的场合，徐爰主张桓玄篡晋之事应入"晋典"，而在"宋策"之中只要书写其被刘裕平定的过程就可以了。虽然徐爰并未明说是否立"桓玄传"，

---

① 《宋书》，第 2308—2309 页。《宋本册府元龟》卷五五八《国史部》载徐爰此表，"又近代之令准，式远之鸿规"作"又近代之令，远乏鸿规"，似更近于徐爰上表之原貌。北京：中华书局影印本，1989 年，第 1585 页。
② 详参本书单元一第二章第一节《"起元义熙，为王业之始"：刘宋国史的"禅让前起元"》。

但既然无须完整书写桓玄事迹，自然也就是在国史之中不立"桓玄传"之意。这从刘宋王朝对其上表的最后裁决中也可以看出来：

> 于是内外博议，太宰江夏王义恭等三十五人同爱议，宜以义熙元年为断。散骑常侍巴陵王休若、尚书金部郎檀道鸾二人谓宜以元兴三年为始。太学博士虞龢谓宜以开国为宋公元年。诏曰："项籍、圣公，编录二汉，前史已有成例。桓玄传宜在宋典。余如爱议。"①

从"桓玄传宜在宋典。余如爱议"之语可以推断，徐爱确是主张国史之中不立"桓玄传"的，只是没有得到朝廷方面的认可。上引沈约《宋书·自序》也可以说明，流传至南齐永明年间的刘宋国史中，不仅有"桓玄传"，还包括了谯纵、卢循、司马休之、鲁宗之等其他晋末群雄之传。

因此可以推断，自三国以来成立的"开国群雄传"，是一直持续到了南朝前期所书写的纪传体王朝史中的；其中既包括范晔《后汉书》这样的前代史，也包括刘宋国史这样的本朝史。而在大明六年（462）负责撰修国史的徐爱这里，已经出现了要求更革的主张，只是为坚持传统的刘宋朝廷所否决。再到几十年后南齐永明年间的沈约这里，这一传统就被他成功地有意识中止了。这说明当年原本或属于异见的徐爱关于"开国群雄传"的主张，至此已经成为了南朝后期统治群体的共识。沈约《宋书》中"开国群雄传"的结构性缺失，也渐次扩展为如表7、表8所示的南北朝纪传体王朝史所共享的结构性存在。

值得注意的是，上述南北朝相关的纪传体王朝史中，《梁书》、《陈书》、《北齐书》与《周书》都是在唐太宗贞观年间以官修史书的形式最终得以完成。其书写形式无疑也是其时统治群体意识形态的反映。也就是说，"开国群雄传"在纪传体王朝史中的缺失，可以确认一直持续到了唐代前期的"前代史"书写之中。甚至可以推测，唐代前期的纪传体"国史"中也存在着"开国群雄传"的结构性缺失。如本单元下一章的考察所揭示的那

---

① 《宋书》，第2309页。

样，书写于五代后晋的《旧唐书》虽然是以"开国群雄传"的形式为隋末群雄李密、王世充、窦建德等人立传的（《新唐书》大致因之）；但若从唐前期所修纪传体国史出发，还有一个漫长的形成过程。

另外，《史通》的作者刘知幾曾经"三为史臣，再入东观"，①也是其时国史编撰的重要参与者。从前引《史通通释》卷四《题目》所言"至如陈、项诸雄，寄编汉籍。董、袁群贼，附列魏志。既同臣子之例，孰辨彼此之殊"②可以看出，在"开国群雄传"的问题上，刘知幾主张前代王朝之末世群雄不当成为本朝纪传体王朝史的书写对象，纪传体王朝史中不当立"开国群雄传"。这既与之前徐爰、沈约的意见保持了一致，也是其同时代的历史书写现状的反映。

四、结　　语

本章提出了"开国群雄传"的概念。所谓"开国群雄传"，乃是中国古代纪传体王朝史中的列传之一种。其书写对象是与王朝"创业之主"之间不存在原初性君臣关系的前代王朝之末世群雄；其在纪传体王朝史中的位置则通常被置于本纪之后、诸臣传之前。

通过本章的考察可以看到，在东汉时期的纪传体王朝史中，"开国群雄传"尚未获得固定的位置。在三国经两晋至于南朝前期所书写的纪传体王朝史中，开国群雄传则成为了一种结构性的存在。而自南北朝后期至于唐代前期所书写的纪传体王朝史中，开国群雄传又出现了结构性的缺失。并且开国群雄传的存在或者缺失，都并不因其载体是前朝史还是国史、是官撰还是私修而有所区别，可以说是相关时代统治群体所共享的意识形态表达。

至此，我们基本可以对本单元开头所提出的两个问题做出回答了。陈寿之所以在《三国志·魏书》中为"董、袁群贼"立传，乃是因为他身处

---

① 《史通通释》，第590页。
② 《史通通释》，第92页。

"开国群雄传"结构性存在于纪传体王朝史的时代传统之中。而刘知幾之所以对此提出批评,也是因为他所处的时代传统已然转换为开国群雄传的结构性缺失了。他们的意见,都分别只是其所在时代最为普通的表态而已。而前揭刘宋大明六年(462)徐爰在负责撰修国史之时的上表,则构成了这两大时代传统之间最为引人注目的转折点。

如前引徐爰上表所显示的,"开国群雄传"与"起元"是这一历史时期的纪传体王朝史中为正当化王朝皇帝权力起源过程而设置的一组联动装置,具有重要的意识形态功能。开国群雄传自三国时代开始在纪传体王朝史中获得结构性的位置,与其时"驱除"观念应用的对象自前代王朝转移至末世群雄密切相关。其在纪传体王朝史中所发挥的独特功能,正是通过标示本王朝的"驱除"之所在,与"禅让后起元"——在前代王朝纪年之下来书写本王朝"创业之主"的创业经纬——相辅相成,共同塑造出新王朝的创业之主对于前代王朝而言的"功臣"身份,以正当化"禅让"模式下本王朝皇帝权力的起源过程。而开国群雄传在南北朝后期纪传体王朝史中的结构性缺失,也同时伴随着国史书写中"起元"的前移——在"禅让"程序正式完成之前,即开始在新王朝的纪年之下来书写创业之主。显示出这一时期在正当化皇帝权力起源的过程中,作为"驱除"的前代王朝之末世群雄已然并非不可或缺,"创业"这一暴力成就本身,取代了对于前代王朝而言的"功业",成为了这一历史时期皇帝权力起源的新起点。[1]

---

[1] 本章所论与本书单元一《"起元"》第一、二章有密切关联,敬希参看。

第二章 《旧唐书》"隋末群雄传"形成过程臆说

钱大昕在其所著《廿二史考异》的《宋书》部分,有这样一段史识卓绝的论述:

> 案:徐爰《宋书》今已失传,据此表,知列传托始桓玄,兼及谯纵、卢循、司马休之、鲁轨、吴隐之、谢混、郗僧施、刘毅、何无忌、魏咏之、檀凭之、孟昶、诸葛长民诸人,盖沿陈寿、范蔚宗之例,而沈约非之。自后南、北八史列传,只述开国功臣,胥用沈法。至新、旧《唐书》乃复遵两汉之例,以李密、王世充等列于功臣传之前矣。①

沈约在南齐永明年间修《宋书》时,将原本收于徐爰撰刘宋国史中的桓玄、卢循等晋末群雄列传删除,这是乾嘉学人如王鸣盛、赵翼等都注意到的。② 但唯有钱大昕的眼光没有止步于这两部书的具体关系。如上引文,钱氏既敏锐意识到这是一个关于中国古代历史书写的结构性问题,又对于这一结构在自两《汉书》至于新、旧《唐书》之间的整体变动情况做了简洁明快的描述。毫无疑问,这背后有一种真正的"历史学"眼光。

---

① (清)钱大昕撰,方诗铭、周殿杰校点《廿二史考异》卷二四《宋书二》,上海古籍出版社,2004年,第421页。
② (清)王鸣盛撰,黄曙辉点校《十七史商榷》卷五三"沈约《宋书》"条,第388页;(清)赵翼撰,王树民校证《廿二史札记校证》卷九"120《宋书》多徐爰旧本"条,第179—180页。

笔者在本单元第一章对于汉唐间"纪传体王朝史"中"开国群雄传"的成立与缺失情形的讨论,与钱氏的上述议论大体相应。不过所论推演的主要限于钱氏议论中"胥用沈法"之前的部分,对于最后一句涉及"新、旧《唐书》"的内容则未及详论。本章将把目光集中于此,来讨论《旧唐书》中的"隋末群雄传"。不过因学力和史料所限,文中不少环节尚止于推测,故名"臆说",尚乞方家赐正。

如上一章所指出的,中国古代皇帝权力的暴力起源,导致在书写王朝之开国史时(无论是作为"国史"还是作为"前代史"),无法回避那些曾经"不奉正朔"而与之争夺天下的前代王朝之末世群雄。就李唐王朝而言,本身是在扫平、收伏隋末群雄的过程中方才得以成立的;在对于李唐皇帝权力起源与王朝成立过程的历史书写之中,当然也就不能缺失对于李密、王世充、窦建德等人事迹的记述。

然而,这并不意味着在"唐书"这样的纪传体王朝史中,就理所当然地要采用"开国群雄传"这样的方式来书写隋末群雄。如钱大昕所指出的,在汉唐间的纪传体王朝史书写之中,开国群雄传只是可能的选项之一;从"南、北八史"到"新、旧《唐书》",开国群雄传发生了自缺失到存在的巨大转换。这提示我们,《旧唐书》中的"隋末群雄传",绝非一个自明的结构,而必有其形成过程。这又与《旧唐书》的史料来源问题密切相关。①

---

① 关于《旧唐书》的史料来源,赵翼在《廿二史札记》中所提出的"《旧唐书》前半全用实录、国史旧本"(载《廿二史札记校证》卷十六,第345页),大致得到了学者们的认可。参考金毓黻《中国史学史》第六章《唐宋以来设馆修史之始末》,石家庄:河北教育出版社,2003年,第108—144页;黄永年《唐史史料学·纪传类·旧唐书》,上海书店出版社,2002年,第3—18页;阎质杰《〈旧唐书〉史料来源论证》,收入向燕南、李峰主编《新旧唐书与新旧五代史研究》,北京:中国大百科全书出版社,2009年,第175—184页;谢保成《〈旧唐书〉的史料来源》,《唐研究》第一卷,1995年,第353—376页;同氏《隋唐五代史学》第十三章《五代十国的唐史修撰》,北京:商务印书馆,2007年,第385—426页;Denis Twitchett(杜希德),*The Writing of Official History Under the T'ang*, Cambridge University Press, 1992。谢保成《〈旧唐书〉的史料来源》尽管从多个角度对赵氏此说有所辩证,但也认为"赵翼关于《旧唐书》取材的说法,大体符合代宗以前帝纪、人物传的情况",第373页。

一、五代修《旧唐书》立"隋末群雄传"

让我们首先来观察一下《旧唐书》中的"隋末群雄传"①的基本情况,列如表9。

表9 《旧唐书》中的"隋末群雄传"

卷数	传 主	卷数	传 主
卷五三	李密(单雄信附)	卷五四	王世充、窦建德
卷五五	薛举(子仁杲附)、李轨、刘武周(范君璋附)、高开道、刘黑闼(徐圆朗附)	卷五六	萧铣、杜伏威、辅公祏(阚棱、王雄诞附)、沈法兴、李子通(朱粲、林士弘、张善安附)、罗艺、梁师都(刘季真、李子和附)

如上表所示,《旧唐书》卷五三至卷五六的书写对象为以李密、王世充、窦建德为代表的隋末群雄。虽然其中亦有终降唐者,但与李唐王朝的"创业之主"李渊之间,可以说总体上并不存在原初性的君臣关系。又如卷数排列所示,这些隋末群雄之列传在整部《旧唐书》中占据了一个特别的位置,集中编排于《本纪》与《后妃传》之后,《诸臣传》之前。钱大昕所谓"以李密、王世充等列于功臣传之前",是一个非常准确的描述。笔者则将其称为以"开国群雄传"面目出现的"隋末群雄传"。②

然而问题在于,这样的结构是否就是五代修《旧唐书》的原貌呢?如所周知,今本《旧唐书》并非五代旧刻完帙传世,而是祖于明嘉靖年间重刻的闻人诠本。其书《闻人诠序》称"弭节姑苏,穷搜力索,吴令朱子遂得列传于光禄张氏,长洲贺子随得纪、志于守溪公,遗籍俱出宋时模板";③《文徵明序》称:"先是书久不行世,无善本。沈君仅得旧刻数十册,较全书才十之六七。于是遍访藏书之家,残章断简,悉取以从事。校阅惟审,一字

---

① 《旧唐书》,北京:中华书局点校本,1975年。
② 谢保成《隋唐五代史学》则将《旧唐书》卷五三至五六称为"兴唐列传",第402页。
③ 《旧唐书》附《明重刻旧唐书闻序》,第5404页。

或数易。"①但文字上与现存南宋绍兴残本又间有异同。② 对此有人认为系"别据一宋刻",也有人认为系其所据宋刻不全而用抄本补缺所致。③ 无论如何,就严格的版本意义而言,以今本《旧唐书》有"隋末群雄传"而断言五代修《旧唐书》亦当如此,这中间存在着逻辑上的缺环。欲判断五代修《旧唐书》中是否立有隋末群雄传,在今本之外,尚需在五代、两宋史料中寻找相关证据。

五代修《旧唐书》虽题"臣刘昫等奉敕修",然主要工作是在其前任赵莹主持下完成的。《宋本册府元龟》卷五五七《国史部·采撰三》载后晋天福六年(941)四月监修国史赵莹奏曰:

> 臣与张昭等共议所撰唐史,祇叙本纪、列传、十志。本纪以纲帝业,列传以叙功臣,十志以书刑政。④

即提出了计划修撰的唐史之范围与规划,其中"列传以叙功臣"一句似乎表明隋末群雄不在其列传书写对象之内。不过从奏文其后赵莹对于这一句的具体解释看来,只能说是一个笼统的原则性表述,也与其对于修史所需唐代后期史料的搜集计划相关,⑤不能据此认为赵莹所监修"唐史"之列传只有"功臣"而不及其他。就像"十志"的内容也不会仅仅包括"刑政"一样。今本《旧唐书》列传部分在"功臣"之外,书写对象尚包括后妃、宗室、四夷、逆臣等等各色人物,显然也不能据此推论均为后人所编入。五代史料中关于后晋纂修《旧唐书》的相关记述,主要是关于其如何搜集材料尤

---

① (明)文徵明《重刊旧唐书叙》,收入氏著《甫田集》卷十七,影印文渊阁四库全书本,台北:台湾商务印书馆,1986年。
② 张元济《校史随笔·旧唐书》,上海古籍出版社"蓬莱阁丛书",1998年,第93—95页。赵望泰《宋绍兴刊本〈旧唐书〉两点小考》对此本面貌有所补论,载《江苏图书馆学报》2001年第2期,第49—52页。
③ 黄永年《唐史史料学·纪传类·旧唐书》。又可参考武秀成《〈旧唐书〉编纂考略》、《〈旧唐书〉流传述考》,收入氏著《〈旧唐书〉辨证》,上海古籍出版社,2003年,第1—20页。
④ 《宋本册府元龟》,北京:中华书局影印本,1989年,第1578页。《五代会要》卷十八《前代史》载赵莹此奏有脱文,北京:中华书局,1998年,第229页。
⑤ 《宋本册府元龟》引赵莹此奏文后曰:"请下文武两班及藩侯郡牧,各叙累代官婚名讳行业功勋状一本,如有家谱、家牒,亦仰送官,以凭纂叙列传。"

其是唐代后期材料的,从中似难以发现是否为隋末群雄立传的线索。

虽然《新唐书》修成后,《旧唐书》地位渐失,然而宋代文献中仍然多有引用。不过因所涉情况复杂,很多时候要明确判断并不容易。今天以《旧唐书》指五代所修唐史,以《新唐书》指北宋所修唐史,但是在历史文献中未必尽然。五代"唐书"修成当时,曾称《李氏书》或《前朝李氏书》。①《郡斋读书志》、《直斋书录解题》、《宋史·艺文志》以及南宋绍兴刻本则都题《唐书》而无"旧"字。② 吴玉贵《唐书辑校·前言》分别检出《玉海》卷一六八所载"雍熙四年(987)直史馆胡旦言"以《旧唐书》指唐代国史韦述《唐书》,和《宋会要辑稿·崇儒四·求遗书》所载"淳化五年(994)苏易简奏"以《新唐书》指五代修《唐书》两条,更为显例。③

值得注意的是,《太平御览》卷一〇七《皇王部》中可以看到大段引用《唐书》记述李密、窦建德、王世充事迹的材料。④《御览》在引用时仅仅称"《唐书》曰",不过从所引内容对于这几位代表性的隋末群雄前后事迹的完整书写看来,当出自"《唐书》"中的相应列传部分。虽然《御览》引《唐书》的具体所指,及其与书前所附《经史图书纲目》中的《唐书》、《旧唐书》之间的关系,迄今尚无定论,⑤但并无学者主张晚于五代修《唐书》。换句话说,即使《御览》引《唐书》并非五代修《旧唐书》,而是之前某部或某几部相当于唐代"国史"的作品,其中包括隋末群雄之列传这一事实,也可以成

---

① 谢保成《隋唐五代史学》第十二章《五代十国的唐史修撰》,第388—391页。
② 黄永年《唐史史料学·纪传类·旧唐书》,第3页。
③ 吴玉贵《唐书辑校·前言》,北京:中华书局,2008年,第9—10页。
④ 《太平御览》,第513—518页。
⑤ 清人岑建功一方面以《太平御览》引《唐书》为主辑录《旧唐书逸文》,一方面又认为"或谓《御览》所引之《唐书》,不仅刘氏之书,有韦述之《唐书》在"(《旧唐书校勘记·序》,收入《二十五史三编》,长沙:岳麓书社,1994年)。岑仲勉《旧唐书逸文辨》则认为:"《御览图书纲目》云《唐书》者,并韦、柳两言之也;《旧唐书》者,指历朝实录等言之也。惟卷内引文又统称曰《唐书》,则直犹通名之'唐史'矣。"收入氏著《岑仲勉史学论文集》,北京:中华书局,1990年。吴玉贵《唐书辑校·前言》另立新说,主张"《太平御览》引用的《唐书》既不是韦述《唐书》,也不是柳芳《唐历》,更不是唐代历朝实录,实际上它就是刘昫领衔修撰的《旧唐书》,只不过《太平御览》引《唐书》保留了《旧唐书》早期的面目,与我们今天见到的刻本《旧唐书》有较大差异,从而引起了种种不同的推测"。汪桂海《谈〈太平御览〉所引〈唐书〉》则批评了吴氏的新说,转而赞成岑建功说,以《御览》所引《唐书》为韦述《唐书》。载《点校本"二十四史"及〈清史稿〉修订工程简报》37,同工程办公室,2009年9月。

为五代修《旧唐书》立"隋末群雄传"的有力旁证。

在这一问题上,司马光为《资治通鉴》所撰《考异》中的记载为我们提供了更为直接的证据。《考异》多次引用《旧唐书》和《新唐书》的内容,并且在引用之初就明确标明了作者。即《通鉴》卷一六四梁元帝承圣元年(552)"(突厥)子弟谓之特勒"条《考异》曰:"诸书或作'特勤',今从刘昫《旧唐书》及宋祁《新唐书》。"① 据此可以认为,《考异》对于其所用《旧唐书》、《新唐书》的所指有明确限定。② 我们可以由此来寻找五代修《旧唐书》中"隋末群雄传"的踪迹。列如表10。

表10 《资治通鉴考异》所引《旧唐书》"隋末群雄传"

传　名	《通鉴》原文	《考　异》	出　处
单雄信传③	己丑,秦王将轻骑前觇世充,猝与之遇,众寡不敌,道路险陋,为世充所围。	《旧书·太宗纪》云,(后略)。《单雄信传》云,(后略)。	《通鉴》卷一八八,第5886页。
王世充传	诸将皆曰:"吾所恃者夏王,夏王今已为擒,虽得出,终必无成。"	《旧书·世充传》云,(后略)。	《通鉴》卷一八九,第5916页。
窦建德传	(孙)安祖刺杀令,亡抵建德。	杜儒童《隋季革命记》云,(后略)。今从《旧唐书·建德传》。	《通鉴》卷一八一,第5657页。
窦建德传④	丙辰,窦建德为坛于乐寿,自称长乐王,置百官,改元丁丑。	许敬宗《太宗实录》、《旧唐·帝纪》皆云,(后略)。按,建德改元丁丑,即是今岁,今从《隋·帝纪》及《建德传》。	《通鉴》卷一八三,第5718页。

---

① 《资治通鉴》,北京:中华书局标点本,1956年,第5078页。
② 《考异》在行文中除《旧唐书》外,在不致误解的场合,亦常使用"旧唐"、"旧书"、"旧传"等简称,甚至径省称"旧"。
③ 今本《旧唐书·单雄信传》附于《李密传》下。《考异》引《旧唐书》中有《单雄信传》,可以推测亦当有《李密传》。
④ 《隋书》无《窦建德传》。此条考异所云《建德传》者,当为承上《旧唐·帝纪》而言。

(续表)

传 名	《通鉴》原文	《考 异》	出 处
薛举传	(薛)举与其子仁果及同党十三人,于座劫(郝)瑗发兵。	《唐高祖实录》先作"仁果",后作"仁杲"。新、旧《高祖》《太宗纪》《薛举传》、柳芳《唐历》、《柳宗元集》皆作"仁杲"。	《通鉴》卷一八三,第5724—5725页。
刘黑闼传	黎州总管李世勣先屯宗城,弃城走保洺州。	《实录》,(后略)。《革命记》,(后略)。按,《旧·地理志》,(后略)。今从《旧书·黑闼传》。	《通鉴》卷一八九,第5940页。
萧铣传	(李)孝恭又击萧铣东平王阇提,斩之。	《旧书·萧铣传》云,(后略)。	《通鉴》卷一八八,第5880页。
杜伏威传	杜伏威遣其将陈正通、徐绍宗帅精兵二千,来会秦王世民击王世充。	《旧书·杜伏威传》,(后略)。	《通鉴》卷一八八,第5900—5901页。
梁师都传	突利可汗与奚、霫、契丹、靺鞨入自幽州。	《旧·突厥传》,(后略)。按,《梁师都传》,(后略)。《高祖实录》云,(后略)。今从《旧书·梁师都传》。	《通鉴》卷一八八,第5895页。

由表10可以确认,五代修《旧唐书》中立有为数众多的隋末群雄之"列传",且均不出表9所列今本《旧唐书》卷五三至五六中的隋末群雄之范围。其他如刘武周、李子通等人,虽然未在《考异》中以"某传"形式留下踪迹,也可以推断在司马光所见五代修《旧唐书》中亦当有传。另外,虽然《考异》引用时并未指明这些"隋末群雄传"在五代修《旧唐书》中的准确位置,但结合魏晋以后"开国群雄传"的书写传统,[①]可以认为当置于《本纪》之后、"诸臣传"之前。如此则可以认为,今本《旧唐书》中的"隋末群雄

---

① 参考本书单元二第一章《"开国群雄传"小考》。

传",应当基本保持了五代修《旧唐书》的原貌。①

二、韦述《唐书》立"隋末群雄传"

以上我们确认了五代修《旧唐书》中即有以"开国群雄传"面目出现的"隋末群雄传"。而如本章开头所引,"自后南北八史列传,只述开国功臣,胥用沈法。至新、旧《唐书》乃复遵两汉之例,以李密、王世充等列于功臣传之前矣",钱大昕似将《旧唐书》视为纪传体王朝史中恢复"开国群雄传"书写传统的始作俑者。但如前文注中所言,关于《旧唐书》的史料来源,赵翼在《廿二史札记》中所提出的"《旧唐书》前半全用实录、国史旧本",大致已经得到了学者们的认可。主事者赵莹自己在奏文中陈述修《旧唐书》的原则时,也称"褒贬或从于新意,纂修须按于旧章"。② 那么五代修《旧唐书》中的"隋末群雄传",与其视为后晋史臣的新创,不如说更有可能承自唐之"实录、国史旧本"。

不过虽然《新唐书·艺文志·乙部史录·正史类》中著录了唐代纪传体国史多种,③但其中留存至五代可供后晋史官承袭者,似只有一种一百三十卷本。《旧五代史》卷一三一《周书·贾纬传》载:

> 未几,转屯田员外郎,改起居郎、史馆修撰。又谓(赵)莹曰:"《唐史》一百三十卷,止于代宗,已下十余朝未有正史,请与同职修之。"莹

---

① 武秀成《〈旧唐书〉编纂考略》亦曰:"既知《旧唐书》原本即为二百卷,子卷数亦基本相符,则《旧唐书》今本之面貌,亦可信其大体如旧,并没有什么大的残阙,而益信岑仲勉所辨岑建功《旧唐书逸文》之非。"氏著《旧唐书辨证》,第 8 页。
② 《五代会要·前代史》,第 228 页。《册府元龟·国史部·采撰》"旧章"作"旧书"。谢保成《隋唐五代史学·五代十国的唐史修撰》结合《旧唐书》的特点与内容,对这两点分别做了详细考察。
③ 分别为:《武德贞观两朝史》八十卷,长孙无忌、令狐德棻、顾胤等撰;《唐书》一百卷,又一百三十卷,(吴)兢、韦述、柳芳、令狐峘、于休烈等撰;《国史》一百零六卷,又一百一十三卷。见《新唐书》卷五八,北京:中华书局点校本,第 1458 页。李南晖《〈新唐书·艺文志〉著录唐国史辨疑》对这几种唐代国史的存亡状况作了详尽考察,认为其中到北宋仍然存世的,只有一百三十卷一种,载《文史》2002 年第 1 期,第 139—147 页。这与本文的考察相合。

以其言上奏,晋祖然之,谓李崧曰:"贾纬欲修《唐史》,如何?"对曰:"臣每见史官辈言,唐朝近百年来无实录,既无根本,安能编纪。"纬闻崧言,颇怒,面责崧沮己。崧曰:"与公乡人,理须相惜,此事非细,安敢轻言。"纬与宰臣论说不已。明年春,敕修《唐史》,纬在籍中。①

可以看到,贾纬是后晋天福六年(941)诏修唐史的重要推动者。他所谓"止于代宗"的《唐史》一百三十卷,从卷数上推测,应该就是《新唐书·艺文志》所载"(吴)兢、韦述、柳芳、令狐峘、于休烈等撰"的《唐书》一百三十卷。另外,天福六年二月己亥朝廷诏修唐史后,据《宋本册府元龟》卷五七七《国史部·采撰》载:

> 天福六年二月己酉,(贾)纬奏曰:"伏覩国史馆唐高祖至代宗已有纪传,德宗至文宗亦存实录,武宗至济阴废帝凡六代,唯有《武宗实录》一卷,余皆阙落。臣今采访遗文及耆旧传说,编成五十五卷,目为《唐年补遗录》,以备将来史官修述。②

结合上引文,贾纬这里提到的"唐高祖至代宗已有纪传",应该也并非是对于唐代国史的泛称,而是特指的"国史馆"所藏韦述等撰《唐书》一百三十卷。③

---

① 《旧五代史》,北京:中华书局点校本,1976年,第1728页。
② 《宋本册府元龟》,第1577页。贾纬此奏《五代会要·前代史》亦载,但不如《册府元龟》所引完整,如开头"国史馆"三字即无。另外,将奏文置于四月赵莹奏文之后且曰"其月起居郎贾纬奏曰",亦误。贾纬所上书名,《册府元龟》作《唐年补遗录》,《五代会要》作《唐朝补遗录》,《旧五代史·晋书·高祖本纪》、《旧五代史·周书·贾纬传》作《唐年补录》。但宋祁《景文集·贾令公墓志》作《唐季补录》,参考陈尚君《旧五代史新辑会证》,上海:复旦大学出版社,2005年,第4015—4016页。
③ 黄永年《唐史史料学·纪传类·旧唐书》已指出:"这里所说的'至代宗已有纪传',显系柳芳续撰的国史。"(第8页)不过,天福六年二月修唐史敕曰:"有唐远自高祖,下暨明宗,纪传未分,书志咸阙。"《五代会要·前代史》,第228页。其中"纪传未分"之语与前引贾纬奏言相忤,殊难解。或许是因为作敕之人只看到了史馆所藏的唐代实录,而不知亦有纪传体的韦述《唐书》在。后唐天成二年(927)曾自蜀中访得《九朝实录》及杂书传千余卷,并付史馆,史言"同光已后,馆中煨烬无几,《九朝实录》甚济其阙"(《宋本册府元龟·国史部·采撰三》,第1576页)。这说明了其时唐代国史散佚情形之严重。

同样，虽然经过了五代对于唐代史料的大规模搜访征集，北宋时似也未见更多唐代纪传体国史现世。① 著录北宋中叶皇家藏书的《崇文总目》中即仅列有题韦述撰《唐书》（130卷本）：

《唐书》一百三十卷，唐韦述撰。初，吴兢撰《唐史》，自创业迄于开元，凡一百一十卷。述因兢旧本，更加笔削，刊去酷吏，为纪、志、列传一百一十二卷。至德、乾元以后，史官于休烈又增肃宗纪二卷，而史官令狐峘等系于纪、志、传后随篇增辑，而不知（加）卷帙。今书一百三十卷，其十六卷未详撰人名氏。②

因此，所谓"《旧唐书》前半全用实录、国史旧本"，其中的"国史"如果理解为"纪传体国史"的话，准确地说应该只有韦述《唐书》（130卷本）一种而已。

那么，是否可以确认韦述《唐书》中也有"隋末群雄传"？对此，《资治通鉴考异》仍然可以提供线索。在《考异》所引史料中，尚有一种名为《唐书》者，也包括了隋末群雄之列传在内。列如表11。

表11 《资治通鉴考异》所引《唐书》"隋末群雄传"

出　处	《通鉴》原文	《考　异》	《旧唐书》
《通鉴》卷一八二，第5690页	扶风贼帅唐弼立李弘芝为天子。	《隋·帝纪》作"李弘"。今从《唐书·薛举传》。	《薛举传》作"李弘芝"。
《通鉴》卷一八四，第5746页	（义宁元年，617）薛举自称秦帝。	《唐高祖实录》："武德元年（618）四月辛卯，举称尊号。"按今冬举败，问褚亮曰："天子有降事否？"是则已称尊号也。今从《唐书·举传》。	《薛举传》将薛举称帝事系于大业十三年（617）。

---

① 参考前引李南晖《〈新唐书·艺文志〉著录唐国史辨疑》。
② 《文献通考》卷一九二《经籍考一九》引，北京：中华书局，1986年。其中"不知卷帙"当为"不加卷帙"，从李南晖《唐纪传体国史修撰考略》，《文献》2003年第1期，第31—46页。当然今天看到的《崇文总目》远非全帙，要判断北宋时唐代纪传体国史的存佚情形，还需做更多考量。参考前引李南晖《〈新唐书·艺文志〉著录唐国史辨疑》。

(续表)

出　　处	《通鉴》原文	《考　异》	《旧唐书》
《通鉴》卷一八三,第5717页	(陈)棱怒,出战,(杜)伏威奋击,大破之,棱仅以身免。	《隋·陈棱传》云:"往往克捷。"《唐·杜伏威传》云:"棱仅以身免。"……今从《唐书》。	《杜伏威传》作"棱阵大溃,仅以身免"。
《通鉴》卷一八三,第5711页	鄱阳贼帅操师乞自称元兴王,建元始兴。	《隋·帝纪》作"操天成"。按,《唐高祖实录·林士弘传》,(后略)。《唐书·士弘传》云:"操乞师自号元兴王。"	《林士弘传》作"(操)师乞自号元兴王"。
《通鉴》卷一八三,第5712页	(林)士弘自称皇帝,国号楚,建元太平。	《唐高祖实录》,(后略)。《唐书·林士弘传》(后略)。其国号、年名与此同。今从《隋书》。	《林士弘传》作"国号楚,建元太平"。

如前所述,《考异》对于其所用《旧唐书》、《新唐书》的所指有明确限定,在引用之初,就已经明言为刘昫《旧唐书》和宋祁《新唐书》,则其所引《唐书》当与二者不同。又如表11所示,《考异》多次在同一场合既引《实录》,又引《唐书》,且言其异文,则此《唐书》当亦非指《实录》而言,只能是某部纪传体国史。而北宋中叶存世的唐代纪传体国史又只有韦述《唐书》(130卷本)一种。那么推断《考异》所引《唐书》为韦述《唐书》,当无大误。

由表11所列可知,韦述《唐书》立有《薛举传》、《林士弘传》、《杜伏威传》三种隋末群雄之传。可以推测其他隋末群雄在其中亦应有传。即与五代修《旧唐书》一样,韦述《唐书》亦应立有以"开国群雄传"面目出现的"隋末群雄传"。另外,如表11所示,在《唐高祖实录》与《唐书》记载有异的场合,《旧唐书》中的"隋末群雄传"与《唐书》合。也就是说,虽然后晋史官可以同时看到《唐高祖实录》和韦述《唐书》,但至少在撰《旧唐书》中的"隋末群雄传"时,取《唐书》而非《实录》。这也可以从侧面说明,韦述《唐书》中应该已有现成的隋末群雄传可供后晋史臣袭取了。

三、令狐德棻《国史》不立"隋末群雄传"

以上论述确认了五代修《旧唐书》立有以"开国群雄传"面目出现的"隋末群雄传",且认为这一结构承自韦述《唐书》(130卷本)。当然作为唐代最后成型的一部纪传体国史,韦述《唐书》也应该有所承袭。① 前引《崇文总目》认为其"因兢旧本,更加笔削",即主要承袭了吴兢所撰《唐书》一百一十卷。但韦述本人在《集贤注记》中的说法有所不同:

> 史馆旧有令狐德棻所撰《国史》及《唐书》,皆为纪传之体。令狐断至贞观,牛凤及迄于永淳。及吴长垣在史职,又别撰《唐书》一百一十卷,下至开元之初。韦述缀辑二部,益以垂拱后事,别欲勒成纪传之书。②

如学者所指出的,由"令狐断至贞观,牛凤及迄于永淳"之语可知,前一句"史馆旧有令狐德棻所撰《国史》及《唐书》","《唐书》"前当脱去牛凤及之名。③ 则其后所谓"韦述缀辑二部,益以垂拱后事"之"二部",也应该是就令狐德棻《国史》与牛凤及《唐书》这两部而言的,而不包括吴兢《唐书》一百一十卷。因为吴兢《唐书》下限已至"开元之初",自无必要"益以垂拱后事"。也就是说,按照韦述本人的说法,其所撰《唐书》主要承袭的是令狐德棻《国史》与牛凤及《唐书》。但无论如何,吴兢《唐书》应该也是韦述参考的对象。④ 也就是说,上述三部书都构成了韦述《唐

---

① 参考前引李南晖《唐纪传体国史修撰考略》;同氏《〈史通·古今正史〉唐史笺证》,《文献》2000年第3期,第57—109页。
② 《玉海》卷四六《唐武德以来国史条》引,东京:中文出版社合璧本,1986年,第917页。
③ 参考前引李南晖《唐纪传体国史修撰考略》,第35页。即使《集贤注记》原文如此,从文意来看,其指牛凤及《唐书》也是很显然的。
④ 《旧唐书》卷一四九《柳登传》也说其父芳"与同职韦述受诏添修吴兢所撰《国史》"(第4030页),与《集贤注记》所言有异。《崇文总目》之说当有所本。

书》的史源。①

关于牛凤及《唐书》和吴兢《唐书》,我们下节还会谈到,这里先来关注令狐德棻《国史》。②《旧唐书·令狐德棻传》言其在太宗、高宗朝"监修国史"。具体情形据《史通·古今正史》,是在"贞观初,姚思廉始撰纪传,粗成三十卷"的基础上,"至显庆元年(656),太尉长孙无忌与于志宁、令狐德棻、著作郎刘胤之、杨仁卿、起居郎顾胤等,因其旧作,缀以后世,复为五十卷"。③ 合而言之,应即为《新唐书·艺文志》所载的长孙无忌、令狐德棻、顾胤等撰《武德贞观两朝史》八十卷。这与《唐会要》卷六三《修国史》的记述正相对应:

> 显庆元年七月三日,史官太尉(长孙)无忌、左仆射于志宁、中书令崔敦礼、国子祭酒令狐德棻、中书侍郎李义府、崇贤学士刘允之、著作郎杨仁卿、起居郎李延寿、秘书郎张文恭等修国史成。起义宁,尽贞观末,凡八十一卷。藏其书于内府。④

虽然其后又有许敬宗等增补高宗朝事,"添成一百卷",⑤但由上引文"修国史成"之语可以推测,显庆元年所成之《国史》,应该已经是一部纪传有分、体例严整的纪传体王朝史。⑥ 那么,其中是否立有以"开国群雄传"面目出现的"隋末群雄传"呢?

---

① 参考 Denis Twitchett(杜希德), *The Writing of Official History Under the T'ang*, pp. 175-178。
② 此书之修撰名义上为长孙无忌领衔,但由韦述之称引"令狐德棻《国史》",可知德棻为实际主事者。参考 Denis Twitchett(杜希德), *The Writing of Official History Under the T'ang*, p. 166。
③ 《史通通释》卷十二,第 373 页。
④ 《唐会要》,北京:中华书局,1956 年,第 1093 页。
⑤ 《唐会要·修国史》:"至(显庆)四年二月五日,中书令许敬宗、中书侍郎许圉师、太史令李淳风、著作郎杨仁卿、著作郎顾允受诏撰贞观二十三年已后至显庆三年实录。成二十卷,添成一百卷。"而《史通·古今正史》载"龙朔中,(许)敬宗又以太子少师总统史任,更增前作,混成百卷",成书时间比《唐会要》所载略迟。
⑥ 不过《志》仍阙如。《史通·古今正史》载许敬宗"又起草十《志》,未半而终"。唐代国史之《志》,要到韦述才完成。参考前引李南晖《〈史通·古今正史〉唐史笺证》,第 61 页。

第二章 《旧唐书》"隋末群雄传"形成过程臆说

要确认这一问题无疑是非常困难的。如前所述,唐代所修诸纪传体国史,就连北宋内府似也仅得见韦述《唐书》(130卷本)一种。此前所修的其他诸史,今天欲窥全貌固不可能;就是想在宋人著述中找到如韦述《唐书》般的断章残简,恐怕亦非易事。另外,虽然在《旧唐书》中的"隋末群雄传"的史文中,可以观察到不可能出自令狐德棻《国史》的部分文字;①但要由此反推整个"隋末群雄传"都是如此,显然还是大大不够的。这样的史料状况,决定了只有从其他的间接途径入手,方有接近答案的可能。

让我们再次把目光转向本章开头所引的钱大昕之言,即"自后南、北八史列传,只述开国功臣,胥用沈法"。所谓"南、北八史",即《宋书》、《南齐书》、《梁书》、《陈书》、《魏书》、《北齐书》、《周书》与《隋书》这八部以南北朝诸王朝为书写对象的纪传体王朝史。尽管在王朝更替的暴力过程中并不缺少前代王朝之末世群雄,但是如钱氏所指出的,这八部史书在整体上都呈现出了"开国群雄传"的结构性缺失,从而与魏晋以来纪传体王朝史的书写形成了鲜明的对比。

不过钱氏的意见中也有不够准确之处。从"南、北八史"的前端来看,"开国群雄传"在纪传体王朝史中的结构性缺失,确实始于南齐永明年间沈约《宋书》对于徐爰撰刘宋国史中桓玄、卢循等"晋末群雄传"的刊除。然而事实上,徐爰在刘宋大明年间受命修撰国史时,就已经提出不为桓玄立传,而只需作为高祖刘裕之"功业",在国史中记录其被平定的经过就可以了。只不过这一主张未被当时的朝廷所采纳。徐爰在国史书写中的这一主张,要到几十年后沈约修前代史《宋书》时方才得以实现,并进而扩展

---

① 如卷五六最后"史臣曰"有言:"大唐举义,兆庶归仁,高祖运应瑶图,太宗天资神武,群凶席卷,寰海镜清,祚享永年,功垂后代,谥曰神尧、文武,岂不韪哉!"(第2283页)案,唐高祖初谥大武,太宗初谥文,"神尧、文武"则是高宗上元元年(674)分别为二人改上的尊号,见《旧唐书》卷五《高宗本纪》下,第99页。则上引"史臣曰"部分文字至少当成于此年之后,其时距令狐德棻《国史》修成已近二十年。关于高宗上元元年为先帝上尊号行为的政治意义,参看韩昇《上元年间的政局与武则天逼宫》,《史林》2003年第6期,第40—52页;罗新《从可汗号到皇帝尊号》,收入氏著《中古北族名号研究》,北京大学出版社,2009年,第225—237页。

为南北朝纪传体王朝史的书写通则。① 虽然南北朝诸王朝之国史今无一存,我们仍然可以推测,其中当也呈现了开国群雄传的结构性缺失。

而若从"南、北八史"的后端来看,如所周知,《梁书》、《陈书》、《北齐书》、《周书》与《隋书》这五部,都是在唐太宗贞观年间以官修前代史的形式完成的,即所谓的"五代史"。这几部书与"南、北八史"中其他几部一样,仍然呈现"开国群雄传"的结构性缺失,提示我们唐代前期可能仍然处于南北朝以来的历史书写传统之中。② 在这样的传统笼罩之下,"前代史"与"国史"共享同样的结构是非常自然的。具体到唐代初期,可以从两个层面来理解这一问题。一方面,贞观年间所修的诸"前代史",都是在前代诸王朝之"国史"基础上完成的,甚至连相关撰者也存在着明显的承袭关系。如姚思廉撰《陈书》,主要继承了其父姚察所撰陈之国史;李百药撰《北齐书》,凭借的是其父李德林入隋后所撰《齐史》,而此书又来自于德林在北齐所"预修"之国史。③ 另一方面,这五部"前代史"的撰者,与唐代初期"国史"之撰者,事实上又基本是同一群体。如唐代纪传体国史,就始于"贞观初,姚思廉始撰纪传,粗成三十卷"。④ 更具代表性的是令狐德棻。他在贞观年间除负责《周书》的具体修撰外,"仍总知类会梁、陈、齐、隋诸史",同时兼修国史。高宗即位后,仍"监修国史及五代史志",同时还参与"贞观十三年以后《实录》"以及《高宗实录》的修撰。史言"武德已来创修撰之源,自德棻始也",又言"德棻暮年尤勤于著述,国家凡有修撰,无不参预",恐皆非虚言。⑤ 前引韦述《集贤注记》将高宗显庆年间所修成之国史

---

① 关于这一问题的详细考察,参考本书单元二第一章第三节《南北朝时期"开国群雄传"的缺失》。
② 这与唐代初期整体上的"后南北朝时代"历史氛围是一致的,如同西汉初期可以说仍然处于"后战国时代"一样。关于后者,参考李开元《汉帝国的成立与刘邦集团——军功受益阶层研究》,第三章《秦末汉初的王国》,第74—118 页;胡宝国《汉代政治文化中心的转移》,收入氏著《汉唐间史学的发展》,北京:商务印书馆,2003 年,第214—229 页。关于前者,参考宇文所安(Stephen Owen)《史中有史:从编辑〈剑桥中国文学史〉谈起》(上),《读书》2008 年第 5 期,第 21—30 页。
③ 《史通通释》,第 356、368 页。
④ 《史通通释》,第 373 页。参考前引李南晖《〈史通·古今正史〉唐史笺证》、《唐纪传体国史修撰考略》。
⑤ 以上据《旧唐书》卷七三《令狐德棻传》,第 2598—2599 页。

称为"令狐德棻《国史》",应该也是名副其实的。

出于以上考虑,我们有理由认为,唐代前期所修国史——以令狐德棻《国史》为集大成者——当与其时所修诸"前代史"共享一致的书写通则,同样也应该呈现"开国群雄传"的结构性缺失。也就是说,在令狐德棻《国史》中,是看不到以开国群雄传面目出现的"隋末群雄传"的。①

还可以从另一个角度来确认令狐德棻《国史》中"隋末群雄传"的缺失。如笔者曾经考察过的,在魏晋南北朝的纪传体王朝史书写之中,存在着与"开国群雄传"联动的另一种意识形态装置——"起元",即从何时开始采用本王朝之纪年。本书单元一第二章文末曾将中古时期历史书写中这两种装置的联动情形列如下表:

表 12　中古"起元"与"开国群雄传"联动装置示意

阶　　段	联　动　装　置
A. 魏晋～刘宋前期②	禅让后起元＋开国群雄传
B. 刘宋后期～唐代前期	禅让前起元－开国群雄传

可以看到,在阶段 A 的国史书写之中,实践的是"禅让后起元":自接受前代王朝之禅让、正式建立本王朝之后,方才采用本王朝之年号纪年。与此相配合的则是"开国群雄传"的设置。但进入阶段 B 后,在南北双方所共同实践的国史书写之中,本纪之"起元"出现了前移的显著变化:自本王朝"创业之主"创业之始,就开始使用本王朝之纪年,并不必等到"禅让"完成。而在起元前移的同时,也伴随着"开国群雄传"的结构性缺失。二者以不同的联动方式,共同在正当化新王朝皇帝权力起源的过程中发挥着重要的意识形态功能。③

---

① 前节表 11 所列《考异》引文显示,《唐高祖实录》中有《林士弘传》。不难想象其他隋末群雄在其中亦应有"传"。然而《实录》所附之"小传",不能等同于纪传体王朝史之"列传",否则对于《实录》就不能以"纪传未分"称之(天福六年二月修史敕,《五代会要·前代史》,第 228 页)。《高祖实录》中有隋末群雄之小传,并不能证明其时纪传体国史亦立有"隋末群雄传"。
② 本表的所谓"刘宋前期"、"刘宋后期",以大明六年(462)的徐爰撰修国史为界。
③ 详参本书单元一《"起元"》与单元二第一章《"开国群雄传"小考》。

因此，如果认为唐代前期仍然处于南北朝以来的历史书写传统之下（即仍然处于阶段 B），则令狐德棻《国史》当具备"禅让前起元－开国群雄传"这样的结构。换句话说，若令狐德棻《国史》采取的是"禅让前起元"，则其中亦当呈现"开国群雄传"的结构性缺失。幸运的是，我们可以找到证据确认这一点。前引《唐会要·修国史》载显庆元年（656）所成之令狐德棻《国史》"起义宁，尽贞观末，凡八十一卷"。"义宁"乃唐高祖李渊在长安拥立隋恭帝后所改之年号（617），可视为唐王朝的"创业"之年，但距其受隋禅正式建立唐王朝尚有年余。令狐德棻《国史》"起义宁"，事实上与前代徐爰撰刘宋国史"起元义熙，为王业之始"、魏收监北齐国史"取平四胡之岁为齐元"①都是一致的，即共享了"禅让前起元"的历史书写通则。这也可以成为令狐德棻《国史》不立"隋末群雄传"的有力旁证。而当我们在《史通》中读到刘知幾对于《三国志·魏书》立"汉末群雄传"的批评时，也应该认识到其背后时代书写传统的巨大存在。②

四、关于"隋末群雄传"进入
唐代国史的一个推测

以上我们得出了两点结论：

1. 成于高宗显庆年间的令狐德棻《国史》尚无"隋末群雄传"。
2. 唐代后期所修国史韦述《唐书》中已有"隋末群雄传"。

那么，"隋末群雄传"之进入唐代国史，只能是发生在这两个时段之间的事情。遗憾的是，笔者尚未能找到直接的证据来确证这一猜想，而只能提出一个可供推测的线索。试申论如下。

---

① "义熙"为刘宋武帝刘裕击败桓玄拥立晋安帝后所改之年号；"平四胡之岁"指北魏永熙元年（532），其年闰三月，北齐高祖高欢在韩陵之战中击溃尔朱氏势力，由此奠定其霸业基础。详参本书单元一第二章《南北朝国史书写的"起元"前移》。
② 《史通通释》卷四《断限》，第 96 页。参考本书单元二第一章《"开国群雄传"小考》。

前已言及，构成韦述《唐书》的史源除令狐德棻《国史》外，尚有牛凤及《唐书》及吴兢《唐书》两部。其中前者是比较特别的。据《史通通释》卷十四《古今正史》载：

> 及长寿中，春官侍郎牛凤及又断自武德，终于弘道，撰为《唐书》百有十卷。凤及以喑聋不才，而辄议一代大典，凡所撰录，皆素责私家行状，而世人叙事罕能自远。或言皆比兴，全类咏歌，或语多鄙朴，实同文案，而总入编次，了无厘革。其有出自胸臆，申其机杼，发言则嗤鄙怪诞，叙事则参差倒错。故阅其篇第，岂谓可观；披其章句，不识所以。既而悉收姚、许诸本，欲使其书独行。由是皇家旧事，残缺殆尽。①

刘知幾这段严厉的批评文字可能是关于牛凤及《唐书》唯一详尽一些的记述。其中引人注目者，在于"断自武德，终于弘道"一句。我们知道，"弘道"乃是唐高宗在位的最后一个年号（682），其后武则天即以皇太后临朝称制。牛凤及《唐书》撰于长寿年间（692～693），其时武周已革唐命。其书"终于弘道"，②以及名"唐书"而非"国史"，正显示其性质并非唐代"国史"，而是武周王朝为其前朝李唐所修的"前代史"。③

作为一部前代史，牛凤及《唐书》应该承袭了之前令狐德棻《国史》的主要成果。然而刘知幾谓凤及"既而悉收姚、许诸本，欲使其书独行"，又透露出其书与"姚、许诸本"（即令狐德棻《国史》）或多有不同。其中可以确认者，就在于牛书的"断自武德"。

如所周知，武德（618～625）乃是唐高祖李渊受隋恭帝禅建立李唐王

---

① 《史通通释》，第 373—374 页。
② 前引《玉海》所载韦述《集贤注记》云"牛凤及《（唐书）》迄于永淳"。永淳与弘道前后相接，并无实质区别。参考前引李南晖《唐纪传体国史修撰考略》。
③ 参考雷家骥《唐前期国史官修体制的演变》，台湾中国唐代学会编《唐代研究论集》第 2 辑，1992 年，第 279—346 页；前引李南晖《〈史通·古今正史〉唐史笺证》、《唐纪传体国史修撰考略》；Denis Twitchett（杜希德），*The Writing of Official History Under the T'ang*, pp. 167 - 169。

朝后所用的第一个年号。而从今天所能见到的史料来看,在唐代前期的历史书写中找不到任何"断自武德"的例证。前节已经说明令狐德棻《国史》是"起义宁"。而此书之成,乃是因"姚思廉始撰纪传,粗成三十卷"之旧作而"缀以后世",①则姚思廉所撰国史亦当"起义宁"。此外,据《史通·古今正史》,关于本朝之"开国史",唐代前期尚有温大雅《大唐创业起居注》和《高祖实录》之书写。② 温书传于今世,③其卷一记事"起义旗至发引凡四十八日",即起于隋大业十三年(617)五月李渊太原起兵,并在开头以"初"的形式追溯至大业十二年(616)李渊"奉诏为太原道安抚大使"后事。又据《资治通鉴》卷一八二隋炀帝大业十一年四月"以卫尉少卿李渊为山西、河东抚慰大使"条《考异》所言:

> 《创业注》云,帝自卫尉少卿转右骁卫将军,奉诏为太原道安抚大使,即隋大业十二年炀帝幸楼烦时也。按十二年帝未尝幸楼烦,今从《高祖实录》,在幸汾阳宫时。④

可知《高祖实录》中记有大业十一年事。但这应如《大唐创业起居注》那样只是一种追溯,其记事之"起"亦当在大业十三年,即义宁元年。《旧唐书》卷一八九《儒学·敬播传》载其"与给事中许敬宗撰高祖、太宗实录,自创业至于贞观十四年,凡四十卷",⑤即为明证。

也就是说,唐代前期所修诸国史都是起于"义宁"或者"创业",而武周革唐命后所修前代史牛凤及《唐书》却改为"断自武德"。应该如何理解这种变化?这一变化与本文所关注的"隋末群雄传"又有什么关系呢?

武周革唐命后修前代史《唐书》,无疑伴随有强烈的现实政治目的,属

---

① 《史通通释》,第 373 页。
② 《史通通释》,第 373 页。
③ (唐)温大雅《大唐创业起居注》,上海古籍出版社,1983 年。
④ 《资治通鉴》,第 5697 页。
⑤ 《旧唐书》,第 4954 页。

第二章 《旧唐书》"隋末群雄传"形成过程臆说　119

于正当化本王朝皇帝权力起源的系列行动之一种。① 所谓"既而悉收姚、许诸本，欲使其书独行"，大概也不只是牛凤及的个人独举，而有来自于武周王朝的政治需求和支持。② 如前所述，唐代前期仍然处于南北朝以来的历史书写传统之下，在本王朝开国史的书写之中，采取了"禅让前起元－开国群雄传"的联动装置。而由牛凤及《唐书》"断自武德"或可推测，武周修"前代史"《唐书》时，对于这一历史书写传统进行了有意识的反动，转而采取了亦有典范可依的"禅让后起元＋开国群雄传"的联动装置。"隋末群雄传"或许就是在此时随着"断自武德"而首次进入唐代的纪传体王朝史中的。

在对于李唐开国史的再书写之中武周之所以舍此即彼，应该与这两组联动装置所承担的不同意识形态功能相关。如前表12所示，"禅让后起元＋开国群雄传"主要行用于魏晋至南朝刘宋前期，显示其时的皇帝权力，必须藉由本王朝的"创业之主"对于前朝而言的"功臣"身份而正当起源。而世入南北朝后不久，国史书写转而采取"禅让前起元－开国群雄传"的联动装置，强调的却是创业之主的"创业"本身——即其在乱世中所取得的暴力成就，而非对于前朝的"功业"——就已经可以构成皇帝权力的正当起源了。③

从李唐王朝成立后所进行的国史书写实践看来，其对于皇帝权力起源过程的理解，仍然继承了南北朝后期以来的传统，即"创业"这一暴力成

---

① 武周在意识形态方面的运作，是在多种层面上展开的。佛教方面，参考矢吹庆辉《大云经と武周革命》，收入氏著《三阶教の研究》，东京：岩波书店，1927年，第685—762页；陈寅恪《武曌与佛教》，收入氏著《金明馆丛稿二编》，北京：三联书店《陈寅恪集》版，2001年，第153—174页。道教方面，参考神塚淑子《则天武后期の道教》，收入吉川忠夫编《唐代の宗教》，京都：朋友书店，2004年，第247—268页；雷闻《岳渎投龙与武周革命的政治宣传》，收入氏著《郊庙之外——隋唐国家祭祀与宗教》，北京：三联书店，2009年，第153—165页。国家礼制方面，参考金子修一《则天武后の明堂について—その政治的性格の检讨—》，收入唐代史研究会编《律令制——中国朝鲜の法と国家》，东京：汲古书院，1986年，第359—389页；松浦千春《武周政权论——庐陵王李显の召还问题を手がかりに》，《集刊东洋学》64，1990年，第1—20页；孙正军《二王三恪所见周唐革命》，《中国史研究》2012年待刊。
② 前引李南晖《〈史通·古今正史〉唐史笺证》已经指出了这一点。
③ 详参本书单元一第二章《南北朝国史书写的"起元"前移》。

就本身就足以构成"受命"与"开国",而无需等待群雄之"驱除"与前朝之"禅让"。但是武周革唐命显然并未经历这样的创业过程,而是采取了一种比较特别的王朝更替模式。其意识形态上的正当性来自于藉由祥瑞、圣书、民意等所显示的"天命",以及武后对于李唐王朝的"功臣"身份。① 虽然武周与李唐的关系愈到后期愈显暧昧,以至于最终选择以庐陵王李显为皇嗣,②但在其"革命"之初的长寿年间,意欲构建独立王朝的愿望还是比较明显的。那么,在修前代史《唐书》时转而采用"禅让后起元+开国群雄传"的联动装置,即可在一定程度上消弭李唐王朝之正当性中"创业"这一暴力成就所占据的核心地位。这种对于李唐皇帝权力起源的再书写,无疑是有利于武周维护本王朝之皇帝权力起源在意识形态上的正当性的。遗憾的是,对于武周的前代史和国史书写,我们找不到更多的细节来加以说明了。

在牛凤及《唐书》之后,武则天晚年亦曾下令再次修撰"唐史",但除了数名参加者的姓名之外,具体情形不得而知。③ 而至晚到开元中期前后,已经可以看到唐代的国史书写恢复"起于创业"之传统的迹象。《唐会要》卷六三《在外修史》载开元十四年(726)七月十六日太子左庶子吴兢上奏曰:

> "臣往者长安景龙之岁,以左拾遗起居郎兼修国史。时有武三思、张易之、张昌宗、纪处讷、宗楚客、韦温等,相次监领其职。三思等立性邪佞,不循宪章,苟饰虚词,殊非直笔。臣愚以为国史之作,在乎善恶必书。遂潜心积思,别撰《唐书》九十八卷、《唐春秋》三十卷,用

---

① 参考松浦千春《武周政権論——盧陵王李顕の召還問題を手がかりに》。某种意义上说,这与王莽代汉的王朝更替过程是非常相似的。关于王莽代汉,参考松浦千春《王莽禅讓考》,《一関工業高等専門学校研究紀要》42,2008年,第38—27页。
② 参考松浦千春《武周政権論——盧陵王李顕の召還問題を手がかりに》;胡阿祥《武则天革"唐"为"周"略说》,《江苏社会科学》2001年第2期,第121—124页;前引孙正军《二王三恪所见周唐革命》。
③ 《唐会要·修国史》载长安三年(703)正月一日敕,第1094页。参考前引李南晖《唐纪传体国史修撰考略》。Denis Twitchett(杜希德)认为,这次修撰史(即对于牛凤及《唐书》的删改)出于武周末年回归李唐的政治形势之改变,见氏著 *The Writing of Official History Under the T'ang*, p. 170。

藏于私室。虽绵历二十余年，尚刊削未就。但微臣私门凶衅，顷岁以丁忧去官，自此便停知史事。窃惟帝载王言，所书至重，倘有废绝，实深忧惧。于是弥纶旧纪，重加删缉。虽文则不工，而事皆从实。断自隋大业十三年，迄于开元十四年春三月。即皇家一代之典，尽在于斯矣。既将撰成此书于私家，不敢不奏。又卷轴稍广，缮写甚难。特望给臣楷书手三数人，并纸墨等。至绝笔之日，当送上史馆。"于是敕兢就集贤院修成其书。俄又令就史馆。①

虽然这部《唐书》只是一部未完成的私修史书，且在"长安景龙之岁"初撰之时显然与当时的"国史"多有不同，但从吴兢奏文中的表述看来，至少到了开元十四年时，牛凤及《唐书》的"断自武德"已遭否弃，朝廷内外关于开国史书写的标准重新回到了"断自隋大业十三年"，即令狐德棻《国史》的"起义宁"。前引《崇文总目》在叙述韦述《唐书》时，也追溯说"吴兢撰《唐史》，自创业迄于开元"。可以推测，这一书写方式亦应为韦述《唐书》所继承。②

如前所述，作为唐代最后成型的一部纪传体国史，韦述《唐书》中立有以"开国群雄传"面目出现的"隋末群雄传"。这组列传是承袭自吴兢《唐书》的既有结构，还是在"缀辑二部"（指令狐德棻《国史》和牛凤及《唐书》）之时自牛书中采择而来，今天已经找不到相关史料可以说明。但无论如何可以确认的是，曾经在正当化王朝皇帝权力起源的过程中具备明确意识形态功能的"禅让后起元＋开国群雄传"和"禅让前起元－开国群雄传"这样两组联动装置之别，在韦述《唐书》这里已经失去了效用。这或许和中唐以后兴起的《春秋》学深有关联，当然也是唐代的历史书写终于走出"后南北朝时代"的表现之一。

---

① 《唐会要》，第 1098—1099 页。
② 有一个间接证据可以表明这一点。吴兢所谓"断自隋大业十三年"这一原则应该不仅适用于纪传体《唐书》九十八卷，也适用于编年体《唐春秋》三十卷。韦述亦有未完成的《唐春秋》三十卷（见《旧唐书·韦述传》、《新唐书·艺文志》），与吴兢《唐春秋》或有承袭关系。后柳芳《唐历》四十卷亦"起隋义宁元年"（见《直斋书录解题》卷四《编年类》所载）。则"起义宁"亦当适用于韦述《唐书》。

单元三:"外戚传"与"皇后传"

小　引

今天已经成为中国"史学理论"先驱的刘知幾,在其"史学理论"名著《史通》中,有许多有趣的议论。如卷四《题目》中的如下一段:

> 若乃史传杂篇,区分类聚,随事立号,谅无恒规。如马迁撰皇后传,而以外戚命章。案外戚凭皇后以得名,犹宗室因天子而显称。若编皇后而曰外戚传,则书天子而曰宗室纪,可乎?①

《题目》一节主要是针对汉魏以降各种史学作品及其内部构成的命名方式提出批评,上引即是其中典型一例。刘知幾在此批评的是司马迁《史记》中的《外戚世家》。如后文的讨论所显示的,《史记·外戚世家》所记为西汉王朝自高祖至于武帝的历代后妃,而非今天通常所谓的"外戚"——这些后妃的男性亲族。对于《史记》这样的命名方式,在刘知幾看来是很不妥当的:既然司马迁所欲撰写的是"皇后传",而"外戚"又只是"皇后"的附属产物,那么将"皇后传"名之以"外戚世家",就好像将以皇帝为书写对象的"本纪"称之为"宗室纪"一样荒谬。

与刘知幾站在同一立场展开对《史记》的批评是很容易的,因为我们今天也基本和前者共享了对于"外戚"与"皇后"的相同理解。问题在于,司马迁在《史记》卷四九所欲撰写的,是否确为刘知幾所言的"皇后传"? 在其成书的历史世界里,"外戚"又是否确实"凭皇后以得名"? 对于今天来说更具历史感的问题,应该是对司马迁和刘知幾各自所在时代的历史书写传统进

---

① (唐)刘知幾撰,(清)浦起龙释《史通通释》,上海古籍出版社,1978年,第92页。

行考察，并进而追究与这样的传统相互为用的皇帝权力结构的特质。

在这样的视野之下，下面表1所列汉唐间正史中"外戚传"与"皇后传"的书写面貌差异就相当引人注目了。可以看到，从《史记》到《隋书》，汉唐间正史中"外戚传"与"皇后传"的书写形式明显可以区分为三种类型，即"外戚传"、"皇后传"与"皇后传＋外戚传"。而这三种书写类型的划分，又与相关作品的成书时代区别之间存在大体一致的对应关系。即，成书于汉代的作品采取了"外戚传"的书写形式，成书于魏晋南朝的作品采取了"皇后传"的书写形式，成书于北朝隋唐者所采取的书写形式则为"皇后传＋外戚传"。① 不同书写类型之间的区别背后是否有更为深刻的历史背景？应该如何理解不同书写类型在不同历史时代之间所发生的结构性转换？本单元试图为此提供一个初步的回答。

表1　汉唐间"正史"②中的"外戚传"与"皇后传"

书名	作者	传名	书名	作者	传名
史记	西汉·司马迁	外戚世家	梁书	唐·姚思廉	皇后传
汉书	东汉·班固	外戚传	陈书	唐·姚思廉	皇后传
后汉书	刘宋·范晔	皇后纪	魏书	北齐·魏收	皇后传＋外戚传
三国志	西晋·陈寿	后妃传	北齐书	唐·李百药	皇后传＋外戚传
晋书	唐·房玄龄等	后妃传＋外戚传	周书	唐·令狐德棻	皇后传
宋书	梁·沈约	后妃传	隋书	唐·魏征等	后妃传＋外戚传
南齐书	梁·萧子显	皇后传			

---

① 《周书》是明显的例外，仅有《皇后传》而无《外戚传》。这或许和隋文帝杨坚在北周的外戚身份有关。值得注意的是，《周书》中有杨坚父杨忠传（卷十九），其中仅以"子坚嗣"三字提到杨坚，其他未着一语。这显示《周书》虽成于唐初，但可能大规模继承了隋代对于北周的历史书写成果。

② 本表所引正史版本依次为：《史记》，北京：中华书局点校本，1959年；《汉书》，北京：中华书局点校本，1962年；《后汉书》，北京：中华书局点校本，1965年；《三国志》，北京：中华书局点校本，1959年；《晋书》，北京：中华书局点校本，1974年；《宋书》，北京：中华书局点校本，1974年；《南齐书》，北京：中华书局点校本，1972年；《梁书》，北京：中华书局点校本，1973年；《陈书》，北京：中华书局点校本，1972年；《魏书》，北京：中华书局点校本，1974年；《北齐书》，北京：中华书局点校本，1972年；《周书》，北京：中华书局点校本，1971年；《隋书》，北京：中华书局点校本，1973年。

第一章　汉代的"外戚传"与外戚权力

一、汉代的"外戚传"

如上引《史通·题目》所指出的,《史记》以"外戚世家"这一名目来编总西汉王朝至武帝为止的历代后妃。对此,清人浦起龙在《史通通释》刘知幾文后的按语中亦表赞同,并指出:

> 《史记》之立《外戚世家》,其中所载,实皆后妃氏讳及其事迹。至如魏其、武安之属,反别立传,不以外戚名篇,最为非体。班史因之,易名为《外戚列传》,置在臣传之后,尤为失之。文亦应加并纠班失之语。①

如浦氏所言,刘知幾的批评对于班固《汉书》也是完全适用的。《汉书》中记述西汉王朝历代后妃的专篇,仍然名之以"外戚传",与刘知幾对于《史记》的批评"编皇后而曰外戚传"相合无间。除了易"世家"为"传"且自传首移至传末之外,可以说基本继承了《史记》的书法。

《史记·外戚世家》和《汉书·外戚传》在整部纪传体王朝史中的位置也值得注意。《外戚世家》被《史记》列于卷四九、世家第十九。这一

---

① 《史通通释》,第94—95页。

编次容易掩盖其在《史记》"准国史"部分中的实际位置。① 虽然《外戚世家》位列总体上的世家第十九,但在西汉王朝的诸世家中却是居于首位的。像《楚元王世家》、《齐悼惠王世家》这样的诸宗室和《萧相国世家》、《留侯世家》这样的功臣尚居其后,某种程度上可以视为西汉王朝的"世家第一"。而《外戚传》则被《汉书》列于卷九七、传第六七,位居诸"四夷传"(《匈奴传》、《西南夷两粤朝鲜传》、《西域传》)之后,《元后传》、《王莽传》之前。② 与《史记》相比,是自世家之首移至列传之末了。③ 这种编排方式当反映了班固及其背后的东汉朝廷对于西汉王朝之终结的历史认识,却也从反面证明其在整部书中本应占据的位置。

还可以注意到,《史记·外戚世家》对于西汉王朝后妃的书法大致分为两种:武帝诸后妃,所书之名目为卫皇后、李夫人之类;武帝之前的诸帝后妃,却主要是以"某太后"之名目来书写的,即薄太后、窦太后与王太后。考虑到《史记》的著作年代,应该说后者才是《外戚世家》对于西汉王朝之"皇后"的主要书写方式。可以想象,若《史记》作于武帝之后,《外戚世家》中的武帝诸后妃恐怕也会以"某太后"的名目

---

① 即《史记》中与西汉王朝历史相关的"近代史"部分。这一部分在《史记》中所占比例是非常高的,其结构安排也颇有深意。参考逯耀东《抑郁与超越:司马迁与汉武帝时代》,北京:三联书店,2008年。
② 《元后传》被从《外戚传》中剔出,置于《王莽传》之前单独成卷,显然是出于王莽篡汉之故而刻意为之的。
③ 《梁书》卷四十《刘之遴传》:"时鄱阳嗣王范得班固所上《汉书》真本,献之东宫,皇太子令之遴与张缵、到溉、陆襄等参校异同。之遴具异状十事,其大略曰:……又今本《外戚》在《西域》后,古本《外戚》次《帝纪》下。……"(第573页)按,南朝后期所出"古本"、"真本"多不可信据。对此,四库馆臣已有详辩,结论为"自汉张霸始撰伪经,至梁人于《汉书》复有伪撰古本。然一经考证,纰缪显然"。《四库全书总目》卷四五《史部·正史类一·汉书》,北京:中华书局,1965年,第401页。上引材料反可说明南朝时人所见《汉书·外戚传》的编次与今本无异,所谓"古本"之编次反映的当为南朝观念。参考张荣芳《魏晋至唐时期的〈汉书〉学》,收入台湾中兴大学历史系编《第三届史学史国际研讨会论文集》,台中:青峰出版社,1991年,第289—311页;李广健《梁代〈汉书〉研究的兴起及其背景》,收入黄清连编《结网三编》,台北:稻乡出版社,2007年,第65—88页。

被书写了。① 上引刘知幾批评《史记》"编皇后而曰外戚传",显然并没有注意到《史记·外戚世家》事实上是在"编太后"这一书写特点。②

如前列表1所示,不同于《史记》和《汉书》,在范晔《后汉书》中,这种"编皇后而曰外戚传"的书写方式为《皇后纪》所取代。不过如所周知,范晔作《后汉书》已在东汉王朝的历史结束二百余年之后,其书写主体与书写对象之间巨大的时空距离是不可忽视的。③ 欲明了东汉时纪传体王朝史中究竟是"外戚传"还是"皇后传",首先需要考察的应该是东汉王朝的"国史",即《东观汉记》。④

遗憾的是,原本《东观汉记》至元代就已经基本散佚了。⑤ 吴树平在清代姚之姻辑本和四库馆臣辑本的基础上,作《东观汉记校注》,⑥为是书迄今整理最为完备的辑佚本。吴氏自言"是想把《东观汉记》辑集得比较完备,在编次上尽量接近它的本来面貌"。⑦ 那么不妨先来观察吴氏对上述

---

① 当然武帝诸后妃中哪一位可以在武帝后世获得"太后"头衔,涉及武帝晚年到宣帝上台这段时期内复杂的政治情势,并不容易判断。关于这段历史的"政治史"研究,参考田余庆《论轮台诏》,收入氏著《秦汉魏晋史探微》(重订本),北京:中华书局,2004年,第30—62页;西嶋定生《武帝之死》,收入氏著《中国古代国家と東アジア世界》,东京大学出版会,1983年,本书所引为中译文,李开元译,收入《日本学者研究中国史论著选译·第三卷 上古秦汉》,北京:中华书局,1993年,第585—617页;陈苏镇《〈春秋〉与"汉道":两汉政治与政治文化研究》,第三章第三节《昭宣之治及其历史意义》,北京:中华书局,2011年,第281—306页。
② 《汉书·外戚传》则将"某太后"的书法变为了"某帝某皇后",如"高祖吕皇后"、"孝文窦皇后"之类。这与武帝以降汉王朝之"儒教型皇后"的进展相关,参考保科季子《天子の好逑—漢代的儒教的皇后論—》《東洋史研究》61-2,2002年,第171—200页。
③ 这一点已有许多学者指出过。较新的研究,参考安部聪一郎《党錮の「名士」再考—貴族制成立過程の再検討のために—》,《史學雜誌》111-10,2002年,第1591—1620页;同氏《『後漢書』郭太列伝の構成過程——人物批評家としての郭泰像の成立》,《金沢大学文学部論叢》(史学·考古学·地理学篇)28,2008年,第13—110页;同氏《隱逸·逸民の人士と魏晋期の国家》,《歷史学研究》846,2008年,第34—42页;本书单元四《隐逸列传》第二章《"处士功曹"小论》。
④ 关于《东观汉记》,参考吴树平《〈东观汉记〉的撰修经过及作者事略》、《〈东观汉记〉的书名》、《〈东观汉记〉的材料来源》、《〈东观汉记〉中的本纪、表、列传、载记和序》、《蔡邕撰修的〈东观汉记〉十志》、《〈东观汉记〉的流传》诸文,均收入氏著《秦汉文献研究》,济南:齐鲁书社,1988年,第108—295页。
⑤ 参考前引吴树平《〈东观汉记〉的流传》。
⑥ (东汉)刘珍等撰,吴树平校注《东观汉记校注》,郑州:中州古籍出版社,1987年。
⑦ 《东观汉记校注·序》,第10页。

问题的处理。

在《东观汉记校注》中,诸皇后之传被编为卷六、传一,位于本纪之后,列传之首。这一位置与范晔《后汉书》中卷十《皇后纪》的编排保持了一致。但相对于范书的"《皇后纪》"之名,吴氏在卷六注一中写道:

> 据《史通·古今正史篇》,《东观汉记》有《外戚传》,本卷所收光烈阴皇后等传,原当皆在《外戚传》。①

即指出《东观汉记》本是以《外戚传》来编总东汉王朝诸皇后的。为吴氏的这一判断提供最为重要支持的,正是《史通通释》卷十四《古今正史》所载关于《东观汉记》的如下记述:

> 在汉中兴,明帝始诏班固与睢阳令陈宗、长陵令尹敏、司隶从事孟异作世祖本纪,并撰功臣及新市、平林、公孙述事,作列传、载记二十八篇。自是以来,春秋考纪亦以焕炳,而忠臣义士莫之撰勒。于是又诏史官谒者仆射刘珍及谏议大夫李充杂作纪、表、名臣、节士、儒林、外戚诸传,起自建武,讫乎永初。事业垂竟而珍、充继卒,复命侍中伏无忌与谏议大夫黄景作诸王、王子、功臣、恩泽侯表、南单于、西羌传、地理志。至元嘉元年,复令太中大夫边韶、大军营司马崔寔、议郎朱穆、曹寿杂作孝穆、崇二皇及顺烈皇后传,又增外戚传入安思等后,儒林传入崔篆诸人。寔、寿又与议郎延笃杂作百官表,顺帝功臣孙程、郭愿及郑众、蔡伦等传。凡百十有四篇,号曰汉记。②

至桓帝元嘉年间"凡百十有四篇,号曰汉记"为止,《东观汉记》就已经作为一部体例基本完备的纪传体国史而成立了。刘知幾明确指出,《东观汉

---

① 《东观汉记校注》,第 190 页。四库馆臣辑本《东观汉记》在记述诸皇后事迹的"卷六列传一"之下亦题曰"外戚"。影印文渊阁四库全书本,台北:台湾商务印书馆,1986 年。
② 《史通通释》,第 341—342 页。

记》中立有《外戚传》这一名目,且与"名臣、节士、儒林"并列,是其最早成立的数种基本组成之一;①而由"又增《外戚传》入安思等后"之语可知,《外戚传》所编总的正是东汉王朝诸帝皇后之传;之前所谓"顺烈皇后传",应该也是在其编总范围之内的。

因此,上引吴树平关于《东观汉记》之"光烈阴皇后等传,原当皆在《外戚传》"的判断,是非常准确的。范晔《后汉书》所谓《皇后纪》的书写方式并非东汉王朝自身"国史"的原貌。事实上除了吴氏所提示的《史通·古今正史》之外,我们还可以找到更多的证据来说明这一点。《北堂书钞》卷六三《设官部·虎贲中郎将》之"马防不迁"条注云:

> 《东观·外戚传》,马后不以私家干朝廷,兄马防为虎贲中郎将,讫永平世不迁。②

这是明确记录《东观汉记》有《外戚传》,且其所录为后妃之事。又《晋书》卷四四《华表传附华峤传》载:

> 初,峤以《汉纪》烦秽,慨然有改作之意。会为台郎,典官制事,由是得遍观秘籍,遂就其绪。起于光武,终于孝献,一百九十五年,为帝纪十二卷、皇后纪二卷、十典十卷、传七十卷及三谱、序传、目录,凡九十七卷。峤以皇后配天作合,前史作《外戚传》以继末编,非其义也,故易为《皇后纪》,以次帝纪。又改志为典,以有《尧典》故也。而改名《汉后书》奏之。③

华峤为西晋时人。其所谓"《汉纪》烦秽"与"前史作《外戚传》以继末编",

---

① 在唐代中期,关于东汉王朝最为重要的历史书写,仍然是《东观汉记》,而非范晔《后汉书》。参考雷闻《唐代的"三史"与"三史科"》,《史学史研究》2001 年第 1 期,第 32—42 页。因此刘知幾关于《东观汉记》的言论,应该来自于对原书的直接观察。
② 《北堂书钞》,北京:中国书店影印孔氏三十三万卷堂影钞本,1989 年。
③ 《晋书》,第 1264 页。关于华峤所撰东汉纪传体王朝史之书名,诸史料所存颇不一致。笔者认为名为"后汉书"的可能性更大。详参本书第 86 页脚注①。

都应该是指《东观汉记》而言的。由此不仅可以说明《东观汉记》也是"编皇后而曰外戚传",还可确认其位置亦被置于全书之末。这两点与同时代所书写的纪传体前朝史《汉书》均保持了一致。① 前述《东观汉记》的两个辑佚本——四库馆臣辑本与吴树平校注本——虽然都正确指出了《东观汉记》是以"外戚传"而非"皇后纪"来编总诸后妃的,但在编次上仍然受到了范晔《后汉书》的影响,误将其置于"帝纪"之次。

通过以上考察可以明确,对于汉王朝之历代后妃,《史记》、《汉书》与《东观汉记》都采取了相对一致的书写方式。换言之,以"外戚传"(包括《史记》的《外戚世家》在内)之名目——而非"皇后纪"/"皇后传"——来编总历代后妃,在整个有汉一代所书写的纪传体王朝史中,都是一种结构性的存在。这一点,并不因其书写载体是前朝史还是国史、是私撰还是官修而有所区别。与此形成对比的是,在作于南朝刘宋时期的范晔《后汉书》这里,《外戚传》已经变成了《皇后纪》。而如前文表 1 所显示的,又是为同时代其他纪传体王朝史所共享的结构性存在。

二、汉代外戚权力的"正当"与"不正当"

汉代的"外戚",现在一般已经以诸如"外戚专权的黑暗统治"这样的论述形式进入了我们关于汉代历史的常识之中。② 这样的知识,事实上也并非现代人的偏见,而是自魏晋南朝以降即一以贯之的。范晔《后汉书》卷十《皇后纪·序》中的如下一段文字,可以说代表了魏晋南朝士人在回望汉代的皇帝权力结构及其历史展开时,对于其中的"外戚"权力之重所感到的讶异与反感:

---

① 前引《史通·古今正史》所言"复命侍中伏无忌与谏议大夫黄景作诸王、王子、功臣、恩泽侯表",说明《东观汉记》在"表"的设置上也和《汉书》保持了一致,都有《外戚恩泽侯表》之设。
② 如翦伯赞主编《中国史纲要》(修订本)第四章第三节在叙述"专制体制的完备和统治集团内部的矛盾"时,专立一小节"外戚、宦官的黑暗统治",北京:人民出版社,1995 年,第 166—168 页。

> 自古虽主幼时艰,王家多衅,必委成冢宰,简求忠贤,未有专任妇人,断割重器。唯秦芈太后始摄政事,故穰侯权重于昭王,家富于嬴国。汉仍其谬,知患莫改。东京皇统屡绝,权归女主,外立者四帝,临朝者六后,莫不定策帷帟,委事父兄,贪孩童以久其政,抑明贤以专其威。任重道悠,利深祸速。身犯雾露于云台之上,家婴缧绁于圄犴之下。湮灭连踵,倾辀继路。而赴蹈不息,燋烂为期,终于陵夷大运,沦亡神宝。《诗》《书》所叹,略同一揆。①

即将外戚表述为一种既"祸国"又"祸己"的"非正常秩序";"陵夷大运,沦亡神宝"之语,尤其暗示了魏晋南朝士人对于东汉王朝衰亡原因的历史认识。但问题在于,这种二百年后的历史认识,与汉代的历史实况——尤其是汉代人的"外戚认识"——之间,是否真的毫无距离呢?前节所述汉代与魏晋南朝在"外戚传"与"皇后传"的历史书写方面所存在的结构性差异,不能不促使我们思考,在汉代的皇帝权力结构之中,"外戚"究竟具有怎样的意义?其与"皇后"之间又构成了怎样的关系?

前述《史记·外戚世家》以"某太后"之名目记述历代后妃的书法为我们提示了思考的线索。在汉代皇帝制度下所谓的"外戚",可以说有广、狭两义之分。广义上说,凡属皇帝母族与妻族之成员,皆可视之为"外戚之家"。而狭义上说,则"外戚"仅指太后之父兄辈与皇后之父辈,即当朝皇帝之母族与妻族中居于帝之长辈地位者。《汉书》卷十八《外戚恩泽侯表·序》言:

> 汉兴,外戚与定天下,侯者二人。……是后薄昭、窦婴、上官、卫、霍之侯,以功受爵。其余后父据《春秋》褒纪之义,帝舅缘《大雅》申侯之意,寖广博矣。②

---

① 《后汉书》,第397页。
② 《汉书》,第678页。

外戚之优遇与《春秋》、《大雅》经典之间的关系,这里暂且不做讨论。但可以看到,若排除"以功受爵"的情况,汉代凭借外戚身份得以封侯者,仅仅包括"后父"与"帝舅"两类,而非举凡皇帝母族与妻族之成员皆可受封。典型的表现,如《史记》卷五七《绛侯周勃世家》所载:

> 窦太后曰:"皇后兄王信可侯也。"景帝让曰:"始南皮、章武侯先帝不侯,及臣即位乃侯之。信未得封也。"窦太后曰:"人主各以时行耳。自窦长君在时,竟不得侯,死后乃(封)其子彭祖顾得侯。吾甚恨之。帝趣侯信也!"景帝曰:"请得与丞相议之。"丞相议之,(周)亚夫曰:"高皇帝约'非刘氏不得王,非有功不得侯。不如约,天下共击之'。今信虽皇后兄,无功,侯之,非约也。"景帝默然而止。①

据《史记》卷四九《外戚世家》,文帝窦皇后兄曰窦长君,弟曰窦广国。二人在文帝时仅封公昆弟,景帝立后乃得封侯;而如窦太后所言,此时长君已死,只能代而封其子彭祖。而景帝王皇后兄王信虽在景帝时因窦太后之请得为侯,但这一行为在景帝与丞相周亚夫看来却都并不具有正当性,属于破例之私恩。又如《史记》卷一二三《大宛列传》所载李广利事迹:

> 天子已尝使浞野侯攻楼兰,以七百骑先至,虏其王,以(姚)定汉等言为然,而欲侯宠姬李氏,拜李广利为贰师将军,发属国六千骑,及郡国恶少年数万人,以往伐宛。②

李广利为武帝宠妃李夫人之长兄。武帝欲封侯李氏,须给予其立军功之机会来实现。可见仅凭后妃兄弟之身份尚无法得以正当封侯。换言之,汉代具有正当性的外戚封侯之前提条件,是其成为当朝皇帝之长辈。③ 以皇帝之平辈而欲得以封侯,即使属于皇帝宠爱的"外戚之家",也必须通过

---

① 《史记》,第 2077 页。
② 《史记》,第 3174 页。
③ 参考下倉涉《漢代の母と子》,《東北大學東洋史論集》8,2001 年,第 8—11 页及注 19。

立下某种事功才能实现。由此可以说在上述汉代外戚的广、狭两义之中，狭义是更为根本的；广义外戚乃是自狭义外戚中扩展延伸而来。而若联想到前述《史记·外戚世家》基本是以"某太后"之名目来书写各家外戚的，则可以认为在"帝舅"与"后父"之中，前者的重要性可能又要超过后者。①

汉代外戚与皇帝之间存在的这种"长幼"关系，提示我们思考前者在汉代王朝权力结构中的位置，是否与"外戚之祸"之类表述所显示的相合？以对于外戚之封爵为例，可以明确乃是伴随着新帝即位或者册立皇后而对当朝皇帝之长辈采取的正当行动。《后汉书》卷四《皇后纪·明德马皇后》载：

> 建初元年(76)，帝欲封爵诸舅，太后不听。明年夏，大旱，言事者以为不封外戚之故，有司因此上奏，宜依旧典。②

在此，马太后拒绝章帝对其兄弟的封爵，常被作为其时尚无"外戚之祸"的例证。然而对于皇帝诸舅之封爵乃是汉家"旧典"，③得到皇帝与"有司"的一致认同，在上述史料中却也表现得非常明显。太后之"谦逊"并不意味着皇帝与有司的要求之为不正当；毋宁说在"美德"的层面，二者构成了互补的关系。同时，不封爵外戚会导致天下大旱之舆论的存在，本身就宣示了皇帝对于外戚所给予的这一"利益"在汉代王朝权力结构中所具有的正当性。即不仅仅意味着是外戚所获得的优遇，更意味着皇帝与其最为重

---

① 《汉书》卷九七《外戚传下·孝成许皇后》载："初后父嘉自元帝时为大司马、车骑将军辅政，已八、九年矣。及成帝立，复以元舅阳平侯王凤为大司马、大将军，与嘉并。杜钦以为故事后父重于帝舅，乃说凤曰云云。"(第3974页)按：杜钦所谓"后父重于帝舅"的"故事"，所指未详。至少在汉代的政治实践中，似乎并不能找到对应的史实。即使是许嘉本人在"元帝时为大司马、车骑将军辅政"，也是因其"帝舅"身份。
② 《后汉书》，第411页。李贤注曰："汉制，外戚以恩泽封侯，故曰旧典也。"
③ 又《后汉书》卷二四《窦融传附窦宪传》载诏曰："大将军宪，前岁出征，克灭北狄，朝加封赏，固让不受。舅氏旧典，并蒙爵土云云。"李贤注曰："西汉故事，帝舅皆封侯。"(第818页)又《后汉书》卷二四《马援传附马廖传》："有司连据旧典，奏封廖等，累让不得已，建初四年，遂受封为顺阳侯，以特进就第。"(第854—855页)

要的亲族之间的关系之和谐,而这又与王朝权力结构及天下秩序之和合密切相关。《汉书》、《东观汉记》皆有《外戚恩泽侯表》之设,亦可以视为外戚此种地位的体现。

与此类似,与汉代外戚相关的各种政治行为,如以大将军身份辅政,①任侍中等宫廷内职,②以卫尉、校尉等职典兵,③等等,也就不仅仅只是其因"专权"而获得的利益,某种程度上本是需要对皇帝承担的责任,具有无可否认的正当性。也就是说,对于汉代皇帝而言,"外戚"是王朝权力结构中重要的支持力量。这一点,在《汉书》卷九七《外戚传》的开篇之语中也有明确表达:

> 自古受命帝王及继体守文之君,非独内德茂也,盖亦有外戚之助焉。④

《汉书》此语完全承自《史记·外戚世家》,正说明这是贯穿有汉一代的通念。在这样的权力结构之中,"外戚"应该并非是一种"非正常"秩序("祸"),而是为皇帝所信任和倚重的力量,担负着保傅与守护皇帝的重要责任;皇帝也由此呈现为需要外戚来加以保护的形象。前述汉代外戚在最为根本的"狭义"上与皇帝之间存在的"长幼"关系,与这里二者之间所形成的保护与被保护关系也是正相对应的。正是在这一意义上,学者将汉代的皇帝权力结构称之为"外戚保翼体制",应该说是一种非常深刻的

---

① 若辅政外戚地位尚不足以为大将军,还可加骠骑将军、车骑将军、卫将军、左将军、右将军等"中朝将军"。参考廖伯源《试论西汉诸将军制度及其政治地位》,收入《徐复观先生纪念论文集》,台北:学生书局,1986年。
② 这一点,与阎爱民所敏锐指出的汉代外戚侍帷幄制互为表里,见氏著《汉晋家族研究》,第二章《亲属结构的轻重》第三小节,上海人民出版社,2005年,第107—147页。渡邊将智则指出,经过东汉和帝时期侍中、中常侍等制度的"改编",外戚的辅政场所从禁中移出,见《後漢洛陽城における皇帝・諸官の政治空間》,《史学雜誌》119-12,2010年,第1961—1998页;同氏《政治空間よりみた後漢の外戚輔政——後漢皇帝支配体制の限界をめぐって》,《早稲田大学大学院文学研究科紀要》56,2010年,第59—75页。
③ 其中最要者当属卫尉、光禄勋(含所属五官、左、右、虎贲、羽林等中郎将)和执金吾所谓禁卫三卿以及北军八校尉。
④ 《汉书》,第3933页。

观察。①

由是我们才可以理解前述汉代纪传体王朝史对于"皇后"的书写方式。如前所述,虽然册立"皇后"是有汉一代王朝的常规行为,但在汉代的纪传体王朝史中却并不存在总体上的"皇后传"这一名目,诸皇后之传都是在"外戚传"的名目之下被编总和书写的。这种书写方式说明,在汉代的皇帝权力结构中,一位"皇后"最为重要的身份可能并不在于为本朝皇帝之皇后,而在于次任皇帝即位之后,以"太后"之身份为新君提供可以倚重的"外戚"。以"外戚传"的形式编总诸皇后之传,其主要功能也在于为诸帝之各家外戚提供其在皇帝权力结构中的坐标。②

对于汉代外戚权力正当性的来源,有学者以皇太后的"嫡妻权"释之。③ 然而从前文的考察可以看到,"妻"与"母"之间,在此更为重要的乃是后者。这与彼时独特的亲族观念密切相关。

牟润孙在 1950 年代即已指出了汉代外戚的"干政"与汉代帝室重视母族观念之间的关系。④ 其后随着睡虎地秦简、张家山汉简等简牍材料的出土与相关研究的进展,更多学者的研究表明,母族在秦汉时期对于个人的影响,事实上要远远超过后世。⑤ 当时存在子从母姓、重视异父

---

① 参考前引下倉渉《漢代の母と子》,第 35—41 页。前引阎爱民《汉晋家族研究》亦指出,"在皇帝的周围,外戚的身影是无时不在的,是皇家生活的一部分,汉朝的宫廷政治很难摆脱外戚的影响。外戚干政现象,除去皇帝的个人因素外,有着基本的制度上的原因"(第 143 页)。陈苏镇《〈春秋〉与"汉道"——两汉政治与政治文化研究》第六章第二节《皇权与外戚——东汉豪族政治的最高表现形式》则指出了东汉外戚政治的特殊性在于,"阴、郭两大外戚集团与章帝子孙紧密结合,共同执掌朝廷大权。……阴、郭外戚集团只能在章帝子孙中选立皇帝,章帝子孙也必须在阴、郭外戚集团中选立皇后","而当皇帝依靠宦官摆脱了阴、郭外戚集团后,东汉便加速走向灭亡了"(第 557 页)。
② 以《汉书》对于"外戚"之书写为例,可分为两类。一般附出于《外戚传》中相应后妃之下,而不再单独立传,如上官桀、王凤等;特殊可称者,则单独立传列于相应时代的列传之中,如窦婴、霍光、王商等。《东观汉记》书法当与此同。
③ 渡邊義浩《後漢国家の支配と儒教》第二篇第五章《外戚》,东京:雄山阁,1995 年,第 296—302 页。
④ 牟润孙《汉初公主及外戚在帝室中之地位试释》,收入氏著《注史斋丛稿》,北京:中华书局,1987 年,第 50—79 页。
⑤ 山田勝芳《中国古代の「家」と均分相続》,《東北アジア研究》2,1998 年,第 235—262 页;侯旭东《汉魏六朝父系意识的成长与"宗族"》,收入氏著《北朝村民的生活世界——朝廷、州县与村里》,北京:商务印书馆,2005 年,第 60—107 页。

同母关系、女性出嫁后所生子仍被视为母族成员等诸多在后世看来难以理解或者认同的现象。以"母"为连接点来构筑亲族的观念,在汉人的意识之中仍然在强有力地起着作用。① 皇室当然也不能自外于此。如学者所指出的,汉代皇帝与太后、外戚之间所形成的密切关系,和女性出嫁后所生子仍被视为母族成员的观念是正相对应的。② 在这样的亲族观念之下,皇帝与外戚之间的关系之密切,非止亲近,在某种程度上甚至达到了"同族"的程度。上述外戚权力在汉代皇帝权力结构中的正当性,应该说正来自于其时以"母"为连接点来构筑亲族的独特观念。③

然而东汉以后,父系意识得到显著成长,并最终相对于母系意识取得了压倒性的优势,使得魏晋以后的亲族观念明显转变为以"父"为中心了。④ 在以"母"为连接点来构筑亲族之观念尚有强烈残存之时,外戚在某种程度上被视为皇帝最为信任和倚重的"同族",其权力是对于皇帝权力的正当守护;⑤但在以"父"为中心的亲族观念渐趋优位之后,外戚与皇帝关系中的"异姓"一面被凸显出来,其权力转而会被视为对于皇帝权力的威胁了。

以这种亲族观念的重大转变为背景,东汉中后期开始频繁出现儒学士人对于外戚权力的否定性言论。可以发现,虽其否定内容、程度各有不同,但往往以对于一种理想皇帝权力的想象与期待为背景。如《后汉书》卷四三《乐恢传》载和帝时乐恢曾上疏批评当权的外戚窦宪

---

① 牟润孙《汉初公主及外戚在帝室中之地位试释》、下倉涉《漢代の母と子》、侯旭东《汉魏六朝父系意识的成长与"宗族"》三文中均列有大量事例,此处从略。
② 参考下倉涉《漢代の母と子》第一节《漢代的な親族関係》。
③ 参考下倉涉《漢代の母と子》第一节《漢代的な親族関係》。東晉次《後漢時代の政治と社会》终章第一节《貴戚政治と皇帝支配》以"甥舅关系"说明汉代外戚的权力来源,意亦近之。名古屋大学出版会,1995年,第328—336页。
④ 参考前引侯旭东《汉魏六朝父系意识的成长与"宗族"》。阎爱民《汉晋家族研究》亦指出,魏晋时期"亲属的格局也出现了重宗亲与轻外亲形式的变化。这种变化的重要表现是,人们由'属'论亲等转向由'服'论亲等"(第104—107页)。
⑤ 西汉末的申屠刚有言:"且汉家之制,虽任英贤,犹援姻戚。亲疏相错,杜塞闲隙,诚所以安宗庙,重社稷也。"《后汉书》卷二九《申屠刚传》,第1012—1013页。参考下倉涉《漢代の母と子》,第29—33页。

兄弟：

> 陛下富于春秋，纂承大业，诸舅不宜干正王室，以示天下之私。①

同样是对于窦宪的批评，《后汉书》卷三七《丁鸿传》载其上疏曰：

> 今大将军虽欲敕身自约，不敢僭差，然而天下远近皆惶怖承旨，刺史二千石初除谒辞，求通待报，虽奉符玺，受台敕，不敢便去，久者至数十日。背王室，向私门，此乃上威损，下权盛也。……间者月满先节，过望不亏，此臣骄溢背君，专功独行也。陛下未深觉悟，故天重见戒，诚宜畏惧，以防其祸。……臣闻天不可以不刚，不刚则三光不明；王不可以不强，不强则宰牧从横。宜因大变，改政匡失，以塞天意。②

皇帝与外戚之关系在此被表述为"王室"与"私门"的对立，其背后隐藏的正是二者之间由"同族"转为"异姓"的亲族观念之变更。在这一过程中，皇帝本身的形象也不再呈现为需要外戚来加以保傅与守护的被保护者，而一变为高居于一元化支配之顶点的"不可以不强"之君王，以与"不可以不刚"之上天相配。③ 通过诸如此类的表述，外戚权力被从东汉中后期儒学士人所期待的理想皇帝权力本身剥离出去，而成为应当被这一自足的、一元化的皇帝权力所支配的对象。汉代外戚过去对于权力的占有方式也

---

① 《后汉书》，第1478页。
② 《后汉书》，第1266—1267页。
③ 类似期待在安帝时陈忠的上疏中也能得到确认："臣愿明主严天元之尊，正干刚之位，职事巨细，皆任贤能，不宜复令女使干错万机。重察左右，得无石显泄漏之奸；尚书纳言，得无赵昌谮崇之诈；公卿大臣，得无朱博阿傅之援；外属近戚，得无王凤害商之谋。若国政一由帝命，王事每决于己，则下不得偪上，臣不得干君，常雨大水必当霁止，四方众异不能为害。"《后汉书》卷四六《陈宠传附陈忠传》，第1563页。

就由此而丧失了正当性,并且被屡屡表述为"禄去公室,政移私门"了。①

不可否认,东汉中后期的外戚权力——典型者如梁冀——的确在一定程度上发展到了操纵甚至威胁皇帝权力的地步。但这并非造成其时儒学士人激烈反对外戚政治的根本原因。更为深刻的,在于外戚权力在儒学士人所想象与期待的理想皇帝权力中已然丧失了正当性,从而使得仍然按照"汉代式"的政治传统行使权力的外戚,不可避免地会与儒学士人发生冲突。虽然梁冀倒台之后,儒学士人的批判锋芒主要指向了内廷的宦官势力,在反对宦官的斗争中甚至几次出现了儒学士人与外戚的联手,②但这并不意味着其在理念上又转而认同以外戚权力为正当的皇帝权力结构。相反,对于外戚权力的否定与对新型皇帝权力的期待在汉末的仲长统那里以最为清晰的方式表达了出来:

> 光武夺三公之重,至今而加甚,不假后党以权,数世而不行,盖亲疏之执异也。母后之党,左右之人,有此至亲之执,故其贵任万世。常然之败,无世而无之,莫之斯鉴,亦可痛矣。未若置丞相自总之。若委三公,则宜分任责成。夫使为政者,不当与之婚姻;婚姻者,不当使之为政也。……或曰:政在一人,权甚重也。曰:人实难得,何重之嫌?昔者霍禹、窦宪、邓骘、梁冀之徒,藉外戚之权,管国家之柄;及其伏诛,以一言之诏,诘朝而决,何重之畏乎?今夫国家漏神明于媒近,输权重于妇党,等十世而为之者八九焉。不此之罪而彼之疑,何其诡邪!③

---

① 见《后汉书》卷四八《翟酺传》载其上表,第1602—1603页;《后汉书》卷六六《陈蕃传》载其上表,第2166页。应该指出的是,西汉元帝以降,对于专权外戚的否定性言论就已经在儒学士人中出现,如萧望之、王吉、梅福等皆曾言之。然其所论多止于非议外戚之"滥权"、"奢淫",尚未如东汉中后期这样,在与一元化之理想皇帝权力的关联中明确否定外戚权力的正当性。比较特别的是刘向,《汉书·刘向传》载其"方今同姓疏远,母党专权,禄去公室,权在外家,非所以强汉宗,卑私门,保守社稷,安固后嗣也",几可视为东汉中后期儒学士人反外戚动向的"先声"。不过讽刺的是,其子刘歆恰恰成为了篡汉之外戚王莽的"国师"。
② 如陈蕃与窦武、袁绍与何进之例。
③ 《后汉书》卷四九《仲长统传》引《昌言·法诫篇》,第1658—1659页。

由"夫使为政者,不当与之婚姻;婚姻者,不当使之为政也"之语可见,仲长统明确主张,在理想的皇帝权力结构之中,与皇帝结交婚姻的外戚之家不当与政治权力发生关联。在此,外戚权力遭到了彻底否定。而以外戚权力为正当构成要素、需要外戚加以保傅与守护的"汉代式"的皇帝权力,显然也与汉末儒学士人的期待距离颇大,是有必要加以更革的。

在汉末皇帝权力的崩溃之局中,外戚并未成为儒学士人所直接反对的对象,但其后也始终未曾观察到外戚权力得以恢复正当的迹象。相反,东汉中后期以来儒学士人对于外戚权力的否定,被作为"汉魏革命"中重构新型皇帝权力的重要一环而继承下去。这是下一章我们要关注的内容了。

第二章 魏晋南朝"皇后传"的成立

一、魏文帝《甲午诏书》与"汉魏革命"

在顺利代汉建魏之后不久,黄初三年(222)九月庚子,魏文帝曹丕册立了皇后郭氏。在中国古代的皇帝制度之下,这实在是一个再正常不过的行动,《三国志》卷二《魏书·文帝纪》也仅以"庚子,立皇后郭氏"一句叙及。① 然而不同寻常的是,在此前五天的甲午之日,朝廷却有如下内容的诏书发布:

> 诏曰:"夫妇人与政,乱之本也。自今以后,群臣不得奏事太后,后族之家不得当辅政之任,又不得横受茅土之爵;以此诏传后世,若有背违,天下共诛之。"②

这一诏书的内容在于禁止太后及"后族之家"对于国家政治的制度性参与。从《魏书·文帝纪》的叙述看来,《甲午诏书》的发布与其后的立郭后之举应该是相配套的政治行动。③ 也就是说,曹魏王朝在册立其首位"皇

---

① 《三国志》,第 80 页。
② 《三国志》卷二,第 80 页。
③ 参考下倉涉《散騎省の成立——曹魏·西晋における外戚について——》,《歷史》86,1996 年,第 39—41 页。

后"之前,①却以发布上述诏书的形式来对"太后"与"外戚"采取了否定与防范的应对措施。从中我们可以看到前述汉代纪传体王朝史中"编皇后而曰外戚传"之政治理念的影子,即一位"皇后"最为重要的身份可能并不在于为本朝皇帝之皇后,而在于次任皇帝即位之后,以"太后"之身份为新君提供可以倚重的"外戚"。只不过此时是以诏书的形式对于这一"汉代式"理念加以否定和防范,而欲将新王朝皇后的根本身份限定于本朝皇帝之"皇后"了。其中"群臣不得奏事太后"、"后族之家不得当辅政之任"与"(后族之家)不得横受茅土之爵"三项举措显然分别针对的是太后临朝、大将军辅政与外戚封侯这三项汉代外戚权力的正当行使;其在册立皇后之前以"以此诏传后世,若有背违,天下共诛之"的形式被明令禁止,不能不说是曹魏王朝的统治群体有意识地重构新型皇帝权力的重大举措。②这与上节所论东汉中后期以来儒学士人对于"汉代式"外戚权力的否定无疑是一脉相承的。③

《甲午诏书》谓外戚不得"横受茅土之封",这一否定亦见于《三国志》卷五《魏书·后妃传·武宣卞皇后》:

> 黄初中,文帝欲追封太后父母,尚书陈群奏曰:"陛下以圣德应运受命,创业革制,当永为后式。案典籍之文,无妇人分土命爵之制。在礼典,妇因夫爵。秦违古法,汉氏因之,非先王之令典也。"帝曰:"此议是也,其勿施行。以作著诏下藏之台阁,永为后式。"④

---

① 汉魏禅代之际曹丕之正妻为甄后,但其并未被册立为皇后,仅在暴卒后获赠皇后玺绶。见《三国志》卷五《魏书·后妃传·文昭甄皇后》。
② 此外针对外戚的制度性举措尚包括太后之"诏"改称"令"、太后"三卿"(卫尉、少府、太仆)改在九卿下等相关举措。参考前引下倉涉《散騎省の成立—曹魏·西晋における外戚について—》,第40页;同氏《「太后詔曰」攷》,《東北大学東洋史論集》9,2003年,第46—47页。
③ 从这一角度看,在曹操对于汉献帝之外戚家(伏皇后父伏完、董贵人父董承)的防范与戕杀中,也可以看到汉末儒学士人否定外戚权力的理念影响。另外,曹丕在代汉建魏之前为魏王、丞相时所表之"二十四贤",其中包括了李固、杜乔等东汉中后期以来的反外戚人士,也显示了新王朝对于汉代皇帝权力结构中外戚权力正当性的否定与本王朝正当性出自的确认。详参本书单元四第三章《"二十四贤"与曹魏王朝的隐逸书写》。
④ 《三国志》,第158页。

陈群出身汉末颍川名士陈寔之家，又是魏初九品官人法的主要制定者，为汉魏之际儒学士人的代表性人物。在此陈群以"非先王之令典"否定了汉代外戚封爵的正当性；同时"在礼典，妇因夫爵"之语所表达的关于王朝之"皇后"的正当理念，也与前述《甲午诏书》欲将皇后之根本身份限定于本朝皇帝之皇后的意图相通。其对魏文帝所言"陛下以圣德应运受命，创业革制，当永为后式"，更显见汉魏之际儒学士人意欲根据儒学意识形态重构新型皇帝权力的自觉意识。而文帝的回应则是"以作著诏下藏之台阁，永为后式"。①

另外，《甲午诏书》虽未言及，曹魏王朝对于外戚权力的否定亦表现在内廷方面。在汉代王朝权力结构之中，内廷近侍之官如侍中等，本为外戚最为正当的位置，②《后汉书》卷二九《申屠刚传》所谓"裁与冗职，使得执戟，亲奉宿卫"③是也。然而汉末蔡质所著《汉官典职仪式选用》对于"侍中"却仅叙述为"侍中，常伯，选旧儒高德，博学渊懿"。④ 在儒学士人对于理想皇帝权力的表述之中，外戚已然失去了其在汉代内廷原本具有的正当位置。⑤ 而在曹魏代汉之后，这一内廷近侍之正当理念被继承下去，诸侍中、散骑之任，就难以看到如汉代般外戚充斥的情形了。《三国志》卷十六《魏书·杜畿传附杜恕传》裴松之注引《魏略》曰：

---

① 陈群与文帝的这段对话之能被载入《魏书·后妃传》，当然也是因为相关理念在西晋仍被确认的缘故。《魏书·后妃传》卷末"评曰"有言："魏后妃之家，虽云富贵，未有若衰汉乘非其据，宰割朝政者也。鉴往易轨，于斯为美。追观陈群之议，栈潜之论，适足以为百王之规典，垂宪范乎后叶矣。"（第169页）另外，曹魏时期以"书于金策"形式进行的制度建设，还包括对宦官职任的限制（见《三国志》卷二《魏书·文帝纪》）、诸侯入继大统后不得为生父母议定大号（见《三国志》卷三《魏书·明帝纪》），等等。
② 参考安作璋、熊铁基《秦汉官制史稿》，济南：齐鲁书社，2007年新版，第291—292页；下倉渉《後漢末における侍中·黃門侍郎の制度改革をめぐって》，《集刊東洋学》72，1994年，第40—62页。
③ 《后汉书》，第1013页。
④ （清）孙星衍等辑，周天游点校《汉官六种》，北京：中华书局，1990年，第203页。关于汉末大量出现的官制作品，参考佐藤達郎《胡広『漢官解詁』の編纂—その経緯と構想—》，《史林》86-4，2003年，第567—584页；同氏《漢代の古官箴（論考編）》，《論集（大阪樟蔭女大）》42，2005年，第254—264页；同氏《応劭『漢官儀』の編纂》，《関西学院史学》33，2006年，第89—108页；中村圭爾《六朝における官僚制の叙述》，《東洋学報》91-2，2009年，本文所引为中译文，付辰译，载武汉大学中国三至九世纪研究所编《魏晋南北朝隋唐史资料》26，2011年。
⑤ 下倉渉《後漢末における侍中·黃門侍郎の制度改革をめぐって》中关于东汉后期侍中选任标准转换的考察亦可说明这一点。

> （孟）康字公休，安平人。黄初中，以于郭后有外属，并受九亲赐拜，遂转为散骑侍郎。是时，散骑皆以高才英儒充其选，而康独缘妃嫔杂在其间，故于时皆共轻之，号为阿九。康既（无）才敏，因在冗官，博读书传，后遂有所弹驳，其文义雅而切要，众人乃更加意。①

如"散骑皆以高才英儒充其选"所示，在曹魏王朝的权力结构之中，具备儒学修养的士人才是内廷侍臣的正当人选。② 孟康固然不是严格意义上的外戚，但显然仅凭外戚身份已经难以在内廷之中获得正当的权力位置。要在其中获得正当性，必须如孟康一般"博读书传"，即把自己的身份也改变为具备儒学修养的士人，才能够获得上层统治舆论的认同。③

又《三国志》卷九《魏书·夏侯玄传》载：

> 少知名，弱冠为散骑黄门侍郎。尝进见，与皇后弟毛曾并坐，玄耻之，不悦形之于色。明帝恨之，左迁为羽林监。④

关于此事，《世说新语·容止》中"魏明帝使后弟毛曾与夏侯玄共坐，时人谓'蒹葭倚玉树'"⑤的记载，更让我们可以明了，夏侯玄所谓"耻之"、"不悦"的态度，不完全是因为他的个人心气，很大程度上也是当时的士人舆论使然，与上则材料中的"故于时皆共轻之，号为阿九"是正相对应的。

因此，可以说在曹魏代汉之后新王朝的政治举措之中，对于外戚权力的否定是其中的重要一环，其中包含了对于"汉代式"的皇帝权力结构的

---

① 《三国志》，第506页。
② 参考徐冲《关于曹魏的侍中尚书》，《国学研究》第16卷，2005年，第259—273页；同氏《"汉魏革命"再研究：君臣关系与历史书写》，第一章《关于曹魏的"侍中尚书"》，北京大学历史系博士论文，2008年。
③ 下倉涉《散骑省の成立—曹魏·西晋における外戚について—》认为散骑侍郎乃是曹魏王朝新设的"外戚就任官"。这一解读是笔者所不能赞成的。
④ 《三国志》，第295页。
⑤ （宋）刘义庆撰，（梁）刘孝标注，朱铸禹汇校集注《世说新语汇校集注》，上海古籍出版社，2002年，第522页。

否定与重构新型权力结构的努力。上引《甲午诏书》所言"以此诏传后世,若有背违,天下共诛之",陈群所言"陛下以圣德应运受命,创业革制,当永为后式",与文帝所言"以作著诏下藏之台阁,永为后式"之语,都显示了其时的统治者——既包括作为皇室的曹氏,也包括作为臣下的儒学士人——在创建新王朝时重构新型皇帝权力、防止汉代政治局面重演的意识与决心。在这一重构的王朝权力结构之中,外戚和宦官都失去了他们在汉代权力结构中的正当位置;原本相对封闭的内廷也以儒学士人担当"侍臣"的方式而向他们开放了。① 从这一角度来说,"汉魏革命"的意义当然不仅止于易姓换代,更意味着整体政治秩序和国家理念的转换。

二、魏晋南朝"皇后传"的成立

上节所述曹魏王朝皇帝权力的结构性转换亦为其后两晋南朝的历史所继承。尽管黄初年间针对外戚权力所采取的诸多限制性举措后来又出现了某些反复,②而且在两晋南朝的历史上,"外戚贵盛"的记载亦不绝于书,在某些特殊的历史情境下甚至也出现过大权在握的外戚(如西晋之杨骏)与"太后临朝"(如东晋之褚太后),③但是"汉代式"的具有正当性与制度性的"外戚政治",却从来没有能够复活,曹魏代汉以来所重构的皇帝权

---

① 参考前引下仓涉《後漢末における侍中‧黄門侍郎の制度改革をめぐって》、徐冲《关于曹魏的侍中尚书》。
② 如前引文帝不追封卞太后父母,但太和四年(230)"明帝乃追谥太后祖父广曰开阳恭侯,父远曰敬侯,祖母周封阳都君及恭侯夫人,皆赠印绶",见《三国志》卷五《魏书‧武宣卞皇后传》,第158页。又如甘露五年(260)因群臣之请,郭太后之"令"改称"诏制",见《三国志》卷四《魏书‧三少帝纪》,第146页。参考下仓涉《散骑省的成立——曹魏‧西晋における外戚について——》,第42—45页。然而,其中如后者乃是出于魏晋易代的政治需要,汉代式的外戚权力并未因此得以恢复。而且,这些反复也正可以从反面说明汉魏之际否定外戚权力之"矫枉过正"的"革命"性质。下仓氏认为从曹魏后期到两晋,外戚政治又经历了某种"复权",并将其与"贵族政治"的形成相联系。这与笔者的看法相异。
③ 关于两晋南朝的外戚,参考安田二郎《西晋武帝好色考》、《八王の乱と東晋の外戚》、《東晋の母后臨朝と謝安政権》诸文,均收入氏著《六朝政治史の研究》,京都大学学术出版会,2003年,第43—236页。

力之整体结构也未发生根本改变。① 如《晋书》卷七三《庾亮传》载其《让中书监表》曰:

> 陛下践阼,圣政惟新,宰辅贤明,庶僚咸允,康哉之歌实存于至公。而国恩不已,复以臣领中书。臣领中书,则示天下以私矣。何者?臣于陛下,后之兄也。姻娅之嫌,与骨肉中表不同。虽太上至公,圣德无私,然世之丧道,有自来矣。悠悠六合,皆私其姻,人皆有私,则天下无公矣。是以前后二汉,咸以抑后党安,进婚族危。向使西京七族、东京六姓皆非姻族,各以平进,纵不悉全,决不尽败。今之尽败,更由姻昵。②

庾亮于东晋明帝,为皇后之兄,可视为广义上的外戚。其让中书监之位,固然有政治上的考虑,但其上表中所表现出的"公""私"理念,却与前述东汉中后期以来否定外戚权力之正当性的儒学士人保持了一致。所以其后即使庾氏当权,也是被学者作为"门阀政治"之一环,而非"外戚政治"的复辟。③

因此,在这样发生了结构性转换的皇帝权力之下,才可以理解何以在陈寿《三国志·魏书》中,诸皇后不再如汉代的纪传体王朝史那样,以"外戚传"之名汇为一编,而是以"后妃传"之名目来编总。④ 前引《史记·外戚世家》和《汉书·外戚传》开篇之语"自古受命帝王及继体守文之君,非独内德茂也,盖亦有外戚之助焉",在《三国志》卷五《魏书·后妃传》的开篇,也随之变换为如下言说:

---

① 汉代外戚的权力位置,除一部分为更加一元化的皇帝权力所吸收外,主要是被儒学士人和同姓宗王所取代了。学界以往对于两晋南朝"宗王政治"的关注,是值得从这样的角度来进一步反思的。
② 《晋书》,第 1916 页。
③ 参考田余庆《庾氏之兴和庾、王江州之争》,收入氏著《东晋门阀政治》,北京大学出版社,1989 年,第 106—139 页。
④ 尚无确切材料可以说明曹魏国史王沈《魏书》和孙吴国史韦昭《吴书》对于"皇后"的书写方式是否已经改变。

> 《易》称"男正位乎外,女正位乎内;男女正,天地之大义也"。古先哲王,莫不明后妃之制,顺天地之德。①

在如此书写的王朝权力结构之中,"皇后"的主要功能不再是在未来新君即位之后成为"太后"以提供外戚,而是作为本朝皇帝之皇后,"正男女"以完成"天地之大义"。② 在这种对于皇后的正当表述背后,皇帝的理想面貌,也从需要作为母族之长辈的外戚来加以保护的统治者,转变为高居于一元化支配顶点的自足的君王。上述汉魏间皇帝权力结构的深刻转换,在纪传体王朝史的书写上也反映出来。与此相应,两晋南朝所书写的纪传体王朝史,如表1所示,也始终遵循了《三国志·魏书》的书法,以置于本纪之后、诸列传之首的"后妃传"、"皇后传"之名目来编总诸皇后之传,而从未回到汉代纪传体王朝史那种"编皇后而曰外戚传"的传统。

同时,在魏晋南朝所再次书写的以东汉王朝为对象的纪传体王朝史——即所谓的"诸家《后汉书》"——中,也深深渗透了现实中皇帝权力结构之影响,在"历史书写"之中对于汉代的皇帝权力结构进行了再编。如前引《晋书》卷四四《华表传附华峤传》所载:

> 初,峤以《汉纪》烦秽,慨然有改作之意。会为台郎,典官制事,由是得遍观秘籍,遂就其绪。起于光武,终于孝献,一百九十五年,为帝纪十二卷、皇后纪二卷、十典十卷、传七十卷及三谱、序传、目录,凡九十七卷。峤以皇后配天作合,前史作《外戚传》以继末编,非其义也,故易为《皇后纪》,以次帝纪。又改志为典,以有《尧典》故也。而改名《汉后书》奏之。诏朝臣会议。时中书监荀勖、令和峤、太常张华、侍中王济咸以峤文质事核,有迁、固之规,实录之风。藏之秘府。③

---

① 《三国志》,第155页。
② 皇后的这一角色在汉代当然也是存在的,参考前引保科季子《天子の好述—漢代の儒教の皇后論—》。但是在汉代皇帝权力的整体结构之中,这一角色较之"太后"仍为次要。
③ 《晋书》,第1264页。关于华峤所撰东汉纪传体王朝史之书名,诸史料所存颇不一致。笔者认为名为"后汉书"的可能性更大。详参本书第86页脚注①。

华峤在西晋时作《后汉书》，其中《皇后纪》虽然名之为"纪"，但显然不是采取如"本纪"一般的书法，而是以此名目编总诸皇后传的意思。而之所以采取这一书写方式，正是因为其认为《东观汉记》那种"编皇后而曰外戚传"的书法与"皇后配天作合"之义不合而有意加以改正的。从"朝臣会议"、"藏之秘府"的结果看来，这样的书写方式得到了朝廷舆论的一致认可，可视为其时统治群体意识形态的表达。

如本单元第一章所述，这样的书写方式亦为范晔《后汉书》所采用。①而其他"诸家《后汉书》"因为佚失过多，并不能够确认其书法究竟如何。周天游《八家后汉书辑注》在司马彪《续汉书》卷一《后妃传·光武郭皇后》佚文后加按语云：

> "皇后纪"始创于华峤，已见《晋书》。司马彪书当无此纪，而其载后妃事迹甚多且详，惜传名无考，故标作《后妃传》，或当依《汉书》作《外戚传》亦未可知。②

从上引《晋书·华峤传》文字看来，"'皇后纪'始创于华峤"应该是一个正确的判断。但是在外戚权力已然在王朝权力结构中丧失正当位置的西晋，司马彪《续汉书》对于东汉诸后妃仍然采取"依《汉书》作《外戚传》"之书写方式的可能性是很低的。而标为"后妃传"，当然有前例可循，那就是陈寿的《三国志·魏书》。同一历史时期所书写的纪传体王朝史，无论是本朝国史还是前代史，共享同样的结构都是极为普遍的，这在本书各单元都多有论列。在魏晋南朝，纪传体王朝史中编总诸皇后的"外戚传"，是伴随着作为皇帝权力结构之正当组成的"外戚"，与"汉代式"的皇帝权力一起，消失于历史之中了。

---

① 华峤《后汉书》与范晔《后汉书》都采取了"皇后纪"的书写方式。而如表1所示，在南朝诸史之中，"皇后纪"都变为了"皇后传"。这一转变在北朝的历史书写中也可以得到确认。《史通·序例》云："又《晋》、《齐》史例皆云：'坤道卑柔，中宫不可为纪。今变同列传，以戒牝鸡之晨。'"(《史通通释》卷四，上册，第89页)其中"《晋》、《齐》"二史分别指唐修《晋书》与李百药撰《北齐书》。

② 周天游《八家后汉书辑注》，上海古籍出版社，1986年。

这里需要稍加考辨的是《晋书》。如表1所示,在唐修《晋书》中,既有《后妃传》,又有《外戚传》,与上述魏晋南朝纪传体王朝史对于皇后与外戚的书写传统有所不合。笔者认为这可能是唐修《晋书》的作者以北朝传统来重新书写"晋书"的结果,而非两晋南朝本身所著"晋书"的原貌。虽然两晋南朝所著"晋书"今天多已佚失,然《史记》卷四九《外戚世家》注引《索隐》曰:

> 外戚,纪后妃也,后族亦代有封爵故也。《汉书》则编之列传之中。王隐则谓之为纪,而在列传之首也。①

所谓"王隐则谓之为纪",不太可能理解为王隐《晋书》对于后妃采取了"外戚纪"的书写方式。如上所论,外戚权力在"汉魏革命"后的王朝权力结构之中已经失去了汉代时的正当位置,陈寿的《三国志·魏书》也已经改以"后妃传"来编总王朝之皇后。很难想象在这样的时代氛围之下,王朝的国史书写中反而还会出现"外戚纪"之书法。对于《索隐》的上引表述,恐怕还是理解为王隐《晋书》采取了"皇后纪"的书写方式较为妥当。在此我们再次看到,纪传体王朝史中的国史书写与前朝史书写共享了相同的结构。

又《太平御览》卷一三八《皇亲部四》"武悼杨皇后"条引《晋氏后妃列传》云:

> 后讳芷,字季兰,小字男胤。武帝继室也。太傅杨骏女。咸宁二年即后位。婉嫕才色映椒房,宠礼尤隆。后无子。贾庶人为太子妃。时数以肆情忌嫉失帝意。帝虑始终之事,欲废焉。后为妃陈请曰:"贾公有勋于王府,犹将数世宥之。况贾妃亲则其子。夫妒忌亦妇人之常事。不足以一眚而忘大德。"帝纳焉。晏驾,尊曰皇太后。贾庶人五日一朝。后既丧所天,常有戚容。庶人谓不悦在己,愈自嫌。及星辰有变,占于母家不利。殿中典兵中郎孟观等遂进劝庶人,有"先唱者有

---

① 《史记》,第1967页。

福,后发者受祸"。庶人遂陷诛后父骏三族及内外亲属,迁后于永宁宫。贾庶人寻讽百僚奏,太后废为庶人,母庞付廷尉行刑。诏初欲宥之,卒不可。事奏,太后截发、稽颡、称妾,请母于贾庶人。而庞遂见刑。后不胜忧哀,崩于幽宫。春秋三十有四。谥曰武悼皇后。①

像上面这样首尾完备书写武悼杨皇后之事迹的文字,应该出自东晋南朝某部以晋王朝为书写对象的纪传体王朝史。② 从引文所称"《晋氏后妃列传》"或许可以推测,其书也是以类似"后妃传"之名目来编总晋王朝诸后妃的。

无论如何,在现存的材料基础上,找不到任何证据可以表明,两晋南朝所书写的诸家纪传体"晋书",对于皇后与外戚采取了与唐修《晋书》相同的书写方式。两晋南朝所书写的诸"晋书",应该也和同时的其他纪传体王朝史一样,共享了"皇后纪/后妃传"之结构。这当然也是与其时的王朝权力结构相对应的。

三、结　语

本单元第一章和第二章以汉代与魏晋南朝纪传体王朝史中对于"皇后"的不同书写方式为线索,考察了汉魏之间皇帝权力结构转换的一个重要侧面。因为叙述线索较为连贯,在此小结如下。

在汉代所书写的纪传体王朝史中,采取了"编皇后而曰外戚传"的书写方式,即以"外戚传"之名目来编总诸皇后。这与"外戚"在汉代皇帝权力结构之中的正当位置相对应。作为皇帝母族之中的长辈,外戚承担着对于皇帝的保傅与守护之责,皇帝也呈现为需要外戚来加以保护的形象。这在很大程度上源自其时以"母"为连接点来构筑亲族之观念的强烈残存。由此,在汉代的王朝权力结构之中,一位"皇后"最为重要的身份可能并不在于为本朝皇帝之皇后,而在于次任皇帝即位之后,以"太后"之身份

---

① 《太平御览》,北京:中华书局,1960 年,第 672 页。
② (清)汤球辑,杨朝明校补《九家旧晋书辑本》认为此段文字出自王隐《晋书》,郑州:中州古籍出版社,1991 年。

为新君提供可以倚重的外戚。以"外戚传"的形式编总诸皇后之传,其主要功能也在于为诸帝之各家外戚提供其在王朝权力结构中的坐标。

以亲族观念中"父系意识"的成长为背景,东汉中后期的外戚由皇帝之"同族"转为"异姓"。与对于理想皇帝权力的想象与期待结合在一起,儒学士人对于外戚权力之正当性的否定不可避免。曹魏代汉之后,以黄初三年魏文帝曹丕在册立皇后郭氏之前所发布的《甲午诏书》为代表,在新王朝对于"汉代式"的皇帝权力的否定与重构新型皇帝权力的努力之中,对于具备正当性与制度性的"外戚政治"之否定亦为其中的重要一环。这一皇帝权力结构转换的重要侧面亦为其后两晋南朝的历史所继承。

与此相应,其时所书写的纪传体王朝史(包括以东汉王朝为对象的"诸家《后汉书》"),也转而以"皇后纪/后妃传"之名目来编总诸皇后。在如此书写的王朝权力结构之中,"皇后"的主要功能不再是在未来新君即位之后成为"太后"以提供外戚,而是作为本朝皇帝之皇后,"正男女"以完成"天地之大义"。在这种对于皇后的正当表述背后,皇帝的理想面貌,也从需要作为母族之长辈的外戚来加以保护的统治者,转变为高居于一元化支配顶点的自足的君王。汉魏间皇帝权力结构的深刻转换,也反映在了纪传体王朝史书写的结构变化上。

由前两章的考察还可以深化我们对于"汉魏革命"这一主题的理解。与汉代=统一/魏晋南朝=分裂这样的历史形象相应,对于汉魏之际的历史变动,学界亦往往将"皇权"与"士人"/"士族"从一种二元对立的角度来进行把握,并进而推演出关于魏晋历史的"贵族制社会"①、"士之新

---

① 参考川勝義雄《六朝贵族制社会研究》,东京:岩波书店,1982年,本书所引用中译本,徐谷梵、李济沧译,上海古籍出版社,2008年,第20页。关于川勝氏"贵族制社会"概念,可参考渡辺信一郎《六朝史研究の課題—川勝義雄著『六朝貴族制社会の研究』をめぐって—》,《東洋史研究》43-1,1984年,第174—184页;谷川道雄《貴族制と封建制:川勝義雄氏の遺業に寄せて》,收入氏著《中国中世の探求—歴史と人間—》,东京:日本エディタースクール出版部,1987年,第255—279页;中村圭爾《六朝貴族制論》,收入谷川道雄編《戦後日本の中国史論争》,名古屋:河合文化教育研究所,1993年,第69—114页;安部聡一郎《清流・濁流と「名士」—貴族制成立過程の研究をめぐって—》,《中国史学》第14卷,2004年,第167—186页。笔者曾撰有《川勝義雄〈六朝贵族制社会研究〉评介》一文,在介绍该书主要内容的同时,也对"川勝史学"与战后日本中国古代史研究思潮的独特关系进行了讨论。见本书"附录三"。

自觉"①等历史图景。然而汉魏间皇帝权力的更革,如前文所考察的,更为根本的乃是皇帝权力结构之正当构成要素的转换,而不仅止于皇权之孰强孰弱。与汉代的皇帝权力相比,魏晋时期所成立的皇帝权力应该说是一种更加一元化的支配,而推动此一体制成立的原动力恰恰正是东汉后期以来看似站在皇帝权力之对立面的儒学士人。换言之,固然"魏晋历史出自汉末清流",②然而由此成立的王朝却未必可以说成是"代表士人阶级的利益"。忽略"士人"的意识形态性而仅将其理解为某种社会集团/阶级,将"国家"与"社会"直接相连接来把握中国古代王朝的历史,这些20世纪以来的思路都是值得我们进一步反思的。③

---

① 余英时《汉晋之际士之新自觉与新思潮》,收入氏著《士与中国文化》,上海人民出版社,1987年,第287—400页。
② 川胜义雄的研究对于这一命题有出色发挥,见其《贵族政治的成立》、《汉末的抵抗运动》、《贵族制社会的成立》诸文,并收入氏著《六朝贵族制社会研究》,第3—84页。不过前期川胜与后期川胜对这一命题的理解有不小变化,参考本书"附录三"。
③ 参考王德权《东京与京都之外——渡边信一郎的中国古代史研究》,《新史学》17—1,2006年;同氏《士人、乡里与国家》,《唐宋变革研究通訊》2,2011年。

第三章　新出北魏《李晖仪墓志》与魏收《魏书》：北朝外戚书写的一个断面

一、前　　言

如本单元开头所指出的，北朝诸纪传体王朝史中"皇后传"与"外戚传"的书写面貌，与汉、魏传统都有所不同，采取了"皇后传＋外戚传"的新结构。其中的"皇后传/后妃传"编总了诸后妃之传，置于本纪之后、诸列传之首。这不同于汉代纪传体王朝史"编皇后而曰外戚传"的书写传统，而与魏晋南朝对于皇后的书写方式保持了一致。但是汉代的"外戚传"之名目在北朝诸纪传体王朝史中也重新登场了，只不过其所编总的内容从"皇后"变成了今天一般意义上的"外戚"，也就是后妃的男性亲族。① 本单元开头所引刘知幾对于《史记·外戚世家》的批评以及"外戚凭皇后以得名"的相关认识，也正是在这样的书写传统转换之下发生的。

应该如何理解北朝这种新书写传统的创制呢？事实上，如果单就对

---

① 这一书写方式很可能为魏收《魏书》所创制 。《北齐书》卷四八《外戚传·序》明言："今依前代史官，述《外戚》云尔。"北京：中华书局点校本，1972年，第665页。唐长孺所作校勘记云："按此卷前有序，后无论赞。序很简短，不像《北齐书》本文原貌。钱氏《考异》卷三一认为经后人删节，或《北齐书》此卷已亡，后人以《高氏小史》补。"这里的"前代史官"，应该就是指魏收而言的。另外，据《隋书》卷五八《许善心传》，大业年间许善心接续其父许亨遗编所撰成的"梁史"中，包括《后妃》一卷、《外戚传》一卷。这与魏晋南朝以来的书写传统不合，或许是其入隋后受到北朝书写传统影响的结果。

第三章　新出北魏《李晖仪墓志》与魏收《魏书》：北朝外戚书写的一个断面　155

皇帝权力结构本身的观察得到的印象而言，与汉代一样，北朝——尤其是北魏——无疑也显示出了"太后"与"外戚"重于"皇后"的历史面貌。① 然而魏晋南朝的历史书写传统又构成了北朝人士所不得不面对的规范与资源。上述"皇后传＋外戚传"的书写结构，或许就是在如此背景之下而成立，并进而形成新的历史书写传统的。②

不过限于篇幅与学力，笔者不拟在此对于北朝纪传体王朝史中"皇后传＋外戚传"的历史书写与皇帝权力结构中的"太后"、"外戚"与"皇后"做全面考察，而仅择取其中一个有趣的断面略作讨论。这一讨论也可以从一个特定角度回应本书所关心的"历史书写"主题。

这一断面即为新出北魏《李晖仪墓志》。该志 2002 年出土于河南省郑州市北，现藏郑州市友石斋。已有学者发表了该志录文，并对其所涉重要史事做了简洁而精彩的释证。③ 墓志拓片本身亦已作为一种"书法作品"印刷出版。④ 下面首先转录墓志全文，再对其中与历史书写相关的若干问题略作探讨。

　　魏故假节都督南青州诸军事征虏将军南青州刺史郑使君夫人李氏墓志铭/
　　夫人讳晖仪。陇西狄道人。帝高阳氏颛顼之裔也。庭坚言惠以命氏，伯阳隐道以无名。/自汉丞相蔡，逮乎凉武昭王暠，或缉熙帝载，或拨乱一匡。年逾数百，世历三代。风流并/轨，儒雅继及。祖宝，仪同敦煌宣公。履顺含柔，礼穷八命。父承，雍州刺史姑臧穆侯。怀灵/挺秀，

---

① 在关于北朝"太后"的诸多研究中，田余庆先生《北魏后宫子贵母死之制的形成和演变》及《贺兰部落离散问题——北魏"离散部落"个案考察之一》、《独孤部落离散问题——北魏"离散部落"个案考察之二》提示了诸多值得继续深入的历史线索，均收入氏著《拓跋史探》，北京：三联书店，2003 年，第 9—91 页。
② 本书单元四第四章《两晋南朝"隐逸列传"的成立》对于北朝纪传体王朝史"隐逸列传"性质，亦作同样理解。
③ 罗新《跋北魏郑平城妻李晖仪墓志》，《中国历史文物》2005 年第 6 期，第 44—49 页。以下简称"罗文"。
④ 《北魏李晖仪墓志》，收入尚小周主编《稀见古石刻丛刊》，郑州：河南美术出版社，2010 年。

见贵一时。三昆龙光,并据台鼎。旁枝继别,各服衮衣。虽栾范之羽仪霸晋,季孟之/冠盖王鲁,无以尚也。夫人少秉幽闲之操,幼洁琬琰之姿。身苞六行,体兼四德。若其端/一诚庄之节,仁□明道之叡,莫不秉自性灵,取之怀抱。组紃之暇,专习经书。访弟咨兄,/不舍昼夜。故以贻讥博士,见号诸生。年十有三,初执箕帚。配德哲人,主兹中馈。已乃仪/形素里,模范闺房。夫人娣姒之中,于秩为小。上奉舅姑,旁事同室。廉让敬恭,谦柔忠爱。/喜愠不形于色,得失无概于心。仁恕宽和,泯然无际。又识用渊长,聪明微密。普泰奄有/万国,冠带百神。长女上太妃,小宗之嫡,实唯君母。　主上屡使家人传辞,欲崇以极号。/夫人以权疑在朝,虑生猜祸。苦加诲约,不令顺命。太妃亦深鉴倚伏,固而弗许。所以蹈/此危机,终保元吉者,抑亦夫人之由。及大息伯猷,自散骑常侍而为国子祭酒。时论以/外戚相拟,咸谓此授为轻。夫人闻之,唯恐更有迁换。诫厉殷勤,千绪万牒。每昏定晨省/之际,未尝不以之为言。是以诸子遵节,莫冀通显,或降级出守,或仍世不移,或盘桓利/居,匪期招命。斯固夫人之志,物议所不知。其杜渐防萌,皆此类也。魏太昌元年冬十一/月四日送亡嫂故司徒孝贞公夫人崔氏附葬先茔时,隆寒哀恸,因感旧疾。自斯大渐,/弥历岁时。而天地不仁,福谦无象。至永熙二年岁次癸丑春三月己丑朔十二日庚子/夜人定薨于洛阳之修文里舍,春秋七十一。以其年夏五月戊子朔九日丙申启途,十/五日壬寅祖引,越廿二日己酉,祔窆于荥阳之敖山之阳。哀嗣伯猷等擗摽永慕,穷叫/靡追。贪及余喘,略撰遗行。然书不尽言,无能万一。友人中书侍郎巨鹿魏收虽年在雁/行,而义均同志。后来之美,领袖辞人。托其为铭,式传不朽。其辞曰:/

　　虞谋似马,孔叹如龙。攸哉世业,欝矣民宗。丞相亹亹,德在歌钟。武昭赫赫,道被笙镛。皇/祖烈考,乃公帷牧。同株别干,台居衮服。连镳杨氏,并驱远族。① 崛彼曾峰,秀兹桥木。阴祗/纳祉,徽猷萃山。观图问传,言诗访史。外映琼瑶,傍沾兰芷。有行谁配,高名贵仕。清辉素/

---

① 远族,罗文录文作"素族"。

誉,俄焉在斯。六列咸序,四教无亏。再宣嫔德,重贻母仪。二耻齐契,三徙同规。邦家忻戚,/安危实有。抱虚斯应,持坚而守。去盈存谦,居薄推厚。于休靡逸,遘屯无咎。诜诜履训,扇/此风流。拟龙苞爽,类虎兼彪。仓仓并焘,宛宛俱游。方申家庆,遽即泉幽。徒闻上寿,如何/下世。东龟告谋,西辀迈辙。坟埏暂启,山门行闭。颓陵可期,雕金永晰。

二、《李晖仪墓志》序文与魏收《魏书》的外戚认识

可以看到,与典型的北朝后期墓志一样,此方墓志的主体文字分为序文与铭辞两大部分。① 序文基本是模拟志主李晖仪之长子郑伯猷的口气来书写的。其末则称"友人中书侍郎巨鹿魏收,虽年在雁行,而义均同志。后来之美,领袖辞人。托其为铭,式传不朽。其辞曰云云",可知铭辞部分为魏收所作。但是序文部分的作者是谁并不清楚。② 下面我们试图通过分析墓志序文所涉及的魏末史事,先来观察序文部分作者的政治态度。

据《李晖仪墓志》,志主李晖仪出自陇西李氏李宝一支。李晖仪为李宝之孙,李承之女。陇西李氏因李宝幼子李冲贵宠而在冯太后、孝文帝时期盛极一时,也因此而深深卷入魏末的动荡之局。③ 墓志序文载:

---

① 关于墓志文体中各种要素的构成及其与魏晋南北朝墓志形成过程的关系,参考窪添慶文《墓誌の起源とその定型化》,收入伊藤敏雄编《魏晋南北朝史と石刻史料研究の新展開—魏晋南北朝史像の再構築に向けて—》,2006~2008年度科研费补助金成果报告书,2009年,第1—31页。关于单一墓志中的各种要素在墓志"生产过程"中的不同表现与社会功能,参考徐冲《从"异刻"现象看北魏后期墓志的生产过程》,《复旦大学学报(社会科学版)》2011年第2期,第102—113页;修改后收入余欣主编《中古时代的礼仪、宗教与制度》,上海古籍出版社,2012年。
② 南朝后期王公墓志的撰作往往出自名家之手,而且志文与铭辞由不同的人写,说见罗新、叶炜《新出魏晋南北朝墓志疏证·黄法氍墓志》,北京:中华书局,2005年,第47页。但北朝后期的墓志是否如此,并不清楚。
③ 除《李晖仪墓志》外,目前发现的陇西李氏墓志还有《李(蕤)简子墓志》、《李媛华墓志》、《李遵墓志》、《李彰墓志》、《李艳华》墓志、《李挺(神儁)墓志》(以上收入赵超《汉魏南北朝墓志汇编》,天津古籍出版社,1992年)、《李伯钦墓志》(收入前引罗新、叶炜《新出魏晋南北朝墓志疏证》)及《李庆容墓志》(载《考古》编辑部编《考古学集刊》第一集,北京:中国社会科学出版社,1981年)。结合史书与墓志的记载,我们已经可以较为清晰地勾画出陇西李氏(以李冲为中心)在太和以降所构筑起的庞大社会网络。

> 普泰奄有万国,冠带百神。长女上太妃,小宗之嫡,实唯君母。主上屡使家人传辞,欲崇以极号。夫人以权疑在朝,虑生猜祸。苦加诲约,不令顺命。太妃亦深鉴倚伏,固而弗许。所以蹈此危机,终保元吉者,抑亦夫人之由。及大息伯猷,自散骑常侍而为国子祭酒。时论以外戚相拟,咸谓此授为轻。夫人闻之,唯恐更有迁换。诚厉殷勤,千绪万牒。每昏定晨省之际,未尝不以之为言。是以诸子遵节,莫冀通显,或降级出守,或仍世不移,或盘桓利居,匪期招命。

如罗文所证,"普泰是节闵帝(即前废帝)元恭的年号。孝庄帝既杀尔朱荣、尔朱世隆、尔朱兆等乃立元恭以代替庄帝。元恭是孝文帝之弟广陵王元羽的儿子。《魏书》记郑平城事迹时说'广陵王羽纳其女为妃',由李晖仪墓志知元羽之妃郑氏即李晖仪的长女。"① 虽然元恭并非郑妃所生,但如墓志所言,郑妃乃"小宗之嫡",所以"实唯君母"。② 因此在元恭被尔朱氏拥立为帝之后,郑妃的亲族——其母李晖仪、其弟郑伯猷③等——就具有了外戚的身份。关于这一点,《魏书》仅在卷五六《郑羲传附郑伯猷传》提到,"前废帝初,(郑伯猷)以舅氏超授征东将军、金紫光禄大夫,领国子祭酒"。而据李晖仪墓志我们可以知道,前废帝时期,由于李晖仪的坚持,对于这种可以轻易带来政治利益的"外戚"身份,郑妃及其亲族表现得非常低调。

墓志序文举出两个例子来说明这种低调。其一为不接受前废帝元恭对郑妃"崇以极号",其二为力阻郑伯猷等诸子因外戚身份而得高官。先来看第一个例子。罗文指出:

> 元恭被拥立为帝以后,史料中未曾见到他如三年前孝庄帝那样大肆追尊自己的父兄。如果他这样做,元羽就会被追尊为皇帝,仍然

---

① 见罗文第四节。
② 《魏书》卷十一《废出三帝纪》载:"前废帝,讳恭,字修业,广陵惠王羽之子也。母曰王氏。少端谨,有志度。长而好学,事祖母、嫡母以孝闻。"(第273页)这里的嫡母即当指郑妃。
③ 罗文指出,"李晖仪虽然13岁就出嫁,却是在结婚10年之后才生育长子郑伯猷"(见罗文第三节)。依常理推测,李晖仪在长子郑伯猷之前应该生育有女儿。因此其长女郑妃更可能是郑伯猷的姐姐。

健在的郑妃就应当尊为皇太后。从李晖仪墓志看,"主上屡使家人传辞,欲崇以极号",也就是节闵帝是想要尊郑妃为皇太后的。①

孝庄帝追尊父母事见于《魏书》卷十《孝庄纪》:

> (永安二年二月)甲午,尊皇考为文穆皇帝,②庙号肃祖,皇妣为文穆皇后。

> 夏四月癸未,迁肃祖文穆皇帝及文穆皇后神主于太庙,内外百僚普泛加一级。③

而元恭被尔朱氏拥立为帝后,对于自己的父母也并非毫无追尊之举。《魏书》卷十一《废出三帝纪》载:

> (普泰元年九月)癸巳,追尊皇考为先帝,皇妣王氏为先太妃;封皇弟永业为高密王,皇子子恕为勃海王。④

与孝庄帝对于其父母的大肆追尊相比,前废帝元恭的行动显然要低调得多。不称"先皇帝"而仅称"先帝",与他自己即位后的表态是相一致的。⑤另外也无谥号与庙号,所以应该也没有采取如孝庄帝那样迁父母神主入

---

① 见罗文第四节。
② 北魏墓志中亦有行用"文穆皇帝"称孝庄帝生父彭城王元勰者。如《元子正墓志》称其为"文穆皇帝之少子,今上之母弟",又称"文穆皇帝,体同姬旦,属负扆之尊;任隆霍光,当受遗之重";《元文墓志》称其为"献文皇帝之曾孙,文穆皇帝之孙,侍中太师大司马太尉公假黄钺陈留王之第三子"。前者作于孝庄帝建义、永安年间。后者则作于孝武帝太昌元年(531),其时元勰"文穆皇帝"之谥已被官方取消(《魏书》卷二一《彭城王勰传》:"前废帝时,去其神主。"),但仍为其家族墓志所行用。
③ 《魏书》,第261页。此事详见《魏书》卷十八《临淮王彧传》。
④ 《魏书》,第278页。
⑤ 《魏书》卷十一《废出三帝纪》载前废帝庚午诏曰:"……夫三皇称皇,五帝云帝,三代称王,迭冲挹也。自秦之末,竞为皇帝。忘负乘之深衅,垂贪鄙于万叶。予今称帝,已为褒矣!可普告令知。"(第274页)

太庙、"以孝文为伯考"①的激进行动。但即使如此,依然难以获得其外家郑妃亲族的支持。普泰元年的追尊行动中只见"先帝"与"先太妃",独缺"太后",并非是元恭刻意贬低其仍然健在的嫡母郑妃的地位;"从李晖仪墓志看,'主上屡使家人传辞,欲崇以极号',也就是节闵帝是想要尊郑妃为皇太后的",②只是郑妃"深鉴倚伏,固而弗许"。而郑妃的这种态度,据李晖仪墓志,主要来自其母李晖仪的坚持。

墓志说,"所以蹈此危机,终保元吉者,抑亦夫人之由"。"蹈此危机"即指高欢入洛后废杀元恭之事。从墓志来看,元恭之死并未祸及其母郑妃亲族。这种幸运是否确实缘于郑妃拒绝太后的尊号,今天已经无从考证。但从中可以看到墓志序文的作者对于李晖仪的做法显然持赞同态度。而对于元恭即位后对自己的嫡母"欲崇以极号"的做法,即使不是反对,至少也是将其视为一种容易导致不幸结局的做法,认为应该极力避免。联系到当时的情势,很容易推想这种态度是因为李晖仪及墓志序文的作者具有这样的认识:孝庄帝的不幸结局与其大肆追尊父母至于迁神主入太庙的做法之间存在某种关联。

再来看第二个例子,即李晖仪力阻郑伯猷等诸子因外戚身份而得高官。有趣的是,这方面同样也可以找到孝庄帝时期的前车之鉴。而其主人公又恰是李晖仪非常熟悉的人。《魏书》卷八三《外戚·李延寔传》载:

> 庄帝即位,以元舅之尊,超授侍中、太保,封濮阳郡王。延寔以太保犯祖讳,又以王爵非庶姓所宜,抗表固辞。徙封濮阳郡公,改授太傅。寻转司徒公,出为使持节、侍中、太傅、录尚书事、青州刺史。尔朱兆入洛,乘舆幽系,以延寔外戚,见害于州馆。③

---

① 《北齐书》卷二《神武帝纪下》:"以为自孝昌丧乱,国统中绝,神主靡依,昭穆失序。永安以孝文为伯考,永熙迁孝明于夹室,业丧祚短,职此之由。遂议立清河王世子善见。"(第18页)
② 见罗文第四节。
③ 《魏书》,第1837页。

李延寔为李冲长子,而李晖仪为冲长兄承之女。可以想见,二人之关系非常密切。① 郑伯猷与前废帝的关系,和李延寔与孝庄帝的关系是非常相似的。李延寔因外戚身份盛极而败,不过就发生于普泰前一两年。这一事件必给予李晖仪相当的冲击。这一定是她力阻诸子以外戚得高官的最为重要和直接的原因。只有这样我们才能理解何以她对诸子的劝诫至于"诫厉殷勤,千绪万牒。每昏定晨省之际,未尝不以之为言",已经到了有点神经质的程度。而从墓志序文的叙述来看,其作者对于李晖仪的这一做法也比较认同。

以上我们讨论了李晖仪及其墓志序文的作者所持有的两种与"外戚"相关的认识:孝庄帝的不幸结局与其大肆追尊父母至于迁神主入太庙的做法之间存在某种关联;李延寔因外戚身份盛极而败是一个惨痛的教训。

事实上,《李晖仪墓志》所表现出的这样两种非常具体的认识,在魏收所撰《魏书》之中,是可以找到对应之处的。《魏书》卷十《孝庄纪》篇末的"史臣曰"载:

> 呜呼!胡丑之为衅也,岂周衰晋末而已哉!至于高祖不祀,武宣享庙,三后降鉴,福禄固不永矣。②

据《北史》卷五六《魏收传》:"其史(指收撰《魏书》)三十五例,二十五序,九十四论,前后二表一启,皆独出于收。"③所谓"论",即指《魏书》纪传末之"史臣曰"也。因此,上引文字应该反映了魏收的个人认识,也就是认为"高祖不祀"——即孝庄帝"迁神主于太庙,以高祖为伯考"④的行为——是导致其败亡的重要原因之一。这与李晖仪墓志对孝庄帝所持有的认识基本是一致的。

---

① 罗文指出,墓志载李晖仪所居之修文里,很可能就是李延寔所居之晖文里(见第五节)。更可证二人关系之密切。
② 《魏书》,第269页。
③ 《北史》,第2030—2031页。
④ 《魏书》卷十八《临淮王彧传》,第420页。

那么魏收在《魏书》中对李延寔的认识又是如何的呢?《魏书》卷八三《外戚·李延寔传》仅记李延寔生平大略,看不出魏收的个人态度。不过在《北史》卷五六《魏收传附魏子建传》中却记载了这样的故事:

  邢杲之平,太傅李延寔子侍中或为大使,抚慰东土。时外戚贵盛,送者填门,子建亦往候别。延寔曰:"小儿今行,何以相勖?"子建曰:"益以盈满为诫。"延寔怅然久之。①

魏子建为魏收之父。他对李延寔说,"益以盈满为诫",显示出他认识到在李延寔因外戚身份而贵盛的背后隐藏着败亡的危险。后文"及永安之后,李氏宗族流离,或(延寔子)遇诛夷,如其所虑"的记述,与此正相呼应。

  这一故事也见于《魏书》卷一〇四《自序》。② 虽然今本《魏书》卷一〇四《自序》为"删节《北史》卷五六《魏收传》,兼采他书"③而成,但不难推想,《北史·魏收传》中关于魏子建的记载当来自《魏书·自序》中魏收自己的叙述。那么将《北史》所载魏子建对于李延寔的态度视为魏收本人所持有的认识,应该也无大误。这与李晖仪墓志对李延寔所持有的认识也是基本一致的。

  由此就认定魏收即为李晖仪墓志序文部分的作者,实在是太武断了。但是,如果再考虑到其为铭辞部分的作者这一事实,则至少可以认为,魏收与李晖仪及其墓志序文部分的作者,对于当代史的某些认识,是高度一致的;并且这种一致,延续到了北齐时所修的《魏书》之中。④

---

① 《北史》,第 2025 页。
② 《魏书》,第 2322—2323 页。
③ 见《魏书》卷一〇四《自序》之唐长孺校勘记。
④ 何德章《北魏末帝位异动与东西魏的政治走向》(武汉大学中国三至九世纪研究所编《魏晋南北朝隋唐史资料》第 18 辑,2001 年,第 51—62 页)认为,北魏末年的帝位更替,实际上是以确立孝文帝的法统为其政治内涵的。而对于孝庄帝"以高祖为伯考"之举的异议,从现存的《魏书》、《北齐书》、《北史》中的记载来看,似乎是一种普遍的舆论倾向。但是,这其中必定包含了魏收等作者对于材料的剪裁取舍,所反映的更多可能是北齐时易代完成、尘埃落定后对于魏末历史的总结与认识。永安、普泰、永熙年间身处漩涡中的人们对于历史与时局的认识究竟是否与《魏书》等所表现出的历史观一致,因为相关墓志的出土,应该还可以有更多的话题可以探讨。

三、魏收家族与陇西李氏的姻戚关系

前已述及,魏收与李晖仪及其墓志序文部分的作者,对于当代史的某些认识,是高度一致的;并且这种一致,延续到了北齐时所修的《魏书》之中。而这种理念上的一致,可能有着某种坚实的现实基础。即魏收的家族与李晖仪的家族之间存在的密切关系。对此,罗文说:

> 魏收为郑伯猷母亲写铭辞,极尽美言,而他在《魏书》里为郑伯猷作传,也明确记录其不光彩的一面,记郑伯猷为地方官时,"专为聚敛,货贿公行,润及亲戚,户口逃散,邑落空虚。乃诬良民,云欲反叛。籍其资财,尽以入己。诛其丈夫,妇女配没。百姓怨苦,声闻四方"。这一定是郑伯猷生前没有想到的。①

似乎认为魏收为李晖仪作墓铭是由于其与郑伯猷之间的亲近关系。不过实际上,魏收的家族与李晖仪的家族之间,本身即存在着极为密切的关系。

如上所述,李晖仪出自陇西李氏,为李宝之孙,李承之女。李承四子依次为李韶、李彦、李虔、李蕤。罗文考证李晖仪为李虔的妹妹,李蕤的姐姐。而《北史》卷五六《魏收传附魏子建传》载:

> 太尉李虔第二子仁曜,子建之女婿,往亦遇害(于河阴之变)。②

据《魏书》卷三九《李宝传》所附宝诸子孙传,李承子李虔死后赠侍中、都督冀定瀛三州诸军事、骠骑大将军、太尉公、冀州刺史;其次子晒,字

---

① 见罗文第六节。
② 《北史》,第 2025 页。

仁曜,孝庄初与兄暧同时遇害。与《北史·魏子建传》所言之人相合无间。由此可以确知魏收之父魏子建与李晖仪之兄李虔为儿女亲家的关系。

上文曾引《北史·魏子建传》曰:

> 邢杲之平,太傅李延寔子侍中或为大使,抚慰东土。时外戚贵盛,送者填门,子建亦往候别。延寔曰:"小儿今行,何以相勖?"子建曰:"益以盈满为诫。"延寔怅然久之。

在这个故事的叙述里,魏子建似乎也是因为李延寔的外戚地位(孝庄帝之舅)而去为其子李或送行之人。不过如果考虑到李延寔为李承幼弟李冲长子,就会明白魏子建之所以"亦往候别"乃是因为其与李延寔有亲戚之谊。事实上,早在李延寔贵为外戚之前,其与魏子建的关系就已经相当亲密了。《北史》卷五六《魏收传附魏子建传》载:

> 初,子建为前军将军,十年不徙,在洛闲暇,与吏部尚书李韶、韶从弟延寔颇为弈棋,时人谓之耽好。①

魏子建本传未明确记载魏子建为前军将军的时间,大体应在其外任东益州刺史的正光五年(524)之前。李韶为李虔长兄,据其本传(《魏书》卷三九),其任吏部尚书亦在孝明之初。魏子建的家族是如何开始与陇西李氏亲近的,尚无史料可以说明。② 但可以肯定的是,自孝明之世以来,至少魏子建已经与李虔一辈(即李宝的孙辈)的陇西李氏子弟关系相当密切了。交往之密,至于结为儿女亲家。《北史》卷五六《魏收传》载:"吏部尚书李神儁重收才学,奏授司徒记室参军。"李神儁为李承弟李佐之子,他为

---

① 《北史》,第 2024 页。
② 《北史》卷五六《魏收传》只记其祖悦"性沉厚,有度量,宣城公赵国李孝伯见而重之,以女妻焉"。李孝伯为赵郡李氏。关于魏收世系,《魏书》卷一〇四《自序》唐长孺校勘记有辨。

魏收的仕进出力,应该不仅仅是出于爱才,魏子建与陇西李氏的特殊关系可能才是更为关键的因素。

所以魏收为李晖仪作墓铭固然出于其子郑伯猷之托。但其辞之所以极尽美言,与其说是由于与郑伯猷之间的交情,①不如说是因为与李晖仪本人的亲近关系。而魏收之所以与郑伯猷亲近,可能也是因为与其母李晖仪之间的关系使然,也许并不稳固。这在一定程度上可以解释为何有李晖仪之"美铭"与郑伯猷之"恶传"这样的矛盾现象。

因此,可以说魏收与李晖仪在现实中存在着的密切联系,与其理念上对于当代史的某些认识所表现出的高度一致,是相为表里的。在这样的认识之下,把李晖仪墓志序文部分也视为魏收之思想的体现,应该也是可以允许的,尽管并不能将魏收坐实为序文部分的作者。

从以上揭示的魏收家族与陇西李氏之间的密切关系,还可以加深我们对魏收早期个人经历的认识。前文已经提到,魏收初入仕途,即得到陇西李氏的提携。《北史》卷五六《魏收传》载:"吏部尚书李神儁重收才学,奏授司徒记室参军。"李神儁为李承弟李佐之子,其为吏部尚书在孝庄帝时(《魏书》卷三九本传)。魏子建与陇西李氏的特殊关系无疑是这一提携的背景。

《北史》卷五六《魏收传》又载:

> 节闵帝立,妙简近侍,诏试收为封禅书。收下笔便就,不立藁草,文将千言,所改无几。……迁散骑侍郎,寻敕典起居注,并修国史,俄兼中书侍郎。时年二十六。②

年轻的魏收在前废帝元恭即位之后得到重用,当然其才学是一重要因素,但不可忽视的则是元恭与魏收都身处陇西李氏所编织的亲故网络之中。

---

① 李晖仪墓志序文模拟郑伯猷口气,以"友人"称魏收。罗文认为,从李晖仪墓志所反映的魏收与郑伯猷的关系看,《北史》卷五六《魏收传》所提到的"荥阳郑伯"其实就是"荥阳郑伯猷"(见罗文第六节)。
② 《北史》,第2026页。

不难想象元恭在被尔朱氏拥立之前,由于李晖仪的关系,与魏收应该即已熟识。① 则其即位之后,魏收获得重用,成为亲近机要之近侍,就是非常自然的事情。而魏收对于元恭的态度,即使到了后来,也仍然可以看出包含着复杂的个人感情。《魏书》卷十一《废出三帝纪》载:

> 史臣曰:广陵废于前,中兴废于后,平阳猜惑,自绝宗庙。普泰雅道居多,永熙悖德为甚。是俱亡灭,天下所弃欤!②

这里的"史臣曰"对孝武帝元修给予"猜惑"、"自绝宗庙"、"悖德为甚"等恶评,或许还可以说是北齐的官方口径,但对于元恭非但无一恶语,还给予了"雅道居多"这样的高度评价。而且感怀"雅道居多"的元恭与"悖德为甚"的元修同归亡灭,都是为天下或者天命所抛弃了的君主。其中除了对于高齐受命的再确认之外,也可以读到一丝对于前废帝元恭的惋惜与同情。《李晖仪墓志》言"普泰奄有万国,冠带百神",其时(永熙二年,533)元恭已为高欢所废杀,仍然用此赞语,这也反映了墓志序文部分作者与魏收对于当代历史认识的一致。

魏收与前废帝元恭的亲近关系,在高欢入洛后,也给他带来了一定的风险。《北史》卷五六《魏收传》载:

> 时节闵帝殂,令收为诏。(崔)悛乃宣言:收普泰世出入帷幄,一日造诏,优为词旨,然则义旗之士,尽为逆人。又收父老,合解官归侍。南台将加弹劾,赖尚书辛雄为言于中尉綦儁,乃解。收有贱生弟仲同,先未齿录,因此怖惧,上籍,遣还乡扶侍。③

元恭被杀于孝武帝太昌元年(532)五月。其时因为崔悛的攻击,魏收

---

① 魏收辈分较元恭为高,但年龄却要小一些。元恭生于孝文帝太和二十二年(498),魏收生于宣武帝正始三年(506)。
② 《魏书》,第292页。
③ 《北史》,第2026页。

在政治上处于相当危险的境地。虽然赖辛雄之助得保无事，但仍然给他造成了很大的精神压力，不然也不至于怖惧到临时承认"贱生弟"的身份而遣其回乡扶侍老父了。① 在不到一年之后的永熙二年(533)三月为自己熟悉的长辈李晖仪写墓铭时，②这种压力应该仍然在强有力地起着作用。《李晖仪墓志》所言"蹈此大难，终保元吉"，也可以看作是魏收的夫子自道。其中既包含了对于孝昌以来历史教训的总结，又寄托了对于未来的祈愿。当时他还只有二十八岁。

四、结　　语

综上所述，虽然并不能将魏收坐实为《李晖仪墓志》序文部分的作者，但是对于当代史的某些认识，《魏书》中的魏收与李晖仪及其墓志序文作者却表现出了高度的一致。这种一致，与魏收之家族与李晖仪之家族——即陇西李氏——之间存在的密切关系是相为表里的。对于魏收来说，这既深刻影响了他的早年经历，也渗透进了二十年后他对《魏书》的书写之中。与汉代和魏晋南朝相比，北朝墓志的巨大存在，也为我们更为多元的理解其时"历史书写"的形成，提供了难得的机缘。

魏收所撰之《魏书》在北齐即已有"秽史"之名，后代更为人所诟病。而至 20 世纪 30 年代，周一良先生发表《魏收之史学》一文，力辩其诬，认为"魏收之书详略得当，近于实录"。③ 不过若跳过是否"秽史"的纠缠，通

---

① 这里的"还乡扶侍"应该并非指返回其郡望所在的巨鹿下曲阳，而是指魏家在洛阳的居处。据《北史》卷五六《魏收传附魏子建传》，"元颢内逼，庄帝北幸"之时，魏子建"遂携家口居洛南。颢平乃归"。所谓"归"当然就是归于洛阳。又载其"卒于洛阳孝义里舍"。据杨衒之《洛阳伽蓝记》卷二景宁寺条，孝义里在"出青阳门外三里御道北"，已在城外。
② 李晖仪墓志记其卒于永熙二年(533)春三月十二日，葬于夏五月廿二日。而据《北史》卷五六《魏收传》，其父魏子建也卒于永熙二年春。推测魏子建应卒于李晖仪之后。若魏子建先卒，魏收就应该护送父亲灵柩回巨鹿家乡安葬，不太可能再有闲暇留在洛阳为李晖仪写墓铭了。则可以判断魏收为李晖仪墓志作墓铭就在永熙二年三月下旬的几日之内。当然这对于"下笔便就，不立藁草，文将千言，所改无几"的魏收来说是非常轻松的。
③ 周一良《魏收之史学》，收入氏著《魏晋南北朝史论集》，北京大学出版社，1997 年，第 256—292 页。

过本章的讨论也可以看到,无论是墓铭这样的私作还是《魏书》这样的国史,作者个人的经历、观念、利益、感情渗入其间几乎是不可避免的。提出这些并非是要否定《魏书》的史学价值,而是觉得探讨这些因素与历史书写之间的复杂关系,也许仍然是历史学的有趣话题。①

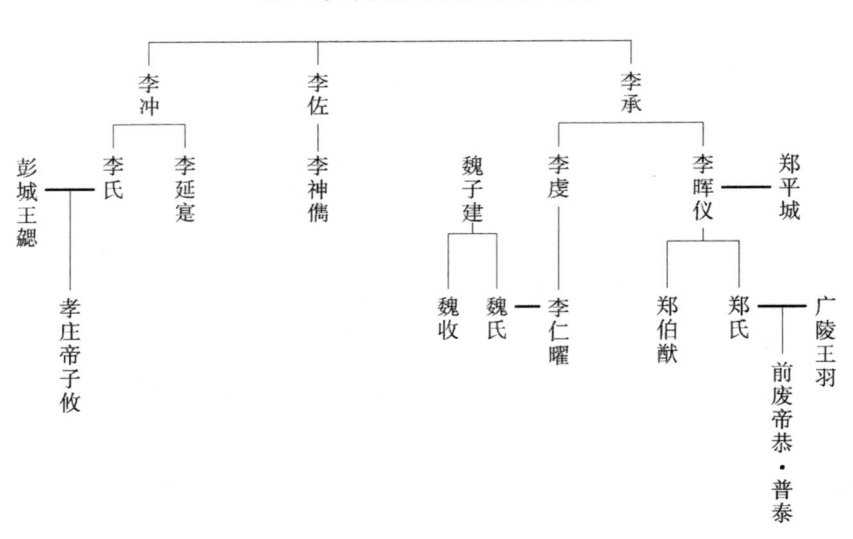

附:《李晖仪墓志》相关人物系图

```
                          ┌─────────────┬─────────────┬─────────────┐
                         李冲           李佐                        李承
                   ┌──────┴──────┐      │              ┌────────────┼────────────┐
         彭城    李氏         李延寔   李神㑺    魏子建        李虎         李晖仪      郑平城
         王韶     │                                  ┌──┴──┐      │            │         │
          │      │                                  魏收  魏氏   李仁曜      郑伯猷    郑氏   广陵王羽
                 │                                                                          │
               孝庄帝子攸                                                                   前废帝恭·普泰
```

【再版补记】笔者近撰《元渊之死与北魏末年政局——以新出元渊墓志为线索》一文(载《历史研究》2015年第1期),以个案形式讨论了相异的政治语境如何导致墓志与史传不同文本面貌的生成。

---

① 参考前引徐冲《从"异刻"现象看北魏后期墓志的生产过程》。

单元四:"隐逸列传"

小　　引

《南齐书》卷四八《袁彖传》有如下一段富有深意的记载：

> （袁）彖议驳国史，……。（檀）超欲立《处士传》。彖曰："夫事关业用，方得列其名行。今栖遁之士，排斥皇王，陵轹将相，此偏介之行，不可长风移俗，故迁书未传，班史莫编。一介之善，无缘顿略，宜列其姓业，附出他篇。"①

南齐"国史"的修撰始于齐高帝建元二年（480）。其年朝廷以檀超与江淹"掌史职"，二人"上表立条例"，即提出国史修撰的若干原则。② 与同时代的大多数决策一样，国史修撰之"条例"也非主事史臣个人所能径决，需经"内外详议"，再由皇帝以"诏曰"形式确认之后才能付诸实行。③《南齐书·檀超传》在列举诸条例后随即记录了尚书左仆射王俭之议，提出若干修正意见。又记诏曰："日、月灾隶《天文》，余如俭议。"上引《袁彖传》所载彖针对《处士传》所发的议论，显然也是当时南齐朝廷"内外详议"的一部分。

从议论的具体内容来说，袁彖的意见在当时是相当非主流的。世入南朝，在纪传体王朝史中立"处士传"、"隐逸传"之类已经蔚为风气。以南

---

① 《南齐书》，北京：中华书局点校本，1972年，第833—834页。
② 《南齐书》卷五二《文学·檀超传》，第891页。关于南齐国史立《处士传》，详参本书单元四第四章《两晋南朝"隐逸列传"的成立》。
③ 关于汉魏六朝时期国家意志决定过程中的"议"，参考渡辺信一郎《天空の玉座―中国古代帝国の朝政と儀礼―》，东京：柏书房，1996年，第17—104页。国史修撰与朝臣之"议"、皇帝之"诏"间的关系，也可以促使我们重新思考传统中国古代史学史研究中"私撰/官修"这一二元对立框架的适用性。

齐之前的刘宋为例,既有作为"前代史"的范晔《后汉书》立《逸民传》,谢灵运《晋书》立《止足传》,也有作为"国史"的徐爰《宋书》立《止足传》。① 檀超等欲在南齐国史中立"处士传",是时代主流意识形态的反映,王俭之议对此也未见异议。袁彖的反对,只是他个人的一点意见,事实上无论对于南齐国史的修撰还是后世的纪传体王朝史,都未产生太大影响。

然而若我们的视野不局限于南朝本身,就会看到袁彖的议论中仍然包含了相当敏锐的观察。他指出在以《史记》和《汉书》为代表的汉代纪传体王朝史的书写之中,所谓"排斥皇王,陵轹将相"的"栖遁之士"并非一种结构性的存在;换言之,汉代并没有南朝这样的"隐逸列传"。这样的历史书写形式对于袁彖而言构成了他质疑南齐当代国史修撰方式的资源,而我们则应该由此认识到,两晋南朝历史书写中的"隐逸列传",当非一种自明的秩序,而是汉魏以来历史性发展的结果。

这种书写方式的变化,无疑也与相关历史时期政治支配意识形态的变化密切相关。可以看到,在对"国史"中立《处士传》表达异议之时,袁彖使用了一个很有趣的词语——"栖遁之士"。"栖"意停留,"遁"意逃离;无论停留还是逃离,二者背后都隐含了一个所欲反动的对象,即"排斥皇王,陵轹将相"之语所明示的王朝政治权力,也就是本书所一再强调的"皇帝权力结构"。那么,表面上宣称反动于皇帝权力结构的"栖遁之士",为何会在南朝的纪传体王朝史中获得结构性的位置?这一变化是否直接对应着皇帝权力的低落与"贵族/士族"权力的伸张,从而与我们对"六朝"的刻板印象保持一致?② 本单元对汉晋南朝间隐逸内化于皇帝权力结构的形式与过程所进行的考察将表明,这一"历史的"对应过程并非如此简单和线性。

---

① 详参本书单元四第四章《两晋南朝"隐逸列传"的成立》。
② 对"六朝"的这一刻板印象,本书附录一《两晋南朝"白衣领职"补论》亦有所反思,敬请参看。

第一章　汉代的隐逸书写
　　　　与隐逸理解

　　本章首先围绕前引袁桷所谓"栖遁之士"——即"隐逸"、"处士"、"逸民"之类——"迁书未传,班史莫编"的说法,对汉代纪传体王朝史中的隐逸书写进行讨论。

　　如果将袁桷的说法理解为《史记》、《汉书》中并没有关于"栖遁之士"的"记载",这一意见显然是不准确的。事实上,作为一种自春秋后期以来即已颇为引人注目的社会文化现象,①汉代的纪传体王朝史书写之中并非完全没有隐逸的踪迹。《隋书》卷三三《经籍志·杂传》之"小序"对此提供了相关的叙述:

> 　　天下计书,先上太史,善恶之事,靡不毕集。司马迁、班固,撰而成之,股肱辅弼之臣,扶义俶傥之士,皆有记录。而操行高洁,不涉于世者,《史记》独传夷、齐,《汉书》但述杨王孙之俦,其余皆略而不说。②

---

① 参考王仁祥《先秦两汉的隐逸》,台北:台湾大学出版委员会"台湾大学文史丛刊",1995年;文青云(Aat Vervoorn)著,徐克谦译《岩穴之士:中国早期隐逸传统》,济南:山东画报出版社,2009年。本书不拟过多涉及泛论中国古代隐逸文化的众多作品(如蒋星煜《中国隐士与中国文化》,上海人民出版社,2009年;张立伟《归去来兮:隐逸的文化透视》,北京:三联书店,1995年;杨朝云《中国隐逸文化史》,昆明:云南大学出版社,2004年;何鸣《遁世与逍遥:中国隐逸简史》,敦煌文艺出版社,2006年,等等),感兴趣的读者不妨另行参看。

② 《隋书》,北京:中华书局点校本,1973年,第982页。

《隋志》指出《史记》和《汉书》作为"善恶之事,靡不毕集"的纪传体王朝史,其书写的重点在于"股肱辅弼之臣,扶义俶傥之士"。这实际上与上述袁象的看法是比较接近的。不过对于所谓"操行高洁,不涉于世者",也就是我们这里所关注的"栖遁之士",《隋志》则指出《史记》中仍有伯夷、叔齐,《汉书》中则有杨王孙等人。不妨沿着《隋志》提供的这一线索来具体观察一下《史记》和《汉书》中的相关记载。

关于前者,在《史记》的记载中,伯夷、叔齐确实有"义不食周粟,隐于首阳山"的事迹,与后世的隐逸有相通之处。① 不过如学者所言,《史记》的本纪以《五帝本纪》、《世家》以《吴太伯世家》、列传以《伯夷列传》为首,主要的目的在阐明儒家最高的道德标准——"礼让"。② 司马迁在《伯夷列传》的开头将"尧将逊位,让于虞舜,舜禹之间,岳牧咸荐"与"吴太伯、伯夷之伦"并列叙述,③也与学者的上述观察相应。换言之,纵使伯夷、叔齐有不仕隐逸事迹,但他们在《史记》中的首要形象并非"隐逸者"。认为后来史传的隐逸传即由《史记·伯夷列传》而出,④或有推论过远之嫌。《史记》未专门为隐逸者立传的倾向,应该还是很明显的。

再来看后者,杨王孙列于《汉书》卷六七《杨胡朱梅云传》。⑤ 其人虽"学黄、老之术"、"厚自奉养生",但似乎看不到关于隐逸事迹的叙述。《汉书》的主要篇幅放在了收录其"裸葬"言论上。而同传诸人如《汉书》卷一百《叙传》所言,"(杨)王孙赢葬,(胡)建乃斩将。(朱)云廷讦禹,(梅)福逾刺凤,是谓狂狷,(云)敞近其夷。述杨胡朱梅云传第三十七",⑥亦不以隐逸显。《隋书·经籍志》将这些人归为《汉书》中"操行高洁,不涉于世者"的代表,似乎并不妥当。

---

① 见《史记》卷六一《伯夷列传》,北京:中华书局点校本,1959 年。
② 逯耀东《抑郁与超越:司马迁与汉武帝时代》,附录三《前不见古人——谈中国历史人物的塑型》,北京:三联书店,2008 年,第 364 页。
③ 《史记》,第 2121 页。
④ 逯耀东《抑郁与超越:司马迁与汉武帝时代》,附录二《汉晋间史学思想变迁的痕迹——以列传与别传为范围所作的讨论》第二节《〈伯夷列传〉与〈汉书·古今人表〉》,第 351 页。
⑤ 《汉书》,北京:中华书局点校本,1962 年,第 2907—2909 页。
⑥ 《汉书》,第 4258 页。《汉书·杨胡朱梅云传》传末之"赞曰"亦传达出同样的意思。

不过我们在《汉书》的其他位置还是可以找到"栖遁之士"更为显要的存在，即卷七二《王贡两龚鲍传》。此传以西汉后期的王吉、贡禹、龚舍、龚胜、鲍宣为叙述重点，同时也简单述及了从汉初四皓到汉末新莽时期的若干"清节之士"。《汉书》卷一〇〇《叙传》对传中诸人事迹做了简洁的概括："四皓遯秦，古之逸民。不营不拔，严平、郑真。吉困于贺，涅而不缁。禹既黄发，以德来仕。舍惟正身，胜死善道。郭钦、蒋诩，近遯之好。述王贡两龚鲍传第四十二。"①值得注意的是，此传在开头特别回顾了伯夷、叔齐的事迹，但完全不及于在《史记·伯夷列传》中占据叙述核心的"让国"故事，而仅言其因不食周禄而饿死于首阳山，并引用孔子和孟子的评价，以为"不降其志，不辱其身"，"奋乎百世之上，百世之下莫不兴起"。可以说《汉书》此传是在"隐逸者"伯夷、叔齐的谱系意识之下来对西汉一朝的"栖遁之士"进行书写的。

考虑到汉末新莽之际隐居不仕者的大量涌现，②成于东汉初期的《汉书》对隐逸采取这种集中书写的方式并不令人感到意外。这与前述《史记》不为隐逸立传构成了对比。栖遁之风在东汉一代也十分盛行，那么《汉书》的这一书法是否可以视为东汉纪传体王朝史书写的通例呢？

可以看到，范晔《后汉书》是明确以《逸民传》和"处士传"的名目来编总和书写其时大量涌现的"栖遁之士"的。③ 不过如所周知，范书撰述于南朝的刘宋时期，与其书写对象之间已然相隔二百余年，其结构安排很多时候只是范晔所在的刘宋前期意识形态的体现，而与东汉情形颇有

---

① 《汉书》，第 4260 页。
② 参考王仁祥《先秦两汉的隐逸》，第四章《隐逸与政治——从春秋到新莽》，第 117—188 页；文青云《岩穴之士：中国早期隐逸传统》，第二章《前汉和王莽时期》，第 70—130 页。
③ 关于《后汉书·逸民传》，参考馬場英雄《後漢書逸民伝について》，《国学院中国学会报》39，1993 年。又范书并无"处士传"这样的专名，不过其卷四三《周黄徐姜申屠列传》，被学者认为性质相当于"处士传"。参考川勝義雄《六朝贵族制社会研究》第一编第二章《汉末的抵抗运动》，东京：岩波书店，1982 年，本书所引为中译本，徐谷梵、李济沧译，上海古籍出版社，2008 年，第 20 页。

落差。① 具有东汉王朝"国史"性质的《东观汉记》,②可能更适合作为我们了解东汉纪传体王朝史实际面貌的考察对象。

因为《东观汉记》今天并没有以完整面貌保存下来,要明确断定其中是否立有"处士传"或者"隐逸传"之类是较为困难的。但传世史籍中也确实未曾发现过诸如"东观逸民传"这样足资证明的确切记录。而关于《东观汉记》的成立过程,《史通·古今正史》载:

> 在汉中兴,明帝始诏班固与睢阳令陈宗、长陵令尹敏、司隶从事孟异作世祖本纪,并撰功臣及新市、平林、公孙述事,作列传、载记二十八篇。自是以来,春秋考纪亦以焕炳,而忠臣义士莫之撰勒。于是又诏史官谒者仆射刘珍及谏议大夫李充杂作纪、表、名臣、节士、儒林、外戚诸传,起自建武,讫乎永初。事业垂竟而珍、充继卒,复命侍中伏无忌与谏议大夫黄景作诸王王子功臣恩泽侯表、南单于西羌传、地理志。至元嘉元年,复令太中大夫边韶、大军营司马崔寔、议郎朱穆、曹寿杂作孝穆、崇二皇及顺烈皇后传,又增外戚传入安思等后,儒林列传入崔篆诸人。寔、寿又与议郎延笃杂作百官表,顺帝功臣孙程、郭愿及郑众、蔡伦等传。凡百十有四篇,号曰汉记。③

其中"于是又诏史官谒者仆射刘珍及谏议大夫李充杂作纪、表、名臣、节士、儒林、外戚诸传"之语,令人颇疑《东观汉记》之中是否也立有如《儒林传》、《外戚传》一样的《节士传》? 但是这里"节士"之前的"名臣"就只是指

---

① 这一点已有许多学者指出过。较新的研究,参考安部聪一郎《党錮の「名士」再考—贵族制成立過程の再検討のために—》,《史學雜誌》111-10,2002 年,第 1591—1620 页;同氏《『後漢書』郭太列传の構成過程——人物批評家としての郭泰像の成立》,《金沢大学文学部論叢》(史学·考古学·地理学篇)28,2008 年,第 13—110 页;同氏《隐逸、逸民の人士と魏晋期の国家》,《歷史学研究》846,2008 年,第 34—42 页;本书单元三《"外戚传"与"皇后传"》、单元四《"隐逸列传"》第二章《"处士功曹"小论》。
② 吴树平《〈东观汉记〉的撰修经过及作者事略》,收入氏著《秦汉文献研究》,济南:齐鲁书社,1988 年,第 108—126 页。
③ (唐)刘知幾撰,浦起龙释《史通通释》卷十二,上海古籍出版社,1978 年,下册,第 341—342 页。

为诸"名臣"在书中立传而已,而非传目之名;那么,"节士"是否必然就指向《节士传》,也是很难说的。事实上,这里的"名臣"、"节士"与之前所述的"而忠臣义士莫之撰勒"应该是正相对应的。类似的表达,亦见于《史记》卷一三〇《太史公自序》所载司马谈之语,即"今汉兴,海内一统,明主贤君忠臣死义之士,余为太史而弗论载,废天下之史文,余甚惧焉,汝其念哉"。① 而《史记》也并未为"忠臣死义之士"专立"忠臣传"或"义士传"。前引《隋书·经籍志》之文明确区分了"扶义俶傥之士"与"操行高洁,不涉于世者",也显示出所谓"义士"、"节士"与"隐逸"、"处士"、"栖遁之士"之间,还是有着颇远的距离,并不能直接等同。

当然,不立"逸民传"并不意味着对于此等人物的事迹全然不载。在今天所能收集到的《东观汉记》佚文中,与范晔《后汉书》卷五三"处士传"(《周黄徐姜申屠列传》)与卷七三《逸民传》之传主重合而可视为"隐逸"者,包括申屠蟠、闵贡、荀恁、冯良、逢萌、周党、王霸、严光、井丹、梁鸿、高凤诸人。②《东观汉记》的整理者将以上诸人之传集中在一起分置于卷十七与卷十八中。在作为"前代史"而同时书写的班固《汉书》与二百余年后书写的范晔《后汉书》之间,我们也倾向于认为,作为"国史"的《东观汉记》更有可能采取与《汉书》相同的书法来书写东汉一代的"栖遁之士",③即不立"隐逸传"之名,而仅将各种具有隐逸倾向者编总于一卷之内。

综上所述,可以说"栖遁之士"在以《史记》为代表的西汉纪传体王朝史的书写之中,确实还没有获得一个结构性的位置;而到了东汉,无论是《汉书》还是《东观汉记》,都以编总于一卷之内的方式,对相关历史时期的隐逸者进行了叙述。前引袁豢所谓"迁书未传,班史莫编"的说法,似乎只说对了一半。

然而,身为"好学善属文"的陈郡袁氏中的一员,④又生活于"《汉书》

---

① 《史记》,第3295页。
② (东汉)刘珍等撰,吴树平校注《东观汉记校注》,郑州:中州古籍出版社,1987年。
③ 一般来说,同一历史时期所书写的国史与前代史共享同样的构造是极为常见的。本书各单元对此主题多有论列,敬希参看。
④ 《南齐书·袁豢传》称其"好属文及玄言"。其父觊亦"好学善属文,有清誉于世",见《宋书》卷五二《袁觊传》,北京:中华书局点校本,1974年,第1502页。

学"较为发达的南朝时期,①很难想象袁豹会不了解《汉书·王贡两龚鲍传》的具体内容。对于他的上述意见,或可理解为在他看来,在纪传体王朝史中以"隐逸传"或"处士传"的名目编总隐逸,与仅仅将"栖遁之士"汇总于一卷之内的做法,其间还是存在着巨大的——如果不说是"本质上的"——差别。而在背后支持这一"形式"上的差别存在的,是两个时代的政治支配意识形态与隐逸所形成的不同关系。

表面上看,在东汉中后期,伴随儒学意识形态在朝廷内外的普及与渗透,②出现了崔骃所谓"方斯之际,处士山积,学者川流,衣裳被宇,冠盖云浮"的盛况。③ 学者以"儒教国家"来指称东汉王朝,④或与范晔《后汉书》对此种盛况的渲染不无干系。其时的名士儒者频频受到朝廷之征辟礼遇的记载在《后汉书》等史料中也触目皆是。试举一例:

> 延熹二年(159),尚书令陈蕃、仆射胡广等上疏荐(徐)稺等曰:"臣闻善人天地之纪,政之所由也。《诗》云:'思皇多士,生此王国。'天挺俊乂,为陛下出,当辅弼明时,左右大业者也。伏见处士豫章徐稺、彭城姜肱、汝南袁闳、京兆韦著、颍川李昙,德行纯备,著于人听。若使擢登三事,协亮天工,必能翼宣盛美,增光日明矣。"桓帝乃以安车玄纁,备礼征之,并不至。⑤

---

① 张荣芳《魏晋至唐时期的〈汉书〉学》,收入台湾中兴大学历史系编《第三届史学史国际研讨会论文集》,台中:青峰出版社,1991年,第289—311页;李广健《梁代〈汉书〉研究的兴起及其背景》,收入黄清连编《结网三编》,台北:稻乡出版社,2007年,第65—88页。
② 東晋次《後漢時代の政治と社會》,第三章《儒学の普及と知識階層の形成》,名古屋大学出版会,1995年,第143—192页;陈苏镇《〈春秋〉与"汉道":两汉政治与政治文化研究》,第六章第三节《世家大族的崛起和儒学经学的发展》,北京:中华书局,2011年,第566—614页。
③ 《后汉书》卷五二《崔骃传》,北京:中华书局点校本,1965年,第1714页。
④ 渡邉義浩《後漢における「儒教国家」の成立》,东京:汲古书院,2009年。井ノ口哲也最近发表了关于此书的批判性书评,值得参看,载《史学雑誌》120—9,2011年,第77—84页。
⑤ 《后汉书》卷五三《徐稺传》,第1746—1747页。

徐稺、姜肱等人都是东汉后期著名的"栖遁之士"。安车与玄纁，在东汉时代的历史语境中则都是极高的礼遇规格，①显示了王朝对于"隐逸"所持的肯定态度。并且这种肯定，是通过尚书令陈蕃、仆射胡广等大臣的上疏推荐与桓帝的"备礼征之"作为一个完整程序而共同完成的。与西汉相比，这一时代风气的转变予人以深刻印象。正如学者所敏锐指出的那样："士人高自标置不肯'屈身降志'，王朝政府却须反躬自责为德薄不能致贤。较之汉高求贤诏'贤士大夫有肯从我游者，吾能尊显之'，汉武求贤诏'泛驾之马，跅弛之士，亦在御之而已'那种居高临下的傲慢口吻，真不可同日而语！"②

不过可以注意到，如上引史料中的"天挺俊乂，为陛下出，当辅弼明时，左右大业者也"之语所示，东汉时代王朝对于"隐逸"的积极态度，似乎是以一种事功达成的期待为前提的。前述《汉书》卷七二《王贡两龚鲍传》卷末"赞曰"：

> 《易》称"君子之道也，或出或处，或默或语"，言其各得道之一节，譬诸草木，区以别矣。故曰山林之士往而不能反，朝廷之士入而不能出，二者各有所短。春秋列国卿大夫及至汉兴将相名臣，怀禄耽宠以失其世者多矣！是故清节之士于是为贵。然大率多能自治而不能治人。王、贡之材，优于龚、鲍。守死善道，胜实蹈焉。贞而不谅，薛方近之。郭钦、蒋诩好遁不污，绝纪、唐矣！③

尽管承认不仕朝廷的"处士"亦为"得道之一节"，但也认为往而不返的"山林之士"并非一种理想状态，所谓"大率多能自治而不能治人"也。袁豢之所以强调《汉书》这种将"栖遁之士"汇总于一卷之内的做法还不能等同于

---

① 关于安车的具体形态，参考孙机《汉代物质文化资料图说（增订本）》，上海古籍出版社，2011年，第111—115页；王振铎遗著、李强整理、补著《东汉车制复原研究》，第七章《安车》，北京：科学出版社，1997年，第81—98页。关于汉代"征"的各种礼遇，参考杨鸿年《汉魏制度丛考》之"征"条，武汉大学出版社，2005年新1版，第239—255页。
② 阎步克《察举制度变迁史稿》，沈阳：辽宁大学出版社，1991年，第86页。
③ 《汉书》，第3097页。

南朝在纪传体王朝史中以"隐逸传"或"处士传"的名目编总隐逸,或许也与此卷行文叙述中所表现出的隐逸理解有关。① 而《汉书》中所贯穿的这一理解在东汉时代是颇具代表性的。以其时著名处士樊英的"遭遇"为例。《后汉书》卷八二《樊英传》载:

> 英初被诏命,佥以为必不降志,及后应对,又无奇谟深策,谈者以为失望。②

其后范晔论曰:

> 及征樊英、杨厚,朝廷待若神明,至竟无它异。英名最高,毁最甚。李固、朱穆等以为处士纯盗虚名,无益于用,故其所以然也。③

在受到朝廷的多次礼征之后,樊英应命而至。却因为"无奇谟深策"、"竟无它异",而导致朝廷上下大为失望。范晔所提到的李固关于此事的意见,在《后汉书》卷六一《黄琼传》中有着更为详细的记载:

> 永建中,公卿多荐琼者,于是与会稽贺纯、广汉杨厚俱公车征。琼至纶氏,称疾不进。有司劾不敬,诏下县以礼慰遣,遂不得已。先是征聘处士多不称望,李固素慕于琼,乃以书逆遗之曰:"闻已度伊、洛,近在万岁亭,岂即事有渐,将顺王命乎?盖君子谓伯夷隘,柳下惠不恭,故传曰'不夷不惠,可否之闲'。盖圣贤居身之所珍也。诚遂欲枕山栖谷,拟迹巢、由,斯则可矣;若当辅政济民,今其时也。自生民以来,善政少而乱俗多,必待尧舜之君,此为志士终无时矣。常闻语

---

① 前引文青云《岩穴之士:中国早期隐逸传统》即敏锐指出,尽管《汉书》包含了一篇成为后来大多数正史中的隐逸传的原型的章节(卷七二),但班固只是对那些被结合到帝国体制中去的隐逸类型给予完全的认可(第 73 页)。
② 《后汉书》,第 2724 页。
③ 《后汉书》,第 2725 页。

曰:'峣峣者易缺,皦皦者易污。'阳春之曲,和者必寡,盛名之下,其实难副。近鲁阳樊君被征初至,朝廷设坛席,犹待神明。虽无大异,而言行所守无缺。而毁谤布流,应时折减者,岂非观听望深,声名太盛乎? 自顷征聘之士,胡元安、薛孟尝、朱仲昭、顾季鸿等,其功业皆无所采,是故俗论皆言处士纯盗虚声。愿先生弘此远谟,令众人叹服,一雪此言耳。"琼至,即拜议郎,稍迁尚书仆射。①

从李固在致黄琼信中的议论看来,他对于樊英的评价似乎没有如范晔所说的那么负面。所谓"处士纯盗虚声",乃是"俗论"所言。但就整体而言,李固仍然认为"功业皆无所采"对于"处士"来说不够理想,故期待同为"处士"的黄琼"弘此远谟,令众人叹服,一雪此言",其背后的潜台词不言而喻。值得注意的是,期待黄琼为"处士"正名的李固,事实上早年亦在家不仕,行迹与处士无异。② 说明这样的期待心理亦为部分处士的自我认同,可视为朝廷与民间士人所共享的意识形态。

因此,可以说东汉王朝的统治群体,在处理"王朝"与"隐逸"的关系时,其态度实际上在一定程度上带有一种"实用主义"的倾向。需要通过"隐逸"出仕朝廷之后所取得的"功业"——即在国家行政系统中所达致的成就与地位——来衡量其价值。③ 这意味着,首先,"隐逸"本身对于王朝而言基本不构成正面价值;其次,如黄琼的例子所示,如是价值的实现,必以丧失原有的"处士"身份为前提。从某种意义上来说,其时的"隐逸"并未作为一种正当组成而被皇帝权力结构包容在内。

与王朝对于"隐逸"的这一态度相关,即使在"礼征"的场合,若拒绝征命,原则上来说仍然面临着为王朝权力追究过失的危险。《后汉书》卷五四《杨震传附杨秉传》载:

---

① 《后汉书》,第2032页。
② 《后汉书》卷六三《李固传》,第2087页。
③ 这种"实用主义"倾向在汉代官制"禄秩之附丽于职位"的现象中也是很明显的。参考阎步克《品位与职位:秦汉魏晋南北朝官阶制度研究》,第四章《汉代禄秩之附丽于职位》,北京:中华书局,2002年,第160—225页。

> 会日食,太山太守皇甫规等讼秉忠正,不宜久抑不用。有诏公车征秉及处士韦著,二人各称疾不至。有司并劾秉、著大不敬,请下所属正其罪。尚书令周景与尚书边韶议奏:"秉儒学侍讲,常在谦虚;著隐居行义,以退让为节。俱征不至,诚违侧席之望,然逶迤退食,足抑苟进之风。夫明王之世,必有不召之臣,圣朝弘养,宜用优游之礼。可告在所属,喻以朝庭恩意。如遂不至,详议其罚。"于是重征,乃到,拜太常。①

所谓"有司并劾秉、著大不敬,请下所属正其罪",当非主管官员的个人妄行,而是依据"故事"而提出的"合法"处分方案。② 前引《黄琼传》中亦有"有司劾不敬"之语。周景与边韶虽然称引"明王之世,必有不召之臣,圣朝弘养,宜用优游之礼",然而也强调"如遂不至",仍然需要"详议其罚"。事实上,在已经走向"汉魏革命"的建安初年,仍有处士因为不受县长的祭酒之署而招致县长杖杀;并且得到了部分士人舆论的支持。③ 这可以视为上述王朝与隐逸的"汉代式"关系在"第二次君臣关系"层面上的重演。

【再版补记】曲柄睿《传记形成与"处士"形象建构——从〈后汉书·周黄徐姜申屠列传〉谈起》(载《古代文明》2017年第2期)指出,范晔整理先前诸家《后汉书》的相关史料,有意建构起东汉"处士"远离政治的形象。

---

① 《后汉书》,第1771—1772页。
② 关于汉代的"故事",参考邢义田《从"如故事"和"便宜从事"看汉代行政中的经常与权变》,收入氏著《治国安邦:法制、行政与军事》,北京:中华书局,2011年,第380—449页。
③ 见《三国志》卷十一《魏书·袁涣传》裴松之注引《魏书》,北京:中华书局点校本,1959年,第335页。详细讨论见本书单元四第三章"二十四贤"与曹魏王朝的隐逸书写。

第二章　"处士功曹"小论

在东汉后期,"处士"成为了一种引人注目的历史现象。① 颜师古注所谓"不官于朝而居家者",李贤注所谓"有道艺而在家者",②代表了在处士的社会化已经完成的唐代,人们对于处士的一般理解;③而在其刚刚登上历史舞台的东汉时期,这一历史现象背后有着特定的社会背景的变动。因为对于汉代传统的地方掾吏而言,基本的素质要求是对文字、文书的处理能力和对相关律令的熟悉与把握;④其在地方官僚系统中的升迁,也主要是从最底层的卑微小吏做起,以"积功劳"的方式一步步进行的。⑤ 这一

---

① 都築晶子在《後漢後半期の処士に関する一考察》一文中指出,尽管章帝时期崔骃所著《达旨》中已有"方斯之际,处士山积,学者川流"之语,但"处士"这一称号在史传中频繁出现,是从王朝危机深刻化的顺帝即位前后开始的。这一点在汉代碑刻史料中也可以得到佐证。见《琉球大学法文学部纪要・史学地理学篇》26,1983年,第16页。
② 前者见《汉书》卷十三《异姓诸侯王表・序》颜师古注,第364页;后者见《后汉书》卷二五《刘宽传》李贤注,第887页。
③ 与此相应的是,"处士"往往被人们用作称呼未曾历官者的一种敬称,而无论其是否有意出仕。这在石刻材料中表现尤多。
④ 《张家山汉简・二年律令・史律》载:"〔试〕史学童以十五篇,能讽书五千字以上,乃得为吏。又以八体试之,郡移其八体课大史,大史诵课,取最一人以为其县令史,殿者以为史。"整理者并指出,《汉书・艺文志》和《说文・叙》引《尉律》均有与本条律文相似的内容。见张家山二四七号汉墓竹简整理小组编《张家山汉墓竹简〔247号墓〕》(释文修订本)》,北京:文物出版社,2006年,第80—81页。参考高村武幸《漢代の地方官吏と地域社会》,第一部第三章《漢代の官吏任用と文字の知識》,东京:汲古书院,2008年,第88—111页。
⑤ 这方面的研究成果很多,可参考蒋非非《汉代功次制度初探》,《中国史研究》1997年第1期,第62—72页;陈勇《尹湾汉墓简牍与西汉地方官吏任迁》,收入连云港市博物馆、中国文物研究所编《尹湾汉墓简牍综论》,北京:科学出版社,1999年,第76—85页;于琨奇《尹湾汉墓简牍与西汉官制探析》,《中国史研究》2000年第2期,第35—47页;大庭脩《汉代的因功次晋升》,收入氏著《秦汉法制史研究》,东京:创文社,1982年,本书所引为中译本,林剑鸣等译,上海人民出版社,1991年,第442—457页;

(见下页)

训练过程甚至从少年时期就开始了。著名的少年张汤审鼠故事,当即产生于类似的社会氛围中。① 但伴随着汉末新莽至东汉时期地方上儒学教育的普及与知识阶层的形成,② 如是生活方式对于受到儒学意识形态浸染的士人来说,却变得越来越不可接受了。如《后汉书》卷二五《卓茂传》载其在王莽居摄之后,"以病免归郡,常为门下掾祭酒,不肯作职吏"。③ 所谓"职吏",显然指与"门下掾祭酒"这样的冗散之职相对、需承担日常行政实务的郡府吏职。更为典型的事例见于《后汉书》卷五三《周燮传附冯良传》:

> 良字君郎。出于孤微,少作县吏。年三十,为尉从佐。奉檄迎督邮,即路慨然,耻在杂役,因坏车杀马,毁裂衣冠,乃遁至犍为,从杜抚学。④

以县尉从佐身份"奉檄迎督邮",本当为汉代县吏常职;现在却被冯良以"杂役"视之且深以为"耻"。从他后来"从杜抚学"的抉择看来,在其"耻"意识背后起作用的,正是地方社会中盛行的儒学氛围。情节极为相似的故事亦见于同书卷七九《儒林·赵晔传》与卷八一《独行·范冉传》,⑤ 正可见其时受到儒学意识形态浸染的地方士人对于传统"为吏"仕进方式的拒斥之普遍。⑥ 越来越多的士人选择凭借学问与道德,以及在地方社会所获

(接上页)佐藤達郎《漢代察挙制度の位置—特に考課との関連で—》,《史林》79 - 6,1996 年,第 852—880 页;同氏《功次による昇進制度の形成》,《東洋史研究》58 - 4,2000 年,第 673—696 页;西川利文《漢代における長吏の任用—尹湾漢墓簡牘を手掛かりとして—》,《古代文化》53 - 1,2001 年,第 26—37 页。

① 《史记》卷一二二《酷吏列传·张汤传》:"其父为长安丞,出,汤为儿守舍。还而鼠盗肉,其父怒,笞汤。汤掘窟得盗鼠及余肉,劾鼠掠治,传爰书,讯鞫论报,并取鼠与肉,具狱磔堂下。其父见之,视其文辞如老狱吏,大惊,遂使书狱。父死后,汤为长安吏,久之。"(第 3137 页)
② 参考前引東晋次《後漢時代の政治と社会》,第四章《儒学の普及と知識階層の形成》;陈苏镇《〈春秋〉与"汉道":两汉政治与政治文化研究》,第六章第三节《世家大族的崛起和儒学经学的发展》。
③ 《后汉书》,第 871 页。
④ 《后汉书》,第 1743 页。
⑤ 分见《后汉书》第 2575、2688 页。
⑥ 对类似历史现象的考察,可参考柳瀬喜代志《「虎渡河」「虎服罪」故事考—後漢の伝記をめぐって—》,《中国文学研究》8,1982 年,第 34—48 页。

得的名望,通过长官的"礼辟",越过"小吏"阶段,直接进入官僚系统之中。居家不仕的"处士",由是生焉。①

与人们对于东汉到魏晋的历史演进的理解相关,在东汉后期蔚为大观的"处士"群体,往往被学者赋予特别的时代意义。或认为这些拥高名而不肯入仕者,反映了新兴知识阶层对于"个体自觉"的追求;②或主张所谓"逸民式人士",构成了汉末反抗宦官政府与乡里豪族的清流势力的一环,视之为魏晋贵族的母体。③ 立论角度容有不同,但都认为处士群体在东汉后期向魏晋的时代转换中起到了某种重要的历史作用,而这一作用主要是通过其对于王朝权力的藐视与拒斥来实现的。

不难发现,对于"处士"的这种认识,与范晔《后汉书》所书写的东汉后期处士像有相当的继承关系。范晔书中的处士,多以"不应辟命"的高洁姿态出现,其对于东汉王朝权力的反动予人以深刻印象。④ 尤其是卷四三《周黄徐姜申屠列传》,集中收录了被范晔视为"邦有道则仕,邦无道则可卷而怀也"的蘧伯玉式人物,学者直言可称为"处士传";⑤与同书卷六七《党锢列传》一起,共同构筑了《后汉书》中东汉后期的王朝衰亡图景。

然而范晔《后汉书》成于东汉灭亡两百年后,其所书写的东汉像与东汉历史实态之间,应有相当落差存在;其书成立过程中所渗入的东晋南朝意识形态因素尤其不容忽视。这方面安部聪一郎近年的研究已提供了若

---

① 事实上,魏晋南朝士人对于"吏务"的排斥、"清/浊"观念的兴起、以及所谓"官吏分途"的出现,都可以从这里得到起源性的关注。笔者拟另文详论。参考周一良《〈南齐书·丘灵鞠传〉试释兼论南朝文武官位及清浊》,收入氏著《魏晋南北朝史论集》,北京大学出版社,1997年,第102—126页;祝总斌《试论我国古代吏胥制度的发展阶段及其形成的原因》,收入氏著《材不材斋史学丛稿》,北京:中华书局,2009年,第591—626页;叶炜《南北朝隋唐官吏分途研究》,北京大学出版社,2009年。
② 余英时《汉晋之际士之新自觉与新思潮》,收入氏著《士与中国文化》,上海人民出版社,1987年,第312—314页。
③ 参考川胜义雄《六朝贵族制社会研究》第一编《贵族制社会的形成》所收诸文。
④ 鈴木啟造《後漢における就官の拒絶と辟官について——「徵召・辟召」を中心として》,收入中国古代史研究会编《中国古代史研究》第2辑,东京:吉川弘文馆,1965年,第253—283页。
⑤ 川胜义雄《六朝贵族制社会研究》,第20页。

干范例。① 同时,相对于《后汉书》以来反动于王朝权力的主流处士像,也有学者指出东汉后期处士层成立于官僚层的周边,②至西晋时期"隐逸"则成为了王朝整体秩序的组成部分。③ 这些敏锐观察都为我们提供了再讨论的空间。④

在上述先行研究的基础之上,笔者认为,出现于《隶释》卷九《杨君碑阴》中的"处士功曹"题名,对于深入理解东汉后期的"处士"现象,具有相当的象征意义,值得仔细探讨。⑤ "处士"与"故吏"题名都常见于汉碑,并往往被理解为含义相反。但"处士功曹"题名的存在,却提示了这两种身份指称中的复杂暧昧,以及士人身份形成与王朝权力之间的密切关联。

一、关于《隶释》所载《繁阳令杨君碑》与《杨君碑阴》

本节将先对"处士功曹"题名所在的《隶释》卷九《杨君碑阴》做一文本性质的考察,以为后文的讨论奠定基础。⑥

---

① 参考前引安部聪一郎《党錮の「名士」再考——貴族制成立過程の再檢討のために》、《『後漢書』郭太列伝の構成過程——人物批評家としての郭泰像の成立》、《隱逸、逸民的人士と魏晋期の国家》諸文。
② 都築晶子《後漢後半期の処士に関する一考察》,第 24—29 頁。
③ 丹羽兌子《皇甫謐と高士伝———隠逸者の生涯》,《名古屋大学文学部研究論集》50, 1970 年,第 49—66 頁。
④ 安部聪一郎《清流・濁流と「名士」—貴族制成立過程の研究をめぐって—》一文对"逸民式人士"等概念的梳理考察对于笔者的思考亦有很大帮助,文载《中国史学》第 14 卷, 2004 年,第 167—186 頁。
⑤ (宋)洪适《隶释・隶续》,北京:中华书局影印洪氏晦木斋刻本,1986 年,第 104—107 页。自欧阳修以降以汉碑治学者多矣,然几无人注意到"处士功曹"这一身份指称的特别之处。严耕望《中国地方行政制度史・甲部・秦汉地方行政制度》在讨论县廷属吏时多次引用到《隶释・繁阳令碑阴》,但并未提及处士功曹。台北:中研院历史语言研究所专刊 45A,1961 年,第 221—237 页。管见所及,仅都築晶子《後漢後半期の处士に関する一考察》一文曾在脚注中一语提及,但未有深论。见是文第 19 页。
⑥ 《隶释》本身的文本历程也相当复杂。中华书局此本据以影印的洪氏晦木斋刻本,书前所附洪汝奎《识语》云:"因取楼松书屋汪氏本摹刻,并将七礼居《隶释刊误》一册附焉。"汪日秀《跋》云:"……余从金闾借得传是楼钞本,悉心雠勘,较之明季镂版,大相径庭。……并一一为之釐定增补。复以《隶韵》、《字原》、《石墨镌华》、《金薤琳琅》诸书参考得失,偏旁点画,尤多所订正。其无可据依者,悉仍其故,以示传疑之意。"《隶释・隶续》,第 2 页。限于学力和篇幅,本书在这方面暂不做讨论。

在《隶释》卷九中,"处士功曹"题名所在的汉碑碑阴文本,题曰《杨君碑阴》,列于《繁阳令杨君碑》后。跋云:"右繁阳令碑阴。凡百三十有四人,不书郡邑,皆繁阳之人也。"①在洪适看来,此碑阴与《繁阳令杨君碑》正相对应,乃是同一方汉碑阴阳两面的文本记录。以往学者如严耕望在做相关考察时,对这一文本也是径直使用而未有异议。

不过问题在于,繁阳令杨君碑所在的陕州阌乡,②北宋时属永兴军路,靖康难后已入于金。③在《隶释》著录的时代,"南北壤断,遗刻耗矣",④洪适的相关工作显然只能基于访求或者购入所得拓片展开。⑤那么,当面对分别与《隶释》卷九所载《繁阳令杨君碑》与《杨君碑阴》之文本对应的两件拓片之时,如何可以判断二者来自于同一方汉碑呢?

对此,洪适并未留下任何记录。不过在百年之前,欧阳修已经在《集古录跋尾》中记述了他所遇到的类似困境。是书卷三《又汉杨君碑阴题名》云:

> 右汉杨君碑阴题名。凡一百三十一人,有称故吏者、故民者、处士者、故功曹史者、故门下佐者,类例不一,似当时人各随意书之。而文字磨灭,仅可读其姓、名、字。俱完可识者八十三人,其余或在或亡。盖后汉杨震墓域中碑也。杨氏墓在阌乡,有碑数片,皆汉世所立。余家集录得其四,震及沛相、繁阳、高阳令碑,并得碑阴题名。然得时参错,不知为何碑之阴也。其名氏可见者,当时皆无所称述,顾其人亦不足究考。第以汉隶真迹、金石所传者至今,类多磨灭可惜,

---

① 《隶释·隶续》,第 107 页。
② 最早著录《繁阳令杨君碑》的欧阳修已明言其位于阌乡杨震墓域,见下引《集古录跋尾》语。
③ 《宋史》卷八七《地理三》,北京:中华书局点校本,1977 年,第 2145 页。
④ 洪适《隶释·序》:"自中原厄于兵,南北壤断,遗刻耗矣。予三十年访求,尚阙赵《录》四之一;而近岁新出者,亦三十余,赵盖未见也。"《隶释·隶续》,第 1 页。又同书卷三《三公山碑》跋曰:"尝委其访寻中原古刻,云:'北人所不好,市无粥碑者。'及道过真定,顾瞻名山,三叹而已。"《隶释·隶续》,第 44 页。
⑤ 当然基于拓片而缺乏对碑刻实物的现场考察,本也是中国古代金石学的一大特色。参考任乃强《樊敏碑考略》,收入氏著《川大史学·任乃强卷》,成都:四川大学出版社,2006 年,第 71 页。

故录之尔。治平元年三月三十日书。右真迹。①

虽然欧阳修未做完整录文,但根据跋语中的相关描述,仍然可以确认此碑阴题名与《隶释》卷九题曰《杨君碑阴》者,当源于一碑。不同之处在于,洪适明确将其与《繁阳令杨君碑》对应,欧阳氏则坦言"不知为何碑之阴也"。

上引跋语中所谓"(杨)震及沛相、繁阳、高阳令碑",即太尉杨震碑、沛相杨统碑、繁阳令杨君碑②和高阳令杨著碑,就是金石学史上著名的"四杨碑"。③ 欧阳修关于四杨碑的著录工作,显然也是基于访求或购入所得拓片而进行的。在《集古录跋尾》中,只有《后汉杨震碑》后并列《后汉杨震碑阴题名》,其余《后汉沛相杨君碑》、《后汉繁阳令杨君碑》与《后汉高阳令杨君碑》三碑都只是单列,并无碑阴题名与之对应。④ 不过是书卷三也集中著录了据说同样出自阌乡杨震墓域的《后汉杨君碑阴题名》、《又汉杨君碑阴题名》、《后汉碑阴题名》、《后汉杨公碑阴题名》。⑤ 定名的笼统模糊,反映了欧阳氏无法判断这些碑阴拓片之所属,而这是由于相关拓片的"得时

---

① (宋)欧阳修《集古录跋尾》,《石刻史料新编》第1辑影印光绪丁亥朱记荣重校刊本,台北:新文丰出版公司,1977年,第24册,第17855页。欧阳修此跋尾撰于治平元年(1064),洪适《隶释》之《序》则书于乾道三年(1167)。
② 王昶据《新唐书·宰相世系表》言繁阳令杨君名"馥",见《金石萃编》卷十五,《石刻史料新编》第1辑影印经训堂本,第1册,第257页。考虑到尚未发现与之相应的汉代史料,本书仍以"杨君"名"繁阳令碑"。
③ 欧阳修《集古录跋尾》是笔者目前所见对"四杨碑"做集中著录的最早著作,其后历代金石著述多见。另外,陕西省文管会1959年冬在潼关吊桥发掘了七座汉墓,见陕西省文物管理委员会《潼关吊桥汉代杨氏墓群发掘简记》,《文物》1961年第1期,第56—66页。虽然《发掘简记》所载墓群出土品与发掘信息中并没有任何可资认定墓主准确身份者,王仲殊《汉潼亭弘农杨氏冢茔考略》仍综合相关文献史料,推论此七座汉墓墓主为包括四杨碑碑主在内的杨震子孙,文载《考古》1963年第1期,第30—33页。
④ 《后汉沛相杨君碑》、《后汉杨震碑》与《后汉杨震碑阴题名》见《集古录跋尾》卷二,第17844—17846页;《后汉繁阳令杨君碑》与《后汉高阳令杨君碑》见是书卷三,第17855页。
⑤ 《集古录跋尾》,第17855—17856页。对比欧阳修跋尾中的相关描述与《隶释》所载文本,可以发现《后汉杨君碑阴题名》对应于《隶释·高阳令杨著碑阴》,《又汉杨君碑阴题名》对应于《隶释·繁阳令杨君碑阴》,《后汉杨公碑阴题名》对应于《隶释·沛相杨统碑阴》。未在《隶释》中发现与《后汉碑阴题名》对应的文本。

参错"所造成的。①

包括前述卷九《繁阳令杨君碑》和《杨君碑阴》在内,《隶释》对"四杨碑"的碑阳和碑阴也均有著录。② 但在欧阳修那里尚"不知为何碑之阴"的沛相杨统碑、繁阳令杨君碑和高阳令杨著碑,在《隶释》中都是以碑阳与碑阴文本一一对应的形式出现的。又《金石录校证》卷十八《跋尾八·汉高阳令杨君碑阴》云:

> 右《汉高阳令杨君碑阴》。欧阳公《集古录》云:"余家集录得杨震墓域中汉碑四,震及沛相、繁阳、高阳令碑;并得碑阴题名。然得时参错,不知为何碑之阴也。"《集古》所有,余尽得之,又各以碑阴附于碑后。其曰"怀陵圉令蒋禧字武仲"者,《沛相碑阴》也;其曰"故吏、故民、故功曹史、故门下佐"者,《繁阳令碑阴》也;其曰"右后公门生、右沛君门生"者,《高阳令碑阴》也。③

可见在洪适之前,赵明诚也收藏了"四杨碑"的所有八件拓片,并"各以碑阴附于碑后",完成了相关对应。④ 上引跋语还对具体的对应情形做了扼要记录,尤为难得,使我们可以由此知道,《隶释》对此三碑碑阳与碑阴文

---

① 今本《集古录跋尾》在碑目之下以小字注明其在欧阳氏原书中的卷次,其中"四杨碑"相关信息如下:《后汉杨震碑》元第91、《后汉杨震碑阴题名》元第871;《后汉沛相杨君碑》元第11、《后汉杨公碑阴题名》元第121;《后汉繁阳令杨君碑》元第101、《又汉杨君碑阴题名》元第481;《后汉高阳令杨君碑》元第111、《后汉杨君碑阴题名》元第21。各碑碑阳与碑阴拓片在原卷次编排上的遥远距离,或许也是欧阳氏所藏四杨碑拓片"得时参错"的反映。另外,修子棐所著《集古录目》关于四杨碑的著录与《集古录跋尾》大体一致,唯卷一以实为"高阳令杨著碑阴"的《杨君碑阴题名》列于《沛相杨君碑》后。这一失误显然也当缘自相关拓片的"得时参错"。见《石刻史料新编》第1辑影印缪荃孙辑本,第24册,第17950页。
② 《沛相杨统碑》、《杨统碑阴》见《隶释》卷七,第87—88页;《高阳令杨著碑》、《杨著碑阴》见是书卷十一,第133—134页;《太尉杨震碑》、《杨震碑阴》见是书卷十二,第136—138页。
③ (宋)赵明诚撰,金文明校证《金石录校证》,上海书画出版社,1985年,第338—339页。
④ 《汉沛相杨君碑》与《汉杨君碑阴》录于《金石录校证》卷一《目录一》,为第115、116;《汉繁阳令杨君碑》与《汉繁阳令杨君碑阴》录于同卷,为第135、136;《汉太尉杨震碑》与《汉杨震碑阴》录于同书卷二《目录二》,为第201、202;《汉高阳令杨君碑》与《汉高阳令杨君碑阴》录于同卷,为第204、205。

本的著录，与之前赵氏所做的工作是完全一致的。

关于完成"四杨碑"碑阳与碑阴拓片对应的具体依据，无论是赵明诚还是洪适，都没有明言。推测起来，或许是出于各碑碑阳与碑阴拓片的成套入手，或许是细读拓片内容后做出的判断；没有证据显示这些对应来自于对碑刻实物的现场考察。为谨慎起见，在依照这些对应使用《隶释》关于四杨碑的文本记录之前，有必要根据其内容，检验一下如是对应是否成立。

沛相杨统碑的判断较为简单。据《隶释》卷七《沛相杨统碑》碑文，统卒后，"故吏戴条等追在三之分，感秦人之哀，……乃镌石立碑，勒铭鸿烈"云云，可知立碑者以"故吏戴条"为首。而同卷题曰《杨统碑阴》者，题名者首位即为"故□□□郎中令□戴□字叔□"。虽然洪适录文或有舛误，①但"故吏戴某"的基本信息还是可以确认的，与碑文所述对应。更为重要的是，诸题名者姓名前皆冠以相、萧、杼秋、谯、鄼、丰、酂、蕲等沛下属县，当可断为沛相杨统碑之碑阴无疑。

余下两方繁阳令杨君碑与高阳令杨著碑，也可以从碑阴题名的籍贯书法中找到线索。《隶释》卷九题曰《杨君碑阴》者，如"故功曹史王月伯师"所示，未出现任何一位题名者的籍贯信息。结合严耕望关于汉碑碑阴题名籍贯书法的总结，②此碑阴当属于"所书郡吏皆本县人士或同族"，或"县吏为县事共立碑铭"。而同卷《繁阳令杨君碑》碑文曰："京夏凡百，靡不愍悼，故吏臣隶，叫天诉地，嗟乎何及。……乃共追录厥勋，镌石示后。"说明立碑者皆为故繁阳令之臣属，即同为繁阳县人，正可与《杨君碑阴》的

---

① "郎中令"武帝时即已改称"光禄勋"，故题名中的"郎中令"当在"郎中"和"令"间加以点断。而从其他题名者的书写格式来看，如"故吏怀陵圉令相蒋禧字武仲"所示，在"郎中"与"戴某"之间，当为题名者籍贯所在的沛下属县之名。然查《续汉书·郡国志》所载沛国属县中并无以"令"字始者。疑"令"或为"公"之误，即"公丘"县也。另一种可能是这里的"郎中令"指王国郎中令，则"令"字不误也。

② 严耕望总结如下：第一，凡郡吏为本郡公事或某名人所立之碑，其书姓名必冠县籍，且其列职，多备众曹之目；第二，所书郡吏皆本县人士或同族，其不著县籍也固宜；第三，若县吏为县事共立碑铭，自能备列众曹，然以其皆本县人氏，自亦无庸冠书县籍矣。见《中国地方行政制度史·甲部·秦汉地方行政制度》，第234—235页。

不书籍贯相应。① 而卷十一《高阳令杨著碑》碑文曰："凡百陨涕,缙绅惟伤。门徒小子,丧兹师范,悲将焉告,叩叫穹仓。感三成之义,惟铭勒之制,皆所已纪盛德、传无穷者也。若兹不刊,后哲曷闻。故树斯石,以昭厥勋。"显示立碑者以"门生"之类人士为主。既为门生,未必出于同郡同县,乃有标示籍贯之必要。同卷题曰《杨著碑阴》者,诸题名者均冠以籍贯的书法(如"河东杜仲异")与此相合。这在《隶释》所载《太尉杨震碑》与《杨震碑阴》那里也有同样的表现。②

综上所述,可以确认赵明诚与洪适关于"四杨碑"碑阳与碑阴拓片的相关对应是成立的。下面就利用《隶释》关于繁阳令杨君碑的文本记录展开讨论。

二、繁阳令杨君碑碑阴题名者的身份与"处士功曹"

限于体例,《隶释》只是按照一定顺序对于繁阳令杨君碑碑阳与碑阴文本进行了录文与转写,而未存其刻石原貌。幸运的是,《隶续》卷七《碑式》对于此碑体例有所记录:

> "繁阳令杨君碑"。篆额二行。有穿。碑十八行,行三十字。碑阴二十二行,每行六人。第七列惟有一故民,其中书典作者姓、字。每列之下,各虚一字,有官、氏、字多者,则高出其上,亦有下出者。穿在第一、第二列之间。③

根据《隶释》和《隶续》所提供的相关信息,可以对繁阳令杨君碑做一个基本的复原工作,列于文末为《附一:繁阳令杨君碑碑额、碑阳》、《附二:繁

---

① 洪适在《杨君碑阴》跋语中已经指出:"不书郡邑,皆繁阳之人也。"
② 《隶释》卷十二《杨震碑阴》所载诸题名者均冠以籍贯,而《太尉杨震碑》碑文明载此碑乃震孙沛相统之门人汝南陈熾等所立。
③ 《隶释·隶续》,第384页。

阳令杨君碑碑阴》。

如《附二》所示，列于此碑阴的题名者，共计 134 人。因为皆繁阳县人，诸题名者不著籍贯，而以"身份＋姓＋名＋字"的形式出现。① 可将碑阴题名中所有的身份指称与对应人数列如表 1。

前引《隶释·繁阳令杨君碑》碑文称："京夏凡百，靡不愍悼，故吏臣隶，叫天诉地，嗟乎何及。……乃共追录厥勋，镌石示后。""京夏"、"凡百"都是汉碑习用语，泛指天下之人，是一种夸张的修辞；实际参与立碑活动的，应该仅止于繁阳令杨君的"故吏臣隶"。那么出现于碑阴题名中的诸身份指称，也当与此"故吏臣隶"相对应。

然而碑阴题名中的诸身份指称，要区分究竟哪些属于"故吏"，哪些属于"臣隶"，也并非易事。如表 1 所示，其中冠以"故吏"头衔者达 57 人，为诸身份指称中人数最多的；同时又有"故功曹史"、"故主簿"、"故门下史"等近 40 位冠以"故＋某官"者与此"故吏"并列。按照一般的理解，"旧所治官署，其掾属则曰故吏"。② 如果将碑阴题名中的"故吏"理解为所有曾在繁阳令杨君府中任职者，则"故功曹史"等与碑主之间的关系就属于碑文所述的"臣隶"了。也就是说，题名"故功曹史"者，并非指此人曾在繁阳令杨君府中为县功曹，而只是表示其曾在杨君前任或后任的繁阳县令府中任职功曹。我们将此理解称为方案 A（见表 2）。

---

① 列于最末的"典作者马子明"是个例外。"马子明"者，似字而不名，与其他题名者书法有异；显示此人与碑主间的关系，或许也不同于其他题名者。
② 《隶释》卷七《泰山都尉孔宙碑碑阴门生故吏名》洪适跋语："汉传开门受徒，著录有盈万人者。其亲授业则曰弟子，以久次相传则曰门生，未冠则曰门童。总而称之亦曰门生。旧所治官署，其掾属则曰故吏，占籍者则曰故民，非吏非民则曰处士，素非所涖则义士、义民。亦有称议民、贱民者。"见《隶释·隶续》，第 83 页。关于汉魏时期的故吏问题，参考杨鸿年《汉魏制度丛考》"郡佐属与郡太守"条，第 382—387 页；张鹤泉《东汉故吏问题试探》，《吉林大学学报》1995 年第 5 期，第 8—14 页；五井直弘《後漢時代の官吏登用制「辟召」について》，《歷史學研究》178，1954 年，第 22—30 页；川勝義雄《門生故吏關系》，收入氏著《六朝貴族制社會研究》，第 187—222 页；東晋次《後漢時代の故吏と故民》，收入中国中世史研究会编《中国中世史研究续编》，京都大学学术出版会，1995 年，第 409—433 页。另外，Miranda Brown 的 *The Politics of Mourning in Early China* 主张汉碑中的"故吏"应释为死者"过去的同僚"，而非"过去的下属"（State University of New York Press，2007，pp. 86-94）。这一问题值得继续深入探讨。

表 1　繁阳令杨君碑碑阴题名者身份指称与对应人数

身份指称	故功曹史	处士功曹	故主簿	故门下史	故门下佐	故小史
对应人数	22	8	1	2	4	1
身份指称	故吏	故民	故□	至孝	处士	典作者
对应人数	57	32	1	1	4	1

表 2　繁阳令杨君碑碑阴题名者身份分类

	方　案　A	方　案　B
故吏	故吏	故吏、故功曹史（处士功曹）、故主簿、故门下史、故门下佐、故小史
臣隶	故功曹史、处士功曹、故主簿、故门下史、故门下佐、故小史、故民、至孝、处士	故民、至孝、处士
碑文	碑阴题名	

　　方案 A 的理解比较自然，但也并非没有疑问。如学者所指出的，汉代郡县官府的属吏组织大致可区分为"门下"与"诸曹"两大系统。① 而出现于繁阳令杨君碑碑阴题名中的故功曹史、故主簿、故门下史、故门下佐和故小史，都属于所谓的门下系统；在县府组织中人数众多的诸曹之属，在此碑阴题名中却一无所见。毫无疑问，在繁阳令杨君的"臣隶"之中，一定

---

① 严耕望《中国地方行政制度史・甲部・秦汉地方行政制度》第二章《郡府组织》虽然分纲纪、门下、列曹、监察四个方面来论述汉代郡县属吏组织，然又言"郡县属曹诸吏，除分职列曹如户、仓、金、尉等曹及司监察之督邮外，其余似均可冠门下为称"，似仍赞同"门下"与"列曹"两分之法。陈梦家《汉简所见太守、都尉二府属吏》以简牍材料为主阐述了这一见解，收入氏著《汉简缀述》，北京：中华书局，2004 年，第 97—124 页。佐原康夫《汉代的官衙与属吏について》结合出土汉墓壁画材料，对此做了更为深入的考察，收入氏著《漢代都市機構の研究》，东京：汲古书院，2002 年，第 195—280 页。周长山《汉代地方政治史论》（北京：中国社会科学出版社，2006 年）第四章《君臣之义》、邹水杰《两汉县行政研究》（长沙：湖南人民出版社，2008 年）第一章《县行政载体的建置概况》对此亦有论述，可以参考。纸屋正和《両漢時代における郡府・県廷の属吏組織と郡・県关系》则在严氏基础上提出纲纪、门下、列曹、学官四分法，对佐原说提出了异议。收入氏著《漢時代における郡県制の展開》，京都：朋友书店，2009 年，第 537—595 页。

有多位曾在前任或后任繁阳县令府中任职诸曹之人,如何来解释他们在此碑阴题名中的缺失?若谓他们因职位不及功曹、主簿显要而仅以"故民"面目出现,那又如何解释如"故小史"的存在呢?

针对这一疑问,可以提出对碑阴题名的另一种理解。即碑阴题名中诸称"故吏"者,仅指曾在繁阳令杨君府中任职诸曹之人。而诸冠以"门下"之职者,亦指曾在杨君府中任职者;之所以标出具体官职,是为了显示其与故主之间存在的特别关系。① 如此,则前引碑文所称"故吏臣隶"中的"故吏",就不仅指碑阴题名中的"故吏",也应该包括了诸冠以门下之职者在内。而"臣隶"就仅余故民、处士、至孝几种了。我们将此理解称为方案B(见表2)。这一方案的缺陷在于解释上的迂曲和类似汉碑题名例证的缺乏。

出于史料及学力限制,目前尚只能对于繁阳令杨君碑碑阴题名者身份分类提出如上两种可能的解读方案。不过无论是哪种方案,"处士功曹"的处理都显得颇为棘手。下面就让我们把目光转向这一特别指称。

如《附二》所示,碑阴题名中共有八位冠以这一身份指称者,分别为处士功曹王休季盛、处士功曹申璆幼厚、处士功曹公乘仪元表、处士功曹王缺伯尹、处士功曹缺誉显甫、处士功曹程琦叔缺、处士功曹冯缺子珪、处士功曹缺尹仲缺。除最后一位以外,均位于碑阴题名之第一列。② 无论"处士"还是"功曹",均为汉碑题名所习见;但两者连称构成一种身份者,目前似仅见于此碑。

尽管只是一语言及,都築晶子的下述意见仍然值得重视:"(处士功曹)或许就是居家而仍被任为功曹之意。……这里暂且将其理解为'处士'。"③并且举出了《后汉书》卷五三《徐穉传》中的如下记事以为例证:

---

① 河北望都一号汉墓墓室壁画中,与"诸曹"相比,诸"门下"之官被绘于更为接近墓主所在中室的前室前端墓道,似也反映了这种特别关系的存在。见北京历史博物馆、河北省文物管理委员会编辑《望都汉墓壁画・望都一号汉墓墓室平面图》,北京:中国古典艺术出版社,1955年。参考佐原康夫《漢代の官衙と属吏について》。
② 目前尚无材料可以说明此碑阴题名的排列规则所在。東晋次《後漢時代の故吏と故民》推测其或许是根据诸题名者所属之乡来排列的,可备一说,见是文第425页。
③ 都築晶子《後漢後半期の処士に関する一考察》,第19页。

> 时陈蕃为太守,以礼请署功曹,穉不免之,既谒而退。蕃在郡不接宾客,唯穉来特设一榻,去则县之。后举有道,家拜太原太守,皆不就。①

从"不免之"的叙述看来,对于郡太守陈蕃的功曹辟命,②徐穉以"谒署"的方式表达了一定程度的接受;但是又"既谒而退",显然并未履行功曹在郡府中的行政职任,可以说仍然保持着处士的生活方式。其后延熹二年(159)尚书令陈蕃、仆射胡广等在上疏中仍以"处士豫章徐穉"称之。③ 考虑到类似现象在东汉后期的大量存在,④都筑氏的推测应该可以接受,即上引繁阳令杨君碑碑阴题名中的诸"处士功曹",可能与徐穉相仿,都是受到了来自于某任县令的功曹之辟而又不应其命、仍然保持处士生活方式的繁阳士人。

功曹本为汉代郡县官府中的确定"职位";但在"处士功曹"的场合,它显然发生了某种"品位化",成为无关事任的个人荣衔。⑤ 这反过来促使我们重新观察同碑阴所载的诸"故功曹史"。如表1所示,同为县府右职,题名故主簿者仅1人,题名故功曹史者却达22人。这些人应该都接受过某任繁阳县令的功曹辟命,但若谓其均曾在县府中切实履行相应职任,还是有些难以想象的。虽然时代略晚,西晋《荀岳墓志》中的如下记述仍然值得参考:

---

① 《后汉书》,第1746页。
② 福井重雅《漢代官吏登用制度の研究》(东京:创文社,1988年)第四章第三节《後漢における辟召の形成》(第413—434页)指出,就严格的用语而言,能够进行"辟召"的主体仅限于公府与州府,郡县层面只能以"请署"称之。本章在所谓"第二次君臣关系"的意义上使用"辟召"、"辟命"等词语,对上述差别不做严格区分。
③ 《后汉书·徐穉传》,第1746页。
④ 参考铃木启造《後漢における就官の拒絶と棄官について——「徵召·辟召」を中心として》;福井重雅《漢代官吏登用制度の研究》第二章第三节《察举とその辭退》,第201—227页。
⑤ 以"品位"与"职位"作为中国古代官阶制度研究的两个基本分析概念,参考阎步克《品位与职位——秦汉魏晋南北朝官阶制度研究》;同氏《中国古代官阶制度引论》,北京大学出版社,2010年。

　　　　以咸宁二年七月本郡功曹史,在职廿四日还家。十月,举孝
　　不行。①

　　在职不足一月,显然不可能有效履行功曹职任;但还家之后,当即可获得
"故功曹史"的身份。繁阳令杨君碑中的诸故功曹史,多数当作如是观。
那么,处士功曹与这样的故功曹史,其身份区别实际上是相当模糊的。而
类似身份区别的模糊,也存在于处士功曹与碑阴题名中的"处士"和"故
民"之间。后两者虽然未有入仕县府,但作为地方人群中的精英人士,②应
是郡县长官进行辟召的优先对象。并且因为其不应辟命,辟召行为可以
反复进行,未必限于某任县令。

　　因此,"故吏"与"臣隶"固然可以是否曾仕于官府而明确区别;然而就
成为某位官府长官发出辟命的对象而言,二者又具有了一种共通的身份。
这意味着长官可以辟召为手段,将其治下的精英人群纳入一种突破了"官
僚制"框架的整体秩序中来。事实上,无论是碑阳碑文的叙述,还是碑阴
题名的刻列,都显示出繁阳令杨君碑的诸题名者是以"故吏臣隶"的总体
身份来参与立碑工作的,并没有刻意区分为两种不同身份。

　　更值得注意的是,如故吏王廉仲让、处士黄虔子敬等所示,繁阳令杨
君碑碑阴题名的书写格式为"身份+姓+名+字"。看似普通,但若与"四
杨碑"中的另外三方进行对比,其间的差异还是不容忽视的。据《隶释》,
沛相杨统碑碑阴题名格式大致同繁阳令杨君碑,为"身份+籍贯+姓+
名+字",而立碑者均为杨统故吏。太尉杨震碑和高阳令杨著碑碑阴题名格
式则为"籍贯+姓+字",如河东孙定博、汝南陈万昌之类,字而不名。与此
相应,前者为杨震孙沛相统之门人汝南陈炽等所立;后者参与立碑者亦非

---

① 录文见赵超《汉魏南北朝墓志汇编》,天津古籍出版社,1992 年,第 6 页。拓片见赵万里
　《汉魏南北朝墓志集释》,图版 14,桂林:广西师大出版社影印本,2008 年。
② 《后汉书》卷二五《刘宽传》载其"每引县止息亭传,辄引学官祭酒及处士诸生执经对讲"
　(第 887 页),显示处士地位在诸生之上。又《隶释》卷五《刘熊碑阴》列诸处士于"好学"
　前,见《隶释·隶续》,第 66—67 页。"故民"亦当非一般民众,而应在地方社会具有一定
　影响力(地位、声望等)。

杨著本人门生,而是"后公门生"与"沛君门生"。① 可以说两碑立碑者与碑主之间均非直接的臣属关系。由此似可认为,在杨震碑与杨著碑的场合,立碑者有意识地回避了列"名"于碑阴之上。② 反过来说,立碑者列名于碑阴之上,也一定是有意识的功能性行为;其与"册名委质"场合将己之名献于君前以确立君臣关系,③性质上或有相通之处。那么在繁阳令杨君碑和沛相杨统碑的场合,尽管碑阴题名并没有采取"臣某形式",④但名的存在,仍然显示了列于碑阴题名的立碑者与碑主之间所存在的某种"拟君臣关系"。

据碑文,杨君卒于熹平三年(174),立碑时间亦当相去不远;此时距其因叔父太尉杨秉丧而去繁阳令之官已近十年(秉卒于延熹八年,165)。然而其"故吏臣隶",仍自魏郡繁阳长途跋涉至杨君墓庐所在的弘农阌乡参与立碑活动,并在碑阴中将己之"名"奉上刻入。这意味着对于双方间存在的"拟君臣关系"的展示与纪念,不仅仅发生在一个短暂的仪式性场合,也被置于一个可见诸世人、传之久远的公共平台之上。⑤ 并且这种展示与

---

① "后公"指杨震子秉,"沛君"指杨统。洪适跋云:"高阳君以沛相之丧,亦弃官而归。一门孝义如此,宜其门人事之如一,伐石立表,无彼此之分。非皆著之门生也,故不名。"
② 《隶释》卷一《韩勑碑阴》洪适跋云:"汉人题名,必书名、字。否则各有说也。杨震碑阴孙定博诸人不名者,非其门生也。逢盛碑阴崔孟祖数人不名者,其父党也。"《隶释·隶续》,第21页。东汉碑阴题名"不名"的例子,还可以举出《隶释》卷九《玄儒先生娄寿碑阴》、卷十《安平相孙根碑阴》、《隶续》卷十二《王纯碑阴》、《鲁君断碑阴》等,值得仔细探讨。
③ 关于中古时期君臣关系的建构与"册名委质",参考甘怀真《中国中古时期"国家"的形态》、《中国中古时期的君臣关系》二文,收入氏著《皇权、礼仪与经典诠释——中国古代政治史研究》,上海:华东师范大学出版社,2008年,第151—224页。
④ 关于中国古代的"名"与"君臣关系"以及"臣某形式",参考尾形勇《中国古代の「家」と国家》,第二章《自称形式より見たる君臣関係》、第三章《「臣某」の意義と君臣関係》,东京:岩波书店,1979年,第117—186页;前引甘怀真《中国中古时期"国家"的形态》、《中国中古时期的君臣关系》二文;侯旭东《中国古代人"名"的使用及其意义——尊卑、统属与责任》,《历史研究》2005年第5期,第3—21页;及本书《附录二》《汉唐间的君臣关系与"臣某"形式》。
⑤ 值得注意的是,这一展示与纪念"拟君臣关系"的公共平台,并非位于立碑者所在的繁阳县,而是位于碑主杨君墓庐所在的弘农阌乡。事实上通过为杨君的立碑活动,两个相距遥远的"地域社会"被连接在一起。由此似可对东汉后期的地域观念与国家统合进行反思。前引安部聡一郎《党錮の「名士」再考——貴族制成立過程の再検討のために》一文指出"天下名士"序列的形成要迟至东晋,东汉后期可能尚只存在郡县层面的士大夫社会。此诚为卓识,然而不可否认的是,这一时代仍存在许多如繁阳令杨君碑所示的超越郡县层面的士人群体行为。

纪念,在杨君的"故吏"与"臣隶"之间,并未显示出任何区别。如果将为故主立碑颂德视为东汉故吏的代表性行为的话,则似乎可以说,部分曾在杨君治下的臣隶之人,其身份发生了"故吏化"。而据前文的分析,这些地方精英人士很可能也受到了杨君的辟召,只是未应辟命。换言之,在此出现了不应辟命场合故吏身份的扩张现象。

三、不应辟命场合"故吏"身份的扩张

以上通过对繁阳令杨君碑碑阴题名者身份的分析,指出其反映了官府长官以辟召之命整合地方秩序的结果,相应则出现了不应辟命场合故吏身份的扩张现象。事实上,类似现象在东汉后期是大量存在的;① 不过在以《后汉书》为代表的东晋南朝史料的叙述中,往往隐而不显。以下将考察两个颇具代表性的例子。两例都发生于公府辟举的场合,在"二重君臣关系"的视角之下,② 可与郡县辟举视为同质。

(一) 王龚与李固

《后汉书》卷五六《王龚传》载:

> 永和元年,拜太尉。……龚深疾宦官专权,志在匡正,乃上书极言其状,请加放斥。诸黄门恐惧,各使宾客诬奏龚罪,顺帝命亟自实。

---

① 《后汉书》卷三一《廉范传》所载明帝永平初年(公元60年前后)廉范不应太守功曹辟命却仍在太守落难后设法权济之事,是目前所见最早的不应辟命场合故吏身份扩张的例子。不过类似现象的大量出现,还要到东汉后期即顺帝以后,正与处士的登场相应。
② 作为一种富有解释力的框架,研治汉代乃至中古历史的学者或多或少都会触及"二重君臣关系"。以下三位学者所论最具整体性的创见:渡辺信一郎《『孝経』の国家論》、《『臣軌』小論——唐代前半期の国家とイデオロギー》、《中国古代専制国家論》,收入氏著《中国古代国家の思想構造——専制国家とイデオロギー》,东京:校仓书房,1994年;同氏《天空の玉座——中国古代帝国の朝政と儀礼》,东京:柏书房,1996年;前引甘怀真《中国中古时期"国家"的形态》、《中国中古时期君臣关系初探》二文;阿部幸信《漢代官僚機構の構造——中国古代帝国の政治的上部構造に関する試論》,《九州大学東洋史論集》31,2003年,第1—43页;同氏《前漢時代における内外観の變遷——印制の視點から》,《中国史学》第18卷,2008年,第121—140页。

> 前掾李固时为大将军梁商从事中郎,乃奏记于商曰云云。①

永和年间(136—141)时任大将军梁商从事中郎的李固,被称为太尉王龚之"前掾",即此前曾为其掾属。这意味着,李固与王龚之间存在"故吏"关系。李固请求梁商为王龚出面的行为,固然与其反宦官的立场有关;然而明确提及前掾身份,又让人感到其中或有故吏的身份要求在起作用。那么,李固何时曾为王龚掾属?

《后汉书》卷六三《李固传》对于李固早期经历记述如下:

> 司隶、益州并命,郡举孝廉,辟司空掾,皆不就。阳嘉二年,有地动、山崩、火灾之异,公卿举固对策,诏又特问当世之敝,为政所宜。……久乃得拜议郎。出为广汉雒令,至白水关,解印绶,还汉中,杜门不交人事。岁中,梁商请为从事中郎。②

首句中华本标点为"司隶、益州并命郡举孝廉",显误。末句所谓"岁中",当指阳嘉二年(133)。至此年中入梁商幕府前,李固的主要经历为:司隶校尉与益州刺史辟命,郡举孝廉,司空辟掾,但皆不就;后被察举对策,拜议郎,出为广汉雒令。又《后汉书》本传注引谢承《后汉书》云固"五察孝廉,益州再举茂才,不应。五府连辟,皆辞以疾",③亦可丰富对以上仕历的认识。而据《后汉书·王龚传》,王龚一生仕历青州刺史、尚书、司隶校尉、汝南太守、太仆、太常、司空、太尉职。据前引文,其为太尉在永和元年(136),已在李固入梁商幕府后。综合李固与王龚的主要经历,两人以"固为龚掾"的形式发生交集,只能发生于王龚任职司隶校尉或者司空期间。

据史料记载,王龚于建光元年(121)任司隶校尉,永建四年(129)至阳

---

① 《后汉书》,第1820页。
② 《后汉书》,第2073—2078页。
③ 《后汉书》,第2073页。

嘉二年(133)任司空。① 而李固于建和元年(147)为梁冀所诛，时年54岁，②则建光元年时尚不满30岁，年龄上似不足以达到"司隶、益州并命"的程度。又《太平御览》卷二六五《职官部六三·从事》引《李固别传》曰：

  益州及司隶辟，皆不就。门徒或称"从事掾"。固曰："未曾受其位，不宜获其号。"③

可见李固受益州刺史和司隶校尉辟命之时已有门徒跟从，也当以年过三十为妥。则其受到王龚之辟命，更有可能发生于后者任职司空期间。

  值得注意的是，李固在阳嘉二年因对策拜议郎之前，对于官府长官的辟命，无论其来自于地方州郡还是中央公府，一律选择了"不就"或者"辞以疾"，即不应辟命。这是范晔《后汉书》所书写的东汉后期处士的代表性姿态。换言之，在此之前，李固一直保持了处士身份。然而在上引《李固别传》的叙述中，虽然李固本人强调"未曾受其位，不宜获其号"，门徒们却倾向于以其所拒绝的州"从事掾"之职来称呼他。④ 这与前文所论繁阳令杨君碑碑阴题名中出现的"处士功曹"实有异曲同工之处。同样，在司空王龚的场合，虽然李固拒绝应其辟命，但并不妨碍他被视为龚之"前掾"，并在故主落难之时设法出力营救。不难想象，前引《后汉书·王龚传》关于"前掾李固"的这段记述，其所据原始史料也当意在彰表李固对于故吏道德的忠实履行。

(二) 胡广与陈蕃

  再来看东汉后期另一位名臣陈蕃的例子。《后汉书》卷四四《胡广传》载：

---

① 据《后汉书·王龚传》及同书卷六《孝顺帝纪》。
② 《后汉书·李固传》，第2087页，同书卷七《桓帝纪》，第289页。
③ 《太平御览》，北京：中华书局1960年重印商务影宋本，第1241页。
④ 参考福井重雅《察挙とその辞退》，《漢代官吏登用制度の研究》，第208页。

>　　与故吏陈蕃、李咸并为三司。蕃等每朝会,辄称疾避广,时人荣之。①

据此,陈蕃为胡广之故吏,即曾为其掾属。而《后汉书》卷六六《陈蕃传》载:

>　　初仕郡,举孝廉,除郎中。遭母忧,弃官行丧。服阕,刺史周景辟别驾从事,以谏争不合,投传而去。后公府辟,举方正,皆不就。② 太尉李固表荐,征拜议郎,再迁为乐安太守。③

陈蕃在为太尉李固表荐并征拜议郎、再迁乐安太守之后,即步入长期的仕途迁传。在此之前,其成为胡广掾属,只有"初仕郡"和"后公府辟"两种可能。陈蕃为汝南平舆人,而据《后汉书》,胡广确曾有过汝南太守之任:

>　　广典机事十年,出为济阴太守,以举吏不实免。复为汝南太守,入拜大司农。④

那么,是否可能胡广在任汝南太守时曾辟陈蕃为掾?以下两方面的记载基本否定了这种可能性。首先,有材料显示陈蕃仕郡之时,汝南太守并非胡广。《太平御览》卷九三六《鳞介部八·鳡》引谢承《后汉书》曰:

>　　陈蕃为郡法曹吏,正月朝见太守王龚。客有贡白鱼于龚者,龚曰:"汝南乃有此鱼?"蕃曰:"鱼大,且明府之德。"⑤

---

① 《后汉书》,第1510页。
② 《后汉书》中华书局点校本此句误标点为"后公府辟举方正,皆不就"。
③ 《后汉书》,第2159页。
④ 《后汉书·胡广传》,第1509页。
⑤ 《太平御览》,第4161页。参考周天游辑注《八家后汉书辑注》,上海古籍出版社,1986年。"鱼大,且明府之德"难通,或"且"为"由"讹,或"大且"为"査"讹。

可知蕃为郡吏时,任汝南太守者为王龚。又《后汉书》卷三一《王堂传》载:

> 迁汝南太守。搜才礼士,不苟自专。乃教掾吏曰:"古人劳于求贤,逸于任使,故能化清于上,事缉于下。其宪章朝右,简覆才职,委功曹陈蕃。匡政理务,拾遗补阙,任主簿应嗣。庶循名责实,察言观效焉。"①

可知蕃为郡功曹时,任汝南太守者为王堂。皆非胡广。另一方面,《后汉书》卷六一《左雄传》载:

> 于是济阴太守胡广等十余人皆坐谬举免黜,唯汝南陈蕃、颍川李膺、下邳陈球等三十余人得拜郎中。②

据《左雄传》前文,此次事件针对的是"郡国孝廉"。所谓"汝南陈蕃……得拜郎中",指其为汝南太守举为孝廉,并经朝廷考课合格之后得为郎中。这恰与前引《陈蕃传》所叙"初仕郡,举孝廉,除郎中"的经历相应。而此时胡广为济阴太守。据前引《后汉书·胡广传》,广为汝南太守尚在被免济阴太守之后。则陈蕃在"拜郎中"之前的"仕郡",就与胡广无关了。

那么,陈蕃曾为胡广掾属,就只有"后公府辟"这一种可能了。《后汉书·胡广传》在叙述其"复为汝南太守,入拜大司农"之后,即云:"汉安元年(142),迁司徒。质帝崩,代李固为太尉,录尚书事。"③而前引《后汉书·陈蕃传》言蕃不就公府辟命、方正之举后,为太尉李固表荐,征拜议郎。合而观之,可以肯定陈蕃曾为胡广故吏,只能缘于后者在任司徒时曾对其发出辟命。只是对于这一辟命,陈蕃选择了"不就",即拒绝应命。

---

① 《后汉书》,第1105—1106页。又《文选》卷二五《卢谌赠刘琨诗》注引张璠《后汉纪》亦曰:"王堂为汝南太守,教掾吏曰:'其宪章朝右,委功曹陈蕃也。'"北京:中华书局影印胡克家刻本,1977年,第360页。参考《八家后汉书辑注》。
② 《后汉书》,第2020页。
③ 《后汉书》,第1509页。

与此形成对照的是前引《后汉书·胡广传》与陈蕃并列为胡广故吏的李咸。同传注引谢承《后汉书》曰：

  咸字符卓,汝南西平人。……三府并辟,司徒胡广举茂才,除高密令,政多奇异,青州表其状。①

面对"三府并辟",没有迹象显示李咸拒绝应命。从上引史料的叙述来看,李咸最终选择接受了司徒胡广的辟命,如此后者才有可能举其为茂才。

李咸与陈蕃均出身汝南,也几乎在同一时期收到了司徒胡广的辟命；只是李咸应命,而陈蕃不就。然而后者拒绝应命的选择,并未妨碍其在二十年后,②以胡广故吏的身份,与真正的故吏李咸一起,"每朝会,辄称疾避广"。显然,他的这一身份,是自胡广发出辟命的那一刻起就已经获致并一直保持的。

以上二例中李固与陈蕃对公府长官辟命的拒绝,既未阻止他们获致故吏身份,也未妨碍他们按照故吏道德行事,无疑可以视为不应辟命场合故吏身份的扩张现象。对此"时人荣之"的记述,也显示了如是行为并非仅为李固与陈蕃的个人举动,在其背后起作用的,是东汉后期整个士人群体的相关意识形态。在前文所论繁阳令杨君碑的场合,无疑也是同样的力量,驱动包括处士功曹、处士、故民在内的130余名"故吏臣隶",前往阆乡为十年前的故主立碑并题名其上。

事实上在繁阳令杨君碑的碑文中也可以发现类似迹象。碑文叙述杨君晚年虽隐退于家,却"名问俞高,休声益著,三府竞辟,五入宰朝"。③ 由于其后并无任何迁官记录的叙述,这里的"五入宰朝"恐怕还是理解为"五次受到公府长官的辟命"为妥,而杨君本人并未上京履职。即便如此,碑文以"入宰朝"述之,是肯定不应辟命的杨君仍然在一定程度上获致了"公

---

① 《后汉书》,第1511页。
② 胡广对陈蕃发出辟命在汉安元年(142)其迁为司徒之后,而两人"并为三司"已在延熹九年(166)前后。
③ 见本章文末《附一：繁阳令杨君碑碑额、碑阳》。

府掾"身份,则"故吏"身份亦当随之而至。

以下数例更为学者所熟悉。《后汉书》卷五三《徐稺传》载:

> 稺尝为太尉黄琼所辟,不就。及琼卒归葬,稺乃负粮徒步到江夏赴之,设鸡酒薄祭,哭毕而去,不告姓名。①

又《后汉书》卷五三《申屠蟠传》载:

> 太尉黄琼辟,不就。及琼卒,归葬江夏,四方名豪会帐下者六、七千人,互相谈论,莫有及蟠者。②

又《后汉书》卷六二《荀爽传》载:

> 党禁解,五府并辟,司空袁逢举有道,不应。及逢卒,爽制服三年,当世往往化以为俗。③

又《后汉书》卷三六《张玄传》载:

> 司空张温数以礼辟,不能致。中平二年(185),温以车骑将军出征凉州贼边章等,将行,玄自田庐被褐带索,要说温曰云云。④

赴葬服丧,进尽忠言,本为故吏对故主所尽义务。以上徐稺、申屠蟠、荀爽、张玄诸人皆未应辟命,保持了处士身份;然而他们对于故主,却仍然采取了与真正故吏无异的行动。受范晔《后汉书》所渲染的东汉后期历史图

---

① 《后汉书》,第1747页。后注引《谢承书》曰:"稺诸公所辟虽不就,有死丧,负笈赴吊。"
② 《后汉书》,第1752页。
③ 《后汉书》,第2056—2057页。
④ 《后汉书》,第1244页。

景的影响,这些事例多被理解为东汉士人"尚名节"的表现。① 不过,联系前文的讨论,莫如说他们之所以采取如此行动,很大程度上是因为已然获致了故吏身份的缘故。

四、地方社会的"新秩序"

前文由考察《隶释·繁阳令杨君碑》碑阴题名者的身份出发,对东汉后期的"处士"与"故吏"所做的讨论,至此告一段落。通过对碑刻与文献两方面史料的综合考察,我们揭示出不应辟命场合故吏身份的扩张现象在东汉后期的大量存在。在当时的历史世界之中,当一位士人受到州郡乃至公府长官辟举时,他可以选择不应辟命,仍然保持处士的生活方式;但这种拒绝并不妨碍他获致故吏身份,并在其后依照这种身份要求,采取与那些接受辟命的真正故吏无异的行动。相较于范晔《后汉书》所渲染的对王朝权力采取反动姿态的东汉后期处士像,其间无疑有相当落差存在。

如许多学者所指出的,东汉后期以降"故吏"关系的成立,源自长官与臣下之间的"恩义感";所谓"君臣义合",即强调在此种关系成立中"臣"的主体性和道德意识,以区别于汉代式的具有专制色彩的君臣支配关系。② 上列与不应辟命场合故吏身份的扩张现象相关的例子,在范晔《后汉书》中也多以"义举"形象表现出来。然而不可忽视的是,即使不应不就,被辟士人自长官辟命之中仍将获益良多。如《后汉书》卷八十下《文苑下·郦炎传》言其"灵帝时,州郡辟命,皆不就",后熹平六年(177)因讼死狱。③ 而《古文苑》卷十载其年冬十二月炎所作《遗令书》四首,其中遗子者云:

下邳卫府君,我之诸曹掾督邮;济北宁府君,我由之成就;陈留韩

---

① (清)赵翼撰、王树民校证《廿二史札记校证》,卷五"东汉尚名节"条,北京:中华书局,1984年,第102—104页。
② 参考川勝義雄《門生故吏关系》,《六朝贵族制社会研究》,第287—292页;東晋次《後漢時代的故吏与故民》,《中国中世史研究続编》,第420—423页;甘怀真《中国中古时期"国家"的形态》,《皇权、礼仪与经典诠释——中国古代政治史研究》,第206—210页。
③ 《后汉书》,第2648—2649页。

府君,察我孝廉;陈留杨使,辟我右北平从事祭酒。今我溺于地下,思恩则孤而靡报。汝有可以倒戟背戈,无孤之矣。①

对于三位范阳郡太守和一位幽州刺史曾对自己发出的辟举之命,虽然郦炎皆不就,仍然保持处士身份,但这并未妨碍其谨记于心且思恩欲报,以至临终托付于子。既未应命,何恩之有? 显然州郡长官的辟命不仅是对郦炎个人价值的肯定,也成为其在地方社会中累积名望、产生影响的依据与资源,并由此带来更多的周边收益。②"济北宁府君,我由之成就",即为其例。史书碑刻中常见的"州郡连辟"、"三辟公府"却不应不就之类,亦并非仅为表彰其人志行高洁,而是意在以不同级别辟命主体的存在来对被辟者进行评价与定位。而从县、郡、州到公府,辟命主体等级地位的提升,与被辟处士本人的声望上涨,事实上呈现同步关系;每一位向其发出辟命的长官,都为其后更高级别的长官发出辟命做了准备。③ 由此考虑,即使不应辟命,被辟者的确仍然受"恩"于辟命主体;他们日后的故吏行为,并不纯然为"义举"。

在这种情形下,面对长官辟命,被辟者本人无论是否应命,都将受恩于辟命主体;这也就意味着无论其是否应命,是否保持处士的生活方式,都将获致辟命主体的故吏身份。因此,就某种意义而言,处士与故吏,乃是一体之两面。在地方可称处士者,必定具备一定程度的名望。作为名望之士,处士会受到长官辟举;对此,无论应命与否,被辟者都将成为辟举主体的故吏。而长官的辟举行为,又将助长甚至是造就士人名望。如下图所示:

---

① 《古文苑》,丛书集成初编影印守山阁丛书本,上海:商务印书馆,1937 年,第 251 页。此史料为铃木启造《後漢における就官の拒絕と棄官について——「徵召‧辟召」を中心として》尾注 17 所提示。
② 阎步克《孝廉"同岁"与汉末选官》一文指出,东汉后期的"一些州郡世家,其权势起点恐怕也非其宗党、大地产和依附民,而是来自出仕居官,如同朝廷官族一样"。收入氏著《乐师与史官:传统政治文化与政治制度论集》,北京:三联书店,2001 年,第 220 页。本书揭示士人名望的积累同样与王朝权力有密切关联,可以补充阎文所论。
③ 参考福井重雅《察挙とその辭退》,《漢代官吏登用制度の研究》,第 208—218 页。

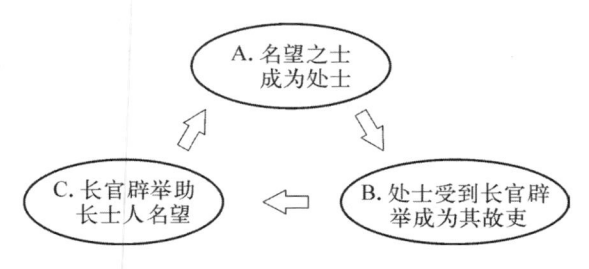

```
        A. 名望之士
         成为处士
        ↗        ↘
C. 长官辟举助         B. 处士受到长官辟
长士人名望   ←    举成为其故吏
```

图 1　东汉后期处士、长官、故吏关系示意图

在这个循环的过程中，所谓"处士"和"故吏"，都仅仅只是东汉后期官府长官与地方士人及地方社会间达成的整体关系中的一个面向而已。这与前文由繁阳令杨君碑碑阴题名者身份所申论者，即地方长官以辟召为手段将其治下的精英人群纳入到一种整体秩序中来，无疑也是相通的。在这一整体秩序之中，"君臣关系"的形成与维系，既未停留于现实的王朝官僚制架构之内，①也无需仰赖固定臣服仪式的完成，②显示出超越原有君臣关系——无论是"第一次君臣关系"还是"第二次君臣关系"——特质的趋向。

而这也与前文所论东汉王朝与隐逸的关系形成了对比。如第一章所论，虽然东汉时代王朝常常表现出对于"隐逸"或者"处士"的积极态度，但其中隐含着一种事功达成的期待。隐逸本身对于王朝而言并不构成正面价值；处士人生价值的实现，需以其"处士"身份的结束为前提。换言之，隐逸并未被"汉代式"的皇帝权力结构作为一种正当组成包容在内。而在东汉后期地方社会藉由"故吏"身份的扩张而形成的官府长官与地方士人的整体关系中，一方面处士无需结束"处士"身份即可实现其正面价值，另一方面官府长官也将其表现为"君臣关系"的支配秩序扩展至非正式僚佐群体，实现了一种将处士和隐逸作为正当组成包容在内的"新秩序"。

---

① 渡辺信一郎《中国古代専制国家論》主张汉代的二重君臣关系对应于官府组织的"重层性联合"，见《中国古代国家の思想構造——専制国家とイデオロギー》，第 339—349 页。
② 甘怀真《中国中古时期"国家"的形态》强调君臣关系的缔结须通过"册名委质"仪式方可实现，见氏著《皇权、礼仪与经典诠释——中国古代政治史研究》，第 172—178 页。

就君臣关系延展的下端而言，这一"新秩序"的确超越了汉代"第一次君臣关系"的既有架构。笔者通过对于曹魏"侍中尚书"的研究曾经指出，"汉魏革命"实现的路径之一，是东汉后期的士人群体，以自己在地方郡府所倡导与实践的"第二次君臣关系"为蓝本，来改造与重构中央朝廷"第一次君臣关系"的上端秩序，也就是皇帝与内朝侧近间的关系。[①] 事实上，同样的路径实现亦见于君臣关系延展的下端秩序，即王朝与隐逸之间。如下文所要讨论的，经由"汉魏革命"，隐逸内化为魏晋南朝皇帝权力结构的正当组成。而其最为明显的标志，就是纪传体王朝史中"隐逸列传"的成立。当然这一过程并非如汉、魏禅代般一蹴而就，而是有其丰富有致的历史脉络。下面就让我们把目光转向下一个时代。

【再版补记】笔者近撰《范晔〈后汉书〉冯良事迹成立小论》一文（载《中国学术》第 38 辑，2017 年），考察了范晔《后汉书》中文本面貌高度相似的冯良事迹与赵晔事迹的形成过程。

[①] 参考徐冲《关于曹魏的侍中尚书》，《国学研究》第 16 卷，2005 年，第 259—273 页；同氏《"汉魏革命"再研究：君臣关系与历史书写》，第一章第二节《曹魏"侍中尚书"的渊源》，北京大学历史系博士论文，2008 年，第 20—38 页。

第二章 "处士功曹"小论

附一：繁阳令杨君碑碑额、碑阳

杨君之碑铭

汉故繁阳令

□□□□□□□□□□□□□□□□□□□□□□□□□□□□□□□□□□□弟，/富波君之少子也。生姿令喆，长履忠孝，立仁行道，实体弥隆。世授《尚书》，为国师/辅。君述而好古，少传祖业，兼苞载籍，靡不周览。英儒仰则，景附其高。应礼州郡，/仍奉贡觐。大驾省方，为郡功曹，召见专对，克压帝心，擢拜/郎中，除右都候。闲整宫卫，闱闼肃焉。迁繁阳令，崇德尚俭，以兴政化，和毓威恩，/以移风俗。野无奸回，宿不命闾。教学吏士，精横侍者，常百余人。咸训典诲，帅导/以□。临远归怀，爱集疆场，/州郡嘉异，并上绝迹。大司农刘佑特复表列，将有命/授，会叔父太尉公薨，委荣轻举，投黻如遗。吏民攀辕，老弱/轫轮，追慕跋涉，盖二/千余人。君洁己以休，不偷禄求趋，功显弗有，退入于林，处靖衡/门，童冠如云。故乃名问俞高，休声益/著，三府竞辟，五入宰朝。常登茂御，复绍祖/烈，旻穹不惠，年五十一，熹平三年三月己丑卒。国失其良，民望永/绝，京夏凡百，/靡不愍悼，故吏臣隶，叫天诉地，嗟乎何及。哀矣惟伤，感惟既殁，德之隆者，莫盛/不朽。乃共追/录厥勋，镌石示后，俾延亿轮，垂不翳坠。其辞曰：/惟岳降灵，于我明君。膺天钟庆，诞德孔醇。温恭博敏，贞皦/藐伦。帝嘉忠懿，乃诏/宠允。俾候禁宫，夙夜是勤。命出作宰，清风穆神。委蕤成勋，赴义长逝。民思遗爱，/告于王。顾不审真，莫肯慰扬。偐迟乐志，缙绅仰从。二公并招，当为国晖。寿不/□□，早叶陨林。朋徒潺湲，士/女怆悲。愿百其身，皇不我予。铭颂玄石，□□□□。

附二：繁阳令杨君碑碑阴

故民冯□幼□
故民富弘□祖
故吏申真仲真
故吏段肃仲恭
处士张进子明
处士范谭子亮
故民吴方季远
故民樊兴子上
故民朗陵长沮伯载
故民王拂伯盛
故吏张遂季祐
故吏尹贵仲持
故民宋廉君威
故民赵表元显
故吏薛谊升举
故吏焦武文伯
故吏薛恬仲突
故□□□君□
处士逯瓌德玮
故吏段义元颖
故□□□伯观
故民□□□□
故民□□□□
故功曹史□□□
故功曹史□□□
故功曹史王月伯师
故功曹史□□元祐
故功曹史王俊叔严
故功曹史程□伯盛
故功曹史樊曜子珪
故功曹史豫伯举
故功曹史成功□□
故功曹史魏□□
故功曹王详子琦
故民王张顺显基
故功曹公乘仪元表
处士功曹王□伯尹
处士功曹王申璆幼厚
处士功曹公乘仪元表
处士功曹成功□幼厚
处士功曹□誉显甫
处士功曹程琦叔□
处士功曹冯□子珪
故吏冯□□□
故主簿张合元孝
故功曹史董昴元政
故功曹史冯亿仲载
故吏冯玼敬祖
故吏冯烈元轨
故吏杜茂彦才
故吏韩冰君政
故吏王宫子行
故功曹史刘璜子云
故功曹史樊充国荣
故功曹史张琰子瑶
故胜屠琬季严
故吏申彤叔□
故吏屠琰季严
故吏程琦□
故民冯种元妙
故吏鲁□文长
故吏张时子节
故吏张赞幼议
故吏刘影显方
故吏骆盛进兴
故吏梁平子衡
故吏周普子助
故吏程玮伯珪
故吏张纯子淑
故吏张烈仲孝
故民隗憎子才
故民隗副幼豪
故民张隗子皇
故民程敕伯严
故吏王哀景博
故民冯嘉叔祉
故民侯临伯弘
故民虔申仲进
故民段术元艺
故民马盛盛明
故民邵腾文光
故民成功连建贤
故门下史魏昱元夏
故门下史申贞子明
故吏申根叔德
故吏申巨妙才
故吏段寅季冯
故民杨方子远
故民黄虔子敬
故民王祥伯慎
故民程规叔表
故吏程规叔表
故吏王严伯俊
故吏常曜少贤
故吏申微世政
故吏王甫伯举
故吏关少平
故吏段宜元显
故吏鞠像伯举
故门下佐杨直子瑝
故门下佐公孙寿元寿
故门下佐杜炽子盛
故门下佐杜良伯信
故门下佐邓澄元景
故民李冰元固
故民杜忠文政
故民李叔子助
故民周演少平
故民申曾伯德
故吏申彤叔□
故吏王廉仲让
故吏武兔季整
故民公乘柱汉举
故小史□鲁子卫

故民李兼元高   典作者马子明

第三章 "二十四贤"与曹魏王朝的隐逸书写

汉献帝建安二十五年(220)春正月,曹丕接替其死去的父亲曹操,嗣位为丞相、魏王。接着即改建安二十五年为延康元年,很快启动了代汉建魏的程序。① 这是学者熟知的史事,勿须重复。然而,却很少有人注意到,在曹丕即丞相、魏王位之后,代汉建魏之前,还进行了一个未必可以忽略不计的政治动作,那就是所谓"二十四贤"的彰表。这在《三国志·魏书·文帝纪》中并未有所记述,但在收入十卷本《陶潜集》的《集圣贤群辅录》中却留下了痕迹。是作收录了自杜乔至于皇甫规共计24位东汉人士,其后注曰:

> 右魏文帝初为丞相魏王所旌表二十四贤。后,明帝乃述撰其状。见文帝《令》及《甄表状》。②

《集圣贤群辅录》又名《四八目》,其是否为陶渊明原作尚存争议(详见下文)。但此处关于"二十四贤"的记录明言出自文帝《令》及《甄表状》,当有所本,其历史真实性不容怀疑。由这一珍贵史料可以获知,曹丕在代汉程序即将启动前夕,对"二十四贤"——也就是二十四位东汉人物——进行

---

① 关于曹魏代汉的模式与程序,与"皇帝即位/天子即位"的学术脉络相关,战后日本学者有较多讨论。参见本书第13页脚注②。
② (东晋)陶潜撰,袁行霈笺注《陶渊明集笺注·外集》,北京:中华书局,2003年,第589—591页。

了旌表。①

一般来说,在中国古代,新王朝建立前后对开国功臣进行彰表是很常见也容易理解的政治行为。著名的东汉云台二十八将、初唐凌云阁二十四功臣皆为其中的代表。然而曹魏在王朝建立前夕所彰表的"二十四贤"却均为前朝人物,且其中没有一人属于曹操的创业集团阵营。更加值得注意的是,这"二十四贤"中又有多位都属于东汉后期所谓的"处士"、"隐逸"一流,即拒绝加入王朝为官而在家不仕之人。② 对此,我们应该如何理解?本章将对曹丕彰表"二十四贤"这一历史事件进行仔细剖析,尽力揭示其背后隐藏的历史脉络,并试图由此勾勒出为"汉魏革命"所重构的王朝新秩序中的一面。③

一、《四八目》所载"二十四贤"的史料价值

如上所述,曹丕在代汉前夕旌表"二十四贤"之事,仅载于十卷本《陶潜集》所收的《集圣贤群辅录》中。众所周知,此一系统的陶集为北齐阳休之所编成,其中的《五孝传》、《四八目》(即《集圣贤群辅录》之本名④)并为先行于世的萧统编八卷本陶集所无。自《四库全书总目提要》指其为赝作

---

① 永田拓治《「状」と「先贤伝」「耆旧伝」の編纂―「郡国書」から「海内書」へ―》率先发掘了这一珍贵史料,主要利用其中与"状"相关的记录,对于汉魏之际的"状"与"先贤传"、乡里社会、王朝秩序之间的关系做了精彩讨论。文载《東洋学報》91-3,2009年,第303—334页。
② 关于东汉后期"处士"的先行研究和最新进展,参考本书单元四第二章《"处士功曹"小论》。
③ 关于"汉魏革命"的重大时代意义,参考徐冲《关于曹魏的侍中尚书》,《国学研究》16,2005年;同氏《"汉魏革命"再研究:君臣关系与历史书写》,北京大学历史学系博士论文,2008年;及本书单元一第一章《魏晋国史书写的"禅让后起元"》、单元三第二章《魏晋南朝"皇后传"的成立》;陈侃理《罪己与问责——灾异咎责与汉唐间的政治变革》,收入《中国中古史研究:中国中古史青年学者联谊会会刊》2,北京:中华书局,2011年;孙正军《制造士人皇帝:牛车、白纱帽与进贤冠》,清华大学历史学院主办"中古中国的统治方式"青年学术研讨会会议论文,北京,2011年5月21日。
④ 潘重规《圣贤群辅录新笺》指出,《圣贤群辅录》本名《四八目》,宋以前盖未有称《圣贤群辅录》者。文载《新亚书院学术年刊》1965年第7期,转引自《陶渊明集笺注·外集》中袁行霈为《集圣贤群辅录》所作"考辨",第599页。

之后,关于其真伪聚讼已久,迄无定论。① 不过根据阳休之本人的言论,② 学者认为其"所编十卷本,乃据萧统八卷本,而参以其他六卷、八卷两种而成,所谓'合为一帙'也。《五孝传》及《四八目》虽不见于萧统本,然见于其他旧本,非阳休之本人凭空杜撰者也"。③ 笔者对此亦表赞同。退一步讲,即使《五孝传》、《四八目》确非陶潜本人作品,其史料价值仍然不可忽视。《四八目》篇末所附注语曰:

> 凡书籍所载及故老所传,善恶闻于世者,盖尽于此矣。汉称田叔、孟舒等十人及田横两客、鲁八儒,史并失其名。夫操行之难,而姓名翳然,所以抚卷长慨,不能已已者也。④

学者由此推测"此二篇或渊明平日读书之杂录,或闻之于故老而条录之者"。⑤ 此说之成立或许还需要更多的文本证据,然而观《四八目》所言诸条目,最后三条注明"闻之于故老",其他诸条则几乎无不明言引自何书。引书范围自先秦典籍至于两汉之作,而以魏晋著述最为大宗,达 27

---

① 学者指出,认为《集圣贤群辅录》为赝作之说始自《四库全书总目》卷一三七《子部·类书类存目一·圣贤群辅录》及卷一四八《陶渊明集》,北京:中华书局,1965 年,第 1160 页及第 1273—1274 页。后清人陶澍注《靖节先生集》(北京:文学古籍刊行社,1956 年)、梁启超《陶集考证》(收入氏著《陶渊明》,上海:商务印书馆,1923 年)、王瑶编注《陶渊明集·前言》(北京:人民文学出版社,1956 年,第 13 页)、逯钦立校注《陶渊明集·例言》(北京:中华书局,1979 年,第 7 页)、郭绍虞《陶集考辨》(收入氏著《照隅室古典文学论集(上编)》,上海古籍出版社,1983 年)、龚斌校笺《陶渊明集校笺》(上海古籍出版社,1996 年)等皆同其说。而清人方宗诚《陶诗真诠》(收入氏著《柏堂遗书》,台北:艺文印书馆,1971 年)、潘重规《圣贤群辅录新笺》、杨勇校笺《陶渊明集校笺》(上海古籍出版社,2007 年)、袁行霈笺注《陶渊明集笺注》等,皆主《圣贤群辅录》非伪。参考吴仲明《西晋"八达"之游所见名僧与名士之交往》,《社会科学研究》2010 年第 4 期,第 152 页。田晓菲也指出乾隆的圣旨在认定其为"伪作"的过程中起到了极大作用,见氏著《尘几录:陶渊明与手抄本文化研究》之《附录一 文本的历程》,北京:中华书局,2007 年,第 209 页。
② 《陶渊明集笺注》录阳休之为其编陶集所作《序ússia》,第 614 页。
③ 《陶渊明集笺注·外集》,袁行霈为《集圣贤群辅录》所作"考辨",第 597 页。
④ 《陶渊明集笺注·外集》,第 595—596 页。
⑤ 《陶渊明集笺注·外集》,袁行霈为《集圣贤群辅录》所作"考辨",第 598 页。

种之多。① 即使非"渊明平日读书之杂录",亦可视为东晋刘宋之际一种或一类其言有自的史料群,仍不失其利用价值。②

不妨具体看一下前引"二十四贤"条所出自的文帝《令》与《甄表状》。关于前者,虽然似乎看不到作为一部完整作品的"《文帝令》"留存,但《隋书·经籍志》中记有《魏文帝集》十卷(梁二十三卷),参考其父曹操和其弟曹植文集的体例,其中亦当包含了若干"令"类作品在内。③ 史料中亦散见魏文帝曹丕之令文,严可均辑《全三国文》多有搜录。④ 值得注意的是,目前所见的曹丕之"令",几乎均发布于延康元年(220)二月至十一月间。如前所述,此年正月,曹丕接任其亡父曹操之丞相、魏王位,十一月即行汉魏禅代之事。显然这些令均为曹丕以魏王身份所颁布。⑤ 其中大半为十一月禅让程序中的文书往复,也有几条如《除禁轻税令》(延康元年二月)、《敕尽规谏令》(延康元年七月庚辰)、《殡祭死亡士卒令》(延康元年十一月癸卯)等,亦可视为广义上的禅让程序的组成部分。彰表"二十四贤"之令文原貌虽不获睹,但从内容上可以判断其与上述几条令文的性质应该比较接近。

而关于《甄表状》,因为相关史料很少,几乎难以判断其具体面貌与性质。除前引"二十四贤"条以外,《四八目》中还有两处引用到此史料:

---

① 包括《春秋后语》、《续汉书》、《后汉书》、张璠《汉纪》、《魏书》、张勃《吴录》、《晋纪》、《晋书》、《三辅决录》、《京兆旧事》,嵇康《高士传》、皇甫谧《逸士传》、皇甫谧《高士传》、《荀氏谱》、《周氏谱》、《汝南先贤传》、《济北英贤传》、《三君八俊录》、袁宏、戴逵《竹林七贤传》、孙统《竹林七贤赞》、《(魏)文帝令》、魏明帝《甄表状》、邯郸淳《(陈)纪碑》、晋太尉刘琨诗、吴质书、《善文》、杜元凯《女戒》等。关于《四八目》所引诸书的详细面貌与其成书年代的关系,似仍有探讨空间。

② 前引吴仲明《西晋"八达"之游所见名僧与名士之交往》即由此前提出发,使用《圣贤群辅录》所载西晋"八达"史料,讨论于法龙与支孝龙的同人异名问题。

③ 《隋书》卷三二《经籍志》记有《魏武帝集》二十六卷,并注曰梁三十卷,录一卷,梁又有《武皇帝逸集》十卷,亡。又有《魏武帝集新撰》十卷。点校本《曹操集》(北京:中华书局,1974年,底本为丁福保《汉魏六朝名家集》本《魏武帝集》)之《文集》卷二,三录曹操之《令》数十;赵幼文《曹植集校注》(北京:人民文学出版社,1984年)中录曹植之《令》数篇。

④ (清)严可均辑《全上古三代秦汉三国六朝文》,北京:中华书局,1958年。

⑤ 关于汉代法律体系中的"令",参考大庭脩《秦汉法制史研究》第三篇《关于令的研究——汉代的立法手续和令》,第165—287页;汪桂海《汉代官文书研究》,南宁:广西教育出版社,1999年。但二著都没有涉及诸侯王下行文书亦称"令"的问题。

> 太丘长颍川陈寔字仲弓,寔子大鸿胪纪字元方,纪弟司空谌字季方。右并以高名,号曰三君。见《甄表状》及邯郸淳《(陈)纪碑》。
>
> 公沙绍字子起,绍弟孚字允慈,孚弟恪字允让,恪弟逵字义则,逵弟樊字义起。又北海公沙穆之五子。并有令名,京师号曰:"公沙五龙,天下无双。"穆亦名士也。见魏明帝《甄表状》及《后汉书》。①

可知此书为魏明帝所撰,收录东汉后期的所谓"名士"之流。"二十四贤"条更将明帝为诸贤所撰之《状》也一一列出,弥足珍贵。试举两例:

> 少府颍川李膺字元礼。《状》:"膺承三公之后,生高洁之门,少履清节,非法不言。英声宣于华夏,高名冠于缙绅。"
>
> 有道太原郭泰字林宗。《状》:"泰器量弘深,孝友贞固,名布华夏,学冠群儒。州郡礼命,曾不旋轨。辟司徒,征有道,并不屈。"②

可见《甄表状》的内容不仅包括了若干汉末名士的籍贯姓字等基本信息,还有类似"三君"之类的名号③与载有具体评价内容的"状"。其名之确切含义虽不可解,但与汉末魏晋之际流行于士人社会中的"状"当关系密切。④

综上所述,虽然编入《四八目》(《集圣贤群辅录》)的十卷本《陶渊明集》成书晚至北齐阳休之时,但其中所载的魏文帝于汉魏禅代之际彰表"二十四贤"之事,可以认为当源自确切的汉末魏晋史料,其对于汉晋间历史研究的价值仍有待挖掘。

---

① 分见《陶渊明集笺注·外集》,第 589、592 页。
② 分见《陶渊明集笺注·外集》,第 590、591 页。
③ 关于史籍所载汉末名士之名号与魏晋南朝历史书写及社会观念间的关系,前引安部聪一郎《党錮の「名士」再考——貴族制成立過程の再検討のために》一文有精彩讨论。
④ 关于汉末魏晋之际的"状",参考永田拓治《「状」と「先賢伝」「耆旧伝」の編纂——「郡国书」から「海内书」へ——》。

二、"二十四贤"的构成与汉魏革命

以上通过确认相关史料的可靠性,显示曹丕在延康元年就任丞相、魏王之后,确曾以"二十四贤"的名目彰表一批东汉人士。从名称上来说,所谓"贤"者,应即东汉中期以降频见于史料的"先贤"之省称。《三国志》卷四《魏书·三少帝纪》甘露三年(258)八月丙寅"以郑小同为五更"条裴松之注引《魏名臣奏》载太尉华歆表曰:

> 臣闻励俗宣化,莫先于表善,班禄叙爵,莫美于显能。是以楚人思子文之治,复命其胤;汉室嘉江公之德,用显其世。伏见故汉大司农北海郑玄,当时之学,名冠华夏,为世儒宗。文皇帝旌录先贤,拜玄适孙小同以为郎中,长假在家。……①

郑玄名列"魏文帝初为丞相、魏王所旌表二十四贤"之中,此处华歆又言其为"文皇帝旌录先贤",二者所指当为一事。"二十四贤"者,"二十四先贤"也。并且由此可以知道,对于这些先贤的彰表,同时还伴随着以其后代为郎中之类的优遇措置。②

对此,学者已经指出,曹丕彰表东汉"先贤",意在利用这些东汉后期人物在乡里社会中所具有的影响力来巩固地方统治,同时也有着将先贤家族纳入王朝内部的意图。③ 这种从王朝与地方以及士族关系的视角来理解"二十四贤"的思路,应该与汉末魏晋盛行于世的诸"先贤传"、"耆旧

---

① 《三国志》,第142页。此条史料与"二十四贤"的关系,为前引永田拓治《「状」と「先贤传」「耆旧传」の编纂——「郡国书」から「海内书」へ——》率先揭示,见是文第13页。
② 类似措置也见于"二十四贤"以外的东汉人物后代。如《三国志》卷十一《魏书·田畴传》载:"文帝践阼,高畴德义,赐畴从孙续爵关内侯,以奉其嗣。"(第344页)同书卷十二《魏书·徐奕传》裴松之注引《魏书》曰:"文帝每与朝臣会同,未尝不嗟叹,思奕之为人。奕无子,诏以其族子统为郎,以奉奕后。"(第378页)
③ 参考永田拓治《「状」と「先贤传」「耆旧传」の编纂——「郡国书」から「海内书」へ——》。

传"类作品给予我们的深刻印象有关。① 此类作品名称之先往往冠以具体地域之名,被视为一种"郡国之书"。"二十四贤"的产生,与此当存在一定的亲近关系。

然而,有汉东京一代,在"郡国之书"中留下丰富事迹的各地"先贤"、"耆旧"数以百计。曹丕所彰表"二十四贤",是否只是汇总这些地方"先贤"后的一个"中央精选版"呢?换言之,在东汉的地方先贤与汉魏之际的"二十四贤"之间,是否存在性质上的区别?要回答这一问题,需要我们对"二十四贤"的具体人选进行更为细致的分析。

如表3所示,可以看到所谓"二十四贤",其涵盖范围事实上仅为东汉中后期人物,尤以活跃于桓帝至献帝时期者为主。如所周知,这一时期以皇帝、外戚、宦官和士大夫四大势力之间的反复对抗和冲突为主题,东汉王朝经历了持久的政治混乱与动荡,并最终在中平六年(189)灵帝死后以一种近乎"总决算"的方式走向了"汉魏革命"。② 某种程度上说,曹魏国家本身就是这一历史进程的产物。而在魏明帝为"二十四贤"所撰"状"中,有三条明确叙述和彰表了其人在东汉后期与外戚或宦官势力进行对抗的事迹。其一为李固:

> 太尉汉中李固字子坚。《状》:"固当顺、桓之际,号称名臣。大将军梁冀恶直丑正,害其道。桓帝即位,遂死于逸。"

即着重指出"名臣"李固为"恶直丑正"的外戚梁冀加害之事,凸显出他本

---

① 如《汝南先贤传》、《陈留耆旧传》等,《隋书》卷三十三《经籍志·史部·杂传》对此有集中记录。参考胡宝国《杂传与人物品评》,收入氏著《汉唐间史学的发展》,北京:商务印书馆,2003年,第132—158页;仇鹿鸣《略谈魏晋的杂传》,《史学史研究》2006年第1期,第38—43页;永田拓治《「先賢伝」「耆旧伝」の歴史的性格—漢晋時期の人物と地域の叙述と社会—》,《中国——社会と文化》21,2006年,第70—92页。
② 参考川胜义雄《六朝贵族制社会研究》第一编《贵族制社会的形成》所收诸文;唐长孺《东汉末期的大姓名士》,收入氏著《魏晋南北朝史论拾遗》,北京:中华书局,1983年,第25—52页;陈勇《董卓进京论述》,《中国史研究》1995年第4期,第109—121页;于涛《三国前传:汉末群雄天子梦》,北京:中华书局,2006年;徐冲《"汉魏革命"再研究:君臣关系与历史书写》,第一章第二节《曹魏"侍中尚书"的渊源》。

人的反外戚立场。另外两人为陈蕃、陈球:

> 太傅汝南陈蕃字仲举。《状》:"蕃瑰伟秀出,稚亮绝伦。学该坟典,忠壮謇谔。"又曰:"明允贞亮,与大将军窦武志匡社稷,机事不密,为群邪所害。"

> 太尉下邳陈球字伯真。《状》:"球清高忠直,孝灵中年,欲诛黄门、常侍,以此遇害。"①

表3 曹丕彰表"二十四贤"人选简表②

头衔	人物	活跃时期	头衔	人物	活跃时期
太尉	杜乔	顺帝、桓帝	太尉	陈球	灵帝
太常	张奂	桓帝、灵帝	司空	王畅	桓帝
侍中	向诩	灵帝	征士	申屠蟠	桓帝、灵帝
太傅	陈蕃	桓帝、灵帝	卫尉	张俭	桓帝、灵帝、献帝
太尉	施延	顺帝	大司农	郑玄	灵帝、献帝
少府	李膺	桓帝、灵帝	征士	冉璆	桓帝
司隶	朱寓	桓帝	太尉	李固	顺帝、桓帝
太仆	杜密	桓帝、灵帝	有道	郭泰	桓帝
大鸿胪	韩融	灵帝、献帝	益州刺史	朱穆	顺帝、桓帝
司空	荀爽	桓帝、灵帝、献帝	尚书	魏朗	桓帝、灵帝
司空	房植	桓帝、灵帝	聘士	徐稺	桓帝、灵帝
聘士	姜肱	桓帝、灵帝	度辽将军	皇甫规	顺帝、桓帝、灵帝

陈蕃《状》中的"群邪"所指当即等同于陈球《状》中的"黄门、常侍",也

---

① 以上引文俱见《陶渊明集笺注·外集》,第589—591页。
② 参考永田拓治「『状』と『先贤伝』『耆旧伝』の编纂—「郡国书」から「海内书」へ—」一文附表《二十四贤状》制成。

就是东汉中后期盘踞内廷的宦官群体。述"明允贞亮"、"清高忠直"之士人领袖为"群邪"宦官所害,魏明帝对于东汉后期的历史冲突所持的政治立场一目了然。

事实上,这也是曹魏王朝一贯的官方立场。其最为典型的表现就是《三国志》卷二《魏书·文帝纪》裴松之注所引延康元年十一月诸禅代文书中关于东汉历史的叙述。如癸丑日,督军御史中丞司马懿、侍御史郑浑、羊秘、鲍勋、武周等言:

> 今汉室衰,自安、和、冲、质以来,国统屡绝,桓、灵荒淫,禄去公室,此乃天命去就,非一朝一夕,其所由来久矣。①

乙卯日,则有来自汉皇帝一方册诏魏王禅代天下的文书:

> 汉道陵迟,为日已久,安、顺已降,世失其序,冲、质短祚,三世无嗣,皇纲肇亏,帝典颓沮。暨于朕躬,天降之灾,遭无妄厄运之会,值炎精幽昧之期。变兴辇毂,祸由阉宫。董卓乘衅,恶甚浇、豷,劫迁省御,(太仆)〔火扑〕宫庙,遂使九州幅裂,强敌虎争,华夏鼎沸,蝮蛇塞路。②

继而辛未日,曹丕在宣示受禅即位的《受禅告天文》中则说:

> 汉历世二十有四,践年四百二十有六,四海困穷,三纲不立,五纬错行,灵祥并见,推术数者,虑之古道,咸以为天之历数,运终兹世,凡诸嘉祥民神之意,比昭有汉数终之极,魏家受命之符。③

其中构成禅代理由的所谓汉王朝"四海困穷,三纲不立",所指与前两通文

---

① 《三国志》,第66页。和帝在安帝之前,此处之"和",疑为"顺"字之误。
② 《三国志》,第67页。
③ 《三国志》,第75页。

书对于东汉后期历史的叙述当保持一致。我们还可以举出《隶释》卷十九所载《魏公卿上尊号奏》中的叙述为例:

> 是以臣等敢以死请。且汉政在奄宦,禄去帝室,七世矣。遂集矢石于其官殿,而二京为之丘墟。〔当是之时,四海荡〕覆,天下分崩。①

其所谓"汉政在奄宦,禄去帝室,七世矣",当即指前引文书所言的安帝以降。以宦官"乱政"为东汉王朝失去天命支持的主要原因,显示曹魏王朝君臣的政治立场,和东汉后期与宦官势力发生激烈冲突的"清流"士人是一致的。或者进一步可以说,曹魏王朝的统治群体正是以汉末清流的继承者自居。②

文帝所彰表"二十四贤"的具体人选,事实上也贯穿了如上政治立场。除前文提到在《状》中明确述及反外戚、反宦官立场的李固、陈蕃、陈球三人外,列名于"二十四贤"之中的杜乔、王畅、朱穆、李膺、杜密、房植、张俭、魏朗、皇甫规、张奂、朱寓③诸人,其《状》中虽然未有明言,然据范晔《后汉书》等史料的相关记载,可以认为正是与被视为"浊流"的外戚与宦官势力进行过激烈斗争的

---

① 洪适《隶释·隶续》,第187页。"当是之时,四海荡"七字据《三国志》卷二《魏书·文帝纪》裴松之注所引补。渡邉義浩《後漢における「儒教国家」の成立》第二篇第八章「「魏公卿上尊號奏」にみる漢魏革命の正統性」对此碑文做了录文与分析,但仅从以"尧舜革命"为典范的角度讨论了"汉魏革命的正统性",未涉及历史观的问题。
② 从这一角度来说,笔者并不赞成陈寅恪于1950年代所提出的关于魏晋统治阶级性质转换的假说,即根据曹操的出身而将曹魏政权理解为汉末宦官势力的延续,将魏晋革命理解为代表儒家豪族的司马氏战胜代表法家寒族的曹氏。见《书〈世说新语〉文学类钟会撰四本论始毕条后》,收入氏著《金明馆丛稿初编》,北京:三联书店《陈寅恪集》,2001年,第47—54页。关于陈氏此说及后续研究的详细讨论,参考仇鹿鸣《陈寅恪范式及其挑战——以魏晋之际的政治史研究为中心》,收入《中国中古史研究:中国中古史青年学者联谊会会刊》2,第199—220页。
③ 朱寓在《后汉书》中无传,留存资料很少。《三国志》卷五四《吴书·周瑜传》注引谢承《后汉书》曰:"(周景)后为豫州刺史,辟汝南陈蕃为别驾,颍川李膺、荀绲、杜密、沛国朱寓为从事,皆天下英俊之士也。"(第1259页)可见朱寓与陈蕃、李膺、杜密等清流中坚同样被视为"天下英俊之士"。又《四八目》"二十四贤条"朱寓之《状》称其"桓帝时遭难",或亦同罹党锢之祸者。

代表人士，也可以归入"清流"的政治谱系之中。① 事实上，很容易举出"二十四贤"以外的名臣贤士。如"历事六帝，……一履司空，再作司徒，三登太尉，又为太傅"的胡广，号称"汉兴以来，人臣之盛，未尝有也"，②却不在曹丕所彰表的东汉"二十四贤"之列。又如在东汉后期与西北羌人的长期战争中脱颖而出的"凉州三明"，③其中的皇甫规与张奂都跻身于"二十四贤"，另一位战功更为卓著的段颎却不在其列。可见魏王曹丕在决定"二十四贤"的人选时，实际上进行了严格的"政治资格审查"。胡广、段颎等未能入选，其理由很可能在于其人并未积极参与东汉后期清流士人反对外戚、宦官权力的抵抗运动，甚至还是与其势力有密切联系者。④ 当然，也有一些虽然积极参与到抵抗运动中甚至起到重要历史作用的人物及其家族——如袁绍、袁术辈——因为站在了曹操势力的对立面而不得入选，这也是很容易理解的。⑤

---

① 汉末清、浊势力的斗争，是关注"汉魏革命"的学者必然会涉及到的课题，虽然各人的解读未必一致。中文学界影响较大者可以举出杨联陞《东汉的豪族》，《清华学报》11-4，1936年；陈寅恪《书〈世说新语〉文学类钟会撰四本论始毕条后》；唐长孺《东汉末期的大姓名士》、《士族的形成和升降》，均收入氏著《魏晋南北朝史论拾遗》，第25—63页。川胜义雄《六朝贵族制社会研究》第Ⅰ部《贵族制社会的形成》诸章是日本学界极具代表性的研究，虽然其论述基调在1970年代后也发生了很大转变。安部聪一郎《清流・濁流と「名士」——贵族制成立過程の研究をめぐって—》一文对此有清晰的研究史梳理，笔者所撰《川胜义雄〈六朝贵族制社会研究〉评介》也对"川胜史学"与战后日本中国古代史研究思潮的独特关系进行了讨论，见本书《附录三》。
② 《后汉书》卷四四《胡广传》，第1510—1511页。
③ 关于"凉州三明"的事迹，见《后汉书》卷六五《皇甫规张奂段颎传》。参考陈勇《"凉州三明"论》，《中国史研究》1998年第2期，第37—48页。
④ 据《后汉书・胡广传》，胡广在质帝死后附合梁冀之立桓帝，又"与中常侍丁肃婚姻，以此讥毁于时"（第1510页）。《段颎传》则称其"曲意宦官，故得保其富贵"，最后亦因党于中常侍王甫为阳球所诛（第2153—2154页）。
⑤ 东汉后期汝南袁氏家族与宦官势力的密切关系可能也起到了一定的作用。《后汉书》卷四五《袁安传附袁隗传》载："时中常侍袁赦，隗之宗也，用事于中。以（袁）逢、隗世宰相家，推崇以为外援。故袁氏贵宠于世，富奢甚，不与他公族同。"（第1523页）不过"二十四贤"中没有列入始自杨震的弘农杨氏人物让人比较费解。或许因为曹丕另给予了杨彪更高的待遇。《三国志》卷二《魏书・文帝纪》裴松之注引《续汉书》曰："彪见汉祚将终，自以累世为三公，耻为魏臣，遂称足挛，不复行。积十余年，帝即王位，欲以为太尉，令近臣宣旨。彪辞曰：'尝以汉朝为三公，值世衰乱，不能立尺寸之益，若复为魏臣，于国之选，亦不为荣也。'帝不夺其意。黄初四年，诏拜光禄大夫，秩中二千石，朝见位次三公，如孔光故事。彪上章固让，帝不听，又为门施行马，致吏卒，以优崇之。"（第78—79页）关于东汉时期的弘农杨氏，参考何德章《汉代的弘农杨氏》，收入氏著《魏晋南北朝史丛稿》，北京：商务印书馆，2010年，第189—232页。

与此形成对比的是,"二十四贤"中的其他人选也可以视为具备共同属性的一类人群,即东汉后期在家不仕、拒绝入朝为官的"处士"群体。其中的姜肱、徐稺、申屠蟠、冉璆、郭泰诸人分别带有聘士、征士、有道之类头衔,这一特征比较明显。而向诩、施延、韩融、荀爽、郑玄几位,在"二十四贤"中虽以侍中、太尉、大鸿胪、司空、大司农等官位相称,但从《后汉书》等资料中的相关记载看来,上述官位基本只是其晚年所获得的荣誉性待遇而已。如施延,《后汉书》卷四六《陈宠传附陈忠传》注引谢承《后汉书》曰:

> 延字君子,蕲县人也。少为诸生,明于五经,星官风角,靡有不综。家贫母老,周流佣赁。常避地于庐江临湖县种瓜,后到吴郡海盐,取卒月直,赁作半路亭父以养其母。是时吴会未分,山阴冯敷为督邮,到县,延持鳏往,敷知其贤者,下车谢,使入亭,请与饮食,脱衣与之,饷饯不受。顺帝征拜太尉,年七十六薨。①

施延除了晚年为顺帝所征拜的太尉之外,此前没有任何入仕任官方面的记录。可见其一生行迹亦近于徐稺、申屠蟠等人,而与前述积极发动反外戚、反宦官活动的士大夫官僚有很大不同。其他韩融、荀爽等莫不如是,都可以归入拒绝入朝为官的"处士"这一群体。而这一群体的活跃与蔚为大观,实际也是从顺帝以降才开始的。②

这样看来,曹丕所彰表的东汉"二十四贤",实际上是由东汉中后期的两大类人士所构成。其一为积极发动、参与反外戚、反宦官活动的士大夫官僚,其人选与所谓的"党锢人士"存在相当大的重合;其一则为拒绝入朝为官、选择在家生活的"处士"群体。就后者而言,其在家不仕的动机固然

---

① 《后汉书》,第 1558 页。
② 参考前引都築晶子《後漢後半期の処士に関する一考察》、安部聪一郎《隐逸、逸民的人士と魏晋期の国家》及本书单元四第二章《"处士功曹"小论》。

多种多样,①但从其拥高名而不应朝廷征辟的结果来看,也可以说采取了对东汉后期的黑暗局面进行消极反抗的政治态度,事实上构成了针对外戚、宦官权力进行抵制、斗争的抵抗运动之一环,可以视为广义上的"清流"势力的组成部分。② 前述曹丕为彰表"二十四贤"所进行的"政治资格审查",实际上是贯彻于所有 24 位人选之中的。

那么,曹丕在延康元年(220)继任丞相、魏王之后,正式启动代汉魏禅让程序之前,以"二十四贤"的名义对 24 位东汉中后期人士进行彰表,其背后的政治意义也就凸显出来了。"二十四贤"乃是汉末广义上的"清流"的代表人物;对他们的彰表,正与前述曹魏王朝君臣以汉末清流的继承者自居这一政治态度保持了一致。而被"清流"士人以"浊流"视之的外戚与宦官权力,事实上又本是汉代皇帝权力结构中的正当组成。③ 汉魏革命之际魏王曹丕对于前朝如是面貌的"二十四贤"的彰表,实际上也表达了新王朝的统治群体对于汉代皇帝权力结构中外戚与宦官权力的直接否定与新王朝正当性之出自的确认。④ 在这一意义上,我们可以将此"二十四贤"视为曹魏王朝之"先贤";对他们的彰表,与曹魏王朝成立后一系列改造汉代传统、重构新型皇帝权力结构的政治举措是同一种意识形态的表现。⑤

---

① 川勝義雄《六朝貴族制社會研究》第一编第二章《汉末的抵抗运动》将汉末的不仕者区分为"纯粹逸民"与"逸民式人士"两大类,前者具有较为强烈的出世倾向,后者则是因为不满于现实黑暗而拒绝出仕。这一分类可以得到范晔《后汉书》立传方式的支持。但汉魏之际的人们是否有此区分意识,颇存疑问。至少在曹丕彰表"二十四贤"时似乎看不到有意识的区分。

② 参考川勝義雄《六朝貴族制社會研究》第一编第二章《汉末的抵抗运动》及安部聡一郎《清流・濁流と「名士」—貴族制成立過程の研究をめぐって—》。

③ 参考下倉涉《漢代の母と子》,《東北大学東洋史論集》8,2001 年,第 1—51 页;阎爱民《汉晋家族研究》第二章《亲属结构的轻重》,上海人民出版社,2005 年,第 75—154 页;本书单元三第一章《汉代的"外戚传"与外戚权力》。陈苏镇《〈春秋〉与"汉道":两汉政治与政治文化研究》第六章《豪族社会对东汉政治和政治文化的影响》也从上层统治集团人群构成的角度阐述了东汉外戚权力的重要性。相对于"外戚",对汉代"宦官"的深入研究尚很缺乏。

④ 当然,如永田拓治所言,这也意味着地方先贤、耆旧的任命权归结于王朝,各地域风俗教化的标准向着王朝之一元化转变。见前引永田氏《「状」と「先贤伝」「耆旧伝」の编纂—「郡国书」から「海内书」へ—》。

⑤ 参考前引徐冲《关于曹魏的侍中尚书》、《"汉魏革命"再研究:君臣关系与历史书写》、陈侃理《罪己与问责——灾异谴责与汉唐间的政治变革》、孙正军《制造士人皇帝:牛车、白纱帽与进贤冠》诸文及本书单元一第一章《魏晋国史书写的"禅让后起元"》、单元三第二章《魏晋南朝"皇后传"的成立》。

三、曹丕彰表"隐逸"的建安背景：两例个案

在短程的政治意义之外，在本单元所关注的汉魏间王朝与隐逸的关系变化方面，曹丕彰表"二十四贤"亦占有一个非常特别的历史位置。如前文所述，东汉王朝的统治群体，在处理"王朝"与"隐逸"的关系时，其态度实际上在一定程度上带有一种"实用主义"的倾向，需要通过"隐逸"出仕朝廷之后所取得的"功业"来衡量其价值。而在曹丕彰表"二十四贤"的场合，因为其中的"栖遁之士"都已经是所谓的"先贤"，无疑王朝并不期待他们未来"功业"的实现。换言之，藉由旌表"先贤"这一形式，对于王朝而言"隐逸"本身就构成了正面价值。与"汉代式"的传统相比，这可以视为一个深具历史意义的转变。

实现这样的转变自然亦非一蹴而就，更非仅来自于曹丕的个人意志。之前第二章所讨论的东汉后期地方社会出现的新秩序，也就是以"故吏"为媒介，第二次君臣关系下的官府长官与地方"处士"之间结成了一种超越单纯官僚制框架的整体关系，构成了这一转变最为重要的社会背景。而在曹丕启动汉魏禅代之前的建安年间，史料中也很幸运地保留了两例相关的个案，让我们可以更为具体真切地追踪延康元年（220）的"二十四贤"出现的历史轨迹。

如前文所述，东汉时期王朝与隐逸间关系最为典型的表现之一，就是在皇帝对隐逸者发出征命的场合，虽然是以"礼征"的面貌出现的，但若隐逸者拒绝征命，原则上来说仍然面临着为王朝权力追究过失的危险。① 我们这里所关注的第一例个案，当置于这一"汉代式"传统的延长线上。《三国志》卷十一《魏书·袁涣传》载涣建安初年迁为梁相，②裴松之注引《魏书》曰：

---

① 参见本书单元四第一章《汉代的隐逸书写与隐逸理解》。
② 《三国志·魏书·袁涣传》并未明言其迁为梁相的时间，仅知在曹操破吕布之后，事在建安三年（198）。推测当在建安初。

谷熟长吕岐善朱渊、袁津,遣使行学,还召用之,与相见。出,署渊师友祭酒,津决疑祭酒。渊等因各归家,不受署。岐大怒,将吏民收渊等,皆杖杀之。议者多非焉。涣教勿劾。主簿孙徽等以为:"渊等罪不足死,长吏无专杀之义。孔子称'唯器与名不可以假人'。谓之师友而加大戮,刑名相伐,不可以训。"涣教曰:"主簿以不请为罪,此则然矣。谓渊等罪不足死,则非也。夫师友之名,古今有之。然有君之师友,有士大夫之师友。夫君置师友之官者,所以敬其臣也。有罪加于刑焉,国之法也。今不论其罪,而谓之戮师友,斯失之矣。主簿取弟子戮师之名,而加君诛臣之实,非其类也。夫圣哲之治,观时而动,故不必循常。将有权也。间者世乱,民陵其上,虽务尊君卑臣,犹或未也,而反长世之过。不亦谬乎?"遂不劾。①

谷熟为梁国属县。② 朱渊、袁津二人当为著籍其中的县民。其不受县长吕岐的祭酒之署,乃是典型的"处士"行为,在东汉后期的时代氛围之中,并不罕见。③ 不料却招致县长杖杀。此事在梁国内部引发争议,所谓"议者多非焉"。但梁相袁涣并不以吕岐之行为非,并以"教"的形式为其进行了辩护。④

袁涣认为吕岐杖杀朱渊、袁津的行为乃是"君诛臣",显然是以"君臣"来理解县长与其掾属县民之间的关系,显示了时人观念中"二重君臣关系"的权力架构。⑤ 其所言"谓渊等罪不足死,则非也",说明在他看来,朱、袁二人的确犯了死罪。为何不受县长署命即可定为死罪?这让我们联想

---

① 《三国志》,第335页。
② 见《续汉书·郡国二》,《后汉书》,第3426页。
③ 参见本书单元四第二章《"处士功曹"小论》。
④ 关于汉魏六朝时期的"教",参考佐藤達郎《漢六朝期の地方の教令について》,《東洋史研究》68-4,2010年,第575—600页。
⑤ 关于"二重君臣关系",参考前引渡辺信一郎《『孝経』の国家論》、《『臣軌』小論——唐代前半期の国家とイデオロギー》、《中国古代専制国家論》、《天空の玉座——中国古代帝国の朝政と儀礼》;甘怀真《中国中古时期"国家"的形态》、《中国中古时期君臣关系初探》;阿部幸信《漢代官僚機構の構造——中国古代帝国の政治の上部構造に関する試論》、《前漢時代における内外観の變遷——印制の視點から》;徐冲《汉唐间的君臣关系与"臣某"形式》诸文。

起在"第一次君臣关系"层面皇帝与处士间的关系,即第一章所引《后汉书·杨秉传》中的记载:

> 有诏公车征秉及处士韦著,二人各称疾不至。有司并劾秉、著大不敬,请下所属正其罪。

说明若处士拒绝皇帝的征命,严格就法律来说是犯了"大不敬"之罪。所谓"不敬"、"大不敬",并非一般的形容词,而是皇帝权力结构中具体的罪行分类。虽然我们今天看不到汉律中关于"大不敬"罪的具体规定,但从若干相关事例看来,在汉代传统中的后果是相当严重的。相应的处罚西汉时有"当斩"、"伏剑自刎"、"弃市"、"系居室"、"除国"、"失侯"等,东汉时有"正鬼薪法"、"结鬼薪"、"槛车征诣廷尉"等。唐律中关于"大不敬"罪的规定或可给我们提供一些参考。在《唐律疏议》卷一《名例》中,"大不敬"被列为"十恶"之六:

> 六曰大不敬。谓盗大祀神御之物、乘舆服御物;盗及伪造御宝;合和御药,误不如本方及封题误;若造御膳,误犯食禁;御幸舟船,误不牢固;指斥乘舆,情理切害及对捍制使,而无人臣之礼。
> 【疏】议曰:奉制出使,宣布四方,有人对捍,不敬制命,而无人臣之礼者。制使者,谓奉敕定名及令所司差遣者也。①

之后卷十则指明与其对应的刑罚方式为"绞":

> 对捍制使,而无人臣之礼者,绞。【疏】议曰:谓奉制敕使人,有所宣告,对使拒捍,不依人臣之礼,既不承制命,又出拒捍之言语,合绞。②

---

① 刘俊文《唐律疏议笺解》卷一《名例》,北京:中华书局,1996年,第59—61页。
② 刘俊文《唐律疏议笺解》卷十,第811页。

汉代的皇帝权力对隐逸发出征命,既有诏书,亦有使者。① 隐逸拒绝应命,虽然未必采取"对使拒捍"这么激烈的形式,但既然"不承制命",也就是"不依人臣之礼",从皇帝权力这一方看来,确实完全符合"大不敬"罪的条件。建安初年的谷熟长吕岐,应该也是恼怒于两位处士之"臣"对"君"之命所采取的拒斥、藐视态度,遂在"第二次君臣关系"的层面上重演了"大不敬"罪的施行。袁涣所谓"间者世乱,民陵其上,虽务尊君卑臣,犹或未也",也是强调这一维护"第二次君臣关系"下君臣尊卑的行为有助于恢复、维持包括"第一次君臣关系"在内的整个皇帝权力结构的秩序平衡。

但建安年间这种单纯强调"支配"秩序的行为应该只是"间者世乱,民陵其上"状况下所采取的非常措施,并不能由此而论汉魏间意识形态层面的进展。② 相反应该看到的是,对于吕岐杖杀处士的极端行为,当时以主簿孙徽等为代表的梁国士人仍然"多非焉",并强调君臣之间"师友"之义的存在感。这与前文所论东汉后期地方官府长官与隐逸间所形成的新型君臣关系是正相对应的。而在下面将要看到的建安中期围绕田畴拒绝朝廷封爵所展开的争议,则是这一新秩序伴随着"汉魏革命"展延至中央层面后所引起的一些反应。

《三国志》卷十一《魏书·田畴传》载建安十二年(207)末曹操征服三郡乌丸后,因功欲以亭侯封畴——当然这只是一种曹魏王朝立场上的"追述";就当时而言,田畴所拒绝的是来自于许都汉朝廷的封爵——而田畴坚辞不受,这在建安朝廷中引起了一场争议:

> 太祖不听,欲引拜之,至于数四,终不受。有司劾畴狷介违道,苟立小节,宜免官加刑。太祖重其事,依违者久之。乃下世子及大臣博议。世子以畴同于子文辞禄,申胥逃赏,宜勿夺以优其节。尚书令荀

---

① 参考杨鸿年《汉魏制度丛考》之"征"条,第244—245页。
② 在同样的意义上,我们也不能仅据"求贤令"等乱世之策断定曹氏政权的法家、寒门甚至阉宦阶级属性,而忽略包括曹氏父子在内的曹魏王朝的统治群体在意识形态层面对于东汉后期清流士人的继承。

或、司隶校尉钟繇亦以为可听。①

在此田畴在身份上并非无官之"处士",在曹操征伐乌丸的过程中,已任其为司空户曹掾。然而就其拒绝来自于王朝的"爵命"而言,畴与"排斥皇王,陵轹将相"的栖遁之士并无不同。田畴的反复拒绝招致了有司的弹劾,所谓"狷介违道,苟立小节",其背后的潜台词应该就是前文所论的汉代"大不敬"罪的传统,故建议对其处以"免官加刑"。不过与前述谷熟长吕岐的态度不同,曹操"重其事,依违者久之",恐怕是预见到了若如此行事将招致的"议者多非焉"。

值得注意的是,曹操经过深思熟虑之后采取的对应措施是"下世子及大臣博议"。所谓"世子",即后来的魏文帝曹丕,这里当然也是一种事后追称。建安十二年(207)曹操尚只是汉朝廷之司空,曹丕得称"世子",应该是在曹操于建安十八年(213)受封魏公、开建魏国之后了。又据《三国志·魏书·文帝纪》,曹丕为五官中郎将、副丞相在建安十六年(211)。建安十二年的曹丕,事实上可能没有任何正式官位在身。②

不过此时年近二十的曹丕,作为曹操继承人的身份应该已经是比较确定的了。③ 而不到一年之后,也就是建安十三年(208),曹操即操纵汉廷废三公,自任丞相,流露出了比较明显的代汉之意。那么,建安十二年底的这场围绕田畴封爵的"下世子及大臣博议",之所以有此必要,很可能意

---

① 《三国志》,第 343 页。
② 据《三国志》卷二《魏书·文帝纪》裴注引《魏书》,曹丕曾"举茂才,不行"。又引《献帝起居注》曰:"建安十(五)〔三〕年,为司徒赵温所辟。太祖表'温辟臣子弟,选举故不以实'。使侍中守光禄勋郗虑持节奉策免温官。"(第 57 页)似乎曹操有意避免让曹丕和其他汉朝廷的大臣结下君臣关系。
③ 据《三国志·魏书·文帝纪》,曹丕生于中平四年(187)。又流传甚广的曹丕、曹植兄弟争位故事,事实上仅限于曹操为魏王后即立曹丕为王太子的建安二十一、二十二年,完全谈不上长期持续的后嗣竞争。这一时期曹操以"俄有意于植"的姿态默许曹丕、曹植两党派的对抗,或许为了排除反对既定曹丕继承线路的异己分子,从而巩固政权内部,以便汉魏交替。参考津田资久《『魏志』の帝室衰亡叙述に見える陳寿の政治意識》,《東洋学報》84-4,2003 年,第 393—420 页;同氏《〈三国志·曹植传〉再考》,收入《中国中古史研究:中国中古史青年学者联谊会会刊》1,北京:中华书局,2011 年,第 71—79 页。

在通过让曹丕和其他重臣对此事展开充分讨论,以合格的表现巩固其继承人的地位,同时也为自己下一步的权力举措打下基础。换言之,在这场争论中曹丕所发表的意见,必定是按照当时建安朝廷的统治群体——也就是经历中平六年的"革命"之后登上历史舞台的清流士人——的意识形态标准而量身打造的"官方言论"。正适合我们由此观察当时王朝对隐逸的态度。

上引《三国志》本文只是大体概括了曹丕当时所发表的意见,即"以畴同于子文辞禄,申胥逃赏,宜勿夺以优其节",而这得到了荀彧和钟繇两位朝廷重臣的赞同。更为具体的内容,则见于裴松之注引《魏书》,其载世子《议》曰:

> 昔薳敖逃禄,传载其美,所以激浊世,励贪夫,贤于尸禄素餐之人也。故可得而小,不可得而毁。至于田畴,方斯近矣。免官加刑,于法为重。

又引《魏略》载其《教》曰:

> 昔夷、齐弃爵而讥武王,可谓愚闇,孔子犹以为"求仁得仁"。畴之所守,虽不合道,但欲清高耳。使天下悉如畴志,即墨翟兼爱尚同之事,而老聃使民结绳之道也。外议虽善,为复使令司隶以决之。

又引《魏书》载荀彧《议》,以为"君子之道,或出或处,期于为善而已。故匹夫守志,圣人各因而成之";引钟繇《议》,以为"原思辞粟,仲尼不与。子路拒牛,谓之止善。虽可以激清励浊,犹不足多也。畴虽不合大义,有益推让之风,宜如世子议"。①

合而观之,曹丕、荀彧、钟繇一方面承认田畴拒绝王朝爵命的行为"不合道"、"不合大义"——这里的"道"和"大义"当指侧重于"支配—服从"的

---

① 以上引文俱见《三国志》,第344—345页。

君臣秩序，但也没有像坚持汉代传统的有司之议那样将其贬为"苟立小节"；而是充分肯定其"激清励浊"、有益天下风俗教化的正面作用。虽然国家层面的政治秩序与社会层面的教化秩序在这里仍然呈现出一种分裂状态，但"世子"、尚书令和司隶校尉所共同表达出的"免官加刑，于法为重"，显示这一新近登上历史舞台的统治群体意欲弥合二者的强烈意愿。而十二年后的汉魏禅代前夕，曹丕以魏王、丞相身份彰表包括东汉后期著名"处士"在内的"二十四贤"，则可以视为这一意愿的一个正式宣示。前文第二章所述东汉后期的儒学士人在地方社会所实践的将"隐逸"包容在内的新秩序，也藉由这样的历史过程，扩展至王朝层面，成为"汉魏革命"整体进程的一部分。

四、曹魏王朝的隐逸书写

曹丕在代汉建魏前夕对"二十四贤"的旌表，彰示了新王朝与"栖遁之士"间的不同关系。下面我们则关注这一权力结构方面的变化，在曹魏时期是如何折射至历史书写层面，成为通向两晋南朝"隐逸列传"的桥梁。换言之，即对曹魏王朝的隐逸书写进行考察。但这方面的问题在于，今天并没有一部曹魏王朝本身撰写的纪传体王朝史以完整形态保留下来。我们的讨论不得不依赖于各种片段材料，有时不免出之于推测。

首先《史通·古今正史》为我们提供了最初的线索：

> 魏黄初中，唯著《先贤表》，故《汉记》残缺，至晋无成。①

魏文帝黄初年间有《先贤表》的撰述，似仅见于《史通》这里的记载，而且也并未明言这一作品具体的作者、形式与内容等。不过在刘知幾的叙述之中，其与王朝修撰作为"前代史"的《汉记》存在一种相互替代的关系，应该理解为曹魏王朝的一种政治行为；其功能当与其他王朝修撰"前代史"一

---

① 《史通通释》卷十二，第342页。

样，意在对本王朝正当性的出自进行再确认。那么，黄初年间修撰《先贤表》以代《汉记》，在政治行为的意义上，与魏王曹丕在代汉之前彰表"二十四贤"应该是一脉相承的，在人选上或许也有继承关系。

而在明帝时代，如本章开头所引十卷本陶集《四八目》所述，明帝又为"二十四贤"撰述各自之《状》。其后又撰《甄表状》和《海内先贤传》，收录先贤的范围进一步扩大。① 明帝的这些行为当理解为王朝统治群体意识形态的表达；可以说对于所谓王朝之"先贤"的确认，在曹魏时期一直作为王朝的一种政治行为而存在。而这些"先贤"，包括了东汉后期对于王朝权力采取拒斥、蔑视态度的诸多"处士"在内。考虑到这一时期王朝对隐逸的态度中汉代式的"实用主义"倾向几乎已经消失，②或可认为"栖遁之士"结构性地进入王朝层面的历史书写即始于此。

那么，曹魏时期纪传体王朝史中的隐逸书写情况又是如何呢？首先来看作为曹魏王朝"国史"的王沈《魏书》。《史通·古今正史》载：

> 魏史。黄初、太和中，始命尚书卫觊、缪袭草创纪传，累载不成。又命侍中韦诞、应璩、秘书监王沈、大将军从事中郎阮籍、司徒右长史孙该、司隶校尉傅玄等复共撰定。其后王沈独就其业，勒成《魏书》四十四卷。其书多为时讳，殊非实录。③

刘知幾所谓"其书多为时讳，殊非实录"的评价，主要是针对王沈《魏书》中关于魏晋禅代的史事书写而言的。若不纠缠于是否直书"魏晋禅代"这一具体历史事件的层面，这部曹魏"国史"的书写方式无疑与相关时代的意识形态结构存在十分密切的对应关系。如本书前两章所考察的"禅让后

---

① 此书与文帝撰《海内士品（录）》或有继承关系。参考姚振宗《隋书经籍志考证》，收入《二十五史补编》，北京：中华书局，1955年；及前引永田氏《「先賢伝」「耆旧伝」の歴史的性格—漢晋時期の人物と地域の叙述と社会—》、《「状」と「先賢伝」「耆旧伝」の編纂—「郡国書」から「海内書」へ—》二文。
② 曹魏王朝对著名处士管宁的待遇即为其代表。详参《三国志》卷十一《管宁传》及本书单元四第三章《两晋南朝"隐逸列传"的成立》。
③ 《史通通释》卷十二，第346页。

起元"与"开国群雄传"这样两种装置,在其中都已经显露端倪。① 其对于曹魏时期"栖遁之士"的书写方式,当然也值得我们关注。

在目前可以搜集到的王沈《魏书》佚文中,有一些相关人物带有明显的"隐逸"事迹。如前文讨论过的田畴,围绕其不受封爵而发的"世子"《议》与荀彧《议》、钟繇《议》,就都引自《魏书》,说明《魏书》中当立有《田畴传》。又《三国志·魏书》卷十一《张范传》载其"性恬静乐道,忽于荣利,征命无所就",后裴松之注引《魏书》曰:

> 文帝即位,以范子参为郎中。

同卷《国渊传》裴注引《魏书》曰:

> 渊笃学好古,在辽东,常讲学于山岩,士人多推慕之,由此知名。②

则其中亦当有《张范传》和《国渊传》。值得注意的是,这三位人物均见载于《三国志》卷十一《魏书·袁张凉国田王邴管传》。而如下文第四章所论,《三国志·魏书》这一卷虽无"隐逸传"之名,却是对于曹魏王朝"栖遁之士"的集中收录。考虑到陈寿《三国志·魏书》与王沈《魏书》间密切的继承关系,③后者以同样方式书写"栖遁之士"的可能性也是很大的。

不过根据现有佚文,我们还无法判断王沈《魏书》中是否出现了《隐逸传》或者《处士传》之类的名目。在这方面可以确认的突破,来自于这一时期的另一部纪传体王朝史,即鱼豢《魏略》。如学者所指出的,《魏略》为明帝时鱼豢所撰纪传体本朝史,虽非国史,然可能与韦诞所参与修撰的曹魏

---

① 参考本书单元一第一章《魏晋国史书写的"禅让后起元"》与单元二第一章《"开国群雄传"小考》。
② 以上两条分别见《三国志》,第338、339页。
③ 参考满田刚《王沈『魏书』研究》,《创价大学大学院纪要》20,1999年,第263—278页;同氏《『三国志』魏书の典據について(卷一〜卷十)》,《创价大学人文论集》14,2002年,第A237—A265。

第二期"国史"(《大魏书》)关系密切,①一定程度上也可以反映曹魏"国史"的大致面貌。

可以确认的是,《魏略》之中已经出现了以专传方式集中书写"栖遁之士"的结构。虽然今天也已经无法看到《魏略》原本全貌,史料之中仍有蛛丝马迹可寻。《梁书》卷五二《止足传·序》载:

> 鱼豢《魏略·知足传》,方田、徐于管、胡,则其道本异。②

可知鱼豢《魏略》之中立有《知足传》。而其传主,从"方田、徐于管、胡"推测,似为田畴、徐幹、管宁、胡昭四人。③ 其中田、管、胡三人列于《三国志·魏书》卷十一中,均可视为广义上的"栖遁之士",后两者更是典型的处士。而徐幹其人,据《三国志·魏书》卷二一《王粲传附徐幹传》裴松之注引《先贤行状》曰:

> 幹清玄体道,六行修备,聪识洽闻,操翰成章,轻官忽禄,不耽世荣。建安中,太祖特加旌命,以疾休息。后除上艾长,又以疾不行。④

其隐逸的特征也是非常明显的。《魏略》以《知足传》编总田、徐、管、胡诸人,受到了《梁书·止足传》作者的批评,认为田、徐与管、胡"其道本异",《魏略》编次不伦。然而《梁书》本身为《处士传》与《止足传》分立,⑤其所谓的"止足"观念与《魏略》之"知足"未必完全一致。无论如何应该得到重视

---

① 《太平御览》卷七四七《工艺部四·书上》引《三辅决录》曰:"韦诞,字仲将。除武都太守。以书不得之郡。转侍中,典作《魏书》。号《散骑书》,一名《大魏书》,凡五十篇。"(第3317页)参考津田资久『魏略』の基础的研究,《史朋》31,1998年,第1—29页。
② 《梁书》,北京:中华书局点校本,1973年,第757页。
③ 钱大昕认为"徐"指徐庶,似非。见(清)钱大昕撰,方诗铭·周殿杰校点《廿二史考异》卷十五《三国志一》,上海古籍出版社,2004年,第283页。参考前引津田资久『魏略』の基础的研究。
④ 《三国志》,第599页。
⑤ 赵翼《廿二史札记》对《梁书》的这一书法有所批评。见《廿二史札记校证(订补本)》卷九《梁书有止足传无方技传》,第195—196页。

的是,《魏略》是中国古代纪传体王朝史中可以确认的最早以专传形式编总隐逸者。

又据《三国志·魏书》卷十一裴松之注所引,《魏略》中尚有焦先、扈累及寒贫者三人之传。与《知足传》所录四人相比,这三人似乎代表了另一种类型的"隐逸"。如焦先:

> 至嘉平中,太守贾穆初之官,故过其庐。先见穆再拜。穆与语,不应。与食,不食。穆谓之曰:"国家使我来为卿作君。我食卿,卿不肯食我。与卿语,卿不应我。如是,我不中为卿作君,当去耳。"先乃曰:"宁有是邪?"遂不复语。其明年,大发卒,将伐吴。有窃问先:"今讨吴何如?"先不肯应,而谬歌曰:"祝蚓祝蚓,非鱼非肉,更相追逐,本心为当杀牂羊,更杀其殃糴邪。"郡人不知其谓。会诸军败,好事者乃推其意,疑牂羊谓吴,殃糴谓魏,于是后人佥谓之隐者也。①

前述田畴、管宁等人虽然不应王朝之命,然其在乡里社会日常秩序的维持和再生产中实际发挥了相当重要的作用。② 而从《魏略·焦先传》中"郡人不知其谓"、"好事者乃推其意"、"于是后人佥谓之隐者"等措辞来看,焦先并不能以社会性的方式与乡人沟通。扈累与寒贫者行迹亦如此。前者"昼日潜思,夜则仰视星宿,吟咏内书。人或问之,闭口不肯言",后者"痴愚不复识人。食不求味,冬夏常衣弊布连结衣。体如无所胜,目如无所见。独居穷巷小屋,无亲里。人与之衣食,不肯取"。③ 他们实际上属于所谓的"痴愚者"。④ 现有的文献片段不足以支持我们判断《魏略》对于三人

---

① 《三国志》,第 364 页。
② 前引川勝義雄《六朝贵族制社会研究》第一编第二章《汉末的抵抗运动》、都築晶子《後漢後半期の処士に関する一考察》二文较早从乡里社会秩序形成的角度对此进行了论述。近年安部聡一郎《隱逸、逸民の人士と魏晉期の国家》及本书单元四第二章《"处士功曹"小论》则利用汉碑材料,指出东汉后期围绕"处士"所形成的秩序与地方长官、掾吏群体之间都有密切关系。
③ 《三国志》,第 365 页。
④ 关于"痴愚者"或者"疯癫"在古代社会中的独特角色,可参考福柯的经典著作《疯癫与文明》,刘北成、杨远婴译,北京:三联书店,2004 年。

之传的具体编排,比如是否与田畴、管宁一起被置于《知足传》中? 还是另录一卷? 但可以肯定的是,如果不是"隐逸"本身对于曹魏王朝的统治群体而言已经构成了相当的正面价值,成为意识形态的重要构成,很难想象他们会被以"隐者"的形象收入《魏略》这样的纪传体王朝史中。①

【再版补记】永田拓治《漢晋期における「家伝」の流行と先賢》(载《東洋学報》94-3,2012年)进一步梳理了曹魏文帝、明帝时期王朝选定"先贤"与东汉末三国初社会上流行的"家传"之间的密切关系。

---

① 又关于焦先,裴松之注引皇甫谧《高士传》曰:"或问皇甫谧曰:'焦先何人?'曰:'吾不足以知之也。考之于《表》,可略而言矣。'"(第364—365页)这里皇甫谧提到的《表》,其确切所指不可获知,但可以了解其中收录了曹魏时期"隐者"焦先之事迹。前文引《史通》言"魏黄初中,唯著《先贤表》",而明帝曾为文帝所彰表"二十四贤"撰写《状》语,亦著《海内先贤传》,都是以东汉后期人物为收录对象的。此处皇甫谧所言之《表》,或许是某种包括了曹魏本朝的"栖遁之士"在内的作品。

第四章　两晋南朝"隐逸列传"的成立

一、《三国志·魏书》的隐逸书写

由上章的考察可知，以曹丕在汉魏禅代前夕彰表包括若干"处士"在内的"二十四贤"为标志，东汉后期被包容进"第二次君臣关系"的隐逸上升至王朝层面，成为皇帝权力结构的正当组成。与此相应，作为曹魏国史的王沈《魏书》集中收录了一批汉魏之际的隐逸人士；另一部纪传体王朝史鱼豢《魏略》之中更是首次出现了以编总"栖遁之士"为主要内容的《知足传》这一名目，相对于汉代的隐逸书写而言迈出了重要一步。然而，撰于西晋时期的陈寿《三国志·魏书》中却看不到类似《知足传》或者《处士传》之类的名目。对这种貌似发生了倒退的现象，我们应该如何理解呢？

事实上，《三国志·魏书》中所缺失的不仅仅是"隐逸传"。《魏略》在《知足传》外，目前可以确认的专传之名尚有《纯固传》、《佞幸传》、《儒宗传》、《苛吏传》、《勇侠传》、《清介传》、《游说传》等多种。① 而这些均不见于《三国志·魏书》。从篇目上来说，陈寿之书其实没有采取任何"专传"命

---

① 《魏略》作为传目之名的"知足"、"纯固"、"清介"、"勇侠"等等，无疑是当时人物品评之风的反映，与所谓"九品中正制"的形成也有密切关系。这些传目多未为其后纪传体王朝史的书写所继承，也反映了魏晋南朝社会在形成之初的一些特质。

名的方式。这应该与其本身以简、质称的整体特征相关,①而未必可以由此径论某一人群之有无。若忽略"名目"的问题,可以说《三国志·魏书》中实际上并不缺乏对于"栖遁之士"的书写,即前文已经提到的卷十一《袁张凉国田王邴管传》。这一卷与曹魏"国史"王沈《魏书》之间,或有相当的继承关系。

与两晋南朝的"隐逸列传"相比,《三国志》卷十一《魏书·袁张凉国田王邴管传》所录人物的构成是比较有趣的。其中严格意义上的"隐逸"——即一直保持在家生活,未出仕朝廷为官者——似乎只有管宁、张臶、胡昭三人。其他诸人则皆有入仕建安朝廷乃至曹氏"魏国"之经历。如袁涣相继为沛南部都尉、梁相、谏议大夫、丞相军祭酒,曹操"魏国初建",又为郎中令,行御史大夫事。张范归曹后为议郎,参丞相军事,其弟承在魏国建后以丞相参军祭酒领赵郡太守。即使是对曹操政权态度并不积极的田畴,也曾在曹操征伐三郡乌丸时为其司空府户曹掾,并被举茂才,拜为蓨令,只是未之官到任;拒绝封爵之赏后,又被拜为议郎。那么陈寿将其收录于一编的理由何在呢?

在这一卷的结尾,陈寿有如下评语:

> 评曰:袁涣、邴原、张范躬履清蹈,进退以道,盖是贡禹、两龚之匹。凉茂、国渊亦其次也。张承名行亚范,可谓能弟矣。田畴抗节,王修忠贞,足以矫俗;管宁渊雅高尚,确然不拔;张臶、胡昭闭门守静,不营当世。故并录焉。②

可以看到,陈寿实际上将这一卷的人物大致区分为了三种类型,如表4所示:

---

① 参考胡宝国《〈三国志〉裴注》,收入氏著《汉唐间史学的发展》,第73—99页。
② 《三国志》,第366页。

表 4　《三国志·魏书》卷十一收录人物分类

类型	特　征	人　　选
A	"进退以道"型	袁涣、邴原、张范、张承、凉茂、国渊
B	"抗节忠贞"型	田畴、王脩
C	"不营当世"型	管宁、张臶、胡昭

只要略加引申，就会发现这三种类型的区分实际是对应着三种广义上的"隐逸"类型。A 型所谓"进退以道"，是指传主在旧主之下采取不仕姿态，归曹后则选择出仕，即所谓"邦有道则仕，邦无道则卷而怀也"；①B 型与此相反，是因为传主曾仕旧主，因"忠贞"而不仕新主；C 型则是比较纯粹的"栖遁之士"。三类人物事实上行迹各异，却因"隐逸"这一共同的交集而被陈寿集中收录于一编之中。这再明显不过的说明了在《三国志》成书的魏晋时期，"隐逸"本身的正面价值已经得到王朝层面的相当肯定，并藉由纪传体王朝史的书写与传播，成为皇帝权力结构的正当组成。可以说《三国志》卷十一《魏书·袁张凉国田王邴管传》是虽无"隐逸传"之名，却得"隐逸列传"之实的。其与曹魏王朝的隐逸书写之间，是一种继承和发展的关系，而非相反。

如果将《汉书》卷七二《王贡两龚鲍传》与《三国志》卷十一《魏书·袁张凉国田王邴管传》这两篇形式上相似的列传进行对比，这一印象会更加强烈。如前文所述，《汉书·王贡两龚鲍传》虽然也对西汉一代的栖遁之士进行了集中收录，但篇末赞语中所谓"山林之士往而不能反，朝廷之士入而不能出，二者各有所短"，还是流露出其所代表的王朝意识形态与隐逸之间存在的距离感。② 在具体人物的书写方面，如其中的《王吉传》、《贡禹传》所示，大量篇幅放在了记录传主就具体国政发表的言论之上，③而非其"不营当世"的事迹。这与前文指出的"汉代式"的意识形态中对于隐逸

---

① 原出《论语·卫灵公》，范晔《后汉书》卷五三《周黄徐姜申屠列传·序》亦有引用。
② 详参本书单元四第一章《汉代的隐逸书写与隐逸理解》。
③ 《王吉传》所录吉上书的内容包括：谏昌邑王游猎驱驰、谏昌邑王入京慎行、请宣帝明选求贤；《贡禹传》所录禹上书的内容包括：请元帝节俭从古、请元帝减赋兴农、请元帝罢郡国庙，等等。都是非常具体的现实问题。

的"事功"期待无疑是正相对应的。

《三国志》卷十一《魏书·袁张凉国田王邴管传》的书法与此形成了鲜明对比。以其中的《管宁传》为例。其虽以管宁这位汉魏之际最为著名的"处士"为传主,但记述其生平事迹的文字却非常短少,也没有收录管宁就具体国政所发表过的任何意见;却把主要的篇幅放在了记录公卿荐举、王朝征聘以及管宁本人回复的文书往来之上。以较为完整面目收录的就包括了如下所示的五通:

1. 明帝即位后所下诏书,以管宁为光禄勋;
2. 青龙三年(235)十二月辛酉诏书,命青州刺史以礼发遣管宁至京;①
3. 青龙四年(236)二月,管宁辞征命疏;
4. 明帝时期,青州刺史程喜上书,言管宁近况;
5. 齐王芳正始二年(241),太仆陶丘一等荐管宁书;②

以简洁著称的《三国志》,在"列传"中这样大幅收录原始文书史料的书写方式是比较罕见的,说明在陈寿看来其重要性不容忽视。管宁本人基本可以说始终并未应命,若从汉代皇帝权力结构的视角来说,属于无甚"功业"可采。但从《三国志·魏书·管宁传》记录的内容看来,朝廷公卿推荐、皇帝下诏征聘、栖遁之士婉拒、王朝再加以优容这一过程,实际上是作为一个完整的仪式而在曹魏王朝被反复执行的,发挥着重要的意识形态功能。而《三国志·魏书·管宁传》的如是记录,事实上又是以历史书写的方式,在西晋王朝重演和传播了这一仪式。其所在的卷十一未曾明示的"隐逸列传"的属性,更由此得以凸显出来。

---

① 这一诏书之前并未明言时间,但根据青龙四年二月《管宁辞征命疏》中的叙述,其即为青龙三年(235)十二月辛酉诏书。
② 以上文书俱见《三国志》,第356—360页。

二、两晋南朝"隐逸列传"的成立

以上主要从"内证"的角度确认了《三国志·魏书》中立有"隐逸列传"。事实上,同一时期的其他历史书写形式亦可以为此提供思考背景。如表5列出了《隋书·经籍志·史部·杂传类》所收录的各种单行《高士传》类作品。此类作品在中古时期大行于世。[①] 其中魏末嵇康撰《圣贤高士传赞》和西晋皇甫谧撰《高士传》、《逸士传》,就时间序列而言,恰与王沈《魏书》和陈寿《三国志》的这一组合相对应,引人深思。

表5 《隋书·经籍志·史部·杂传类》所见《高士传》类作品

书名、卷数	作 者	书名、卷数	作 者
《圣贤高士传赞》三卷	魏嵇康撰,宋周续之注	《至人高士传赞》二卷	东晋孙绰
《高士传》六卷	西晋皇甫谧	《高隐传》十卷	梁阮孝绪
《逸士传》一卷	西晋皇甫谧	《高隐传》十卷	不著撰人
《逸民传》七卷	晋张显	《续高士传》七卷	陈周弘让
《高士传》二卷	东晋虞盘佐		

更具标志性的现象出现于两晋王朝本身的纪传体王朝史书写之中。据《史通·古今正史》所载,唐修《晋书》以外,较有规模的"晋史"有王隐《晋书》、何法盛《晋中兴书》和臧荣绪《晋书》三家。前二者分别以西晋、东晋为书写对象,臧书则"集东、西二史,合成一书"。[②] 我们这里重点讨论一下王隐《晋书》。

据《史通·古今正史》和唐修《晋书·王隐传》,王隐虽曾以东晋王朝著作郎身份"受诏撰晋史",但后来坐事免官,其《晋书》八十九卷是在庾亮资助下方才得以完成奏上的,事在成帝咸康六年(340)。[③] 而其父王铨在

[①] 参考逯耀东《〈隋书·经籍志·史部〉及其〈杂传类〉的分析》,收入氏著《魏晋史学的思想与社会基础》,北京:中华书局,2006年,第51—70页;前引胡宝国《杂传与人物品评》、仇鹿鸣《略谈魏晋的杂传》。
[②] 《史通通释》卷十二,第349—350页。
[③] 《史通通释》卷十二,第349—350页;《晋书》卷八二《王隐传》,北京:中华书局点校本,1974年,第2143页。

西晋时期所做的工作似乎在此书中占有非常重要的地位。史载铨"有著述才,每私录晋事及功臣行状,未就而卒"。王隐《晋书》中"编次有序者,皆铨所修;章句混漫者,必隐所作"。① 某种程度上可以把此书视为两晋王朝的"准国史"。

《三国志》卷十一《魏书·王修传》裴松之注引王隐《晋书》曰:

> 子裒,字伟元。少立操尚,非礼不动。身长八尺四寸,容貌绝异。痛父不以命终,绝世不仕。立屋墓侧,以教授为务。旦夕常至墓前拜,辄悲号断绝。墓前有一柏树,裒常所攀援,涕泣所著,树色与凡树不同。读诗至"哀哀父母,生我劳悴",未尝不反覆流涕,泣下沾襟。家贫躬耕,计口而田,度身而蚕。诸生有密为裒刈麦者,裒遂弃之;自是莫敢复佐刈者。裒门人为本县所役,求裒为属,裒曰:"卿学不足以庇身,吾德薄不足以荫卿,属之何益?且吾不捉笔已四十年。"乃步担乾饭,儿负盐豉,门徒从者千余人。安丘令以为见己,整衣出迎之於门。裒乃下道至土牛,磬折而立。云:"门生为县所役,故来送别。"执手涕泣而去。令即放遣诸生,一县以为耻。②

上引文字所记王裒事迹,近于东汉后期以来的"隐逸"一流。幸运的是,虽然全本已经散佚,仍然有史料片段可以帮助我们确认其在全书中的所属。《太平御览》卷六一六《学部十·读诵》载:

> 王隐《晋书·处士传》曰:"王裒,字伟元,北海人也。读书至'哀哀父母,生我劬劳',未尝不反复流涕沾胸也。"③

《御览》引文显然来自于上引王隐《晋书·王裒传》相关叙述的节略。由此可以确认是书立有《处士传》。而《太平御览》书前所附《经史图书纲目》在

---

① 《史通通释》卷十二,第350页。
② 《三国志》,第348页。
③ 《太平御览》,第2768页。

王隐《晋书》之外亦列有"王隐《晋书·处士传》",①也说明了其在魏晋南朝似乎颇受重视,乃至可单行于后世。

又《太平御览》卷五〇二《逸民部》载:

> 王隐《晋书》曰:"魏末有孙登,字公和。汲郡人,无家属。时人于汲郡北山上土窟中得之。夏则编草为裳,冬则被发覆面。对人无言,好读《易》、鼓琴。初,宜阳山中作炭者忽见有人不语,精神不似常人。帝使阮籍往视,与语,亦不应。籍因大啸。野人乃笑曰:'尔复作向声。'又为啸。籍将求出,野人不听而去,登岭,啸如箫韶笙簧之音,声震山谷。而还问炭人曰:'故是向人耳。'寻知求不知所止。推问久之,乃知姓名。"②

其后则以"又曰"形式记载庾衮、董京等数十位隐逸者事迹。《九家旧晋书辑本》据此认为王隐《晋书》有《逸民传》,而将以上人士尽数归入。③ 这一做法似乎并没有什么文献上的依据。事实上,以上诸人事迹同样也可以列入《处士传》中。当然在没有进一步文献材料的情况下,也只能仅止于推测。

《太平御览·逸民部》所列王隐《晋书》中的隐逸名单是很有趣的。前已述及,王隐《晋书》成于东晋成帝咸康六年(340),而《史通》的叙述似乎暗示其内容以西晋历史为主。但如表6所示,这一名单中不仅有多人活动于东晋乃至咸康六年之后(如瞿硎先生、邓粲),更包含了不在东晋王朝统治范围内的若干十六国政权下人士:

表6 《太平御览·逸民部》引王隐《晋书》所见隐逸者

所在政权	隐 逸 者
曹魏	孙登
西晋	董京、夏统、董养、郭琦、鲁褒、任旭、庾衮、霍原、王长文

---

① 《太平御览》,第9页。
② 《太平御览》,第2295页。
③ (清)汤球辑,杨朝明校补《九家旧晋书辑本》,郑州:中州古籍出版社,1991年。

(续表)

所在政权	隐逸者
东晋	郭文、任旭、韩绩、瞿硎先生、邓粲
成汉	龚壮、谯秀
前凉	氾腾、郭瑀、郭荷、祈嘉、宋纤、索袭
汉、前赵	辛谧、杨轲
后赵、冉魏	辛谧、杨轲
前燕	公孙凤、公孙永
前秦、后秦	公孙永、张忠、石垣

这说明虽然王隐上奏其所撰《晋书》是在咸康六年，但其书在流传过程中仍然陆续增补了一些新的内容。上引《史通·古今正史》说其书有八十九卷，但《隋书·经籍志》则记王隐《晋书》为"八十六卷。本九十三卷，今残缺"。① 多出来的四卷或许就是缘于后来增补所致。东晋南朝时人不断为王隐《晋书》包括《处士传》在内的"隐逸列传"增补新的人选，甚至将实际并不在自身统治范围内的北方政权人士列入，② 显示了以纪传体王朝史中立"隐逸列传"对应于隐逸成为皇帝权力结构的正当组成，在这一历史时期作为一种意识形态的强大而持久的影响力。前述《太平御览》书前所附《经史图书纲目》在王隐《晋书》之外亦单独列有"王隐《晋书·处士传》"，也应该与上述状况有相当密切的关系。

---

① 《隋书》，第955页。
② 这种做法与东晋政权之"天下观"的演进应该也有密切关系。参考中村圭爾《南朝国家論》，收入《岩波講座 世界歴史》第9卷《中華の崩壞と再生》，东京：岩波書店，1999年，第205—226页；戶川貴行《劉宋孝武帝の礼制改革について—建康中心の天下観との関連からみた—》，《九州大学東洋史論集》36，2008年，第68—87页；同氏《東晋南朝における天下観について—王畿、神州の理解をめぐって》，《六朝学術学会報》10，2009年，第35—49页。就史料来源说，王隐《晋书》中关于十六国政权下隐逸者的记录，很可能来自于十六国政权自身的历史书写作品。表6中与东晋关系密切的前凉政权人士特多，也或与这一点有关。《宋书》卷九八《张掖临松卢水胡传》记北凉沮渠茂虔向刘宋献书若干，其中即包括了《敦煌实录》十卷、《凉书》十卷（第2416页）。参考聂溦萌《三﨑良章〈五胡十六国の基礎的研究〉评介》，收入《中国中古史研究：中国中古史青年学者联谊会会刊》2，第266—278页。

《太平御览·逸民部》在王隐《晋书》后,又引何法盛《晋中兴书》所载十数位隐逸者事迹,包括虞喜、许询、许玄、翟汤、郭翻、孙略、陶淡、范宣、孟陋、刘驎之、龚玄之、戴逵。①《九家旧晋书辑本》则做了进一步的增补。② 何法盛为刘宋湘东太守。③ 其书是否以"隐逸列传"名目编总以上隐逸者事迹,史无明文。但同时代的谢灵运《晋书》中立有《止足传》,则由《梁书》卷五二《止足传·序》中的如下记载可以得到确认:

　　　　谢灵运《晋书·止足传》,先论晋世文士之避乱者,殆非其人;唯阮思旷遗荣好遁,远殆辱矣。《宋书·止足传》有羊欣、王微,咸其流亚。④

　　这段文字还提到了《宋书·止足传》。考虑到成于南齐时代的沈约《宋书》中只有《隐逸传》,并无《止足传》,这里的"《宋书》"更有可能是指作为沈约宋书之基础的刘宋国史。⑤ 再加上更为众所周知的范晔《后汉书》中立有《逸民传》和"处士传",则《晋中兴书》中立有"隐逸列传"或亦当为题中之义。

　　南齐时代标志性的隐逸书写除了沈约《宋书》立《隐逸传》外,就是本单元开头所提到的"国史"立《处士传》。事见《南齐书》卷五二《文学·檀超传》:

　　　　建元二年(480),初置史官,以超与骠骑记室江淹掌史职。上表立条例。开元纪号,不取宋年。封爵各详本传,无假年表。立十志:律历、礼乐、天文、五行、郊祀、刑法、艺文依班固,朝会、舆服依蔡邕、司马彪,州郡依徐爰,百官依范晔,合州郡。班固五星载天文,日蚀载

---

① 《太平御览》,第2299—2300页。
② 《九家旧晋书辑本》,第480—485页。
③ 参考《史通通释》卷十二《古今正史》,第350页。
④ 《梁书》,第757—758页。
⑤ 参考《史通通释》卷十二《古今正史》。又沈约《宋书》卷六二为羊弘、张敷、王微之传,似与刘宋国史《宋书》中的《止足传》存在某种继承关系。

五行;改日蚀入天文志,以建元为始。帝女体自皇宗,立传以备甥舅之重。又立处士、列女传。诏内外详议。①

除了本单元开头所引的袁彖反对之外,南齐国史《处士传》之立未见异议,应视为王朝主流意识形态的反映。梁萧子显所撰《南齐书》中的《高逸传》,与南齐国史中的《处士传》应该存在某种继承关系。另外,臧荣绪《晋书》逸文中亦有数位隐逸者出现。② 值得注意的是,臧本人在南齐时代就是一位知名的"隐者"。③

又唐姚思廉所著《梁书》中立有《处士传》和《止足传》,对"隐逸列传"做了进一步的细分。这种分类可能来自萧梁国史本身。《隋书》卷五八《许善心传》载其所著《梁书》目录曰:

> 四帝纪八卷,后妃一卷,三太子录一卷,为一帙十卷。宗室王侯列传一帙十卷。具臣列传二帙二十卷。外戚传一卷,孝德传一卷,诚臣传一卷,文苑传二卷,儒林传二卷,逸民传一卷,数术传一卷,藩臣传一卷,合一帙十卷。止足传一卷,列女传一卷,权幸传一卷,羯贼传二卷,逆臣传二卷,叛臣传二卷,蛮传论述一卷,合一帙十卷。④

其中包括了《逸民传》一卷与《止足传》一卷。而许善心的工作事实上是接续其父在梁代所作之《梁书》的,⑤可以认为一定程度上也反映了梁代国史的面貌。

讨论至此,可以将汉代以后纪传体王朝史中的隐逸书写概况列表如下:

---

① 《南齐书》,第 891 页。
② 《九家旧晋书辑本》,第 166—168 页。
③ 《南齐书》卷五四《高逸传·臧荣绪》。
④ 《隋书》,第 1430 页。
⑤ 据《隋书·许善心传》,其父在萧梁世,"《梁书》纪传,随事勒成,及阙而未就者,目录注为一百八卷",入陈世,"诏为史官,补阙拾遗,心识口诵。依旧目录,更加修撰,且成百卷,已有六帙五十八卷,上秘阁讫",第 1429—1430 页。

表7　汉唐间纪传体王朝史中的隐逸书写

时代	作者·史书·性质	隐逸书写形式
西汉	司马迁《史记》·准国史	无隐逸
东汉	班固《汉书》·前代史	集中收录隐逸于一卷
东汉	刘珍等《东观汉记》·国史	集中收录隐逸于一卷
曹魏	王沈《魏书》·国史	集中收录隐逸于一卷?
曹魏	鱼豢《魏略》·准国史	知足传
西晋	陈寿《三国志·魏书》·前代史	集中收录隐逸于一卷
东晋	王隐《晋书》·准国史	处士传
刘宋	范晔《后汉书》·前代史	逸民传
刘宋	谢灵运《晋书》·前代史	止足传
刘宋	徐爰等《宋书》·国史	止足传
南齐	沈约《宋书》·前代史	隐逸传
南齐	檀超、江淹"南齐国史"	处士传
梁	萧子显《南齐书》·前代史	高逸传
北齐	魏征《魏书》·前代史	逸士传
隋	许善心《梁书》·前代史	逸民传、止足传
唐	房玄龄等《晋书》·前代史	隐逸传
唐	姚思廉《梁书》·前代史	处士传、止足传
唐	姚思廉《陈书》·前代史	无隐逸传
唐	李百药《北齐书》·前代史	无隐逸传
唐	令狐德棻等《周书》·前代史	无隐逸传
唐	魏征等《隋书》·前代史	隐逸传

可以看到，以"汉魏革命"为界，"隐逸列传"作为一种结构成立于魏晋南朝的纪传体王朝史中。无论是本朝"国史"还是"前代史"，无论是王朝官撰还是个人私修，均共享了这一结构，适足反映出其作为一种意识形态装置在这一历史时期皇帝权力结构中的重要意义。而反观北朝和隋唐时代的历史书写，几部"隐逸列传"篇幅较大的作品如许善心《梁书》、房玄龄

等《晋书》、姚思廉《梁书》，本是以南朝的成熟作品为蓝本而成；其他几部则或无隐逸传，或如魏收《魏书》、魏征等《隋书》那样虽有名目，篇幅却极为短小。显示了北朝的皇帝权力结构中王朝与隐逸的不同关系，虽然其中也能看到南朝观念的巨大影响。这是需要进一步深入探讨的问题。

三、"新秩序"下的王权与隐逸

魏晋南朝纪传体王朝史中"隐逸列传"的成立，凸显出其皇帝权力结构与汉代的巨大差异。如前文所多次指出的，"隐逸"并未真正成为汉代皇帝权力结构的正当组成；表面上的礼遇与优容，掩盖不住其背后的事功期待与支配追求。而在魏晋南朝，藉由本单元第二章、第三章所揭示的历史过程，原本被摄入"第二次君臣关系"的隐逸上升至王朝层面，成为这一历史时期的统治群体在宣示自身所在王权的正当性时所不可或缺的组成部分。前述曹魏王朝之所以反复发动对于著名"处士"管宁的征辟，其意即在于此。正始二年（241）太仆陶丘一等在对于管宁的荐书中说道：

> 若宁固执匪石，守志箕山，追迹洪崖，参踪巢、许。斯亦圣朝同符唐、虞，优贤扬历，垂声千载。虽出处殊途，俯仰异体，至于兴治美俗，其揆一也。①

即使管宁并不应命出仕，依然保持"处士"身份，其对于王朝而言仍然构成正当而重要的价值。这种正当性的构成既来自于隐逸（"巢、许"）与王朝（"唐、虞"）对应的历史想象，也包含了"兴治美俗"、教化民众的现实期待。在汉代传统下曾经呈现分裂状态的政治秩序与社会秩序，在此通过历史与现实的对应转换，编织为魏晋南朝新的秩序样态。

而《三国志·魏书》采取如是书写方式构成《管宁传》，无疑说明在陈寿写作的西晋时期，王朝仍然需要同样的意识形态装置来发挥作用。这

---

① 《三国志》，第360页。

一时期皇甫谧所作《释劝论》——作者另著有《高士传》、《逸士传》，本人也是一位知名的"栖遁之士"——以更为清晰的方式阐示了王朝与隐逸之间的互补关系：

> 若乃圣帝之创化也，参德乎二皇，齐风乎虞夏，欲温温而和畅，不欲察察而明切也；欲混混若玄流，不欲荡荡而名发也；欲索索而条解，不欲契契而绳结也；欲芒芒而无垠际，不欲区区而分别也；欲闇然而日章，不欲示白若冰雪也；欲醇醇而任德，不欲琐琐而执法也。是以见机者以动成，好遁者无所迫。故曰，一明一昧，得道之概；一弛一张，合礼之方；一浮一沈，兼得其真。故上有劳谦之爱，下有不名之臣；朝有聘贤之礼，野有遁窜之人。①

皇甫谧上述言论看似在发挥某种玄浮的哲学观念，但只要对汉魏以来的历史进程有相当了解者，即不难体察出其所谓"察察而明切"、"琐琐而执法"等措辞所确切指向的汉代皇帝权力结构的特质。换言之，他实际上也藉由隐逸观的宣示，表达了对汉代皇帝权力结构的否定之意。这种否定同时伴随着对于新秩序的期待，即将"隐逸"视为与朝廷之臣同样的皇帝权力结构的有机组成部分，并且在某种二元论的意义上，发挥使王朝乃至天下秩序达致和谐的重要作用。② 甚至可以说，正当王朝价值的完整实现，需要以"隐逸"的存在为其必要条件。前文曾列举建安朝廷围绕田畴拒绝爵命而展开的讨论。其中继承汉代传统的"有司"指责田畴"狷介违道，苟立小节"，即使为田畴辩护的曹丕、荀彧等人也仍然承认其行为"不合道"、"不合大义"。③ 而到了皇甫谧这里，所谓"一明一昧，得道之概；一弛一张，合礼之方；一浮一沈，兼得其真"，隐逸已然"得道"、"合礼"，可以说已然被抬升至"天下大道"的层次。"栖遁之士"无需放弃其"处

---

① 《晋书》卷五一《皇甫谧传》，第 1413—1414 页。
② 丹羽兑子《皇甫谧と高士伝——隐逸者の生涯—》已经指出了这一点。
③ 详参本书单元四第三章《"二十四贤"与曹魏王朝的隐逸书写》。

士"身份即可在王朝之中发挥功能,其存在本身即宣示着王朝秩序之和合。①

隐逸在这一历史时期对于王权的重要性,在如下东晋末桓玄的例子中表现的尤为明显。《晋书》卷九九《桓玄传》载:

> 玄以历代咸有肥遁之士,而己世独无,乃征皇甫谧六世孙希之为著作,并给其资用,皆令让而不受,号曰高士,时人名为"充隐"。②

此事《通鉴》亦载,胡三省于后注曰:"实非隐者而以之备数,故谓之充隐。"③作为失败的王朝创建者,这里的"充隐"故事不过是源出于刘宋时人所书写的桓玄形象之上的众多历史污点之一。④ 但若回到桓玄发动晋楚禅代的历史现场,⑤这一幕无疑是桓玄及其周边团队按照当时的意识形态要求所特意设置的正当环节,与前此后此所推行的开建楚国为楚王、加九锡、制造祥瑞等措置在性质上并无不同。⑥

事实上,击灭桓玄、迎回安帝复位的刘裕,在十五年后再次通过禅让模式代晋建宋时,也仍然按照同样的意识形态要求重复着和桓玄同样的程序步骤。《宋书》卷九三《隐逸传》所录十七位隐逸者中,近半数都是在晋宋禅代的义熙、永初年间受到刘裕征辟的。不妨列表如下:

------

① 中村圭尔《六朝贵族制与官僚制》(收入谷川道雄主编《魏晋南北朝隋唐史学的基本问题》,北京:中华书局,2010 年,第 155—173 页)通过对"屈"和"亲老家贫"两种表现的考察,指出六朝官人对官职怀有一种"一方面承认官具有无上的价值,但另一方面又认为非己之所当为,而试图加以拒绝和否定"的矛盾心态。这与本章所讨论的王权与隐逸间的密切关系相映成趣。
② 《晋书》,第 2593—2594 页。
③ 《资治通鉴》卷一一三《晋纪三十五》"安帝元兴二年(四〇三)",北京:中华书局标点本,1956 年,第 3554 页。
④ 关于桓玄与刘宋的历史书写间的关系,参考本书单元一《"起元"》和单元二《"开国群雄传"》中的相关论述。
⑤ 关于桓玄代晋,参考祝总斌《试论东晋后期高级士族之没落与桓玄代晋之性质》、《晋恭帝之死与宋初政争》,收入氏著《材不材斋史学丛稿》,北京:中华书局,2009 年,第 257—312 页。
⑥ 参考《晋书·桓玄传》中的相关叙述,此不赘举。

表 8　刘裕禅代与隐逸征辟

刘裕身份	被征辟隐逸者	所命头衔
411年，东晋太尉	戴颙、宗炳、陶潜、周续之、孔淳之	太尉参军、太尉掾、著作佐郎
416年，宋公 417年，宋王	戴颙、韦玄	宋国通直散骑侍郎
420年，宋皇帝	宗炳、王弘之、郭希林、宗彧之	太子舍人、太子庶子、著作郎、著作佐郎

可以看到，在刘裕建宋代晋过程中的每一重大阶段，对隐逸者发出征辟之命都是不可或缺的一个重要步骤，以此来宣示新王权的正当性所在以凝系人心。尤为重要的是，如太尉参军、太尉掾、宋国通直散骑侍郎等官职所示，刘裕是通过将隐逸者纳入以他个人为中心的"第二次君臣关系"中，来获得将其升格为"第一次君臣关系"的资质与契机，并最终通过禅让来实现王朝更替的。由此，本是宣示王权之和合的隐逸，藉由"禅让"被组织进了王朝"革命"的程序之中。就这一点而言，其与"祥瑞"的意识形态地位颇多相通之处；也可以成为理解中国古代王权之复杂性格的一个节点。

在隐逸与王权的紧密结合中，面貌改变的当然不仅仅是王权一方。前文第二章曾经讨论过东汉后期"第二次君臣关系"下"故吏"身份的扩张现象。各级官府长官可以辟召为手段，将其治下的精英人群纳入一种突破了单纯"官僚制"框架的整体秩序中来。在这一过程中，不同级别辟命主体的存在，成为士人在地方社会中累积名望、产生影响的依据与资源，并由此带来更多的周边收益。而在魏晋南朝将"栖遁之士"纳入皇帝权力结构之后，类似的特征亦随之扩展而至。

以王朝对于隐逸所使用的"征聘"之法为例。汉代的"征"原本只是实现皇帝权力支配的一种手段，[1]应征之处士往往需要待诏公车或者对策之

---

[1] 参考徐冲《"汉魏革命"再研究：君臣关系与历史书写》，第二章第二节《汉代"处士"考》。关于"征"作为一种支配手段在汉代的面貌变迁，笔者拟另文详论。

后,才被授予相应的官职。虽然东汉后期在征命之中直接任命官职的情况愈发常见,但在隐逸拒绝应命的场合,其所获得的身份仍然仅止于"征士""征君",而非在征命之中所任命的官职。这与"第二次君臣关系"中普遍出现的"故吏"身份的扩张现象形成了对比。

而在魏晋南朝,伴随着朝廷公卿推荐、皇帝下诏征聘、栖遁之士婉拒、王朝再加以优容作为一个完整的仪式而被历代王朝反复执行,"征命"与任官之间的距离呈现出逐渐缩小以至于消弭之势。其时绝大多数对于栖遁之士的征命都已经伴随着直接的官职任命。如《晋书》卷九四《隐逸·翟汤传》载"成帝征为国子博士",后"康帝复以散骑常侍征",而汤均未应命。① 显然前者的"征为某官"也当从后者的"以某官征"来理解,即王朝在征命中即已言明对于隐逸所将要给予的官位。

那么,在"栖遁之士"选择不应"征命"的场合,是否也会出现如"处士功曹"一般的"故吏"身份扩张现象呢?亦即走向东汉中期李固所言"未曾受其位,不宜获其号"的反面,②成为"未曾受其位,亦可获其号"?《三国志》卷十一《魏书·管宁传》中的如下记载,似乎说明这一局面早在曹魏时期即已出现了:

> 文帝即位,征宁,遂将家属浮海还郡。……诏以宁为太中大夫,固辞不受。明帝即位,太尉华歆逊位让宁,遂下诏曰:"太中大夫管宁,耽怀道德,服膺六艺,……"③

对于文帝以其为太中大夫的诏命,管宁"固辞不受";尽管如此,明帝诏书中仍以"太中大夫"称之。说明至少在王朝一方看来,征命所任官职已经附着于管宁的个人身份之中,而无关其应命与否。

不过我们在之后的东晋时期,却还能看到与此不同的状况出现。《晋

---

① 《晋书》,第 2445 页。
② 《太平御览》卷二六五《职官部六三·从事》引《李固别传》。参考本书单元四第二章《"处士功曹"小论》。
③ 《三国志》,第 356 页。

书》卷九四《隐逸·戴逵传》载：

> 孝武帝时，以散骑常侍、国子博士累征，辞父疾不就。郡县敦逼不已，乃逃于吴。……会稽内史谢玄虑逵远遁不反，乃上疏曰："伏见谯国戴逵希心俗表，不婴世务，栖迟衡门，与琴书为友。虽策命屡加，幽操不回，超然绝迹，自求其志。且年垂耳顺，常抱羸疾，时或失适，转至委笃。今王命未回，将离风霜之患。陛下既已爱而器之，亦宜使其身名并存，请绝其召命。"疏奏，帝许之，逵复还剡。①

在此戴逵不就孝武帝散骑常侍与国子博士之征，却仍被谢玄称为"谯国戴逵"，而非"散骑常侍、国子博士戴逵"，与前述管宁被称"太中大夫"之情形不同。同书同卷《任旭传》为此提供了进一步的证据：

> 明帝即位，又征拜给事中，旭称疾笃，经年不到，尚书以稽留除名，仆射荀崧议以为不可。②

任旭称疾不就给事中之征命，结果尚书提出以"稽留"之理由将其"除名"。这里的"除名"当然不是剥夺士人身份之意，③当是在百官簿中除去任旭之名而已，也就是不再承认他的给事中身份。由此显示在东晋后期，至少在制度传统上，官员正式身份的获得仍需以其是否到任履职为前提；而非在不应辟命的场合仍可自动保持这一身份。

如果我们对以上两则东晋之例的解读没有大误的话，则曹魏文帝、明帝时代的"太中大夫"管宁之例显然需要更为妥当的解释。可以注意到，

---

① 《晋书》，第 2458—2459 页。
② 《晋书》，第 2439 页。
③ 这一意义上的"除名"，参考中村圭爾《除名について》，收入氏著《六朝貴族制研究》，东京：风间书房，1986 年，第 287—331 页；同氏《晋南朝における律令と身分制》，收入唐代史研究会编《律令制》，东京：汲古书院，1986 年；越智重明《六朝の免官、削爵、除名》，收入氏著《中国古代の政治と社会》，福冈：中国书店，2000 年，第 619—644 页。刘俊文《唐律疏议笺解》卷三《名例》中的相关论述亦可参考。

正始二年(241)太仆陶丘一等在对管宁的荐书中回顾了明帝时代的这次征聘,并提供了更多的细节:

> 黄初四年(223),高祖文皇帝畴咨群公,思求隽义,故司徒华歆举宁应选,公车特征,振翼遐裔,翻然来翔。行遇屯厄,遭罹疾病,即拜太中大夫。烈祖明皇帝嘉美其德,登为光禄勋。宁疾弥留,未能进道。①

如"振翼遐裔,翻然来翔"之语所示,管宁最初似乎接受了文帝的征命,只是在赴京途中"行遇屯厄,遭罹疾病"而未能至。对于太中大夫之命应该亦未选择直接拒绝,故明帝诏中才有"太中大夫管宁"之称。不应征命场合"故吏"身份的扩张现象,可能直到东晋后期都仍未普遍化。

然而在上述任旭之例中,对于尚书按照制度传统提出的"稽留除名"措置,身为尚书仆射的荀崧已经提出了异议,显示出王朝意识形态的新动向。世入南朝以后,就再也看不到因不应征命而为王朝"稽留除名"的情形了。取而代之的新传统如《宋书》卷九三《隐逸·戴颙传》所示:

> 高祖命为太尉行参军,琅邪王司马属,并不就。宋国初建,令曰:"前太尉参军戴颙、辟士韦玄,秉操幽遁,守志不渝,宜加旌引,以弘止退,并可散骑侍郎,在通直。"不起。②

对于刘裕"太尉行参军"之命,戴颙未就,显然仍然保持了隐逸不仕的状态。然而在其后"宋公"刘裕所发布的《令》中,却称其为"前太尉参军",并任为通直散骑侍郎。对此,戴颙仍不应命。传文其后又载:

> 太祖元嘉二年(425),诏曰:"新除通直散骑侍郎戴颙、太子舍人

---

① 《三国志》,第359页。
② 《宋书》,第2277页。

宗炳,并志托丘园,自求衡荜,恬静之操,久而不渝。颙可国子博士,炳可通直散骑侍郎。"东宫初建,又征太子中庶子。十五年(438),征散骑常侍,并不就。①

可以看到,元嘉二年文帝诏中对戴颙所称的"新除通直散骑侍郎",正是当年他所拒绝的刘裕之命。事实上,对宗炳所称的"太子舍人",亦具有同样的性质。② 类似现象在《宋书·隐逸传》中例证多多,如王弘之、翟法赐、雷次宗等莫不如是,显示这一时代的隐逸无论应命与否,均无碍他们获得征命所任官职成为自身身份的一部分。

而且,如同东汉后期的"处士"尽管不应辟命,但从县、郡、州到公府,每一位向其发出辟命的长官,都为其后更高级别的长官发出辟命做了准备;南朝时代王朝对隐逸的征命,也并非只是简单的重复或者滥除。不妨来观察一下上引刘宋时期戴颙所受征命中的任官情形:

表 9　刘宋戴颙所受征命的官职与官品③

官职	太尉行参军	通直散骑侍郎	国子博士	太子中庶子	散骑常侍
官品	七品	五品	六品	五品	三品

虽然戴颙从未真正接受过王朝的任何一次征除,但王朝在对于戴颙的征命中所任官职,自起家官至于升进次序、升进路径,皆与王朝正常的权力秩序无异。④ 在此,作为王朝支配基础的"官僚制框架"在双重意义上得到了延展。其一,这一框架突破了一般官员群体的边界,而将其秩序范围扩展至居家不仕的民间隐逸。学者曾将汉代的"普赐民爵"评价为"以皇帝为中心,把包括下至居住在里的庶民在内的人民,都组织到一元化的秩序

---

① 《宋书》,第 2277 页。
② 《宋书》卷九三《隐逸·宗炳传》:"宋受禅,征为太子舍人;元嘉初,又征通直郎;东宫建,征为太子中舍人,庶子,并不应。"第 2279 页。
③ 诸官官品据(唐)杜佑撰,王文锦等点校《通典》卷三七《职官十九·宋官品》,北京:中华书局,1988 年。
④ 参考中村圭爾《九品官人法における起家》、《九品官制における官歴》,均收入前引氏著《六朝贵族制研究》,第 171—284 页。

中去"。① 在同样的意义上,魏晋南朝的皇帝权力亦借此延展至民间社会。其二,在此延展的过程中,原本偏向于"职位分等"的"官僚制框架"也带上了浓厚的"品位"色彩,②延展为一种政治秩序与社会秩序高度混融的权力结构。如是,本章所谓的"隐逸内化于皇帝权力结构",才能得到更为深刻而完整的理解。

魏晋南朝皇帝权力结构的这一历史性发展,在其后的时代里也仍然留下了浓重的投影。《唐律疏议》卷二《名例》"以理去官"条载:

> 赠官及视品官,与正官同。【疏】议曰:赠官者,死而加赠也。《令》云:"素养丘园,征聘不赴,子孙得以征官为荫。"并同正官。③

对于此处所谓"《令》云",刘俊文加以笺释道:

> 按此盖《选举令》。素养丘园者,隐居之意也。此山贳冶子《刑统释文》解云:"孟子云,吾善养吾浩然之气也。浩然之气,即中和之气。后有贤士隐居丘园,有处士之清风,帝王闻之,遂下诏求之,任以官爵,其贤士不赴诏命,惟乞隐居,所赠之官爵虽不居位,亦同封爵之例,得荫子孙。……"④

也就是说,栖遁之士在不应征命场合所被除任的官爵,不仅仅会成为个人"品位性"身份的一部分,甚至还能让子孙"以征官为荫"。唐代这一制度的渊源所自在现有史料情况下似乎难以展开讨论,但本章所论魏晋南朝的王权与隐逸,无疑应该构成其中不可忽视的一大背景。

---

① 西嶋定生《中国古代帝国的形成与结构——二十等爵制研究》,东京大学出版会,1960年,本书所引为中译本,武尚清译,北京:中华书局,2004年,第440页。
② 以"品位"与"职位"作为中国古代官阶制度研究的两个基本分析概念,参考前引阎步克《品位与职位——秦汉魏晋南北朝官阶制度研究》、《中国古代官阶制度引论》二著。
③ 刘俊文《唐律疏议笺解》,第163页。
④ 刘俊文《唐律疏议笺解》,第166—167页。

附录一：两晋南朝"白衣领职"补论

"白衣领职"常见于两晋南朝史料。在前此后此的秦汉和唐宋时期，却都难觅其踪。因此引起中古史研究者的注意并将其作为"六朝"时期标志性的历史现象来讨论，也是很自然的。日本学界先后有中村圭爾和越智重明两位学者在其研究中对此进行过考察。① 阎步克先生在讨论魏晋南朝之"门品秩序"时，也指出"经常使用的'白衣领职'方式，等于依然承认了免官者的官人身份"。② 冈部毅史的如下概括：

> 所谓"白衣领职"，是指受到免官等处分的官员，以"白衣"这种头衔，担当原来职务的一种处罚。③

可以说代表了学界目前对于"白衣领职"的共通理解，似乎已经题无剩义。然而笔者在翻检相关史料时，仍感到颇有不易放入传统"六朝"之图景内

---

① 中村圭爾《除名について》，收入氏著《六朝貴族制研究》，东京：风间书房，1986年，第302—308页；越智重明《六朝の免官、削爵、除名》，收入氏著《中国古代の政治と社会》，福冈：中国书店，2000年，第619—644页。
② 阎步克《品位与职位——秦汉魏晋南北朝官阶制度研究》，北京：中华书局，2002年，第349—350页。近年发表的以下两篇专论亦可参考：刘伟航、高茂兵《两晋南北朝"白衣领职"初探》，《西南大学学报》（社会科学版），2007年第3期，第173—177页；夏志刚《中国古代独特的官吏处罚制度——两晋南北朝"白衣领职"制度初探》，《许昌学院学报》，2007年第3期，第30—32页。
③ 冈部毅史《晋南朝の免官について——「免所居官」の分析を中心に》，《東方学》101，2001年，尾注4、5。

者。特别是诸前贤将"白衣领职"作为两晋南朝时期一个整体对象来进行探讨的方法,也不无忽略同一名词背后的历史实态已然发生变化的可能。故在此尝试在前贤研究的基础之上,结合笔者对于汉唐间官僚政治相关进展的理解,再对"白衣领职"做些补充论述,以期能够更为完整地理解这一历史现象。

一、东晋前期的"白衣领职"

所有对"白衣领职"有所涉及的学者,都意识到了它和"免官"之间的密切联系。越智重明在《六朝の免官、削爵、除名》一文中,更是将其作为六朝"免官"的代表性做法而予以了重点考察。不过,如果把目光限定于"白衣领职"初次出现的东晋前期,会发现其与"免官"之间还是存在着一定的距离。

在东晋前期的史料中,"白衣领职"共出现三次。如下所示:

> A. 侃坐免官。王敦表以侃白衣领职。(《晋书》卷六六《陶侃传》)
> B. 中兴建,补吏部尚书。顷之,以醉酒为有司所纠,白衣领职。复坐门生斫伤人,免官。(《晋书》卷六九《周顗传》)
> C. 冬蒸,谟领祀部,主者忘设明帝位,与太常张泉俱免,白衣领职。(《晋书》卷七七《蔡谟传》)①

另外尚有虽未明言"白衣领职"但性质相类的一次,见《晋书》卷七十六《王舒传》:

> D. 舒以轻进奔败,斩二军主者,免(庾)冰、(顾)扬督护,以白衣行事。②

---

① 以上史料分见《晋书》,北京:中华书局点校本,1974年,第1771、1850、2035页。
② 《晋书》,第2000页。

可以看到,东晋前期的陶侃、蔡谟、张泉、庾冰、顾扬诸人都是在受到"免官"处分后才"白衣领职"的。唯一的例外是周𫖮,和上述诸位相反,他是先"白衣领职"后再加以"免官"。

中村圭爾和越智重明都注意到了这一例外。越智氏认为,"着白衣意味着因为免官而应该成为庶人。但是,'白衣领职'者却是以官僚的资格来履行职务的(在周𫖮的场合,白衣领职之后的免官,就从字面上显示了这样的意思)",①试图对《晋书·周𫖮传》的记载加以自然的解释。而中村氏则在"白衣领职"的理解上显示了更为谨慎的态度:"虽然有时是免官之后再白衣领职,有时是没有免官的手续而直接白衣领职(笔者按:此处中村氏指周𫖮之例),但是从所谓'领职'的表达看来,还是要先行免官或者类似的措置,然后再施以白衣领职。"②暗示周𫖮在"白衣领职"之前应该经过了类似于"免官"的程序。

结合上列东晋前期"白衣领职"的其他例子,同时考虑到像周𫖮这样先"白衣领职"再加以"免官"的做法,在整个魏晋南北朝所有涉及"白衣领职"的史料中,也仅此一见而已,笔者认为中村氏的意见值得参考。③ 而若对于《晋书》卷六九《周𫖮传》的相关文字细加推敲,会发现其中也不无疑点。完整引用如下:

> 中兴建,补吏部尚书。顷之,以醉酒为有司所纠,白衣领职。复坐门生斫伤人,免官。太兴初,更拜太子少傅,尚书如故。④

这段记述传递的周𫖮之官历为:补吏部尚书→白衣领职→免官→更拜太子少傅,尚书如故。而《晋书》卷六九《刘隗传》载:

---

① 越智重明《六朝の免官、削爵、除名》,第 632 页。
② 中村圭爾《除名について》,第 303 页。
③ 需要指出的是,中村氏的这一意见是针对整个六朝时期的"白衣领职"而发。笔者对此不能完全赞同。详下文。
④ 《晋书》,第 1850 页。

> 晋国既建，拜御史中丞。周嵩嫁女，门生断道解庐，斫伤二人，建康左尉赴变，又被斫。隗劾嵩兄顗曰："顗幸荷殊宠，列位上僚，当崇明宪典，协和上下，刑于左右，以御于家邦。而乃纵肆小人，群为凶害，公于广都之中白日刃尉，远近讻赫，百姓喧哗，亏损风望，渐不可长。既无大臣检御之节，不可对扬休命。宜加贬黜，以肃其违。"顗坐免官。①

因为涉及事由几乎相同，可以认为这里的"顗坐免官"和上引《周顗传》之"复坐门生斫伤人，免官"，所述应为同一件事。从《周顗传》的叙述看，这次免官紧接在其"白衣领职"之后。但《刘隗传》记其弹劾周顗，却并未提及弹劾对象的这一特殊状态；②其措辞"幸荷殊宠，列位上僚"云云，更是很难让人感觉到是在弹劾一位已经"白衣领职"的官员。疑周顗在"白衣领职"之后，此次免官之前，是否已经官复原职，只是《周顗传》阙载而已。

又《周顗传》在"复坐门生斫伤人，免官"之后即言"太兴初，更拜太子少傅，尚书如故"。"免官"之后的"更拜"与"如故"都显得有些不自然。而《册府元龟》卷七〇八《宫臣部·选任》载："周顗。太兴初，明帝为太子。顗以吏部尚书更拜太子少傅。"③据此，周顗在"更拜太子少傅"时的身份明为吏部尚书，显然也已经自"免官"官复原职。《周顗传》亦不载。

可见由《晋书·周顗传》所见周顗之官历，即"补吏部尚书→白衣领职→免官→更拜太子少傅，尚书如故"，可能在各个环节上都有所缺漏，不宜直接引为论证。尤其是"白衣领职→免官"这一环节，在当时的官僚制秩序中是否确实存在有很大疑问。学者以此来说明"白衣领职"者的官僚

---

① 《晋书》，第1837页。
② 《宋书》卷十六《礼志三》载："晋安帝义熙二年六月，白衣领尚书左仆射孔安国启云……"（北京：中华书局点校本，1974年，第453—454页）。同书卷十五《礼志二》载："元嘉二十三年七月，白衣领御史中丞何承天奏……"（第399—401页）均显示两晋南朝时期"白衣领职"之官员在王朝秩序中的特殊状态。
③ 《册府元龟》，北京：中华书局影印明本，1960年，第8431页。

资格，①或据此推断免官是"白衣领职"在处分程度上的升级，②都值得商榷。

那么，若将《周顗传》的记载暂时搁置，则可以看到，在东晋前期，所有出现过的"白衣领职"，都发生于"免官"之后。

二、魏晋时期的"白衣领某职"

如果不拘泥于"白衣领职"这样具体的词语形式，在西晋时期就已经可以看到类似情形。而且和前引东晋前期诸例相同，也都发生于免官之后。《晋书》卷四二《王浑传附王济传》载：

> 出为河南尹，未拜，坐鞭王官吏免官，……寻使白衣领太仆。③

又《晋书》卷九三《羊琇传》载：

> （武）帝践祚，累迁中护军，加散骑常侍。……其后司隶校尉刘毅劾之，应至重刑，武帝以旧恩，直免官而已。寻以侯白衣领护军。④

王济为西晋重臣王浑之子，羊琇为晋武帝外戚，身份均极贵重。他们在"免官"之后得以"白衣"领"某职"，应视为一种特别的优遇。这与同时期出现的免官后以"爵"领某职的现象存在着相通之处。⑤

如果沿着"白衣"的线索继续寻找，在魏晋时期还可以看到如下应用

---

① 越智重明《六朝の免官、削爵、除名》，第632页。
② 刘伟航、高茂兵《两晋南北朝"白衣领职"初探》，第173页。
③ 《晋书》，第1205—1207页。
④ 《晋书》，第2410—2411页。
⑤ 参考中村圭尔《除名について》所引诸例，《六朝贵族制研究》，第304—305页。

的场合。《晋书》卷五七《胡奋传》载：

> 宣帝之伐辽东也，以白衣侍从左右，甚见接待。还为校尉，稍迁徐州刺史，封夏阳子。①

又《晋书》卷九四《隐逸·伍朝传》载：

> 性好学，以博士征，不就。刺史刘弘荐朝为零陵太守，主者以非选例，不听。尚书郎胡济奏曰："……案朝游心物外，不屑时务，守静衡门，志道日新，年过耳顺而所尚无亏，诚江南之奇才，丘园之逸老也。不加饰进，何以劝善！且白衣为郡，前汉有旧，宜听光显，以奖风尚。"奏可，而朝不就，终于家。②

如顾炎武所云，自汉代以来，"白衣"就是所谓"庶人"之服，③与其相对的则是官员和军人所着之"冠服"。无论是胡奋以侍从功劳而"白衣"为校尉，还是伍朝以德行学识而"白衣"为零陵太守，都意味着他们跨越了王朝官僚制的正常选拔和升进次序，从"庶人"身份直接进入了官僚等级序列的中高层，即《伍朝传》中"主者"所谓的"非选例"。

如果承认魏晋时人对于"白衣"的理解和应用具有一致性的话，就可以认为这里的"白衣为零陵太守"与前述的"以白衣领某职"，具有性质上的共通性，都是跨越了官僚制的正常选拔和升进次序而从"庶人"身份直接进入官僚等级序列中高层的做法。不同的只是在于，前者针对的是尚未进入官僚制秩序之人，后者则发生于"免官"之后。由此也就可以推测，魏晋时期遭到"免官"处分的官员，其身份即相当于尚未进入官僚制秩序

---

① 《晋书》，第1557页。
② 《晋书》，第2436页。
③ （明）顾炎武著，黄汝成集释《日知录集释》卷二四"白衣"条，长沙：岳麓书社，1994年，第861—862页。

之人,也就是"白衣"。① 这一点,与汉代以来的"免官"是相同的。②

不过与汉代相比,晋代的"免官"在官僚政治层面已经有多方面的规范发展。如很可能存在"退免法"的专门条文。③ 在免除主要职事之外,至少还包括如下三方面的内容:

1. 免除所有文武加官及相关待遇;④
2. 禁锢三年;⑤

---

① 如《晋书》卷六十《解系传》:"出为雍州刺史、扬烈将军、西戎校尉、假节。(中略)(赵王)伦、(孙)秀潜之,系坐免官,以白衣还第,阖门自守。"(第1632页)不过晋代免官的对象并不包括爵位在内。这方面例证甚多。除前文所提示的免官后以爵领某职的现象外,还可以举出《晋书》卷三六《张华传》:"顷之,征华为太常。以太庙屋栋折,免官。遂终帝之世,以列侯朝见。"第1071页。显示这一时期的"官"与"爵",尽管已经一元化于九品官品,却仍然保有汉"爵—秩二元体制"的色彩。关于汉代"爵—秩二元体制"在魏晋时期九品官品中的一元化,参考阎步克《从爵本位到官本位:秦汉官阶品位结构研究》,上编第六章《从爵—秩体制到官品体制:官本位与一元化》,北京:三联书店,2009年,第218—241页。

② 冈部毅史指出,后汉的"免所居官"及晋律中的"免所居职官",都表示与任务相关的官职(即现实存在的官厅中的职务)之解任,见《晋南朝の免官について——「免所居官」の分析を中心に》,第11页。这也可以与本书所言魏晋"免官"对于汉代传统的继承相呼应。关于汉代官员"免官"之后的身份问题,参考阎步克《品位与职位——秦汉魏晋南北朝官阶制度研究》,第四章《汉代禄秩之附丽于职位》,第160—225页。

③ 《通典》卷八十《礼四十·沿革四十·凶礼二·奔大丧》曰:"达官名问特通者,过期不到,宜依退免法,注列黄纸,三年乃得叙用。"(第2172页)

④ 《太平御览》卷六五一《刑法部·免官》引《晋律》曰:"免官比三岁刑。其无真官而应免者,正刑召还也。"又曰:"有罪应免官而有文武加官者,皆免所居职官。"(第2909页)对后一条材料的解读,学界存有争议。或以为仅免职官而文武加官不免,或以为包括文武加官在内的所有职官全免。前者如戴炎辉(《唐律上除免当赎制之溯源》,收入泷川博士米寿纪念会编《律令制の諸問題》,东京:汲古书院,1984年)、刘俊文([唐]长孙无忌著,刘俊文笺解《唐律疏议笺解》卷三《名例·20 免所居官》,第224页)、阎步克(《品位与职位——秦汉魏晋南北朝官阶制度研究》,第355页);后者如佐立治人(《北魏の官当制度—唐律の官当规定の渊源をたずねて—》,收入梅原郁编《前近代中国の刑罰》,京都大学人文科学研究所,1996年,第167—168页)、冈部毅史《晋南朝の免官について——「免所居官」の分析を中心に》,第2—3页)、顾江龙(《两晋南北朝与隋唐官僚特权之比较——从赃罪、除免官当的视角》,《史学月刊》2007年第12期,第40页脚注3)。笔者赞成后者的立场。如前注引《晋书·解系传》所示,解系"坐免官"后即成为"白衣",则其为雍州刺史时所加扬烈将军、西戎校尉、假节等位号,应该也包括在了免官的范围之内。

⑤ 《太平御览》卷六五一《刑法部·禁锢》引《晋令》曰:"犯免官禁锢三年。"第2911页。又前文引《通典》亦有"三年乃得叙用"之语。

3. 重新起家或者降品叙用。①

而"白衣领职"和"免官"之间相隔的时间一般很短,且之后很快就可以官复原职或者继续升迁,并无须停留三年之久。这首先是对"禁锢三年"的突破。其次,"白衣领职"者恢复的是其免官之前的官职,而无须重新起家或者降品叙用。没有恢复的可能只是从前的文武加官及各种相关待遇而已,尤其是冠服及与之密切相关的朝位。

在这种情况下,东晋前期的"白衣领职",可以看作是遭到"免官"处分的官员官复原职的第一步,是对某些官员的特别优遇;而不是像前引冈部毅史所总结的那样,仅仅是对遭到"免官"处分官员的一种处罚。所谓处罚,应为剥夺某些现有的权益,而"白衣领职"则是将某些权益②给予已经被"免官"剥夺了所有权益、已然成为"白衣=庶人"的前任官员。所以此时"白衣领职"中的"白衣"可以说具有双重含义:一方面表示的是其对象"领职"之前的"庶人"身份;另一方面,它又表示其对象"领职"之时在冠服、朝位、俸禄等相关品位待遇上的状态。将"白衣"仅视为一种"头衔",将"白衣领职"仅视为一种"处罚",这种理解至少在晋代是不完整的。

三、东晋末南朝"白衣领职"与"免官"的并列

如上所述,在魏晋时期,"白衣领职"及"白衣领某职"的做法,都是一种对于遭到免官处分官员的特别优遇。但是从东晋末刘宋初开始,"白衣领职"的性质发生了新的变化,逐渐开始从对于官员的一种优遇向前述冈

---

① 冈部毅史《晋南朝の免官について——「免所居官」の分析を中心に》,第6—7页。又《晋书》卷七十《应詹传》载其上疏曰:"今宜峻左降旧制,可二千石免官,三年乃得叙用,长史六年,户口半乏,道里倍之。"(第1860页)时在王敦之乱初平后,所谓"左降旧制",当指西晋制度。
② 这些权益当不仅限于所领之"职",还包含一系列品位待遇。如俸禄方面或许即有专门等级,如《梁书》卷五一《处士·何点传附何胤传》所载:"(王)果还,以胤意奏闻,有敕给白衣尚书禄,胤固辞。"(北京:中华书局点校本,1973年,第737页)

部氏所总结的一种处罚转变。标志则是其和"免官"的关系发生了改变。如以下二例所示。《宋书》卷十六《礼志三》载：

> 晋安帝义熙二年(406)六月，……(孔)安国又启："……(范)泰为宪司，自应明审是非，若臣所启不允，即当责失奏弹，而訾堕稽停，遂非忘旧。请免泰、(刘)瑾官。"丁巳，诏皆白衣领职。于是博士徐干皆免官。①

又《宋书》卷十五《礼志二》载：

> 元嘉二十三年(446)七月，白衣领御史中丞何承天奏："……谨案太学博士顾雅、国子助教周野王、博士王罗云、颜测、殷明、何愒、王渊之、前博士迁员外散骑侍郎庚遽之等，咸蒙抽饰，备位前疑，既不谨守旧文，又不审据前准，遂上背经典，下违故事，率意妄作，自造礼章。太常臣(郗)敬叔位居宗伯，问礼所司，腾述往反，了无研却，混同兹失，亦宜及咎。请以见事并免今所居官，解野王领国子助教。雅、野王初立议乖舛，中执捍愆失，未违十日之限，虽起一事，合成三愆，罗云掌押捍失，三人加禁固五年。"诏(郗)敬叔白衣领职，余如奏。②

可以看到，对前例中的范泰、刘瑾和后例中的郗敬叔，最终的处分形式都是"白衣领职"。值得注意的是，他们并非像上引东晋前期诸例那样先被"免官"后又"白衣领职"；而是先由有司提议将他们"免官"，而皇帝并不同意这一处理，于是代之以"白衣领职"。换言之，他们并未受到真正的"免官"处分，而是直接就"白衣领职"了。同例的其他官员则受到"免官"处分。在这一场合，"白衣领职"和"免官"成为并列而程度有异的两种处分方式。③

---

① 《宋书》，第453—454页。
② 《宋书》，第399—401页。
③ 刘伟航、高茂兵《两晋南北朝"白衣领职"初探》，第174页。《宋书》卷五三《庾登之传附庾炳之传》载："(何)尚之陈曰：'……谢晦望实，非今者之畴，一事错误，免侍中官。王珣时贤小失，桓胤春搜之谬，皆白衣领职。'"(第1518—1519页)也反映了这两种处分方式的并列。

与"白衣领职"和"免官"的这种并列相对应,相对于东晋前期的"白衣领职"出现于"免官"之后,东晋末南朝史料中的"白衣领职"更多的直接出现在官员"坐"某罪之后。如下数例所示:

A. (义熙二年)坐议殷祠事谬,白衣领职。(《宋书》卷六十《范泰传》)
B. 坐属疾多日,白衣领职。(《宋书》卷五七《蔡廓传附蔡兴宗传》)
C. 征拜左民尚书,坐正直受节假,对人未至,委出,白衣领职。(《宋书》卷五五《傅隆传》)
D. 坐与奉朝请毛法因蒱戏,得钱百二十万,白衣领职。(《宋书》卷八五《王景文传》)
E. 坐为有司所奏,诏白衣领职。(《南齐书》卷二九《周盘龙传》)①

有时更是将其所"坐"之罪省略,而直呼为"坐白衣领职"。如下数例所示:

A. 录尚书江夏王(刘)义恭谓尚书何尚之曰:"当今乏才,群下宜加戮力,而王球放恣如此,恐宜以法纠之。"尚之曰:"球有素尚,加又多疾,应以淡退求之,未可以文案责也。"犹坐白衣领职。(《宋书》卷五八《王球传》)
B. (谢)元时又举承天卖荄四百七十束与官属求贵价,承天坐白衣领职。(《宋书》卷六四《何承天传》)
C. 亡命先已闻知,举村逃走,(薛)安都与(沈)法系坐白衣领职,坦弃市。(《宋书》卷六五《申恬传附申坦传》)
D. (前废帝)始令顗与沈庆之、徐爰参知选事,寻复反以为罪,使有司纠奏,坐白衣领职。(《宋书》卷八四《袁顗传》)
E. 出补义兴太守。……为有司所奏,缋坐白衣领职。(《南齐

---

① 以上史料分见《宋书》,第 1616、1574、1551、2179 页,《南齐书》,北京:中华书局点校本,1972 年,第 544 页。

书》卷四九《王缋传》)①

可以看到,自东晋末以降,"白衣领职"的对象多不再是已经受到免官处分的前任官员,而变成了犯有某种罪行或者过失但尚未受到免官处分的现任官员。即其对象从一无所有的"白衣＝庶民"变成了仍然拥有一切权益的现任官员。那么,其性质当然也就从"给予"变为"剥夺"、从"优遇"变为"处罚"了。同时,在上引《宋书·礼志》的两个例子里,对徐干等人的处分重于范泰和刘瑾,对顾雅、周野王等人的处分重于郗敬叔。也就是说,对于现任官员而言,"免官"对于他们现有权益的剥夺程度要超过"白衣领职"。那么,"白衣领职"也就从免官之后的一种优遇方式,变成了与免官并列而程度稍轻的一种处罚方式。受到这种处罚的官员,只有有限的一部分现有权益被剥夺了。

与"白衣领职"和"免官"并列的进程同时,南朝的"免官"也出现了若干新变化。也恰恰是在东晋南朝之交,以往单称的"免官"在公文中被"免所居官"的正式称呼所取代,显示官僚身份的表现形式由官品转向官资。②以下数点亦为学者所指出:

1. 兼领之官及文武加官可能并不全在免官之列;③
2. 历任官历已经构成了官员的一种"官资",并非免官就可以一次性削除;④

---

① 以上史料分见《宋书》,第 1595、1711、1725、2149 页,《南齐书》,第 852 页。
② 冈部毅史《晋南朝の免官について——「免所居官」の分析を中心に》,第 3—4 页;同氏《魏晋南北朝期の官制における「階」と「資」—「品」との関係を中心に—》,《古代文化》54—8,2002 年,第 18 页。
③ 参考阎步克《品位与职位——秦汉魏晋南北朝官阶制度研究》,第 355 页注 2。当然也可以找到一些同时免去兼领之官的例子。如《南齐书》卷三七《虞悰传》载:"郁林立,改领右军将军,扬州大中正,兼大匠卿。……坐免官。隆昌元年,以白衣领职。……延兴元年,复领右军。"(第 655 页)可见其免官时所领右军将军亦免。
④ 《梁书》卷五三《良吏·伏暅传》载:"臣等参议,请以见事免暅所居官,凡诸位任,一皆削除。"(第 776 页)正因为此时一般的"免官"并不全部削除官员的历任"官资",所以才有必要在"免官"之后补充以"凡诸位任,一皆削除",以示特别惩罚。对于这条史料中的"凡诸位任",阎步克先生解为"文武加官及兼领之官"(《品位与职位——秦汉魏晋南北朝官阶制度研究》,第 355 页注 3),冈部毅史则解为"历任之官"(《晋南朝の免官について——「免所居官」の分析を中心に》,第 8 页)。此处取冈部氏之说。

3. 禁锢之后的再次叙用出现了"左降本资"的具体规定。①

将这种情况下受到"免官"处分的官员仍然视为"白衣"显然是不合适的。那么与"免官"并列的"白衣领职"之"白衣",也就失去了其在魏晋时期的双重含义,而仅表示其对象"领职"之时在冠服、朝位、俸禄等品位待遇上的状态。由二者作为处分方式的并列甚至可以推测,在免除兼领及文武加官、削除历任官资、禁锢之后的再次叙用等方面,"白衣领职"也许存在着和"免官"一一对应但是程度稍轻的一系列具体规定。②

四、余　　论

如本文开头所言,"白衣领职"被诸多中古史研究者作为"六朝"时期标志性的历史现象来讨论,认为其显示了"士族"所固有的社会身份和政治权利。更有论者将"白衣领职"的消失归因于"天子统治权力的优越性得到强化"。③ 这些无疑都构成了今天我们脑中的"六朝"图景之一环。

然而,历史仍然有其另外一面。在南朝时期,"白衣领职"作为与"免官"并列而程度稍轻的一种对于官员的处分方式而成立。如果再加上比"免官"处罚程度更重的"除名",④则与汉代官僚制中单一的"免官"相比,不能不说此一时期王朝对于官僚的管理方式是更为复杂和发达了。⑤ 由

---

① 参考冈部氏《晋南朝の免官について——「免所居官」の分析を中心に》,第 8 页。
② 应该指出的是,尽管南朝史料中"白衣领职"主要表现为与免官并列而程度稍轻的一种处罚方式,但仍可以看到"免官"后再加以"白衣领职"的一些记载。见《宋书》卷五十《张兴世传》、《南齐书》卷三三《王僧虔传》、卷三七《到㧑传》《虞悰传》、卷三九《陆澄传》、卷四八《袁彖传》、《梁书》卷二九《萧会理传》、《陈书》卷二一《张种传》、卷二四《周弘正传》等。考虑到南朝官僚已不可能因"免官"而进入"白衣＝庶人"状态,所以上述诸例即使可以视为一种"优遇",也与东晋前期的类似情形存在质的差别。或许毋宁将其视为作为一种处罚方式的"白衣领职"在南朝官僚政治中的弹性运用。
③ 越智重明《六朝の免官、削爵、除名》,第 620 页。
④ 参考前引中村圭爾《除名について》、越智重明《六朝の免官、削爵、除名》。
⑤ 刘伟航、高茂兵《两晋南北朝"白衣领职"初探》也指出:"白衣领职的出现,使得官吏的任免和处罚制度显得更加完善。"(第 176 页)但其所列"白衣领职—免官—白衣领职—复职(转职、升职)"四环节实际并不存在。

此似乎可以说明,在以往多被认为"士族政治"发达的南朝社会,"官僚政治"也仍然以其特有的方式取得了不容忽视的进展。①

值得注意的是,唐代对官员的处分方式中,在"免官"之外,尚有所谓"免所居官"。二者的主要内容如下表所示:

表 1 《唐律》中的"免官"与"免所居官"②

	免 官	免 所 居 官
对象	诸犯奸、盗、略人及受财而不枉法;若犯流、徒,狱讼逃走;祖父母、父母犯死罪被囚禁;而作乐及婚宴者。	诸府号、官称犯父祖名,而冒荣居之;祖父母、父母老疾无侍,委亲之官;在父母丧生子及娶妾;兄弟别籍、异财,冒荣求仕;若奸监临内杂户、官户、部曲妻及婢者。
措置	二官并免。爵及降所不至者,听留。	免所居之一官。若兼带勋官者,免其职事。
叙法	三载之后,降先品二等叙。	期年之后,降先品一等叙。

显然,唐律中的"免官"与"免所居官"也是两种并列而程度有异的对官员的处分方式。对于这两种处分方式的成立,沈家本认为可以追溯到晋律之中:"汉之免官,统词也。晋律则有免官、免所居官之别。唐律承之。"③刘俊文则认为这是沈氏误解史料所致,且"遍考史籍,亦未见晋律之继承者南北朝诸律有免官与免所居官之别",进而提出:

唐律分立免官与免所居官之法,基础乃是两种官制(即以职、散、卫官为一种官,以勋官为又一种官),而两种官中之勋官,原"出于周齐交战之际,本以酬战士,其后渐及朝流,阶爵之外,更为节级",隋文帝时始定为十一等,"用赏勋劳",唐武德中又增为十二等,遂成定制

---

① 冈部毅史对于南朝官僚政治的发展及对隋唐王朝可能产生的影响亦有积极评价。参考《晋南朝の免官について——「免所居官」の分析を中心に》,第 9、11 页;《書評 閻步克著『品位と職位 秦漢魏晉南北朝官階制度研究』》,《東洋学報》88-1,2006 年,第 92—93 页。
② 据《唐律疏议笺解》卷三《名例》,《19 免官》、《20 免所居官》、《21 除免官当叙法》。
③ 沈家本《历代刑法考》,北京:中华书局,1985 年,《刑法分考 17》。

（见《旧唐书》卷四十二《职官志》）。故免所居官之法，非始自隋律，即创自唐律，而决不可能承于晋律也。①

冈部毅史在其《晋南朝の免官について——「免所居官」の分析を中心に》一文的结语中，也试图寻找两晋南朝的"免所居官"和唐律中的"免官、免所居官"之间的联系：

> 如果立足于唐律的这种规定的话，那么在制定免官、免所居官之时，应该是用"免官"一语表示将爵以外的所有官职一律免去并加以降格的处罚，而用源自南朝的"免所居官"一语表示免去相当于本阶的特定官职并加以降格的处罚。②

如果单单考虑唐代"免所居官"和"勋官"的密切联系以及"勋官"之起源的话，刘氏之说无疑是妥当的。但是冈部氏的观察也相当敏锐，考虑到了唐代的"免所居官"在精神上——而不仅仅是名目上——对于南朝的继承。而如果把唐代的"免官"与"免所居官"作为王朝官僚政治的一个侧面来把握，将其成立的基本精神理解为有差别、分等级地剥夺过失官员的现有权益的话，则在前论南朝"免官"与"白衣领职"之别的成立里也可以看到同样的精神。立足于官僚制下王朝对官僚管理方式的变迁，在从汉代的"免官"到唐代的"免官"与"免所居官"的过渡中，或许未尝不可以把南朝"白衣领职"的成立看作是唐代"免所居官"的渊源之一，并从中看到隋唐对于南朝官僚政治继承和发展的一面。③

---

① 《唐律疏议笺解》，第 224 页。
② 冈部毅史《晋南朝の免官について——「免所居官」の分析を中心に》，第 84 页。
③ 当然这种继承关系的具体实现路径或许经过了十六国北朝的中转。在十六国北朝的史料中，"白衣领职"也时有出现，基本都可视为一种处罚方式。但北魏孝文帝改革期间出现的几处"白衣领职"，如《魏书》卷十五《献文六王·广陵王羽传》载："（高祖）谓（尚书）左丞公孙良、右丞乞伏义受曰：'……二丞可以白衣守本官，冠服禄䘏，尽皆削夺。若三年有成，还复本任；如其无成，则永归南亩。'"北京：中华书局点校本，1974 年，第 375 页。或许也包含了孝文帝本身的"再构建"在内，未必可据以直接推论南朝情形。

附录二：汉唐间的君臣关系与"臣某"形式

一、问题的提出

皇帝制度之下的君臣关系，或许可说是中国古代史上最为基本且持久的现象之一。围绕这一现象所进行的研究也由此成为中国古代史研究中的重中之重。若具体到汉唐之间，则一个重要的研究系谱是所谓的"二重君臣关系"。汉代以降，在皇帝与臣民之间的君臣关系之外，官府的长官与属吏之间也存在着一种常常被视为"君臣"的关系。① 在1940年出版的《国史大纲》中，钱穆已经将其称之为"二重的君主观念"。② 宫崎市定则将汉代的官僚体系比作联合舰队，认为"汉代的官僚制度夸张的说，可以

---

① 这方面有严耕望和濱口重国的经典研究。严耕望《中国地方行政制度史·甲部·秦汉地方行政制度》，台北：中研院历史语言研究所专刊之45A，1961年；同氏《中国地方行政制度史·乙部·魏晋南北朝地方行政制度》，台北：中研院历史语言研究所专刊之45B，1963年；濱口重国《隋の天下一統と君権の強化》，《所謂、隋の郷官廃止に就いて》，均收入氏著《秦漢隋唐史の研究》，东京大学出版会，1966年。之后，佐原康夫与石井仁分别对汉代与六朝官府中长官与属吏之间的关系做了更为深入的探讨。佐原康夫《漢代の官衙と属吏について》，收入氏著《漢代都市機構の研究》，东京：汲古书院，2002年；石井仁《南朝における随府府佐——梁の简文帝集团を中心として》，《集刊東洋学》53，1985年，第34—49页；同氏《梁の元帝集团と荆州政権——「随府府佐」再論》，《集刊東洋学》56，1986年，第1—19页。
② 钱穆《国史大纲》，北京：商务印书馆，1996年，第217—218页。

视为一个个独立官长所组成的集合体"。① 在宫崎氏的认识之上,渡边信一郎构筑了更为整合性的理解。渡边氏将汉代官僚体系称之为"官府的重层式联合",这种联合是由皇帝与命官之间结成的"第一次君臣关系"及长官与属吏之间结成的"第二次君臣关系"这样两种异质的君臣关系整合在一起的。并认为汉代的这种国家机构与君臣关系,基本上维持至六朝末期。而在隋代的地方官制改革之后,"第二次君臣关系"被解消,上述"二重君臣关系"的权力结构也由于皇帝—命官的范围扩大至地方属吏上层而被一元化。②

"二重君臣关系"可以说已经成为理解汉唐间君臣关系的一个经典的诠释框架。③ 不过近年来的相关研究,即使是在"二重君臣关系"的名目之下所进行的阐释,与渡边氏的上述思路也不尽相同。如甘怀真即认为,汉唐间"二重君臣关系"的成立,乃是由于先秦以来君臣关系的建构须通过人为的仪式与皇帝制度下的"普天王臣"这两种观念的长期并存。"第一次君臣关系"仅限于能与皇帝举行"策名委质"礼仪的朝廷命官,"第二次君臣关系"的发生则缘于官府长官辟召掾属时亦能举行类似礼仪。④ 阿部幸信则通过对汉代印绶制度的探讨,利用"封建拟制"这一独特概念,指出西汉后期以至隋代,官府的独立性以及其中长官对于属吏的所有权均为皇帝让渡权限的结果,受到基于以天子为顶点的一元性"周制"的他律性制约;所谓"第二次君臣关系",只能称之为"自立性"秩序,而非"自律性"

---

① 宫崎市定《九品官人法の研究―科挙前史―》,第二编第一章《漢代制度一斑》,收入《宫崎市定全集 6》,东京:岩波书店,1992 年。
② 渡辺信一郎《『孝経』の国家論》、《『臣軌』小論―唐代前半期の国家とイデオロギー―》、《中国古代専制国家論》,均收入氏著《中国古代国家の思想構造―専制国家とイデオロギー―》,东京:校仓书房,1994 年。在 1996 年出版的新著《天空の玉座―中国古代帝国の朝政と儀礼―》(东京:柏书房,1996 年)中,渡辺氏通过对汉唐间元会仪礼结构的研究,进一步完善了上述论点。
③ 可参看大櫛敦弘《国制史》中的相关介绍,收入《殷周秦漢時代史の基本問題》,东京:汲古书院,2001 年。
④ 甘怀真《中国中古时期"国家"的形态》、《中国中古时期君臣关系初探》、《魏晋时期官人间的丧服礼》、《"旧君"的经典诠释——汉唐间的丧服礼与政治秩序》,均收入氏著《皇权、礼仪与经典诠释——中国古代政治史研究》,上海:华东师范大学出版社,2008 年。

秩序。①

在前贤研究的基础上,笔者亦以推进对于汉唐间"二重君臣关系"这一经典诠释框架的反思为目标。而选择的切入点则是臣民在面对皇帝时的自称形式。无论是以言语为媒介直接的见面,还是以文书为媒介间接的见面,都是君臣关系体现的最为基本的"场合"。就是在这个最为基本的场合里,也许我们能够发现,汉唐之间的君臣关系仍然有在其他层面上进行区分并诠释其变化的可能。

关于中国古代臣民面对皇帝时的自称形式这一问题,尾形勇曾经做过直接的讨论:

> 不论直接还是间接,在皇帝面前,臣下必须自称为"臣"。而且,只称"名",不言"姓"。在本书中,将其称为"臣某"形式。……这种特殊的自称方式,在秦汉以后的整个古代,乃至清代皇帝的统治体制下,一直为群臣所遵守。至少在官僚界,遵守这种方式,被提高为一种不自觉的习俗。②

虽然尾形氏对"臣某"形式中的"称臣"、"称名"、③"不称姓"这三方面的内容及其渊源、意义等都进行了较为全面而深入的探讨,但是不知道是否是有意回避,其在讨论中并没有涉及所谓"二重君臣关系"的问题。渡边信一郎即对尾形氏的这一研究提出了批评,认为其所解明的君臣关系并非当时国家机构中具体连接的君臣关系。④ 然而在渡边氏的相关研究中,对于作为君臣关系基本表征之一的"臣某"形式也没有特别言及。笔者的问题意识事实上是非常简单的,只是试图通过具体的考察来明确如下疑问:

---

① 阿部幸信《漢代官僚機構の構造—中国古代帝国の政治的上部構造に関する試論—》,《九州大学東洋史論集》31,2003 年,第 1—43 页。
② 尾形勇《中国古代の「家」と国家》,东京:岩波书店,1979 年,第 117 页。
③ 关于"称名"的最新研究,参考侯旭东《中国古代人"名"的使用及其意义——尊卑、统属与责任》,《历史研究》2005 年第 5 期,第 3—21 页。
④ 参考前引渡辺信一郎《中国古代国家の思想構造—専制国家とイデオロギー—》,《緒論—対象と課題—》3,尤其是注 8,及第 348 页注 11。

在"二重君臣关系"这一经典诠释框架之下,"臣某"形式是否也有相应的体现?

二、汉代情形的再确认

如前文所述,渡边信一郎认为,"二重君臣关系"存在于整个秦汉时期的国家机构中。那么,就让我们首先来观察这一时期"臣某"形式的表现如何。

如尾形勇的研究已经解明的那样,秦汉时代的臣民在面对皇帝自称的场合,均须采取"臣某"形式。从蔡邕《独断》中的如下记载可以看出,这在当时有制度上的具体规定:

> 表者不需头。上言臣某言。下言臣某、诚惶诚恐、顿首顿首、死罪死罪。左方下附曰某官臣某甲上。①

虽然《独断》此处所言仅为"表"的场合,但事实上,"臣某"形式行用的范围决不仅仅局限于此。朝廷百官之外,即使是"第二次君臣关系"下的属吏乃至庶民——在"二重君臣关系"的诠释框架之下,多被认为与皇帝之间并不存在直接的君臣关系——在面对皇帝自称的场合,也仍然需要采取同样的"臣某"形式,与"第一次君臣关系"下的命官并无二致。如东汉许慎之子许冲对安帝的上书所言:"召陵万岁里公乘草莽臣冲稽首再拜上书皇帝陛下云云。"②而蔡邕在朔方服刑期间对灵帝的上书所言"朔方髡钳徒

---

① (汉)蔡邕撰,卢文弨校订《独断》卷上,北京:中华书局《丛书集成初编》影印抱经本,1985年,第4页。引文之断句、标点,一仍抱经本之旧。关于《独断》,参考小林春樹《蔡邕『独断』小考—とくにその版本について—》,《史滴》5,1984年,第25—37页;福井重雅《蔡邕と『独断』》,《史観》107,1982年,第121—135页;同氏编《訳注西京雑記・独断》,东京:东方书店,2000年。

② (汉)许慎撰,(清)段玉裁注《说文解字注》卷十五下,上海古籍出版社,1981年,第784页。

臣邕稽首再拜上书皇帝陛下云云",①则说明甚至连刑徒在面对皇帝自称时亦无例外地采取"臣某"形式。

与此相对,若关注"第二次君臣关系"之下掾属面对长官自称的场合,则在汉代似乎还找不到采取"臣某"形式的实例。② 仲山茂曾以简牍材料为主,从文书制度的角度对汉代长官和属吏之间的关系进行再探讨。确认除了一般上下级机关之间的上、下行文书之外,在官府内部还有属吏上"白"而长官答以"教诺"的关系文书存在。如果能将其类比于朝廷中群臣上奏而皇帝答以"制可",则可以认为官府内部长官与属吏之间的关系近于君臣关系。③ 试举仲山氏所引用之一例:

> 尉史临白:"故第五燧卒司马谊自言,除沙殄北,未得去年九月家属食,谊言部以移籍廪,令史田忠不肯与谊食。"(89·2)④

然而即使是在这样的文书中,属吏所采取的自称形式也仍然不是"臣某"形式,其特征恰恰在于并不称"臣"。

通过以上简单的检讨可以看到,在汉代,作为君臣关系基本表征之一的"臣某"形式,并不能恰如其分地分布进"二重君臣关系"的权力结构之中。一方面在"第二次君臣关系"之中难觅其踪,一方面其应用范围又不仅限于"第一次君臣关系"下的朝廷命官。当然这并非意味着对"二重君臣关系"的简单否定。但至少可以说,这一时期所谓的"第一次君臣关系"与"第二次君臣关系",并没有字面上看起来这样的等质。

然而,与此同时,东汉应劭所作《汉官仪》⑤中的如下一条记录,却似乎

---

① 《续汉志·律历下》注引,《后汉书》,北京:中华书局点校本,1965年,第3082页。
② 《文选》卷三九载枚乘《上书谏吴王》,有数处以"臣乘"自称,北京:中华书局影印胡克家刻本,1977年,第551页。在汉初汉朝廷与诸侯王国的特殊政治关系的背景之下,这应该并非一种罕见的表现。此后,类似的例子不再出现。
③ 仲山茂《漢代における長吏と属吏のあいだ—文書制度の観点から—》,《日本秦漢史学会会報》3,2002年,第13—42页。
④ 谢桂华、李均明、朱国炤《居延汉简释文合校》,北京:文物出版社,1987年,第155页。
⑤ 关于《汉官仪》,可参看佐藤達郎《応劭「漢官儀」の編纂》,《関西学院史学》33,2006年,第89—108页。

提示了理解这一时期君臣关系的另一种可能:

> 群臣上书,公卿校尉诸将不言姓。凡制书皆玺封,尚书令重封。唯赦赎令司徒印,露布州郡。①

其中"群臣上书,公卿校尉诸将不言姓"一句值得注意。对此,最直接的理解便是,"公、卿、校尉、诸将"在上书皇帝时是不称姓的,即采取所谓的"臣某"形式;而与此相对,同样场合的其他官僚或者臣民则需要称姓,即采取有异于"臣某"形式的自称方式。如果我们承认自称形式在某种程度上确实是君臣关系的表征之一,则上述理解就意味着,汉代的"公、卿、校尉、诸将"与皇帝所结成的君臣关系不同于其他官僚或者臣民与皇帝所结成的君臣关系。

从学界过去对于汉代官僚制度的研究中的确可以区分出某些与皇帝间的关系更显特别的群体。如备受关注的"内朝",②又如为阎步克先生新近研究所揭示的"宦皇帝者",③等等。不过似乎还没有看到对于汉代官僚的某种区分可以对应于上述对《汉官仪》记录的理解。另外,从史料来看,汉代"公、卿、校尉、诸将"以外的吏民在上书皇帝时仍然采取"臣某"形式的记录也并不鲜见。这都让我们不得不对于上述来自《后汉书》卷二九《鲍昱传》注的《汉官仪》佚文文字保持谨慎态度。

---

① 《后汉书》卷二九《鲍昱传》注引,第1022页。
② 关于"内朝"的研究谱系,可参考東晋次《後漢時代の政治と社会》(名古屋大学出版会,1995年)和米田健志《日本における漢代官僚制研究》(《中国史学》10,2000年,第167—188页)中相关研究史的整理。近来这一主题重新吸引了研究者的注意,参考福永善隆《前漢における内朝の形成——郎官・大夫の変遷を中心として》,《史学雑誌》120-8,2011年,第1339—1376页;渡邉将智《後漢洛陽城における皇帝・諸官の政治空間》,《史学雑誌》119-12,2010年,第1961—1998页。
③ 阎先生认为,汉初的"宦皇帝者"构成了一个侍臣系统,从而与作为行政吏员的"吏"区分开来。两者的一个重要区别,就是在最初"吏"有禄秩,而"宦皇帝者"无禄秩,后来则通过"比吏食俸"形成"比秩"。参看氏著《从爵本位到官本位:秦汉官僚品位结构研究》,上编第三章《分等分类三题之一:"比秩"与"宦皇帝者"》、下编第四章《〈二年律令〉中的"宦皇帝者"》、第五章《若干"比秩"官职考述》、第六章《"比秩"的性格、功能与意义》,北京:三联书店,2009年。

事实上,上述《汉官仪》文字出现缺失或者错误的可能性确实存在。因为在蔡邕所著《独断》中,可以看到与《汉官仪》类似却更为完整的记录。上引《汉官仪》文字中关键的"公卿校尉诸将不言姓"部分,《独断》文字如下:

> 表者不需头。上言臣某言。下言臣某、诚惶诚恐、顿首顿首、死罪死罪。左方下附曰某官臣某甲上。文多,用编两行。文少,以五行。诣尚书通者也。公卿校尉诸将不言姓。大夫以下有同姓官别者言姓。章曰报闻。公卿使谒者。将大夫以下至吏民。尚书左丞奏闻报可。表文报已奏如书。凡章表皆启封。其言密事,得帛囊盛。①

仅仅从与以上文字的简单比较中尚不足以判断上述《后汉书》卷二九《鲍昱传》注引《汉官仪》文字的真正问题所在。但至少,在讨论汉代"公卿校尉诸将不言姓"所涉及的问题时,以蔡邕《独断》中的相关文字为对象是更为妥当的。虽然《独断》的这段文字也颇为费解,其间不乏舛误之可能;② 但无论如何可以明了的是,这里所说的"公、卿、校尉、诸将"在上书皇帝时"不言姓",并不意味着同样场合的其他官僚或者臣民需要称姓(即采取有异于"臣某"形式的自称方式)。大夫以下"言姓"乃是在"同名同官"的特殊场合为了不致混淆而采取的特殊手段,而与上书者的身份高低无关。之所以特别提出"大夫以下",也许是因为低级官员人数众多,汉代人又多单名,"同名同官"的情况更易发生。如尾形勇所提示的,《汉书》卷六八

---

① 蔡邕《独断》卷上,第 4—5 页。
② 尾形氏认为"有同姓官别者言姓"乃"有同名官同者言姓"之误,见前引氏著《中国古代の「家」と国家》,第 127 页注 3。笔者则认为或当为"有同名、官,别者言姓"。《唐六典》(陈仲夫点校,北京:中华书局,1992 年)卷八《门下省》"侍中"条注引《独断》则作"公卿校尉诸将不言姓,大夫以下皆言姓",与今本《独断》不同。而今本《独断》"公卿校尉诸将不言姓。大夫以下有同姓官别者言姓"之后的文字中,"公卿使谒者。将大夫以下至吏民"插在"章曰报闻"与"尚书左丞奏闻报可。表文报已奏如书"之间,突兀难解。《唐六典》卷八《门下省》"侍中"条注引《独断》则作:"报章曰闻,报奏曰可,其表文尚书报云已奏如书。"参考刘后滨《从蔡邕〈独断〉看汉代公文形态与政治体制的变迁》,收入氏著《唐代中书门下体制研究》,济南:齐鲁书社,2004 年。

《霍光传》所载的如下史料是对这一情况的最佳说明：

> 丞相臣敞、大司马大将军臣光、车骑将军臣安世、度辽将军臣明友、前将军臣增、后将军臣充国、御史大夫臣谊、宜春侯臣谭、当涂侯臣圣、随桃侯臣昌乐、杜侯臣屠耆堂、①太仆臣延年、太常臣昌、大司农臣延年、宗正臣德、少府臣乐成、廷尉臣光、执金吾臣延寿、大鸿胪臣贤、左冯翊臣广明、右扶风臣德、长信少府臣嘉、典属国臣武、京辅都尉臣广汉、司隶校尉臣辟兵、诸吏文学光禄大夫臣迁、臣畸、臣吉、臣赐、臣管、臣胜、臣梁、臣长幸、臣夏侯胜、太中大夫臣德、臣印昧死言皇太后陛下……②

如上所示，在"诸吏文学光禄大夫"头衔之下的"臣胜"和"臣夏侯胜"，正是因为"同官同名"而采取了其中一方"言姓"的特殊处理方式。③ 在一般的场合，自"公、卿、校尉、诸将"、大夫直至小吏、庶民、刑徒，在面对皇帝时，都是需要"不言姓"而自称"臣某"的。

三、魏晋南朝"第二次君臣关系"下的"臣某"形式

通过上节的讨论可以明确，在两汉时期，作为君臣关系表征之一的"臣某"形式，并不能恰如其分地分布进"二重君臣关系"的权力结构之中；所谓的"第一次君臣关系"与"第二次君臣关系"，并没有字面上看起来这样的等质。可以说在汉代的场合，尾形氏关于"臣某"形式的研究对所谓

---

① 关于此人，颜师古注曰："故胡人。"《汉书》卷九四上《匈奴传上》亦有"郝宿王刑未央使人召诸王，未至，颛渠阏氏与其弟左大且渠都隆奇谋，立右贤王屠耆堂为握衍朐鞮单于"的记载，北京：中华书局点校本，1962年，第3789页。关于汉代匈奴社会中的名号制度传统，参考罗新《匈奴单于号研究》，收入氏著《中古北族名号研究》，北京大学出版社，2009年。
② 《汉书》，第2939—2940页。
③ 如《汉书》此卷颜师古注引李奇所言："同官同名，故以姓别也。"（第2942页）

的"二重君臣关系",能构成一定程度的修正。

而在其后的魏晋南朝时代,如所周知,长官与属吏之间的"第二次君臣关系"成长为一种足以在史料中留下大量记录的现象。① 与历史记录中表现出的这种倾向相应,以往的研究对于这一时期的"第二次君臣关系"给予了更多的重视,甚至将其视为决定时代特征的关键因素。② 那么,"臣某"形式在魏晋南朝"第二次君臣关系"下的表现如何呢?

《晋书》卷四四《郑默传》中有一段记载值得注意:

> 武帝受禅,与太原郭奕俱为中庶子。朝廷以太子官属宜称陪臣,默上言:"皇太子体皇极之尊,无私于天下。宫臣皆受命天朝,不得同之藩国。"事遂施行。③

此事当大致发生于晋武帝受禅之初。与朝廷的主流意见相左,郑默认为在与皇帝的关系上,太子官属"皆受命天朝",与"藩国"官属有别,所以否定了"太子官属宜称陪臣"的意见,并且得到了朝廷的认可。而在魏晋南朝,"藩国官属"是一个含义相当模糊的概念。围绕诸侯王的身份,最多可能包括国官、府州佐吏及封内官长三个层面。以上记事似乎可以说明,当时的诸侯王之"国官"——与太子之"宫臣"相对——在面对皇帝时须自称"陪臣"。这也暗示着他们在自己的封君面前须自称"臣",即采取所谓的"臣某"形式。

---

① 其中代表性的现象就是《通典》礼典中所记录的大量关于属吏如何为长官服丧的议论。甘怀真对此有专门讨论。可参考前引甘氏诸文。
② 川勝義雄正是通过对于这些现象的考察将魏晋南朝视为"私的结合体的累积的社会"、"倾向于封建制"等等,见氏著《六朝贵族制社会研究》第Ⅱ部第五章《门生故吏关系》,东京:岩波书店,1982年,本书所引为中译本,徐谷梵、李济沧译,上海古籍出版社,2008年。前文所引石井仁论文通过更为具体的个案讨论完善了川勝氏的意见。对此,神矢法子从"王法"的角度进行了某种意义上的反论,包括《漢魏晋南朝における「王法」について》,《史淵》114,1977年,第87—111页;《晋時代における王法と家礼》,《東洋学報》60-1・2,1978年,第19—53页。安部聡一郎《清流・濁流と「名士」—貴族制成立過程の研究をめぐって—》也对"王法"给予相当重视,载《中国史学》14,2004年,第167—186页。
③ 《晋书》,北京:中华书局点校本,1974年,第1251页。

而以下的记录显示,这种做法可能并不仅仅限于当时的"封君"与国官之间。《文选》卷三七所载陆机《谢平原内史表》起首即言:"陪臣陆机言云云。"①据《晋书》本传,此时成都王颖"以(陆)机参大将军军事,表为平原内史"。② 又据《文选》卷十六陆机《欢逝赋并序》注引王隐《晋书》曰:"后成都王颖以(陆)机为司马,参大将军军事。"③无论如何可以确认的是,作此《谢平原内史表》时,陆机之身份为大将军府之府官,而非成都国之国官。由此可以推测,当时诸侯王之府官,亦须对皇帝以"陪臣"自称。同时,《文选》在"陪臣陆机言"句后注曰:

> 蔡邕《独断》曰:"诸侯境内自相以下,皆为诸侯称臣,于朝皆称陪臣。"

这一引文不见于今本《独断》,在汉代也找不到相关的例证。如果将其视为对于魏晋时代相关状况的说明,④则可以由此推测,当时诸侯王之封内官长,对于其"封君"亦须采取"臣某"形式,而对皇帝则以"陪臣"自称。从后文将要引用的刘宋时代的材料来看,这并非臆测。

因此,至少可以推测,在西晋时期诸侯王的场合,无论其下属身份为国官、府州佐吏还是封内官长,对诸侯王都须采取"臣某"形式,而对皇帝则以"陪臣"自称。相对于汉代的情形而言,这无疑是一个重大的变化。可以说在这一场合,"臣某"形式恰如其分地分布进了"二重君臣关系"的权力结构之中,"第一次君臣关系"与"第二次君臣关系"以一种同质的形式表现出来。

---

① 《文选》,第534页。尾形勇认为此处"陆"字为衍文,见氏著《中国古代の「家」と国家》,第128页注11。笔者赞成这一看法。
② 《晋书》卷五四《陆机传》,第1479页。
③ 《文选》,第235页。
④ 对于《独断》文本的复杂性必须给予足够的重视。其中很可能混杂有后世添加的部分自不待言。即使是蔡邕所作的本文,也未必是对汉代"制度"现状的如实反映,需要加以具体辨析。前引刘后滨文指出,《独断》关于公文书形态的言说,并不能涵盖整个两汉时期的文书制度,而只是蔡邕所处时代状况的反映,亦可参考。

当然，魏晋南朝所谓的"第二次君臣关系"，并不仅仅指身为"皇族"的诸侯王，其他非诸侯王府主与佐吏在以往的研究中也多被论及。在整个魏晋南朝非诸侯王的场合，都无法确认有采取"臣某"形式的迹象。如《晋书》卷九二《文苑·袁宏传》载：

> 累迁大司马桓温府记室。温重其文笔，专综书记。后为东征赋，赋末列称过江诸名德，而独不载桓彝。时伏滔先在温府，又与宏善，苦谏之。宏笑而不答。温知之甚忿，而惮宏一时文宗，不欲令人显问。后游青山饮归，命宏同载，宏为之惧。行数里，问宏云："闻君作东征赋，多称先贤，何故不及家君？"宏答曰："尊公称谓非下官敢专，既未遑启，不敢显之耳。"①

又《宋书》卷四四《谢晦传》载：

> 晦欲焚南蛮兵籍，率见力决战。士人多劝发兵，乃立幡戒严，谓司马庾登之曰："今当自下，欲屈卿以三千人守城，备御刘粹。"登之曰："下官亲老在都，又素无旅，情计二三，不敢受此旨。"晦仍问诸佐："战士三千，足守城不？"南蛮司马周超对曰："非徒守城而已，若有外寇，可以立勋。"登之乃曰："超必能办，下官请解司马、南郡以授。"即于坐命超为司马、建威将军、南义阳太守，转登之为长史，南郡如故。②

在上述两例中，袁宏为桓温大司马府记事参军，庾登之为谢晦卫将军府司马，均可视为当时非诸侯王府主与佐吏的典型表现。显然，这一场合的佐吏对其非诸侯王之府主仅以"下官"相称，而非"臣某"形式。

而世入南朝之后，上述西晋时期诸侯王场合"臣某"形式的特别表现并未能得到全面延续。在《宋书》卷五《文帝纪》的如下史料中留下了与此

---

① 《晋书》，第 2391—2392 页。
② 《宋书》，北京：中华书局点校本，1974 年，第 1349—1350 页。

相关的极为珍贵的记载。为了后文说明的方便,兹全引如下:

> 景平二年七月中,少帝废。百官备法驾奉迎,入奉皇统。行台至江陵,进玺绂。侍中臣琇、散骑常侍臣嶷之、中书监尚书令护军将军建城县公臣亮、左将军臣景仁、给事中游击将军龙乡县侯臣隆、越骑校尉都亭侯臣纲、给事黄门侍郎臣孔璩之、散骑侍郎臣刘思考、员外散骑侍郎臣潘盛、中书侍郎臣何尚之、羽林监封阳县开国侯臣萧思话、长兼尚书左丞德阳县侯臣孙康、吏部郎中骑都尉臣张茂度、仪曹郎中臣徐长琳、仓部郎中臣庾俊之、都官郎中臣袁洵等上表曰:"臣闻否泰相革,数变则穷。天道所以不谣,卜世所以灵长。乃者运距陵夷,王室艰晦,九服之命,靡所适归,高祖之业,将坠于地。赖基厚德深,人神同奖,社稷以宁,有生获乂。伏惟陛下君德自然,圣明在御,孝悌著于家邦,风猷宣于蕃牧。是以徵祥杂沓,符瑞燿辉。宗庙神灵,乃眷西顾。万邦黎献,望景托生。臣等忝荷朝列,豫充将命,复集休明之运,再睹太平之业。行台至止,瞻望城阙,不胜喜悦凫藻之情。谨诣门拜表以闻。"上答曰:"皇运艰弊,数钟屯夷,仰惟崇基,感寻国故,永慕厥躬,悲慨交集。赖七百祚永,股肱忠贤,故能休否以泰,天人式序。猥以不德,谬降大命,顾己兢悸,何以克堪。辄当暂归朝庭,展哀陵寝,并与贤彦申写所怀。望体其心,勿为辞费。"府州佐吏并称臣,请题牓诸门,一依官省,上不许。甲戌,发江陵。八月丙申,车驾至京城。丁酉,谒初宁陵,还于中堂即皇帝位。①

景平二年为公元 424 年。是年七月,宋武帝刘裕留下的三位顾命大臣徐羡之、傅亮与谢晦联手废少帝刘义符,迎宜都王刘义隆入继皇统,是为文帝。② 上引材料叙述的就是刘义隆自江陵入建康即位的过程。

对于本文关注的"二重君臣关系"而言,这段史料中包含着非常丰富

---

① 《宋书》,第 72 页。
② 参考祝总斌《晋恭帝之死和刘裕的顾命大臣》,收入氏著《材不材斋史学丛稿》,北京:中华书局,2009 年,第 283—312 页。

的信息。首先值得注意的是"府州佐吏并称臣"一句。入继皇统之前的宜都王刘义隆同时兼任"荆州刺史"与"镇西将军"。这里的"府州佐吏"应指其"荆州刺史府"与"镇西将军府"中的佐吏下属。若按照前述西晋时代的制度规定,这些"府州佐吏"平时对于宜都王刘义隆须采取"臣某"形式,而对皇帝则以"陪臣"自称。但是在这段史料的叙述中,"府州佐吏并称臣"却是与"请题牓诸门,一依宫省"并列的。"宫省"当指建康城中皇帝所居之"宫省",将"府州佐吏并称臣"与"请题牓诸门,一依宫省"一并理解为"因自诸侯王升格为皇帝而发生的制度变更"应该是较为妥当的。也就是说,在当时,"府州佐吏称臣"和"依宫省题牓诸门"一样,都仅仅只是以皇帝为对象的制度规定。① 无论军府还是州府,其佐吏在面对身为诸侯王的长官自称的场合,都是不能称"臣"的。这无疑是对于前述西晋所建新制的一种否定。由《宋书·文帝纪》的上述记载至少可以推测,在刘宋文帝即位之前,这一否定就已经发生且成为了一种制度。②

类似变动不仅仅发生在诸侯王之"府州佐吏"的场合。刘宋孝武帝孝建元年(454),朝廷颁布了旨在限制诸侯王权力的"二十四条",其中便有如下规定:

> 郡县内史、相及封内官长,于其封君,即非在三,罢官则不复追敬,不合称臣,正宜上下官敬而已。③

---

① 《资治通鉴》卷一二〇《宋纪二》"文帝元嘉元年(424)"载:"秋七月,行台至江陵,立行门于城南,题曰'大司马门'。……府州佐吏并称臣,请题牓诸门,一依宫省;王皆不许。"北京:中华书局点校本,1956年,第3769页。"大司马门"的记载不见于今本《宋书》,可以补充说明《宋书·文帝纪》所谓的"依宫省题牓诸门"。
② 《文选》卷三九载江淹《诣建平王上书》,自称"下官",第563—565页。亦见于《梁书》卷十四《江淹传》,北京:中华书局点校本,1973年,第247—249页。据《梁书》本传,江淹"起家南徐州从事,转奉朝请。宋建平王景素好士,淹随景素在南兖州"。虽未明言江淹之职,但从江淹上书中自称"窃慕大王之义,为门下之宾"及其因罪"系州狱"来看,更有可能为建平王之"州吏",而非"国官"。刘宋后期的这一事例可以为我们的推测提供一个旁证。
③ 《宋书》卷十八《礼志五》,第522页。另可参《宋书》卷六一《江夏文献王义恭传》中的相关记载,第1647—1648页。

其中"在三"之语出自《国语》，①虽然字面上包括父子、君臣、师徒三种权力关系，然而自魏晋以来人们称说"在三之义"时，更多地发生在表达君臣关系的场合。"封君"则显然主要指诸侯王。《宋书》卷四二《刘穆之传附刘邕传》亦载：

> 先是郡县为封国者，内史、相并于国主称臣，去任便止。至世祖孝建中，始革此制，为下官致敬。②

可以看到，在刘宋时期，继府州佐吏之后，诸侯王与其封内官长之间的"第二次君臣关系"在这里也被皇帝权力明确否定，表现为不得称"臣"，而仅限于上下级官员之间礼仪的制度规定。

由此，在西晋时期须对诸侯王采取"臣某"形式而对皇帝以"陪臣"自称的诸侯王之国官、府州佐吏及封内官长，到了南朝的刘宋时期，其中的府州佐吏和封内官长都转而变成不得对诸侯王称"臣"而须对皇帝采取"臣某"形式了。《隋书》卷二六《百官上》在叙述梁官制中有关"诸侯王"部分时，就只有"诸王公侯国官，皆称臣。上于天朝，皆称陪臣"③这样的说明，府州佐吏和封内官长都已难觅其踪。众所周知，对于这一时期的诸侯王而言，"国官"的重要性远远无法和其他二者相提并论。

因此，可以说虽然魏晋南朝时期的"第二次君臣关系"被学者给予了极大的重视，但是若从"臣某"形式的分布来看，诸侯王以外的场合与汉代相比并未发生实质性的改变；而诸侯王的场合，则在经历了西晋时期短暂的全面应用之后，至迟从刘宋初期开始，又逐渐受到了来自于皇帝权力的否定与限制，到了梁陈时代就仅局限于"国官"区区一隅了。

---

① 徐元诰撰，王树民、沈长云点校《国语集解》卷七《晋语一》，北京：中华书局，2002年。
② 《宋书》，第1308页。
③ 《隋书》，北京：中华书局点校本，1973年，第728页。

四、魏晋南朝"第一次君臣关系"下的"臣某"形式

本节将对魏晋南朝"第一次君臣关系"下的"臣某"形式进行考察。

如第二节所述,在汉代一般的场合,自"公、卿、校尉、诸将"、大夫直至小吏、庶民、刑徒,在面对皇帝时,都是需要"不言姓"而自称"臣某"的。其"第一次君臣关系"之下亦须采取"臣某"形式自不待言。从下引史料看,这一规定至少延续到了曹魏末西晋初的"第一次君臣关系"之中。《三国志》卷四《魏书·三少帝纪》注引《魏书》载:

> 于是乃与群臣共为奏永宁宫曰:"守尚书令太尉长社侯臣孚、大将军武阳侯臣师、司徒万岁亭侯臣柔、司空文阳亭侯臣冲、行征西安东将军新城侯臣昭、光禄大夫关内侯臣邕、太常臣晏、卫尉昌邑侯臣伟、太仆臣巍、廷尉定陵侯臣毓、大鸿胪臣芝、大司农臣祥、少府臣袤、永宁卫臣桢、永宁太仆臣阁、大长秋臣模、司隶校尉颖昌侯臣曾、河南尹兰陵侯臣肃、城门校尉臣虑、中护军永安亭侯臣望、武将军安寿亭侯臣演、中坚将军平原侯臣德、中垒将军昌武侯臣廙、屯骑校尉关内侯臣陕、步兵校尉临晋侯臣建、射声校尉安阳乡侯臣温、越骑校尉睢阳侯臣初、长水校尉关内侯臣超、侍中臣小同、臣颙、臣酆、博平侯臣表、侍中中书监安阳亭侯臣诞、散骑常侍臣瑰、臣仪、关内侯臣芝、尚书仆射光禄大夫高乐亭侯臣毓、尚书关内侯臣观、臣嘏、长合乡侯臣亮、臣赞、臣骞、中书令臣康、御史中丞臣钤、博士臣范、臣峻等稽首言云云。①

虽然这段材料所反映的是群臣面对"太后"场合所采取的自称形式,不过

---

① 《三国志》,北京:中华书局点校本,1982年,第129页。

仍然无妨我们将其作为面对"皇帝"场合的材料来讨论。① 上书诸臣,位列第一的是"守尚书令、太尉、长社侯臣(司马)孚",位列最后的则是"博士臣(某)范、(某)峻"。自第一至于末位,无不以"臣某"形式自称。据《通典》卷三八《职官二十》所载《魏官品》,"尚书令"为第三品,"三公"为第一品,"诸国王、公、侯、伯、子、男爵"为第一品,而"诸博士"则为第六品。从上引材料至少可以判断,曹魏末西晋初,自一品至于六品之官僚,在面对皇帝自称时,仍然均需要采取"臣某形式"。

然而在其后的时代里,"第一次君臣关系"下的"臣某"形式应用却发生了某种并非无关紧要的改变。这一变动最早起于何时尚无史料可以说明,但至迟到刘宋初期,我们已经可以看到它的制度性表现。这就是前文已经引用过的《宋书》卷五《文帝纪》中关于群臣上表自称形式的记录:

> ……侍中臣琇、散骑常侍臣嶷之、中书监尚书令护军将军建城县公臣亮、左将军臣景仁、给事中游击将军龙乡县侯臣隆、越骑校尉都亭侯臣纲、给事黄门侍郎臣孔璩之、散骑侍郎臣刘思考、员外散骑侍郎臣潘盛、中书侍郎臣何尚之、羽林监封阳县开国侯萧思话、长兼尚书左丞德阳县侯臣孙康、吏部郎中骑都尉臣张茂度、仪曹郎中臣徐长琳、仓部郎中臣庾俊之、都官郎中臣袁洵等上表曰云云。②

可以看到,以上对于上表劝进诸臣的记录方式,明显可以分为两组:自"侍中臣琇"至"越骑校尉都亭侯臣纲",为"官(爵)+臣+不称姓+称名",即典型的"臣某"形式;而自"给事黄门侍郎臣孔璩之"至"都官郎中臣袁洵",则为"官(爵)+臣+称姓+称名",明显与"臣某"形式相悖。

根据这一差别首先可以判断,虽然这一连串的官名、人名被列于上表正文的记载之外,但无疑应该是上表正文内容的原始性引用,来自表文起首上表者自称的部分,并且出现错漏的可能性极小;③其次,虽然此时刘义

---

① 参考下仓涉《「太后詔曰」攷》,《東北大學東洋史論集》9,2003年,第27—52页。
② 《宋书》,第72页。
③ 作为对照,可参考《文选》卷三七、三八所载诸表,尤其是刘琨所作《劝进表》。

隆尚未即皇帝位,然而材料中称其所在为"行台"、"车驾",诸臣自称"臣",称其为"陛下",已经是皇帝的礼遇。这可能是汉文帝以来迎诸侯王入继皇统的惯例。① 因此以上对于上表诸臣的记载,是可以作为他们面对皇帝时的自称方式来讨论相关时代的君臣关系的。

根据上引材料,不妨列表如下:

表 1 《宋书·文帝纪》所见群臣上表自称形式

品级②	官　爵	人物	自　称　形　式	称姓与否
三	侍中	王琇③	侍中臣琇	●
三	散骑常侍	王嶷之④	散骑常侍臣嶷之	●
三	中书监	傅亮	中书监尚书令护军将军建城县公臣亮	●
三	尚书令			
三	护军将军			
三	建城县公			
三	左将军	殷景仁	左将军臣景仁	●
五	给事中	傅隆⑥	给事中游击将军龙乡县侯臣隆	●
四⑤	游击将军			
三	龙乡县侯			
四⑦	越骑校尉	(某)纲⑧	越骑校尉都亭侯臣纲	●
五	都亭侯			

---

① 可参看《汉书》卷四《文帝纪》中关于文帝自代王入即帝位过程的记录,第 108 页。
② 此表之品级推定主要据《通典》(王文锦等点校,北京:中华书局,1988 年)卷三七《职官十九》、《职官二十》所载魏、晋、宋、梁、陈诸秩品。
③ 疑为王琇。《晋书》卷六五《王导传附王谧传》载:"义熙三年卒,时年四十八。追赠侍中、司徒,谥曰文恭。三子:瓘、球、琇。入宋,皆至大官。"(第 1759 页)
④ 疑为"王裕之"(即王敬弘,此时适为散骑常侍)之误,或因避宋武帝刘裕之讳而改。参《宋书》及《南史》本传。
⑤ 游击将军不见于《宋官品》。《晋官品》列于第四品。
⑥ 未知何人。疑为傅隆。
⑦ 越骑校尉魏官品列于第四品。《宋官品》第四品有五校尉,即指"步兵、射声、长水、越骑、屯骑五校尉"。
⑧ 未知何人。

(续表)

品级	官 爵	人物	自 称 形 式	称姓与否
五	给事黄门侍郎	孔璪之	给事黄门侍郎臣孔璪之	○
五	散骑侍郎	刘思考	散骑侍郎臣刘思考	○
五	员外散骑侍郎	潘盛	员外散骑侍郎臣潘盛	○
五	中书侍郎	何尚之	中书侍郎臣何尚之	○
五①	羽林监	萧思话	羽林监封阳县开国侯臣萧思话	○
二②	封阳县开国侯			
六	长兼尚书左丞	孙康	长兼尚书左丞德阳县侯臣孙康	○
三	德阳县侯			
六	吏部郎中	张茂度	吏部郎中骑都尉臣张茂度	○
六	骑都尉			
六	仪曹郎中	徐长琳	仪曹郎中臣徐长琳	○
六	仓部郎中	庾俊之	仓部郎中臣庾俊之	○
六	都官郎中	袁洵	都官郎中臣袁洵	○

※ 称姓为○，不称姓为●。

由上引材料可以看到，刘宋初期的诸臣在面对皇帝自称时，已经并非全部采取"臣某"形式。根据上表，是否采取"臣某"形式的自称方式，与其爵位似无关系。同为三品县侯，傅隆不称姓而孙康称姓；三品县公傅亮与五品都亭侯（某）纲则均不称姓。在这里起决定作用的是其所拥有官职的官品。分界线很清晰地位于四、五品之间，即一品至四品官不称姓而五品

---

① 羽林监不见于《宋官品》。《魏官品》、《晋官品》均列于第五品。《陈官品》降至第七品。
② 开国县侯不见于《宋官品》。《晋官品》列于第二品。

及其以下则需称姓。①

第二节我们曾得出结论：在汉代一般的场合，自"公卿校尉诸将大夫"直至小吏、庶民、刑徒，在面对皇帝时，都是需要"不言姓"而自称"臣某"的。本节开头所引材料则表明，这一规定至少延续到了曹魏末西晋初的"第一次君臣关系"之下。其时自一品至于六品之官僚，在面对皇帝自称时，仍然均需采取"臣某形式"。第二节我们还曾经对《汉官仪》的一段佚文进行过讨论。虽然最后否定了由此而来的对于汉代君臣关系的理解，但是其对于"第一次君臣关系"的类似区分却在其后的时代里在某种程度上成为了现实。由上引材料可以判断，至迟到刘宋初期，在"第一次君臣关系"之下，"臣某"形式已经成为仅限于一品至四品官的某种专属权利，五品及其以下官员则须采取"称姓"的措施以示区别。这一制度性的事实为其后的历史所继承，并且在史料中留下了相关的制度规定。即已为宫崎市定所引用过的梁陈时代的如下记录：

> 其余并遵梁制为十八班。自十二班以上并诏授，表启不称姓。从十一班至九班，礼数复为一等。又流外有七班，此是寒微士人为之，从此班者，方得进登第一班。②

梁陈时代十八班制的"十二班以上"大致相当于官品中的"正四品以上"，而据宫崎市定对宋、梁官品所作的对照，上述刘宋时代的分界线"四、五品

---

① 当然这只是笼统言之，未考虑各种"兼官"场合的具体运作。从后文所引《唐六典》之规定看，唐代的散官、职事官与封爵，在决定面对皇帝是否"称姓"时，均可成为一项独立的标准。关于魏晋南朝的"兼官"，参看周一良《〈南齐书·丘灵鞠传〉试释兼论南朝文武官位及清浊》，收入氏著《魏晋南北朝史论集》，北京大学出版社，1997年；阎步克《品位与职位——秦汉魏晋南北朝官阶制度研究》，北京：中华书局，2002年；冈部毅史《晋南朝の免官について—「免所居官」の分析を中心に—》，《東方学》101，2001年，第75—88页。

② 见《隋书》卷二六《百官上》，第741页；《通典》卷三八《职官二十》，第1036页。宫崎市定引作"自十三班以上并诏授，表启不称姓。从十二班至九班，礼数复为一等。"见氏著《九品官人法の研究—科举前史—》，第303页，未知何据。大庭脩《魏晋南北朝告身雑考——木から紙へ》亦引宫崎氏，后收入氏著《唐告身と日本古代の位階制》，东京：皇学馆出版部，2003年，第5—6页。关于"十八班制"，参考宫崎市定《九品官人法の研究—科举前史—》第四章《梁陳時代の新傾向》；阎步克《品位与职位——秦汉魏晋南北朝官阶制度研究》第七章《北魏对萧梁的官阶制反馈》。

之间"大致相当于梁官品中的"正七品与从六品之间"。① 可以说梁陈时代的分界线与上述刘宋时代的相比，有所提升。这一提升趋势亦为唐代所继承，并进一步区分出了在"公文"与"奏事"场合的不同应用方式。② 见《唐六典》卷六"礼部尚书条"：

> 凡散官正二品、职事官从二品③以上，爵郡王以上，于公文皆不称姓。凡六品以下官人奏事，皆自称官号、臣、姓名，然后陈事。④

甘怀真注意到了《唐六典》中的上述规定。对此，他进一步论述道：

> 高级官员可以不称姓，是表示他们与皇帝的关系更密切。称"臣"是将己身献给国家。但不称姓，但称"臣某"，则表示官员更进一步隶属于皇家，是成为皇帝拟制的皇家家人。⑤

"不称姓"是否就意味着"隶属于皇家，是成为皇帝拟制的皇家家人"，或许还有再讨论的余地。不过由这种制度规定而反映出某些高级官员"与皇

---

① 宫崎市定《九品官人法の研究—科举前史—》，第266页表；阎步克《品位与职位——秦汉魏晋南北朝官阶制度研究》，第376页表。
② 参考王诗伦《唐代告身中的官人自称形式》，《大陆杂志》，1993年第2期，第32—48页。
③ 上引王诗伦文指出，此处陈仲夫点校《唐六典》作"从三品"，明正德本及日本近卫家熙本《大唐六典》（廣池千九郎训点，内田智雄补订）作"从二品"。
④ 《唐六典》，第112—113页。相关例证请参看前注王诗伦文所引唐代诸告身例。另外，从长孙无忌《进律疏表》中的如下记录来看，这一制度规定似也不仅仅限于群臣的"自称"："乃制太尉扬州都督监修国史上柱国赵国公无忌、司空上柱国英国公勣、尚书左仆射兼太子少师兼修国史上柱国燕国公志宁、尚书右仆射监修国史上柱国开国公遂良、银青光禄大夫守尚书令监修国史上骑都尉柳奭、银青光禄大夫守刑部尚书上轻车都尉唐临、太中大夫守大理卿轻车都尉段宝玄、太中大夫守黄门侍郎护军颍川县开国公韩瑗、太中大夫守中书侍郎监修国史骁骑都尉来济、朝议大夫守中书侍郎辛茂将、朝议大夫守尚书右丞轻车都尉刘燕客、朝请大夫使持节颍州诸军事守颍州刺史轻车都尉裴弘献、朝议大夫守御史中丞上柱国贾敏行、朝议郎守刑部郎中轻车都尉王怀恪、前雍州盩厔县令云骑尉董雄、朝议郎行大理丞护军路立、承奉郎守雍州始平县丞骁骑尉石士达、大理评事云骑尉曹惠果、儒林郎守律学博士飞骑尉司马锐等，……"刘俊文点校《唐律疏议·附录》，北京：中华书局，1983年，第620—621页。
⑤ 甘怀真《皇权、礼仪与经典诠释——中国古代政治史研究》，第225页。

帝的关系更密切"则是殆无疑义的。具体到每一位皇帝个人,其所亲近的官员当然各有不同。然而在制度设计的理念上,则是在官品中居于上位的官僚被设定为与皇帝关系更为密切的群体。由本节所论可知,这一现象至迟自刘宋初期以来就已经成立了。

五、结语:对汉唐间"二重君臣关系"的反思

以上对"臣某"形式在汉唐间"二重君臣关系"中的各种表现进行了讨论,基本上明确了第一节所提出的问题。讨论的结果可以列如表2。

表2　汉唐间的"二重君臣关系"与"臣某"形式

		汉代	魏晋	刘宋	梁陈	隋唐 公文	隋唐 奏事
第一次君臣关系		○	○	○ / ●	○ / ●	○ / ●	○ / ●
第二次君臣关系	非诸侯王	●	●	●	●		
	诸侯王 封内官长	●	○	●	●		
	诸侯王 府州佐吏	●	○	●	●		
	诸侯王 国官	●	○	○	○		

※　采取"臣某"形式为○,不采取"臣某"形式为●。

首先可以明确，尾形氏关于"臣某"形式的研究，在某些具体层面上仍然有商榷的余地。如表 2 所示，"臣某"形式在秦汉以后的整个古代，并非是以一种一成不变的形式一直延续下去的。即使是在所谓的"第一次君臣关系"的领域内，也可以在汉唐间观察到重要的变动。而且，也并非仅仅存在于皇帝与臣民之间。至少在西晋时期，在诸侯王与其各种属下之间，"臣某"形式也得到了全面的应用。从这一意义上说，渡边氏对于尾形氏研究的批评是妥当的。①

藉由对"臣某"形式的讨论，也可以促进我们对于汉唐间"二重君臣关系"这一经典诠释框架的反思。如前所述，在这一框架之下，与"第一次君臣关系"相比，"第二次君臣关系"更受重视，甚至被视为决定时代特征的关键因素。然而如上表所示，"臣某"形式从未在汉唐间任何一个时期的"第二次君臣关系"中得到完全的应用。即使是在诸侯王与其下属全面应用"臣某"形式的西晋时期，非诸侯王的场合也仍然不能应用；而西晋的新制，也很快就在南朝皇帝权力的伸展中被废去了。藉由对于古代礼制的拟制而形成的观念或者秩序，当然也应该视为一种现实的"政治行动"。但是名为"君臣"或者被视为"君臣"，实际上在"君"面前却不能以"臣"自称，这样的"君臣关系"未免显得有些成色不足。在皇帝制度的整体政治秩序之下，如此形成的"第二次君臣关系"能否达到与"第一次君臣关系"并列甚至反否的地步，应该还需要进一步的讨论。

与重视"第二次君臣关系"相关联，上述诠释框架又将"二重君臣关系"一元化的动力主要归结于隋代的统一天下与强化君权。即使有所追溯的话，也仅限于北齐或者北周。② 北周武帝的如下言论常常为学者引以为据：

> 且近代以来，又有一弊，暂经隶属，便即礼若君臣。此乃乱代之

---

① 参考前引渡辺氏《『孝経』の国家論》、《「臣軌」小論——唐代前半期の国家とイデオロギー——》、《中国古代専制国家論》诸文，均收入氏著《中国古代国家の思想構造——専制国家とイデオロギー——》。
② 参考前文所引严耕望、濱口重国及渡辺信一郎论文。

权宜，非经国之治术。诗云："夙夜匪解，以事一人。"一人者，止据天子耳。①

但实际上，这样的议论与第三节所见刘宋孝武帝时关于"二十四条"的言说并没有什么实质上的区别。南朝是军事上和政治上的"被一元化者"的事实，并不能直接导致其"二重君臣关系"的一元化也一定来自于外部强力的结论。如前文所论，以对"臣某"形式的限制与变更为标志，皇帝权力对于所谓"第二次君臣关系"所进行的否定、制约与解构，至迟自刘宋初期就已经开始。"二重君臣关系"的一元化，在南朝也是一个一直持续的进程，尽管其动因可能与北朝有异。②

从另外一个角度也可以说明"二重君臣关系"一元化的内部动力之多元，即这一进程并非仅仅是皇帝的一元性支配权力单方面强化的结果。自东汉中后期开始，地方士人中就出现了拒绝出仕地方吏职的现象。造成这一现象的原因是多方面的。如"郡县小吏"的工作过于卑贱，深受儒家意识形态浸淫的士人感到难以接受。③ 不过部分士人开始强调不应该接受"第二次君臣关系"而只应该与天子形成一元性关系，也成为其中重要的原因。《东观汉记》卷十八《梁鸿传》载：

> 梁鸿初与京邑萧友善，约不为陪臣，及友为郡吏，鸿以书责之而去。④

---

① 《周书》卷十二《齐殇王宪传》，北京：中华书局点校本，1971年，第190页。
② 限于篇幅，本文未能对"二重君臣关系"与"臣某"形式在北朝的表现进行考察，只能留作今后的课题。
③ 如《后汉书》卷五三《周燮传附冯良传》载："良字君郎。出于孤微，少作县吏。年三十，为尉从佐。奉檄迎督邮，即路慨然，耻在杂役，因坏车杀马，毁裂衣冠，乃遁至犍为，从杜抚学。"（第1743页）类似的叙事亦见于同书卷七九下《儒林·赵晔传》（第2575页）与卷八一《独行·范冉传》（第2688页）。关于战国秦汉时期的"士"、"吏"分合问题，参考阎步克《士大夫政治演生史稿》，北京大学出版社，1996年。
④ 此条《东观汉记》逸文引自《太平御览》卷四一〇，参考（汉）刘珍等撰，吴树平校注《东观汉记校注》，郑州：中州古籍出版社，1987年。四库本《太平御览》轶"陪"字。

若为郡吏,即与太守结成君臣关系,于天子即为陪臣。地方之士人拒绝为陪臣,也就是对"二重君臣关系"的否定。这种否定的出现与东汉中后期"处士"涌现及"征辟"盛行的现象互为关联,同时也促进了"二重君臣关系"的一元化。①

然而,与上述君臣关系"一元化"进程同时,在皇帝与臣民之间"第一次君臣关系"的框架之内,却可以观察到另一种新的"分化"过程。如第二节所论,由对《汉官仪》一段轶文的理解而来的对于汉代君臣关系的区分很可能是不可靠的。然而这种不可靠的区分到了刘宋初期,却在某种程度上成为了现实。原本适用于全体臣民面对皇帝自称的"臣某"形式,从此变成了一部分在官品上居于高位的官员的专属权利,其他人则需采取"称臣＋称姓＋称名"的方式以示区别。并且其中划分的界限自刘宋经梁陈至于唐代,可以观察到逐步提升的迹象。这一方面固然是对部分高级官僚的礼遇,然而由此也可以反映出,在皇帝与部分高级官僚之间形成了某种更为密切的关系。

值得注意的是,这种在臣民中区别与皇帝关系密切与否的标准,既非其人在血缘上与皇帝的亲疏——如外戚,亦非其官署在空间上与皇帝的远近——如宦官,而是相对来说较为抽象的官品。即在官品中居于上位的官员与皇帝结成了更为密切的关系。若对比汉代居于禄秩序列顶端的高级官僚如三公的话,则其中的差异是非常明显的。汉代的三公虽然也受到很高的礼遇,但似乎观察不到其与皇帝的关系相较其他官僚更为密切的迹象;相反,不必说外戚或者宦官,就是与"宦皇帝者"②相比,三公与皇帝间的关系似乎也可以说处于某种程度上的"隔绝"状态。③

事实上,对于上述"隔绝"状态的打破——即高级官僚与皇帝的接

---

① 参考本书单元四第二章《"处士功曹"小论》。
② 参考前文所引阎步克先生诸论文。
③ 这种"隔绝"可以说正与"二重君臣关系"相配合,并象征性的表现在,汉代的丞相府以及三公府都位于宫城之外。可与唐代初期三省的位置进行对比。

近——自汉魏之际就已经初露端倪,尽管其时官品尚未创制。① 不久之后即取代三公成为"宰相"之职的尚书令及其他尚书诸官,在当时通过曲折的过程获得了以加"侍中"的方式进入宫禁之中与皇帝直接接触的权力,形成了"侍中尚书"这样具有复合职能的官职。② 尽管同时也可以观察到,皇帝仍然试图通过具有近侍性质的"门下之选"这样的传统方式来与士人建立密切关系,③然而由于上述"侍中尚书"历史要素的参与,不同于汉代型皇帝权力的新型权力结构还是一步步形成了。并在其后的时代里,如上文所论,以官品为媒介,进一步渗透到了自称形式这一体现君臣关系最为基本的场合,实现了对于"第一次君臣关系"的重组。这种"分化"或者"重组"并非是对君臣关系"一元化"的否定或者反动,毋宁说二者共同构成了一个相辅相成的进程。如何对汉唐之间经历了复杂的历史进程而形成的这种新型权力结构进行解读,笔者愿意以之作为今后的课题。

---

① 关于"官品"的创制时间,参考祝总斌《两汉魏晋南北朝宰相制度研究》,北京:中国社会科学出版社,1990 年,第 155—156 页;阎步克《品位与职位——秦汉魏晋南北朝官阶制度研究》第五章《官品的创制》;窪添慶文《魏晋南北朝官僚制研究》之《序章 日本的魏晋南北朝官僚制研究》,东京:汲古书院,2003 年,中译文载《北大史学》第 11 辑,北京大学出版社,2005 年。
② 参考下倉渉《後漢末における侍中・黄門侍郎の制度改革をめぐって》,《集刊東洋学》72,1994 年,第 40—62 页;徐冲《关于曹魏的侍中尚书》,《国学研究》第 16 卷,2005 年,第 259—273 页。
③ 《三国志》卷二四《魏书·崔林传》注引《魏名臣奏》魏文帝诏书:"昔萧何荐韩信,邓禹进吴汉,唯贤知贤也。(王)雄胆智技能,文武之资,吾宿知之,今便以参散骑之选,方使少在吾门下知指归,便大用之矣。天下之士,欲使皆先历散骑,然后出据州郡,是吾本意也。"(第 680 页)参考阎步克《察举制度变迁史稿》第六章《名实问题与"清途"的兴起》,沈阳:辽宁大学出版社,1997 年;下倉涉《散騎省の成立——曹魏西晋における外戚について》,《歷史》86,1996 年,第 39—41 页。又据前注所引佐原康夫文,自西汉后期开始,在郡县中出现了脱离行政实务而凭借学问和人格出仕长官的新属吏阶层。他们通过言论与人格成为辅佐长官的侧近,与功曹、主簿等要职共同形成了长官官房,即"门下"。中央朝廷与地方官府中所各自形成的"门下"之相似与异趣,适成对比。参考徐冲《"汉魏革命"再研究:君臣关系与历史书写》第一章第二节《曹魏"侍中尚书"的渊源》,北京大学历史学系博士论文,2008 年。

附录三：川勝義雄《六朝贵族制社会研究》评介

一、前　　言

日本学者川勝義雄（1922—1984）的名著《六朝贵族制社会研究》（以下简称"本书"），2007年底由上海古籍出版社作为"日本中国史研究译丛"之一种出版。作者川勝義雄是战后日本魏晋南朝史研究领域的重要学者，其与谷川道雄所共同提倡的"共同体论"，更在20世纪六七十年代对日本的整个中国史研究学界产生了影响。由谷川氏所主导的"译丛"编辑委员会，①首先推出内藤湖南的《中国史学史》②与本书，也从一个侧面反映了川勝氏在日本中国史研究学界所具有的地位。

川勝氏1922年生于京都市。1948年毕业于京都大学文学部史学科，1950年即入京都大学人文科学研究所（简称"京大人文研"）工作。此后除了短期的法国访学以外，近三十五年间基本都是在京大人文研开展研究工作，直至1984年因病逝世。③《六朝贵族制社会研究》一书是他最为重

---

① 此译丛编辑委员会包括夫马进、古贺登、谷川道雄、尾形勇、岸本美绪、森正夫诸位。据《总序》可知，谷川氏在其中发挥了主导作用。
② 内藤湖南《中国史学史》，马彪译，上海古籍出版社，2008年。
③ 关于川勝氏个人的详细介绍，可以参考岛田虔次为其遗文集《中国人の歴史意識》（东京：平凡社ライブラリー，1993年）所撰《後記》、礪波護为同上著所撰《解說》和气贺泽保规为其文库本通史《魏晋南北朝》（东京：讲谈社学术文库，2003年）所撰《解說》。

要的作品。①

　　本书日文版出版于1982年12月,②不过当然不能据此认为这是一部20世纪80年代的作品。据作者《序》,是"将我迄今所撰关于六朝贵族制社会的十几篇论文综合成为一册",而这些论文的"整个撰述时期,约有30年左右"。③ 其中最早的一篇《贵族政治的成立》,发表于1950年;最晚的一篇《东晋贵族制的确立过程》,发表于1979年。故本文将首先按照本书的篇章次序简要介绍各章内容,然后再从学术史的角度,以时间顺序整理川胜史学的演进轨迹,最后则附出对于中译本译文的一点意见。至于与中国学界相关研究的比较,因为篇幅限制,就只有留作将来的课题了。

---

① 此外,尚有遗文集《中国人の歴史意識》(主要收录了作者关于中国的历史意识、道教与佛教以及概论"中国中世史观"三个方面的文章)、文库本通史《魏晋南北朝》(已经成为与西嶋定生《秦汉帝国》齐名的通史著作。西嶋著作的下限止于东汉前期,川胜著作的起点则放在了东汉后期,这种时代上的前后衔接,与两氏在时代区分论上的对立,构成了颇为有趣的对比)。另编有《中国中世史研究——六朝隋唐の社会と文化》(东京:东海大学出版会,1970年。此书名义上为"中国中世史研究会编",但据其《后记》可知,川胜氏为实际的编辑担当者)等。

② 川勝義雄《六朝貴族制社会の研究》,东京:岩波书店,1982年。本书出版后,"中国中世史研究会"内部曾组织了评议活动,三编的评议人分别为東晉次、渡辺信一郎和吉川忠夫。正式的书评则有越智重明《書評 川勝義雄著「六朝貴族制社会の研究」》,《史学雑誌》93-2,1984年,第226—232页;渡辺信一郎《六朝史研究の課題——川勝義雄著「六朝貴族制社会の研究」をめぐって》,《東洋史研究》43-1,1984年,第174—184页。谷川道雄《貴族制と封建制:川勝義雄氏の遺業に寄せて》(收入氏著《中国中世の探求——歴史と人間》,日本エディタースクール出版部,1987年,第255—279页)对于川勝氏的整体学术思路也进行了较为清晰的整理。其后,在多种学术史性的回顾中,川勝氏的研究都是重点叙述的对象。如谷川道雄《日本における魏晋南北朝史研究の回顾》(《中国史学》第2卷,1992年,第211—231页)、中村圭爾《六朝貴族制に関する若干の問題》(氏著《六朝貴族制研究・序章》,东京:风间书房,1986年,第1—44页)、同氏《六朝貴族制論》(收入谷川道雄编《戦後日本の中国史論争》,名古屋:河合文化教育研究所,1993年,第69—114页)、安部聡一郎《清流・濁流と「名士」——貴族制成立過程の研究をめぐって——》(《中国史学》第14卷,2004年,第167—186页)。本文之写作,自上述诸论考获益之处甚多。

③ 本书《序》,第1页。又,本文引用本书内容,基本按照中译本译文。但也有个别地方参照原文做适当改动。

二、内容简介

本书题为"六朝贵族制社会研究"。在 20 世纪以来的中国中古史研究领域,"六朝"是一个所指颇为灵活的概念。中国学界多以此指自孙吴、东晋至于宋、齐、梁、陈这些建都建康的江南王朝,带有浓厚的地域色彩;而日本学界言及"六朝"者,则范围多包括了整个魏晋南朝,有时甚至也包括了十六国北朝在内。① 本书所谓"六朝"指的是魏晋南朝。川胜氏认为,他在本书中所描述的"魏晋南朝的贵族制社会从成立至崩溃的过程,还是较为完整地显示出了中世前期贵族制社会的形象";而"中世后期亦即隋唐帝国的核心部分源自北朝,所以应将北朝隋唐作为后期贵族制社会及其前史的问题另加探讨"。②

本书的主要内容共分为三编,分别为第一编《贵族制社会的形成》、第二编《朝向封建制的倾斜与贵族制》和第三编《贵族制社会的变质与崩溃》。每编下设四至五章,实际上每一章基本都是一篇独立的论文。③ 在描述"魏晋南朝的贵族制社会从成立至崩溃的过程"时,川胜氏坦言他所关心的核心问题是,"如何思考贵族制社会与封建社会的关系"。④ 更明确地说,则是何以中国"中世"没有形成如西欧、日本那样典型的"封建社会",而是形成了文人贵族优先的"贵族制社会"。"中世"、"封建社会"、"贵族制社会",关于这些概念的纠缠,我们会在下一节中涉及。这里只是要先明确川胜氏的问题意识与叙述思路,看看他是如何用一本书来回答自己所设定的这一问题的。

---

① 谷川道雄即常如此使用"六朝"一词,如其代表作《中国中世社会与共同体》(东京:国书刊行会,1976 年,本书所引为中译本,马彪译,北京:中华书局,2002 年)第一编第二章题为《中国的中世——六朝隋唐社会与共同体》,第四编题为《六朝名望家统治的构想》,其中的"六朝"都是统括魏晋南北朝而言的。
② 本书《序》,第 5 页。
③ 只有第一编第三章《魏、西晋的贵族层与乡论》和第二编第二章《孙吴政权与江南的开发领主制》本为同一篇论文《贵族制社会与孙吴政权下的江南》,收入前引《中国中世史研究——六朝隋唐的社会与文化》一书。
④ 本书《序》,第 1 页。

第一编《贵族制社会的形成》探讨的主要问题，是曹魏、西晋时期的贵族制社会是如何形成的？相对而言，川胜氏并未在描述曹魏、西晋时期的贵族制社会之历史特征上花费过多笔墨，而是把重点置于了此前的东汉末期，即贵族制"前史"。① 第一章《贵族政治的成立》，明确提出了"产生魏晋贵族的母胎即是汉末清流势力，后者的结构对前者性质影响甚巨"这样一个核心命题。作者反对如杨联升那样从豪族群之间的对立来理解汉末的清、浊对立，认为清流势力具有如下结构：在政治上依据共通的儒家国家理念，在个人交际上依靠共通的儒家道德感情形成了广泛的舆论，以此确定代表者，互相取得联络。而对那些歪曲君主权力，扰乱国家正常状态的浊流势力持反对立场。第二章《汉末的抵抗运动》，一方面将清流范围扩展至包含了乡邑之中的"逸民式人士"在内，另一方面也把浊流势力的根源追溯到了在乡邑中推行"领主化路线"的富裕豪族。这些豪族与宦官政府相勾结，使古老的乡邑秩序面临分裂与崩溃的危机。而清流—逸民—黄巾则被理解为先后分别由知识阶层右翼、知识阶层左翼和底层民众所担当的对于上述危机的一系列抵抗运动。这些抵抗运动抑制了汉末社会向典型的封建社会发展，而促成了以士人阶层为基础的贵族制社会之成立。第三章《魏、西晋的贵族层与乡论》，以"乡论环节的重层结构"这样一个关键概念来说明汉末到魏晋时期贵族层"自律性"的构成原理，并认为在魏晋贵族制社会形成之际起到决定作用的"九品中正制"，亦是以此为前提而成立的。但与此同时，在魏晋王朝建立之后，占据乡论环节最上层的名士集团，逐渐脱离了基层乡论，利用九品中正制来进行本集团的自我保存与自我再生产。第四章《贵族制社会的成立》，对于前三章涉及的问题进行了全盘清理和重新论述，再次强调需要从起源上——即东汉时代的基层乡村社会——来探寻贵族制社会成立的本质，并通过对于九品中正制和户调式中课田规定的分析，说明豪族共同体累积型的贵族制社会在国家形式上的表现。

---

① 其所著文库本通史《魏晋南北朝》也专设一章来讨论这一问题，即东汉后期的社会与政治状况如何成为了"贵族制社会形成的序曲"。

第二编《朝向封建制的倾斜与贵族制》探讨的主要问题，是3世纪（曹魏、西晋时期）在华北成立的贵族制，为何能在4世纪（东晋时期）的江南得以再生？这在第二、三、四章中是作为一个完整的历史过程被描述出来的。第二章《孙吴政权与江南的开发领主制社会》，将3世纪的江南描述为尚处在开发中的殖民地社会，土著豪族和自立小农民都远未成熟。与此相应，在孙吴政权下的大多数地区，由将军们各自统率带有私兵色彩的屯田军，实行军政统治；孙吴政权是由这些将军们和孙氏之间的人格性主从关系来支撑的。这种权力体制被川胜氏命名为"开发领主制"。第三章《从孙吴政权的崩溃到江南贵族制》指出，在孙权死后，支撑孙吴政权的人格性主从关系走向崩溃；以社会流动化的显著为背景，屯田体制也走向了解体。西晋亡吴后所实行的放任式统治及西晋末年的大乱，促使江南地区社会流动化的大潮继续发展。期待秩序安定的江南土著豪族拥戴几乎毫无实力的晋室王族司马睿，是试图利用后者的名分，建立一个由自己掌握的政权。但以王导为首的北来贵族群利用乡论主义意识形态的先进性与江南基层社会的后进性，成功地在江南建立了自己主导的贵族制统治。第四章《东晋贵族制的确立过程——与军事基础的问题相关联》，则从军事力量的角度探讨了东晋贵族统治体制的确立过程。认为在东晋政权的草创时期，北来亡命贵族所固有的军事能力几近于无；即使是王敦，事实上也以江南土著豪族势力作为自己的军事基础。其后，北来流民武装逐渐为建康政府所掌握，得以在长江下游建立了以乡论主义为秩序原理的贵族制统治，分化、压制了江南土著豪族势力。但同时也付出了代价，不得不容忍陶侃在长江中游建立封建色彩较浓的半独立势力圈。事实上，这样一种权力特质不仅仅见于东晋的"西府"和孙吴政权。第一章《曹操军团的构成》，将汉末的曹操军团也视作一个由许多武装豪侠集团构成的复合体。认为无论集团内部的结合纽带，还是形成复合体以后的上下统属关系，都是以基于个人信义的任侠式人际结合作为支柱的。第五章《门生故吏关系》，则对整个魏晋南朝所存在的"门生故吏"现象进行了细致考察，确认其并非父家长式单方面的支配隶属关系，而是一种自由民与自由民之间的个人臣从关系。当时的社会由这些私人结合体累积而成，这阻止了"王法"的贯彻,而显示了向封建制的倾斜。

第三编《贵族制社会的变质与崩溃》探讨的主要问题,是江南贵族制社会在进入南朝后从变质走向崩溃的过程。第一章《刘宋政权的成立与寒门武人——从与贵族制的关联来看》指出,虽然传统上刘宋时期被视为贵族制的全盛期,但刘宋政权的军事侧面主要由王族与寒门出身的武人承担,贵族则丧失了对于军事权力的控制,反映出以贵族为中心的支配体制已经出现了极大倒退。第二章《〈世说新语〉的编纂——元嘉之治的一个侧面》,则通过分析《世说新语》中所见的对于刘宋政权的批判倾向,推测其可能成书于何长瑜这样具有反体制倾向的人物之手,认为在其内心深处掩藏着对于正在逝去的贵族制时代的眷念。第三章《货币经济的进展与侯景之乱》和第四章《南朝贵族制的崩溃》,从不同的角度探讨了侯景之乱前后南朝社会所发生的巨大转变。第三章指出,随着江南开发的进行,南朝社会出现了发达的货币经济。但是流通的货币总量不足与政府的通货政策缺乏一贯性,最终导致了货币的二重构造。这一方面造就了大量流亡农民和半失业商业人口,一方面促进了商人阶层和土豪将帅阶层的兴起。第四章则指出,货币经济的进展使得南朝贵族无法继续维持封闭庄园,而不得不在经济上倚赖商人。梁代的通货膨胀则给单纯依赖俸禄收入的贵族以巨大打击,使大多数人陷于困顿。侯景乱后,贵族的社会势力和政治实力亦一落千丈,只是成为文化传统的一点象征了。因此,可以说侯景之乱标志着南朝贵族制的结束。

纵观上述三编的内容,正如渡辺信一郎曾经敏锐指出的那样,在描述"魏晋南朝的贵族制社会从成立至崩溃的过程"时,上述三编并未贯彻同样的理路。相对来说,前两编的思路较为统一(尽管其中也不无纷杂,详见次节),是围绕乡论主义意识形态的形成来讨论贵族制的形成过程和本质所在;而明确提出其军事基础(如掌握北来流民武装)和经济基础(如大土地所有制、庄园经济等),都只是上述意识形态本质所派生出来的次要因素。[1]

---

[1] 本书第二编第四章《东晋贵族制的确立过程——与军事基础的问题相关联》,第185页。中文本此处将"次要因素"译为"第二条主要原因",不确。

但是第三编在讨论南朝贵族制的变质与崩溃时,主要关注的问题却是贵族如何丧失其军事实力和经济实力。而其本质所在的乡论主义意识形态在这一进程中究竟是如何变化的,起到了怎样的作用,并未明确。① 不过之所以出现这样的差异,恰恰反映了川胜史学本身在日本战后三十年历史中的演进轨迹。这是我们要在次节中关注的问题。

三、京都学派？——学术史中的川胜史学

对于战后日本中国史研究展开的叙述,"京都学派"与"东京学派"之间的论争往往是叙述的重点。川胜氏的研究成果,一般也与谷川道雄一起,被归入内藤湖南、宫崎市定以来的"京都学派"这样一个系谱之中。② 这当然应该纳入我们的视野。川胜氏本人也坦承,"对我的研究思路产生巨大影响的,是由内藤湖南开创,在宫崎市定、宇都宫清吉等诸位先生的继承下发展起来的所谓京都学派"。③ 然而,在深化我们对于川胜史学乃至于日本战后中国史研究理解的时候,这样的标签,是否可以提供足够的资源？或者更简单地说,是否足以解释本书第一、二编与第三编之间所出现的理路差异？早有论者指出,即使是在"京都学派"内部,内藤湖南关于"贵族政治"的构想,也并非是被完整继承的。④ 而在东与西的论争往复之

---

① 前引渡辺氏《六朝史研究の課題——川勝義雄著「六朝貴族制社会の研究」をめぐって》,第176—177页。
② 代表性综述如刘俊文《日本的中国史研究④ 中国史研究的学派与论争(上)》,《文史知识》1992年第4期,第45—50页;同氏《日本的中国史研究⑤ 中国史研究的学派与论争(中)》,《文史知识》1992年第5期,第64—71页;同氏《日本的中国史研究⑥ 中国史研究的学派与论争(下)》,《文史知识》1992年第7期,第86—91页。又可参考高明士《战后日本的中国史研究》,台北:东升出版事业公司,1982年。
③ 本书《序》,第2页。另外,如前所述,川胜氏为京都人,其一生也基本都是在京都度过的。他的学生气贺沢保规曾有如下观察:"我暗自觉得,川胜之研究的构想与视线,对于辗转于艰难时代的中国文人贵族及其贵族制世界,可以说抱有无限的热爱,这是由于其为京都人的缘故。"前引气贺沢氏文,第484页。
④ 川合安《六朝隋唐の「貴族政治」》,北海道大学史学会编《北大史学》39,1999年,第112—133页,中译文为徐冲译,北京大学历史系编《北大史学》第14卷,2009年。

中，事实上也很可能存在共通的背景和困境。也许从"时代"而不只是"学派"的角度，可以让我们更为深刻的理解学术史中的川胜史学。

如前所述，本书是由川胜氏在三十年间所陆续撰述的十几篇论文综合而成的。虽然每章最后都已经标明了最初发表的时间、刊出处等，为了讨论的方便，还是先按照这些论文最初发表的顺序，排列如下：

1. 《贵族政治的成立》，1950 年；
2. 《曹操军团的构成》，1954 年；
3. 《门生故吏关系》，1958 年；
4. 《货币经济的进展与侯景之乱》，1962 年；
5. 《南朝贵族制的崩溃》，1962 年；
6. 《刘宋政权的成立与寒门武人——从与贵族制的关联来看》，1964 年；
7. 《汉末的抵抗运动》，1967 年；
8. 《魏、西晋的贵族层与乡论》，1970 年；
9. 《孙吴政权与江南的开发领主制》，1970 年；
10. 《〈世说新语〉的编纂——元嘉之治的一个侧面》，1970 年；
11. 《贵族制社会的成立》，1970 年；
12. 《从孙吴政权的崩溃到江南贵族制》，1973 年；
13. 《东晋贵族制的确立过程——与军事基础的问题相关联》，1979 年。①

1950 年的《贵族政治的成立》是川胜氏发表的第一篇论文。依据内藤湖南关于中国中世"贵族政治"的定义而展开自己的思考，似乎是比较"京都学派"的。然而若观察 1950 年前后的学界动向，又不能不感到这篇文章的特别。如所周知，这一年在东京的历史学研究会大会上，经由西嶋定

---

① 基于前引谷川氏《贵族制と封建制：川胜義雄氏の遺業に寄せて》所作类似排列，第 257—258 页。

生和堀敏一两氏的报告,以"世界史的基本法则"来把握中国历史的"历研派"正式登场。① 此前,前田直典已经对京都学派的六朝隋唐中世说给予了强烈批判。② 这时更体系化为秦汉至隋唐为奴隶制、宋以后为封建制这样的时代区分论,从而与京都学派以汉末划分上古与中世、以唐末划分中世与近世的时代区分论相对立。对此,京都学派的代表学者宫崎市定和宇都宫清吉很快也作出了回应。③ 值得注意的是,根据所谓的"唯物史观"主要从生产方式形态变迁来把握中国历史的"历研派"自不必说,即使是作为对立方的宫崎氏和宇都宫氏,也把更多的关注点放在了与社会经济相关的物质层面。具体到贵族制论,则倾向于在大土地所有制和庄园经济中寻找中世贵族的社会基础。④ 这种风气,事实上一直延续到了1960年代前期。然而川胜氏的这篇"处女作"却从儒家国家理念和民间舆论的角度来考察贵族政治的成立,应该说与上述时代风潮保持着一定的距离。此文发表后受到增渊龙夫所谓"过于理想化"和"缺乏社会基础"的批判,似乎也可以从这样的角度来进行理解。⑤ 另外,这篇论文从汉末清流的特质来追寻魏晋贵族的基本性格,反而很容易让人联想到西嶋氏在此前一年所发表的论文《中国古代帝国の一考察——漢の高祖とその功臣》。如所周知,西嶋氏此文是从高祖集团的家内奴隶制性格来把握汉帝国之结构的。⑥

然而,从1954年《曹操军团的构成》开始,直到1964年《刘宋政权的

---

① 均见歴史学研究会編《国家権力の諸段階— 1950年度歴史学研究会大会報告》,东京:岩波书店,1950年。其中西嶋报告《古代国家の権力構造》后又作为附录收入氏著《中国古代国家と東アジア世界》,东京大学出版会,1983年。
② 前田直典《東アジアに於ける古代の終末》,收入鈴木俊、西嶋定生編《中国史の時代区分》,东京大学出版会,1957年;氏著《元朝史の研究》,东京大学出版会,1973年。
③ 宫崎市定《宋代以後の土地所有形体》,收入《宮崎市定全集11 宋元》,东京:岩波书店,1992年;同氏《中国史上の莊園》,收入《宮崎市定全集8 唐》,东京:岩波书店,1993年;宇都宫清吉《僮約研究》,收入氏著《漢代社会経済史研究》,东京:弘文堂,1955年。对于以上论争经过,谷川氏为前引《戦後日本の中国史論争》所撰《総論》无疑是最为简洁而精当的介绍。
④ 前引渡边氏书评,第175页。
⑤ 增渊龙夫《後漢党錮事件の史評について》,收入氏著《中国古代の社会と国家(新版)》,东京:岩波书店,1996年。
⑥ 收入前引氏著《中国古代国家と東アジア世界》。

成立与寒门武人》的发表,川胜氏并未延续第一篇论文中的上述思考。这十年间他显示了运用学界主流思路把握问题的能力,并且取得了不俗的成绩。《曹操军团的构成》和《门生故吏关系》可以看作是站在"京都学派"的立场对于历研派"六朝奴隶制论"的反击之作。① 前文主张曹操军团的结合纽带乃是基于个人信义的任侠型结合关系,后文则认为门生故吏关系乃是自由民与自由民之间结成的个人臣从关系。但是,这种从个人之间的关系类型来把握时代性质的理路,事实上也是西嶋氏开其风气之先,②尽管双方的具体结论完全相反。其后的《货币经济的进展与侯景之乱》和《南朝贵族制的崩溃》更是与战后社会经济史的研究主流合拍,明确将"江南贵族的经济基础在于其大土地所有以及庄园经营上"作为定说接受,③从南朝后期货币经济的进展如何在促进商人和土豪将帅阶层兴起的同时,也让贵族丧失了社会经济基础,来说明贵族制的崩溃过程。自述苦于寻求贵族经济基础之法的守屋美都雄,对于川胜氏的这两篇文章给予了很高评价,也可以看出其与战后学界主流的合拍程度。④

值得注意的是,在《门生故吏关系》一文中,川胜氏把这种六朝时代的臣从关系称之为封建社会所特有的人格性结合。这是"封建社会"这一指称初次出现在他的论考之中。其所强调的"自由民"、"个人信任"等方面,显然是针对历研派的"奴隶制""父家长支配"等概念而发。但是在作为对一种整体社会形态的指称这一点上,川胜氏对于"封建社会"的使用却是与历研派对于"奴隶制"的使用相通的,而不同于"京都学派"的前辈宫崎市定在其论考中所使用的法制史性的"封建制"概念。同时也可以观察到,在川胜氏这一时期的诸论考中,虽然"贵族"、"贵族制"之语被频繁使

---

① 五井直弘在1950年代尝试将西嶋理论运用於六朝史研究,发表了《後漢時代の官吏登用制「辟召」について》,《歷史學研究》178,1954年,第22～30页;《曹操政權の性格について》,《歷史學研究》195,1956年,第14～23页。
② 池田温《史學雜誌·回顾と展望·1958年·三国～唐》,史学会编《日本歷史學界の回顧と展望 『史學雜誌』第59～95編 第5号復刻》13《中國Ⅱ 三国～唐 1950～85》,东京:山川出版社,1987年,第47页。
③ 本书,第292页。
④ 守屋美都雄《史學雜誌·回顾と展望·1962年·魏晋南北朝》,同上注所引书,第90页。

用,但尚未出现"贵族制社会"这一概念。① 其所谓的"贵族制",实际上只是作为魏晋南朝时期的一种历史现象而言的——尤其指一种占据优势地位的"政治制度",而并非指整个社会体制本身。这一用法,无论是"京都学派"的前辈宫崎市定,还是在并非"京都学派"的越智重明和矢野主税那里,也都是共通的。②

1967 年发表的《汉末的抵抗运动》一文在川胜氏的研究生涯中具有重要意义。③ 这篇文章吸收了前述增渊龍夫的批判意见,在谷川道雄"共同体论"的启发下,④从乡村社会的基底入手,重新讨论了 1950 年《贵族政治的成立》一文所考察的对象。其进展表现在如下几个方面:(一)通过"逸民式人士"的引入,将"清流"与小农阶层连接在一起,并将其斗争重点从维护"儒家国家理念"调整为乡邑"共同体秩序"的重建;(二)前者的对立面也从扰乱正当国家秩序的宦官政府调整为豪族的"领主化倾向",即试图以其财力和武力对乡邑实行赤裸裸的支配。(三)儒教意识形态在豪族阶层中的广泛渗透,与上述抵抗运动一起,共同抑制了豪族的"领主化倾向",使其未发展成典型的封建社会,而形成了以士人阶层为基础的贵族制社会。

可以看到,与之前的研究相比,川胜氏此文最大的进展,就在于从汉末乡邑社会内部把握魏晋"贵族制社会"的形成。这与谷川道雄对于"贵族制"的理解是密切相关的。此前学界对于六朝贵族的主流理解,可以说主要是以上层统治者为主体来进行把握的。为人所关注者,乃是"贵族"与其他统治势力(如皇帝、武人、寒人等)之间在权力格局上的进退,而对于贵族与民众之间的支配与被支配关系,则并无异议。在此可以说,"贵族制"基本是被理解为"贵族政治"的。川胜氏 1950 年的论文题为《贵

---

① 在 1962 年发表的《六朝贵族社会与中国中世史》(收入前引《中国人の歴史意識》)一文中,川胜氏使用了"六朝贵族社会"这一概念。但这与他 1967 年后所谓的"贵族制社会"是完全不同的。
② 参考前引中村氏《六朝贵族制論》之二《貴族制の概念》,第 74—79 页。
③ 参考前引谷川道雄《貴族制と封建制:川勝義雄氏の遺業に寄せて》,第 270 页。
④ 从 1960 年代开始,川胜氏与谷川道雄一起组织了中国中世史研究会,其研究受到谷川氏"共同体论"的极大影响。见本书《序》,第 3 页。

政治的成立》，从字面上也反映了对于贵族制的旧有理解。即使是宫崎市定关于"九品官人法"的"乡品—官品对应说"，也基本停留于其作为选官制度之一环的论述上。而谷川氏则对此做了进一步的解说：

> 官品为乡品所决定这一事实，即使可以看作贵族的身份、地位是由王朝所赋予的，本源上却是由其在乡党社会中的地位、权威所决定的，王朝不过只是承认机关——即使这种承认具有很大的作用。①

这样，高高在上的贵族就经由"乡品"而与乡邑中的民众发生了直接联系，从而获得了"社会基础"。两者之间的关系，也就由支配与被支配、剥削与被剥削，转为支持、代表与保护。川胜氏显然在这一思路上与谷川氏是完全接合的。"贵族"获得了"社会基础"，"贵族制"也顺理成章的发展为"贵族制社会"。川胜氏在此文中开始使用的"贵族制社会"概念，不再仅仅停留于一种政治制度，而是发展为一种囊括这一历史时期所有对象的整体体制，是可与"奴隶制社会"、"封建社会"相对举的历史范畴。这一点和谷川氏的思考也是相通的。②

川胜氏在此文中也开始使用与豪族的"领主化倾向"相对应的"封建社会"概念。而所谓的"领主化倾向"，是指豪族以其财力和武力对乡邑实行赤裸裸的支配。③ 这与其前述 1950 年代研究中所揭示的"封建社会"像——基于个人信任的人格性主从关系——相比有很大的变化。另一方面，"贵族制社会"又是与共同体冀求运动和儒家意识形态支配联系在一起的。这样我们可以得到如下图式：

---

① 谷川氏《六朝貴族制社会の史的性格と律令体制への展開》，《社会経済史学》31-1～5，1966 年，第 204—225 页。前引中村氏《六朝贵族制论》一文已经指出了谷川氏对于宫崎学说的这一发挥，第 98 页。
② 前引谷川氏《六朝貴族制社会の史的性格と律令体制への展開》。参照前引中村氏《六朝貴族制論》之二《貴族制の概念》。
③ 前引渡辺氏书评引用西欧和日本"封建领主制"的研究成果，批判了川胜氏对于"领主"的这种理解。

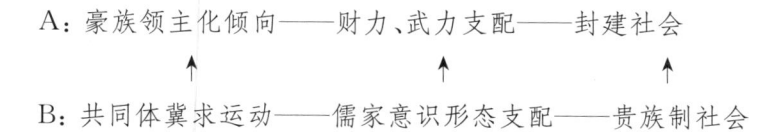

A：豪族领主化倾向——财力、武力支配——封建社会
　　　　↑　　　　　　　　　↑　　　　　　↑
B：共同体冀求运动——儒家意识形态支配——贵族制社会

此后川胜氏的诸研究，可以说就是以上图式在三国两晋历史中的具体展开。① 1970 年发表的《魏、西晋的贵族层与乡论》，通过"乡论环节的重层结构"这一概念——即乡或县、郡、中央三个层次上的乡论——来说明魏晋九品中正制创制的背景，并指出尽管上层的贵族集团实际上脱离了基层乡论，但乡论主义意识形态仍然得以出现。同年发表的《孙吴政权与江南的开发领主制》，则在孙吴政权统治下的江南社会中观察到了上述图式中 B 的缺失和向 A 的倾斜。认为与曹魏、西晋统治下的华北社会相比，这显示了江南社会的后进性。由此，图式中的 A/B 又在地域差别的背景下带上了后进/先进的标签。② 1973 年发表的《从孙吴政权的崩溃到江南贵族制》和 1979 年发表的《东晋贵族制的确立过程》，则详细描述了流亡江南的华北贵族，如何利用先进的乡论主义意识形态与后进的江南豪族曲折周旋，最终在江南确立了贵族制社会的统治秩序。

今天看来，奠定川胜氏学术史地位的，无疑是他 1967 年后的诸研究。③ 然而在发表当时，在个别结论受到好评的同时，以对于思路与立场的批判为多。这些批判，大多又是针对他和谷川氏所共同提倡的所谓"豪族共同体说"。④ 最能反映当时学界一般态度的，可以菊池英夫在《史学雑

---

① 只是 B 中的"共同体冀求运动"多被置换为"乡论主义意识形态"。参考前引谷川道雄《贵族制与封建制：川胜义雄氏の遺業に寄せて》，第 271 页。
② 川胜氏从"先进"的角度来把握中国的六朝社会，似也与 1960 年代冷战背景下国际学界的"封建制"研究中"亚洲停滞论"再次兴起的一波潮流相关。参考前引谷川氏《中国中世社会与共同体》第一编第一章与第二编第四章中的相关介绍。
③ 前引谷川道雄《日本における魏晋南北朝史研究の回顧》，第 224 页。较新的反思与讨论，参考安部聡一郎《党錮の「名士」再考——貴族制成立過程の再検討のために》，《史学雑誌》111-10，2002 年，第 1591—1620 页；同氏前引《清流・濁流と「名士」——貴族制成立過程の研究をめぐって》。
④ 如重田德《中国封建制研究的方向与方法——六朝封建制論の一検討》，《歷史科学》247，1971 年，第 45—57 页。参考谷川氏《「共同体」論争について—中国史研究における思想状況》，收入前引氏著《中国中世の探求——歷史と人間》，第 154—196 页。

誌》1970 年度的《回顾と展望》中的如下评论为例：

> 但是，关于谷川道雄《北朝貴族の生活倫理》一文，其过度强调精神因素和士大夫的伦理性，认为乡党共同体结合与支配服从的契机在于救济与谢恩之心的连结，"贵族作为贵族不可缺少的资格"在于"人格上精神性的高大"，重田氏的批判也是理所当然的。这与谷川氏从前的立场也有所不同。很难想象这是接受过阶级史观洗礼的人的想法。①

对于学界的这种"意识形态式"的批判，川胜氏和谷川氏都做了回应。② 虽然在回应中强调所谓"阶级史观"之神圣化乃是战后历史学的一大缺陷，但对于自己属于"接受了阶级史观洗礼的人"，谷川氏并不否认。③ 而川胜氏在回应中也言及，自己是在"能够消化谷川氏的共同体论后"，对于辩证法"才稍有领悟"。④ 同时，在本书中还可以观察到一个很有趣的细节变化，就是在 1967 年《汉末的抵抗运动》一文中，"逸民式人士"的"左/右"指称与前期相比发生了颠倒：

> 我曾经将清议之徒的抵抗视为左翼，而以逸民式人士为右翼（拙稿《六朝贵族制》，《历史教育》12‐5，1964 年，第 27 页），这主要是以抵抗的积极性和消极性来划分左右的。但是考虑到逸民具有的更接近民众这一阶级性质，本文对于左右作了重新划分。关于逸民的阶级性质，参照第四节。⑤

---

① 菊池英夫《史学杂志・回顾と展望・1970 年・魏晋南北朝》，史学会编《日本歴史学界の回顾と展望 『史学雑誌』第 59～95 編 第 5 号復刻》13《中国Ⅱ 三国～唐 1950～85》，第 202 页。
② 川胜氏《重田氏の六朝封建制論批判について》，收入前引《中国人の歴史意識》；前引谷川氏《「共同体」論争について—中国史研究における思想状況》，《日本における魏晋南北朝史研究の回顾》。
③ 前引谷川氏《「共同体」論争について—中国史研究における思想状況—》，第 192 页。
④ 前引川胜氏《重田氏の六朝封建制論批判について》，第 342 页。
⑤ 本书第一编第二章《汉末的抵抗运动》，第 28 页注 1。

"左/右"颠倒的理由,在于对"逸民式人士"之"阶级性质"的判断。另外,在前期川胜氏研究中尚被叙述为没落与衰弱的乡邑小农,到了1970年发表的《贵族制社会と孙吴政権下の江南》与《贵族制社会の成立》两文中,却转而上升为形成乡论和阻止豪族"领主化倾向"的主体。① 这样的变化,如果再和川胜氏自己"夸大妄想狂"的自我讽刺——试图以"豪族共同体论"来包容内藤湖南的"文化史性"贵族制论和历史唯物论立场的封建制理论②——联系起来,或许可以在"京都学派"的标签之外给我们以更多的启示。

---

① 前引安部聪一郎《清流・浊流と「名士」—贵族制成立過程の研究をめぐって—》,第170页。
② 前引川胜氏《重田氏の六朝封建制論批判について》,第346页。

参考文献

一、古　　籍

《史记》,北京:中华书局点校本,1959年。

《汉书》,北京:中华书局点校本,1962年。

《后汉书》,北京:中华书局点校本,1965年。

《东观汉记》,影印文渊阁四库全书本,台北:台湾商务印书馆,1986年。

(东汉)刘珍等撰,吴树平校注《东观汉记校注》,郑州:中州古籍出版社,1987年。

周天游辑注《八家后汉书辑注》,上海古籍出版社,1986年。

《三国志》,北京:中华书局点校本,1959年。

卢弼《三国志集解》,北京:中华书局影印本,1982年。

《晋书》,北京:中华书局点校本,1974年。

(清)汤球辑,杨朝明校补《九家旧晋书辑本》,郑州:中州古籍出版社,1991年。

《宋书》,北京:中华书局点校本,1974年。

《南齐书》,北京:中华书局点校本,1972年。

《梁书》,北京:中华书局点校本,1973年。

《陈书》,北京:中华书局点校本,1972年。

《魏书》,北京:中华书局点校本,1974年。

《北齐书》,北京:中华书局点校本,1972年。

《周书》,北京:中华书局点校本,1971年。

《隋书》,北京:中华书局点校本,1973年。

《北史》,北京:中华书局点校本,1974年。

《旧唐书》,北京:中华书局点校本,1975年。

（唐）温大雅撰，李季平、李锡厚点校《大唐创业起居注》，上海古籍出版社，1983 年。

吴玉贵《唐书辑校》，北京：中华书局，2008 年。

《旧五代史》，北京：中华书局点校本，1976 年。

陈尚君《旧五代史新辑会证》，上海：复旦大学出版社，2005 年。

《宋史》，北京：中华书局点校本，1977 年。

《资治通鉴》，北京：中华书局点校本，1956 年。

（清）孙星衍等辑，周天游点校《汉官六种》，北京：中华书局，1990 年。

（唐）杜佑撰，王文锦等点校《通典》，北京：中华书局，1988 年。

（唐）李林甫等撰，陈仲夫点校《唐六典》，北京：中华书局，1992 年。

《唐会要》，北京：中华书局，1956 年。

《五代会要》，北京：中华书局，1998 年。

《文献通考》，北京：中华书局，1986 年。

（唐）长孙无忌撰，刘俊文点校《唐律疏议》，北京：中华书局，1983 年。

（唐）长孙无忌撰，刘俊文笺解《唐律疏议笺解》，北京：中华书局，1996 年。

《古文苑》，丛书集成初编影印守山阁丛书本，上海：商务印书馆，1937 年。

《北堂书钞》，北京：中国书店影印孔氏三十三万卷堂影钞本，1989 年。

《初学记》，北京：中华书局，1962 年。

《艺文类聚》，上海古籍出版社，1999 年新 2 版。

《文苑英华》，北京：中华书局，1966 年。

《太平御览》，北京：中华书局，1960 年重印商务影宋本。

《宋本册府元龟》，北京：中华书局影印本，1989 年。

《册府元龟》，北京：中华书局影印明本，1960 年。

《玉海》，东京：中文出版社合璧本，1986 年。

《文选》，北京：中华书局影印胡克家刻本，1977 年。

（清）严可均辑《全上古三代秦汉三国六朝文》，北京：中华书局，1958 年。

《全唐文》，上海古籍出版社，1990 年。

徐元诰撰，王树民、沈长云点校《国语集解》，北京：中华书局，2002 年。

（汉）许慎撰，（清）段玉裁注《说文解字注》，上海古籍出版社，1981 年。

（汉）蔡邕撰，卢文弨校订《独断》，收入《丛书集成初编》，北京：中华书局影印抱经本，1985 年。

（汉）应劭撰，王利器校注《风俗通义校注》，北京：中华书局，1981 年。

（宋）刘义庆撰,（梁）刘孝标注,朱铸禹汇校集注《世说新语汇校集注》,上海古籍出版社,2002年。
（唐）刘知幾撰,（清）浦起龙释《史通通释》,上海古籍出版社,1978年。
《曹操集》,北京：中华书局,1974年。
（曹魏）曹植撰,赵幼文校注《曹植集校注》,北京：人民文学出版社,1984年。
（东晋）陶潜撰,袁行霈笺注《陶渊明集笺注》,北京：中华书局,2003年。
（北周）庾信撰,（清）倪璠注,许逸民校点《庾子山集注》,北京：中华书局,1980年。
（明）文徵明《甫田集》,影印文渊阁四库全书本,台北：台湾商务印书馆,1986年。
（明）顾炎武著,黄汝成集释《日知录集释》,长沙：岳麓书社,1994年。
（清）钱大昕撰,方诗铭、周殿杰校点《廿二史考异》,上海古籍出版社,2004年。
（清）赵翼撰,王树民校证《廿二史札记校证》,北京：中华书局,1984年。
（清）王鸣盛撰,黄曙辉点校《十七史商榷》,上海书店出版社,2005年。
（清）姚振宗《隋书经籍志考证》,收入《二十五史补编》,北京：中华书局,1955年。

二、石刻、简牍与考古报告

（宋）欧阳修《集古录跋尾》,《石刻史料新编》第1辑影印光绪丁亥朱记荣重校刊本,台北：新文丰出版公司,1977年。
（宋）欧阳棐《集古录目》,《石刻史料新编》第1辑影印缪荃孙辑本,台北：新文丰出版公司,1977年。
（宋）赵明诚撰,金文明校证《金石录校证》,上海书画出版社,1985年。
（宋）洪适《隶释·隶续》,北京：中华书局影印洪氏晦木斋刻本,1986年。
（清）王昶《金石萃编》,《石刻史料新编》第1辑影印经训堂本,台北：新文丰出版公司,1977年。
（清）陆增祥《八琼室金石补正》,《石刻史料新编》第1辑,台北：新文丰出版公司,1977年。
牛诚修《定襄金石考》,《石刻史料新编》第2辑,台北：新文丰出版公司,1979年。
赵万里《汉魏南北朝墓志集释》,桂林：广西师范大学出版社影印本,2008年。
北京图书馆金石组编《北京图书馆藏中国历代石刻拓本汇编》,郑州：中州古籍出版社,1989年。
赵超《汉魏南北朝墓志汇编》,天津古籍出版社,1992年。

罗新、叶炜《新出魏晋南北朝墓志疏证》,北京:中华书局,2005年。
毛远明校注《汉魏六朝碑刻校注》,北京:线装书局,2006年。
《李庆容墓志》,《考古》编辑部编《考古学集刊》第一集,北京:中国社会科学出版社,1981年。
《北魏李晖仪墓志》,尚小周主编《稀见古石刻丛刊》,郑州:河南美术出版社,2010年。
金申《中国历代纪年佛像图典》,北京:文物出版社,1994年。
谢桂华、李均明、朱国炤《居延汉简释文合校》,北京:文物出版社,1987年。
张家山二四七号汉墓竹简整理小组编《张家山汉墓竹简〔247号墓〕(释文修订本)》,北京:文物出版社,2006年。
原州联合考古队编《北周田弘墓》,东京:勉诚出版,2000年。
北京历史博物馆、河北省文物管理委员会编辑《望都汉墓壁画》,北京:中国古典艺术出版社,1955年。
陕西省文物管理委员会《潼关吊桥汉代杨氏墓群发掘简记》,《文物》1961年第1期。
陕西省文物普查队《耀县新发现的一批造像碑》,《考古与文物》1994年第2期。
陕西省考古研究所、白水县文物管理委员会《陕西白水北宋妙觉寺塔基及地宫的发掘》,《考古与文物》2005年第4期。

三、近人论著

安作璋、熊铁基《秦汉官制史稿》,济南:齐鲁书社,2007年新版。
岑建功《旧唐书校勘记》,收入《二十五史三编》,长沙:岳麓书社,1994年。
岑仲勉《旧唐书逸文辨》,收入氏著《岑仲勉史学论文集》,北京:中华书局,1990年。
陈侃理《罪己与问责——灾异咎责与汉唐间的政治变革》,收入《中国中古史研究:中国中古史青年学者联谊会会刊》2,北京:中华书局,2011年。
陈梦家《汉简所见太守、都尉二府属吏》,收入氏著《汉简缀述》,北京:中华书局,2004年。
陈苏镇《〈春秋〉与"汉道":两汉政治与政治文化研究》,北京:中华书局,2011年。
陈寅恪《隋唐制度渊源略论稿》,北京:三联书店《陈寅恪集》版,2001年。
陈寅恪《唐代政治史述论稿》,北京:三联书店《陈寅恪集》版,2001年。
陈寅恪《书〈世说新语〉文学类钟会撰四本论始毕条后》,收入氏著《金明馆丛稿初编》,北京:三联书店《陈寅恪集》版,2001年。

陈寅恪《武曌与佛教》，收入氏著《金明馆丛稿二编》，北京：三联书店《陈寅恪集》版，2001年。
陈寅恪讲授，万绳楠整理《陈寅恪魏晋南北朝史讲演录》，合肥：黄山书社，1987年。
陈博《韦昭〈吴书〉考》，《文献》1996年第3期。
陈识仁《崔浩案外二题》，收入黄清连编《结网三编》，台北：稻乡出版社，2007年。
陈爽《河阴之变考论》，收入《中国社会科学院历史研究所学刊》第4集，2007年。
陈垣《二十史朔闰表》，北京：中华书局，1962年新1版。
陈勇《董卓进京论述》，《中国史研究》1995年第5期。
陈勇《"凉州三明"论》，《中国史研究》1998年第2期。
陈勇《尹湾汉墓简牍与西汉地方官吏任迁》，收入连云港市博物馆、中国文物研究所编《尹湾汉墓简牍综论》，北京：科学出版社，1999年。
丁明夷《从强独乐建周文王佛道造像碑看北朝道教造像》，《文物》1986年第3期。
杜葆仁、夏振英《华阴潼关出土的北魏杨氏墓志考证》，《考古与文物》1984年第5期。
方诗铭《曹操、袁绍与黄巾》，上海社会科学院出版社，1995年。
方诗铭、方小芬编著《中国史历日和中西历日对照表》，上海人民出版社，2007年。
甘怀真《中国中古时期"国家"的形态》，收入氏著《皇权、礼仪与经典诠释——中国古代政治史研究》，上海：华东师范大学出版社，2008年。
甘怀真《中国中古时期的君臣关系》，同上著所收。
甘怀真《魏晋时期官人间的丧服礼》，同上著所收。
甘怀真《"旧君"的经典诠释——汉唐间的丧服礼与政治秩序》，同上著所收。
甘怀真《从天下国家的观点论中国中古的朝代》，《中国中古史研究：中国中古史青年学者联谊会会刊》2，北京：中华书局，2011年。
高明士《战后日本的中国史研究》，台北：东升出版事业公司，1982年。
顾江龙《两晋南北朝与隋唐官僚特权之比较——从赃罪、除免官当的视角》，《史学月刊》2007年第12期。
顾颉刚《汉代学术史略》，北京：人民出版社，2008年。
韩昇《上元年间的政局与武则天逼宫》，《史林》2003年第6期。
侯旭东《五、六世纪北方民众佛教信仰》，北京：中国社会科学出版社，1998年。
侯旭东《汉魏六朝父系意识的成长与"宗族"》，收入氏著《北朝村民的生活世界：朝廷、州县与村里》，北京：商务印书馆，2005年。
侯旭东《造像记所见民众的国家观念与国家认同》，同上著所收。

侯旭东《中国古代人"名"的使用及其意义——尊卑、统属与责任》,《历史研究》2005 年第 5 期。

何德章《北魏国号与正统问题》,《历史研究》1992 年第 3 期。

何德章《论北魏孝文帝迁都事件》,收入氏著《魏晋南北朝史丛稿》,北京:商务印书馆,2010 年。

何德章《汉代的弘农杨氏》,同上著所收。

何德章《高澄之死臆说》,同上著所收。

何德章《北魏末帝位异动与东西魏的政治走向》,武汉大学中国三至九世纪研究所编《魏晋南北朝隋唐史资料》第 18 辑,2001 年。

何德章《"关陇文化本位"与"南朝文化北传"——关于隋唐政治文化的核心因素》,《唐研究》第十三卷,2007 年。

胡阿祥《武则天革"唐"为"周"略说》,《江苏社会科学》2001 年第 2 期。

胡宝国《杂传与人物品评》,收入氏著《汉唐间史学的发展》,北京:商务印书馆,2003 年。

胡宝国《〈三国志〉裴注》,同上著所收。

胡宝国《汉代政治文化中心的转移》,同上著所收。

胡文和《关于〈强独乐为文王建立佛道二尊像,树其碑,元年岁次丁丑造〉碑的辨证》,收入氏著《中国道教石刻艺术史》,北京:高等教育出版社,2004 年。

黄永年《唐史史料学》,上海书店出版社,2002 年。

翦伯赞主编《中国史纲要》(修订本),北京:人民出版社,1995 年。

姜望来《高洋所谓"殷家弟及"试释》,收入氏著《谣谶与北朝政治研究》,天津古籍出版社,2011 年。

蒋非非《汉代功次制度初探》,《中国史研究》1997 年第 1 期。

金毓黻《中国史学史》,石家庄:河北教育出版社,2003 年。

康乐《从西郊到南郊:国家祭典与北魏政治》,台北:稻乡出版社,1995 年。

李传印《魏晋南北朝时期史学与政治的关系》,武汉:华中科技大学出版社,2004 年。

李纯蛟《〈三国志〉书名称谓考》,《浙江学刊》1993 年第 3 期。

李广健《梁代〈汉书〉研究的兴起及其背景》,收入黄清连编《结网三编》,台北:稻乡出版社,2007 年。

李开元《汉帝国的建立与刘邦集团——军功受益阶层研究》,北京:三联书店,2000 年。

李南晖《〈史通·古今正史〉唐史笺证》,《文献》2000 年第 3 期。

李南晖《〈新唐书·艺文志〉著录唐国史辨疑》,《文史》2002 年第 1 期。

李南晖《唐纪传体国史修撰考略》,《文献》2003 年第 1 期。

李凭《北魏平城时代》,上海古籍出版社,2011 年。

李文才《试论西魏、北周时期的赐、复胡姓》,收入氏著《魏晋南北朝隋唐政治与文化论稿》,北京:世界知识出版社,2006 年。

刘后滨《从蔡邕〈独断〉看汉代公文形态与政治体制的变迁》,收入氏著《唐代中书门下体制研究》,济南:齐鲁书社,2004 年。

雷家骥《唐前期国史官修体制的演变》,台北:台湾中国唐代学会编《唐代研究论集》第 2 辑,1992 年。

雷闻《唐代的"三史"与"三史科"》,《史学史研究》2001 年第 1 期。

雷闻《岳渎投龙与武周革命的政治宣传》,收入氏著《郊庙之外——隋唐国家祭祀与宗教》,北京:三联书店,2009 年。

廖伯源《试论西汉诸将军制度及其政治地位》,收入《徐复观先生纪念论文集》,台北:学生书局,1986 年。

廖伯源《说新——兼论年号之起源》,收入氏著《秦汉史论丛(增订本)》,北京:中华书局,2008 年。

刘俊文笺解《唐律疏议笺解》,北京:中华书局,1996 年。

刘俊文《日本的中国史研究④ 中国史研究的学派与论争(上)》,《文史知识》1992 年第 4 期。

刘俊文《日本的中国史研究⑤ 中国史研究的学派与论争(中)》,《文史知识》1992 年第 5 期。

刘俊文《日本的中国史研究⑥ 中国史研究的学派与论争(下)》,《文史知识》1992 年第 7 期。

刘伟航、高茂兵《两晋南北朝"白衣领职"初探》,《西南大学学报》(社会科学版)2007 年第 3 期。

柳春新《汉末晋初之际政治研究》,长沙:岳麓书社,2006 年。

楼劲《西汉时期"革命论"之退化与政治思想之转折变迁》,收入《中国社会科学院历史研究所学刊》第 7 集,北京:商务印书馆,2011 年。

罗新《十六国北朝的五德历运问题》,《中国史研究》2004 年第 3 期。

罗新《从可汗号到皇帝尊号》,收入氏著《中古北族名号研究》,北京大学出版社,

2009年。

罗新《跋北魏郑平城妻李晖仪墓志》,《中国历史文物》2005年第6期。

罗新、叶炜《新出魏晋南北朝墓志疏证》,北京:中华书局,2005年。

逯耀东《〈隋书·经籍志·史部〉及其〈杂传类〉的分析》,收入氏著《魏晋史学的思想与社会基础》,北京:中华书局,2006年。

逯耀东《抑郁与超越:司马迁与汉武帝时代》,北京:三联书店,2008年。

吕世浩《从〈史记〉到〈汉书〉——转折过程与历史意义》,台北:台大出版中心,2009年。

马长寿《碑铭所见前秦至隋初的关中部族》,桂林:广西师范大学出版社,2006年。

毛汉光《西魏府兵史论》,收入氏著《中国中古政治史论》,上海书店出版社,2002年。

牟发松《〈拓跋虎墓志〉释考》,武汉大学中国三至九世纪研究所编《魏晋南北朝隋唐史资料》第18辑,2001年。

牟润孙《汉初公主及外戚在帝室中之地位试释》,收入氏著《注史斋丛稿》,北京:中华书局,1987年。

聂溦萌《三﨑良章〈五胡十六国の基礎的研究〉评介》,收入《中国中古史研究:中国中古史青年学者联谊会会刊》第2卷,北京:中华书局,2011年。

彭裕商《禅让说源流及学派兴衰——以竹书〈唐虞之道〉、〈子羔〉、〈容成氏〉为中心》,《历史研究》2009年第3期。

钱穆《国史大纲》,北京:商务印书馆,1996年。

仇鹿鸣《略谈魏晋的杂传》,《史学史研究》2006年第1期。

仇鹿鸣《魏晋禅代史事探微》,《复旦学报》2008年第2期。

仇鹿鸣《高平陵之变发微——以军事、地理因素为中心》,《文史》2010年第4期。

仇鹿鸣《陈寅恪范式及其挑战——以魏晋之际的政治史研究为中心》,收入《中国中古史研究:中国中古史青年学者联谊会会刊》2,北京:中华书局,2011年。

饶宗颐《中国史学上之正统论》,上海远东出版社,1996年。

任乃强《樊敏碑考略》,收入氏著《川大史学·任乃强卷》,成都:四川大学出版社,2006年。

荣远大、刘雨茂《北周文王碑真伪考》,《成都文物》2000年第1期。

沈家本《历代刑法考》,北京:中华书局,1985年。

孙机《汉代物质文化资料图说(增订本)》,上海古籍出版社,2011年。

孙正军《二王三恪所见周唐革命》,《中国史研究》2012年待刊。

孙正军《制造士人皇帝：牛车、白纱帽与进贤冠》，清华大学历史学院主办"中古中国的统治方式"青年学术研讨会会议论文，北京，2011年5月21日。

唐长孺《东汉末期的大姓名士》，收入氏著《魏晋南北朝史论拾遗》，北京：中华书局，1983年。

唐长孺《士族的形成和升降》，同上著所收。

田晓菲《尘几录：陶渊明与手抄本文化研究》之《附录一 文本的历程》，北京：中华书局，2007年。

田余庆《说张楚——关于"亡秦必楚"问题的探讨》，收入氏著《秦汉魏晋史探微》（重订本），北京：中华书局，2004年。

田余庆《论轮台诏》，同上著所收。

田余庆《庾氏之兴和庾、王江州之争》，收入氏著《东晋门阀政治》，北京大学出版社，1989年。

田余庆《桓温的先世和桓温北伐问题》，同上著所收。

田余庆《刘裕与孙恩——门阀政治的"掘墓人"》，同上著所收。

田余庆《北魏后宫子贵母死之制的形成和演变》，收入氏著《拓跋史探》，北京：三联书店，2003年。

田余庆《贺兰部落离散问题——北魏"离散部落"个案考察之一》，同上著所收。

田余庆《独孤部落离散问题——北魏"离散部落"个案考察之二》，同上著所收。

田余庆《〈代歌〉、〈代纪〉和北魏国史——国史之狱的史学史考察》，同上著所收。

陶贤都《魏晋南北朝霸府与霸府政治研究》，长沙：湖南人民出版社，2007年。

汪春泓《论刘向、刘歆和〈汉书〉之关系》，《古籍整理研究学刊》2009年第5期。

汪桂海《汉代官文书研究》，南宁：广西教育出版社，1999年。

汪桂海《谈〈太平御览〉所引〈唐书〉》，《点校本"二十四史"及〈清史稿〉修订工程简报》37，同工程办公室，2009年。

王安泰《开建五等——西晋五等爵制成立的历史考察》，台北：花木兰出版社，2009年。

王德权《东京与京都之外——渡边信一郎的中国古代史研究》，《新史学》17—1，2006年。

王德权《士人、乡里与国家》，《唐宋变革研究通訊》2，2011年。

王铭《"正统"与"政统"：拓跋魏"太祖"庙号改易及其历史书写》，《中华文史论丛》2011年第2期。

王仁祥《先秦两汉的隐逸》,台北:台湾大学出版委员会"台湾大学文史丛刊",1995年。

王诗伦《唐代告身中的官人自称形式》,《大陆杂志》1993年第2期。

王振铎遗著、李强整理、补著《东汉车制复原研究》,北京:科学出版社,1997年。

王仲荦《北周六典》,北京:中华书局,1979年。

王仲殊《汉潼亭弘农杨氏冢茔考略》,《考古》1963年第1期。

魏斌《孙吴年号与符瑞问题》,收入《中国中古史研究:中国中古史青年学者联谊会会刊》第1卷,北京:中华书局,2011年。

魏斌《五条诏书小史》,武汉大学中国三至九世纪研究所编《魏晋南北朝隋唐史资料》第25辑,2010年。

吴树平《秦汉文献研究》,济南:齐鲁书社,1988年。

吴玉贵《唐书辑校·前言》,北京:中华书局,2008年。

吴仲明《西晋"八达"之游所见名僧与名士之交往》,《社会科学研究》2010年第4期。

武秀成《〈旧唐书〉编纂考略》,收入氏著《〈旧唐书〉辨证》,上海古籍出版社,2003年。

武秀成《〈旧唐书〉流传述考》,同上著所收。

夏志刚《中国古代独特的官吏处罚制度——两晋南北朝"白衣领职"制度初探》,《许昌学院学报》2007年第3期。

谢保成《〈旧唐书〉的史料来源》,《唐研究》第一卷,1995年。

谢保成《隋唐五代史学》,北京:商务印书馆,2007年。

辛德勇《重谈中国古代以年号纪年的启用时间》,《文史》2009年第1期。

辛德勇《所谓"天凤三年鄣郡都尉"砖铭文与秦"故鄣郡"的名称以及莽汉之际的年号问题(上)》,《文史》2011年第1期。

辛德勇《所谓"天凤三年鄣郡都尉"砖铭文与秦"故鄣郡"的名称以及莽汉之际的年号问题(下)》,《文史》2011年第2期。

邢义田《从"如故事"和"便宜从事"看汉代行政中的经常与权变》,收入氏著《治国安邦:法制、行政与军事》,北京:中华书局,2011年。

徐冲《关于曹魏的侍中尚书》,《国学研究》第16卷,2005年。

徐冲《"汉魏革命"再研究:君臣关系与历史书写》,北京大学历史学系博士论文,2008年。

徐冲《从"异刻"现象看北魏后期墓志的生产过程》,《复旦大学学报(社会科学版)》2011年第2期。

薛登《〈北周文王碑〉及相关遗迹辨正》,《成都文物》2003 年第 4 期。
阎爱民《汉晋家族研究》,上海人民出版社,2005 年。
阎步克《察举制度变迁史稿》,沈阳:辽宁大学出版社,1991 年。
阎步克《士大夫政治演生史稿》,北京大学出版社,1996 年。
阎步克《孝廉"同岁"与汉末选官》,收入氏著《乐师与史官:传统政治文化与政治制度论集》,北京:三联书店,2001 年。
阎步克《西晋"清议"呼吁之简析及推论》,同上著所收。
阎步克《品位与职位——秦汉魏晋南北朝官阶制度研究》,北京:中华书局,2002 年。
阎步克《从爵本位到官本位:秦汉官僚品位结构研究》,北京:三联书店,2009 年。
阎步克《中国古代官阶制度引论》,北京大学出版社,2010 年。
严耕望《中国地方行政制度史·甲部·秦汉地方行政制度》,台北:中研院历史语言研究所专刊 45A,1961 年。
严耕望《中国地方行政制度史·乙部·魏晋南北朝地方行政制度》,台北:中研院历史语言研究所专刊之 45B,1963 年。
严耀中《北魏前期政治制度》,长春:吉林教育出版社,1990 年。
阎质杰《〈旧唐书〉史料来源论证》,收入向燕南、李峰主编《新旧唐书与新旧五代史研究》,北京:中国大百科全书出版社,2009 年。
杨鸿年《汉魏制度丛考》,武汉大学出版社,2005 年新 1 版。
杨联陞《东汉的豪族》,《清华学报》11—4,1936 年。
杨权《新五德理论与两汉政治——"尧后火德"说考论》,北京:中华书局,2006 年。
杨树达《〈汉书〉所据史料考》,收入陈其泰、张爱芳主编《〈汉书〉研究》,北京:中国大百科全书出版社,2009 年。
杨永俊《禅让政治研究》,北京:学苑出版社,2005 年。
叶炜《南北朝隋唐官吏分途研究》,北京大学出版社,2009 年。
于琨奇《尹湾汉墓简牍与西汉官制探析》,《中国史研究》2000 年第 2 期。
于涛《三国前传:汉末群雄天子梦》,北京:中华书局,2006 年。
余英时《汉晋之际士之新自觉与新思潮》,收入氏著《士与中国文化》,上海人民出版社,1987 年。
张鹤泉《东汉故吏问题试探》,《吉林大学学报》1995 年第 5 期。
张金龙《北魏政治史》,兰州:甘肃教育出版社,2008 年。
张荣芳《魏晋至唐时期的〈汉书〉学》,收入台湾中兴大学历史系编《第三届史学史国际研讨会论文集》,台中：青峰出版社,1991 年。
张元济《校史随笔》,上海古籍出版社"蓬莱阁丛书",1998 年。
赵万里《汉魏南北朝墓志集释》,桂林：广西师范大学出版社影印本,2008 年。
赵望泰《宋绍兴刊本〈旧唐书〉两点小考》,《江苏图书馆学报》2001 年第 2 期。
郑钦仁《北魏官僚机构研究》,台北：稻禾出版社,1995 年。
郑钦仁《北魏官僚机构研究续篇》,台北：稻禾出版社,1995 年。
周长山《汉代地方政治史论》,北京：中国社会科学出版社,2006 年。
周伟洲《敕勒与柔然》,上海人民出版社,1983 年。
周伟洲、贾麦明、穆小军《新出土的四方北朝韦氏墓志考释》,《文博》2000 年第 2 期。
周一良《魏收之史学》,收入氏著《魏晋南北朝史论集》,北京大学出版社,1997 年。
周一良《〈南齐书·丘灵鞠传〉试释兼论南朝文武官位及清浊》,同上著所收。
周一良《魏晋南北朝史学与王朝禅代》,同上著所收。
周一良《魏晋南北朝史札记》,北京：中华书局,1985 年。
邹水杰《两汉县行政研究》,长沙：湖南人民出版社,2008 年。
祝总斌《两汉魏晋南北朝宰相制度研究》,北京：中国社会科学出版社,1990 年。
祝总斌《试论东晋后期高级士族之没落与桓玄代晋之性质》,收入氏著《材不材斋史学
　　丛稿》,北京：中华书局,2009 年。
祝总斌《晋恭帝之死与宋初政争》,同上著所收。
祝总斌《试论我国古代吏胥制度的发展阶段及其形成的原因》,同上著所收。

阿部幸信《漢代官僚機構の構造——中国古代帝国の政治的上部構造に関する試
　　論》,《九州大学東洋史論集》31,2003 年。
阿部幸信《漢初「郡国制」再考》,《日本秦漢史学会会報》9,2008 年。
阿部幸信《前漢時代における内外観の変遷—印制の視点から—》,《中国史学》18,
　　2008 年。
安部聪一郎《後漢時代關係史料の再檢討——先行研究の檢討を中心に》,《史料批判
　　研究》4,2000 年。
安部聪一郎《袁宏『後漢紀』・范曄『後漢書』史料の成立過程について：劉平・趙孝の
　　記事を中心に》,《史料批判研究》5,2000 年。
安部聪一郎《党錮の「名士」再考—貴族制成立過程の再検討のために—》,《史学雑
　　誌》111-10,2002 年。

安部聡一郎《清流・濁流と「名士」—貴族制成立過程の研究をめぐって—》,《中国史学》14,2004年。

安部聡一郎《『後漢書』郭太列伝の構成過程—人物批評家としての郭泰像の成立—》,《金沢大学文学部論叢》(史学・考古学・地理学篇)28,2008年。

安部聡一郎《隠逸・逸民的人士と魏晋期の国家》,《歴史学研究》846,2008年。

安田二郎《西晋武帝好色考》,收入氏著《六朝政治史の研究》,京都大学学術出版会,2003年。

安田二郎《八王の乱と東晋の外戚》,同上著所収。

安田二郎《東晋の母后臨朝と謝安政権》,同上著所収。

保科季子《天子の好逑—漢代の儒教的皇后論—》,《東洋史研究》61-2,2002年。

北村一仁《「山胡」世界の形成とその背景——後漢末～北朝期における黄河東西岸地域社会について》,《東洋史苑》77,2011年。

濱口重国《隋の天下一統と君権の強化》,收入氏著《秦漢隋唐史の研究》,东京大学出版会,1966年。

濱口重国《所謂、隋の郷官廃止に就いて》,同上著所収。

池田温《史学雑誌・回顧と展望・1958年・三国～唐》,史学会編《日本歴史学界の回顧と展望 『史学雑誌』第59～95編 第5号復刻》13《中国Ⅱ 三国～唐 1950～85》,东京:山川出版社,1987年。

重田徳《中国封建制研究の方向と方法—六朝封建制論の一検討》,《歴史科学》247,1971年。

川本芳昭《魏晋南北朝時代の民族問題》,东京:汲古书院,1998年。

川合安《六朝隋唐の「貴族政治」》,北海道大学史学会編《北大史学》39,1999年,中译文为徐冲译,北京大学历史系编《北大史学》14,2009年。

川勝義雄《六朝貴族制社会研究》,东京:岩波書店,1982年,本书所引为中译本,徐谷梵、李济沧译,上海古籍出版社,2008年。

川勝義雄《魏晋南北朝》,东京:讲谈社学术文库,2003年。

川勝義雄《六朝貴族社会と中国中世史》,收入氏著《中国人の歴史意識》,东京:平凡社ライブラリー,1993年。

川勝義雄《重田氏の六朝封建制論批判について》,同上著所収。

大庭脩《秦汉法制史研究》,东京:創文社,1982年,本书所引为中译本,林剑鸣等译,上海人民出版社,1991年。

大庭脩《魏晋南北朝告身雑考——木から紙へ》,收入氏著《唐告身と日本古代の位階制》,东京:皇学館出版部,2003年。
大櫛敦弘《国制史》,收入《殷周秦漢時代史の基本問題》,东京:汲古书院,2001年。
戴炎辉《唐律上除免当贖制之溯源》,收入泷川博士米寿纪念会编《律令制の諸問題》,东京:汲古书院,1984年。
丹羽兌子《皇甫謐と高士伝——一隠逸者の生涯》,《名古屋大学文学部研究論集》50,1970年。
島田虔次《後記》,收入川勝義雄《中国人の歴史意識》,东京:平凡社ライブラリー,1993年。
稲葉一郎《中国史学史の研究》,京都大学学術出版会,2006年。
稲住哲朗《北斉文宣帝高洋の即位と婁太后》,《東アジアと日本—交流と変容》4,2007年。
東晋次《後漢時代の政治と社会》,名古屋大学出版会,1995年。
東晋次《後漢時代の故吏と故民》,收入中国中世史研究会编《中国中世史研究続編》,京都大学学術出版会,1995年。
都築晶子《後漢後半期の処士に関する一考察》,《琉球大学法文学部紀要・史学地理学篇》26,1983年。
渡邉將智《後漢洛陽城における皇帝・諸官の政治空間》,《史学雑誌》119—12,2010年。
渡邉將智《政治空間よりみた後漢の外戚輔政——後漢皇帝支配体制の限界をめぐって》,《早稲田大学大学院文学研究科紀要》56,2010年。
渡辺信一郎《六朝史研究の課題—川勝義雄著『六朝貴族制社会の研究』をめぐって—》,《東洋史研究》43-1,1984年。
渡辺信一郎《中国古代国家の思想構造——専制国家とイデオロギー》,东京:校倉书房,1994年。
渡辺信一郎《天空の玉座——中国古代帝国の朝政と儀礼》,东京:柏书房,1996年。
渡辺信一郎《中国古代的王权与天下秩序——从日中比较史的视角出发》,东京:校倉书房,2003年,本书所引为中译本,徐冲译,北京:中华书局,2008年。
渡邉義浩《後漢国家の支配と儒教》,东京:雄山阁,1995年。
渡邉義浩《後漢における「儒教国家」の成立》,东京:汲古书院,2009年。
福井重雅《蔡邕と『独断』》,《史観》107,1982年。

福井重雅《漢代官吏登用制度の研究》,东京：創文社,1988年。

福井重雅编《訳注西京雑記・独断》,东京：东方书店,2000年。

福永善隆《前漢における内朝の形成——郎官・大夫の変遷を中心として》,《史学雑誌》120-8,2011年。

岡部毅史《晋南朝の免官について——「免所居官」の分析を中心に》,《東方学》101,2001年。

岡部毅史《魏晋南北朝期の官制における「階」と「資」—「品」との関係を中心に—》,《古代文化》54〜8,2002年。

岡部毅史《書評 閻步克著『品位と職位 秦漢魏晋南北朝官階制度研究』》,《東洋学報》88-1,2006年。

高村武幸《漢代の地方官吏と地域社会》,东京：汲古书院,2008年。

宮川尚志《禪譲による王朝革命の研究》,收入氏著《六朝史研究 政治・社会篇》,京都：平乐寺书店,1956年。

宮崎市定《九品官人法の研究—科挙前史—》,收入《宮崎市定全集6》,东京：岩波书店,1992年。

宮崎市定《中国史上の莊園》,收入《宮崎市定全集8 唐》,东京：岩波书店,1993年。

宮崎市定《宋代以後の土地所有形体》,收入《宮崎市定全集11 宋元》,东京：岩波书店,1992年。

谷川道雄《六朝貴族制社会の史的性格と律令体制への展開》,《社会経済史学》31-1〜5,1966年。

谷川道雄《西魏"六条诏书"中的士大夫伦理》,收入氏著《中国中世社会与共同体》,东京：国书刊行会,1976年,本书所引为中译本,马彪译,北京：中华书局,2002年。

谷川道雄《五胡十六国、北周的天王称号》,收入氏著《增補 隋唐帝国形成史论》,东京：筑摩书房,1998年,本书所引为中译本,李济沧译,上海古籍出版社,2004年。

谷川道雄《貴族制と封建制：川勝義雄氏の遺業に寄せて》,收入氏著《中国中世の探求—歴史と人間—》,东京：日本エディタースクール出版部,1987年。

谷川道雄《「共同体」論争について—中国史研究における思想状況》,同上著所收。

谷川道雄《日本における魏晋南北朝史研究の回顧》,《中国史学》2,1992年。

谷川道雄《総論》,收入谷川道雄编《戦後日本の中国史論争》,名古屋：河合文化教育研究所,1993年。

戸川貴行《劉宋孝武帝の礼制改革について—建康中心の天下観との関連からみた

—》,《九州大学東洋史論集》36,2008 年。

戸川貴行《東晋南朝における天下観について—王畿、神州の理解をめぐって》,《六朝学術学会報》10,2009 年。

津田資久《『魏略』の基礎的研究》,《史朋》31,1998 年。

津田資久《『魏志』の帝室衰亡叙述に見える陳寿の政治意識》,《東洋学報》84‐4,2003 年。

津田資久《曹魏至親諸王攷—『魏志』陳思王植伝の再検討を中心として》,《史朋》38,2005 年。

津田資久《〈三国志・曹植传〉再考》,收入《中国中古史研究：中国中古史青年学者联谊会会刊》1,北京：中华书局,2011 年。

津田資久《符瑞「張掖郡玄石図」の出現と司馬懿の政治的立場》,《九州大学東洋史論集》35,2007 年。

金子修一《則天武后の明堂について—その政治的性格の検討—》,收入唐代史研究会編《律令制——中国朝鮮の法と国家》,東京：汲古書院,1986 年。

井ノ口哲也《書評：渡邉義浩『後漢における「儒教國家」の成立』》,《史学雑誌》120‐9,2011 年。

菊池英夫《史学杂志・回顾と展望・1970 年・魏晋南北朝》,史学会編《日本歴史学界の回顧と展望　『史学雑誌』第 59～95 編　第 5 号復刻》13《中国Ⅱ　三国～唐 1950～85》,东京：山川出版社,1987 年。

礪波護《解説》,收入川勝義雄《中国人の歴史意識》,東京：平凡社ライブラリー,1993 年。

歴史学研究会編《国家権力の諸段階— 1950 年度歴史学研究会大会報告》,東京：岩波书店,1950 年。

鈴木啟造《後漢における就官の拒絶と棄官について——「徵召・辟召」を中心として》,收入中国古代史研究会編《中国古代史研究》2,東京：吉川弘文館,1965 年。

柳瀬喜代志《「虎渡河」「虎服罪」故事考—後漢の伝記をめぐって—》,《中国文学研究》8,1982 年。

馬場英雄《後漢書逸民伝について》,《国学院中国学会報》39,1993 年。

満田剛《王沈『魏書』研究》,《創価大学大学院紀要》20,1999 年。

満田剛《『三国志』魏書の典據について（卷一～卷十）》,《創価大学人文論集》14,2002 年。

満田剛《『太平寰宇記』所引王沈『魏書』について——附論:『太平寰宇記』所引『魏志』・『魏略』・魏収『魏書』》,《創価大学人文論集》22,2010年。

満田剛《『太平寰宇記』所引韋昭『呉書』について》,《創価大学人文論集》23,2011年。

米田健志《日本における漢代官僚制研究》,《中国史学》10,2000年。

内藤湖南《中国史学史》,马彪译,上海古籍出版社,2008年。

内田昌功《東晋十六国における皇帝と天王》,《史朋》41,2008年。

平勢隆郎《中国古代紀年の研究—天文と暦の検討から》,东京:汲古書院,1996年。

気賀沢保規《解説》,收入川勝義雄《魏晋南北朝》,东京:讲谈社学术文库,2003年。

前島佳孝《柱国と国公——西魏北周における官位制度改革の一齣》,《九州大学東洋史論集》34,2006年。

前島佳孝《西魏行台考》,《東洋学報》90-4,2009年。

前島佳孝《西魏・北周の四川支配の確立とその経営》,《中央大学人文科学研究所紀要》65,2009年。

前島佳孝《『周文王之碑』の試釈と基礎的考察》,載中央大学人文科学研究所編《档案の世界》,东京:中央大学出版部,2009年。

前島佳孝《西魏宇文泰政権の官制構造について》,《東洋史研究》69-4,2011年。

前田直典《東アジアに於ける古代の終末》,收入鈴木俊、西嶋定生編《中国史の時代区分》,东京大学出版会,1957年;及氏著《元朝史の研究》,东京大学出版会,1973年。

山田勝芳《中国古代の「家」と均分相続》,《東北アジア研究》2,1998年。

山下将司《西魏・恭帝元年「賜姓」政策の再検討》,《早稲田大学大学院文学研究科紀要》45-4,1999年。

神矢法子《漢魏晋南朝における「王法」について》,《史淵》114,1977年。

神矢法子《晋時代における王法と家礼》,《東洋学報》60-1・2,1978年。

神塚淑子《則天武后期の道教》,收入吉川忠夫編《唐代の宗教》,京都:朋友書店,2004年。

石井仁《南朝における随府府佐——梁の簡文帝集団を中心として》,《集刊東洋学》53,1985年。

石井仁《梁の元帝集団と荊州政権——「随府府佐」再論》,《集刊東洋学》56,1986年。

矢吹慶輝《大雲經と武周革命》,收入氏著《三階教の研究》,东京:岩波書店,1927年。

守屋美都雄《史學雜誌・回顧と展望・1962年・魏晋南北朝》,史学会編《日本歴史学

界の回顧と展望 『史学雑誌』第 59～95 編 第 5 号復刻》13《中国Ⅱ 三国～唐 1950～85》,东京：山川出版社,1987 年。

松浦千春《武周政権論——盧陵王李顕の召還問題を手がかりに》,《集刊東洋學》64,1990 年。

松浦千春《禅譲儀礼試論—漢魏禅譲儀式の再検討—》,《一関工業高等専門学校研究紀要》40,2005 年。

松浦千春《王莽禅譲考》,《一関工業高等専門学校研究紀要》42,2008 年。

松下憲一《北魏胡族体制論》,札幌：北海道大学大学院文学研究科,2007 年。

松下憲一《北魏崔浩國史事件——法制からの再検討》,《東洋史研究》69-2,2010 年。

窪添慶文《日本的魏晋南北朝官僚制研究》,收入氏著《魏晋南北朝官僚制研究》,东京：汲古書院,2003 年,中译文载北京大学历史系编《北大史学》11,2005 年。

窪添慶文《河陰の変小考》,同上著所收。

窪添慶文《墓誌の起源とその定型化》,收入伊藤敏雄編《魏晋南北朝史と石刻史料研究の新展開—魏晋南北朝史像の再構築に向けて—》,2006～2008 年度科研費補助金成果報告書,2009 年。

尾形勇《中国古代の「家」と国家——皇帝支配下の秩序構造》,东京：岩波書店,1979 年。

五井直弘《後漢時代の官吏登用制「辟召」について》,《歴史学研究》178,1954 年。

五井直弘《曹操政権の性格について》,《歴史学研究》195,1956 年。

西川利文《漢代における長吏の任用—尹湾漢墓簡牘を手掛かりとして—》,《古代文化》53-1,2001 年。

西嶋定生《中国古代帝国的形成与结构——二十等爵制研究》,东京大学出版会,1960 年,本书所引为中译本,武尚清译,北京：中华书局,2004 年。

西嶋定生《武帝之死》,收入氏著《中国古代国家と東アジア世界》,东京大学出版会,1983 年,本书所引为中译文,李开元译,收入《日本学者研究中国史论著选译·第三卷 上古秦汉》,北京：中华书局,1993 年。

西嶋定生《秦漢帝国》,东京：讲谈社学术文库,1997 年。

下倉渉《後漢末における侍中・黄門侍郎の制度改革をめぐって》,《集刊東洋学》72,1994 年。

下倉渉《散騎省の成立—曹魏・西晋における外戚について—》,《歴史》86,1996 年。

下倉渉《漢代の母と子》,《東北大学東洋史論集》8,2001 年。

下倉渉《「太后詔曰」攷》,《東北大学東洋史論集》9,2003年。
榎本あゆち《西魏末、北周の御正について》,《名古屋大学東洋史研究報告》25,2001年。
小嶋茂稔《范曄『後漢書』の史料的特質に関する考察——従来の諸説の検討を中心に》,《史料批判研究》1,1998年。
小嶋茂稔《漢代国家統治の構造と展開》,東京:汲古書院,2009年。
小林春樹《蔡邕『独断』小考——とくにその版本について——》,《史滴》5,1984年。
小尾孝夫《劉宋前期における政治構造と皇帝家の姻族・婚姻関係》,《歴史》100,2003年。
永田拓治《「先賢伝」「耆旧伝」の歴史的性格——漢晋時期の人物と地域の叙述と社会——》,《中国——社会と文化》21,2006年。
永田拓治《「状」と「先賢伝」「耆旧伝」の編纂——「郡国書」から「海内書」へ——》,《東洋学報》91-3,2009年。
宇都宮清吉《僮約研究》,収入氏著《漢代社会経済史研究》,東京:弘文堂,1955年。
越智重明《魏晋南朝の政治と社会》,東京:吉川弘文館,1963年。
越智重明《六朝の免官、削爵、除名》,収入氏著《中国古代の政治と社会》,福岡:中国書店,2000年。
越智重明《書評 川勝義雄著「六朝貴族制社会の研究」》,《史学雑誌》93-2,1984年。
紙屋正和《両漢時代における郡府・県廷の属吏組織と郡・県関係》,収入氏著《漢時代における郡県制の展開》,京都:朋友書店,2009年。
中村圭爾《六朝貴族制研究》,東京:風間書房,1986年。
中村圭爾《晋南朝における律令と身分制》,収入唐代史研究会編《律令制》,東京:汲古書院,1986年。
中村圭爾《六朝貴族制論》,収入谷川道雄編《戦後日本の中国史論争》,名古屋:河合文化教育研究所,1993年。
中村圭爾《南朝国家論》,収入《岩波講座 世界歴史》第9巻《中華の崩壊と再生》,東京:岩波書店,1999年。
中村圭爾《六朝贵族制与官僚制》,收入谷川道雄主编《魏晋南北朝隋唐史学的基本问题》,北京:中华书局,2010年。
中村圭爾《六朝における官僚制の叙述》,《東洋学報》91-2,2009年,本文所引为中译文,付辰辰译,载武汉大学中国三至九世纪研究所编《魏晋南北朝隋唐史资料》26,

2011年。

中国中世史研究会编《中国中世史研究——六朝隋唐の社会と文化》,东京:东海大学出版会,1970年。

仲山茂《漢代における長吏と属吏のあいだ—文書制度の観点から—》,《日本秦漢史学会会報》3,2002年。

増渕龍夫《後漢党錮事件の史評について》,收入氏著《中国古代の社会と国家(新版)》,东京:岩波书店,1996年。

佐川英治《孝武西遷と国姓賜与——六世紀華北の民族と政治》,《岡山大学文学部紀要》38,2002年。

佐川英治《東魏北齊革命と『魏書』の編纂》,《東洋史研究》64-1,2005年。

佐川英治、阿部幸信、安部聡一郎、戸川貴行《日本魏晋南北朝史研究的新动向》,收入《中国中古史研究:中国中古史青年学者联谊会会刊》第1卷,北京:中华书局,2011年。

佐立治人《北魏の官當制度—唐律の官當規定の淵源をたずねて—》,收入梅原郁編《前近代中国の刑罰》,京都大学人文科学研究所,1996年。

佐原康夫《漢代の官衙と属吏について》,收入氏著《漢代都市機構の研究》,东京:汲古書院,2002年。

佐藤達郎《漢代察挙制度の位置—特に考課との関連で—》,《史林》79-6,1996年。

佐藤達郎《功次による昇進制度の形成》,《東洋史研究》58-4,2000年。

佐藤達郎《胡広『漢官解詁』の編纂—その経緯と構想—》,《史林》86-4,2003年。

佐藤達郎《漢代の古官箴(論考編)》,《論集(大阪樟蔭女大)》42,2005年。

佐藤達郎《応劭『漢官儀』の編纂》,《関西学院史学》33,2006年。

佐藤達郎《漢六朝期の地方的教令について》,《東洋史研究》68-4,2010年。

佐藤賢《北魏前期の「内朝」「外朝」と胡漢問題》,《集刊東洋学》88,2002年。

佐藤賢《北魏内某官制度の考察》,《東洋学報》86-1,2004年。

佐藤賢《もうひとつの漢魏交替——北魏道武帝期における「魏」號制定問題をめぐって》,《東方学》113,2007年。

Aat Vervoorn(文青云)著、徐克谦译《岩穴之士:中国早期隐逸传统》,济南:山东画报出版社,2009年。

Denis Twitchett(杜希德),*The Writing of Official History Under the T'ang*,

Cambridge University Press,1992.

Erhard Friedberg(埃哈尔·弗埃德伯格)著,张月等译《权力与规则——组织行动的动力》,上海:格致出版社,2008年.

Miranda Brown, *The Politics of Mourning in Early China*, State University of New York Press,2007.

Michel Foucault(福柯)《疯癫与文明》,刘北成、杨远婴译,北京:三联书店,2004年。

Stephen Owen(宇文所安)《史中有史:从编辑〈剑桥中国文学史〉谈起》(上),《读书》2008年第5期。

附：作者与本书相关的已发表论著

1. 《漢唐間の君臣関係と「臣某」形式に関する一試論》（日文），大阪教育大学历史学研究室编《歴史研究》44，2007年。
2. 《"开国群雄传"小考》，《文史》2008年第2期，后修改收入《中国中古史研究：中国中古史青年学者联谊会会刊》第1卷，北京：中华书局，2011年。
3. 《北魏郑平城妻李晖仪墓志补释》，《纪念西安碑林九百二十周年华诞国际学术研讨会论文集》，北京：文物出版社，2008年。
4. 《川胜义雄〈六朝贵族制社会研究〉评介》，《中华文史论丛》2009年第1期。
5. 《从"外戚传"到"皇后传"——历史书写所见"汉魏革命"的一个侧面》，（台湾）《早期中国史研究》第1卷，2009年。
6. 《"禅让"与"起元"：魏晋南北朝的王朝更替与国史书写》，《历史研究》2010年第3期。
7. 《〈旧唐书〉"隋末群雄传"形成过程臆说》，武汉大学中国三至九世纪研究所编《魏晋南北朝隋唐史研究资料》第25辑，2010年。
8. 《两晋南朝"白衣领职"补论》，（台湾）《早期中国史研究》第2卷第1期，2010年。
9. 《东汉后期的"处士"与"故吏"再论——以〈隶释·繁阳令杨君碑〉所载"处士功曹"题名为线索》，《中国中古史研究：中国中古史青年学者联谊会会刊》第2卷，北京：中华书局，2011年。
10. 《"二十四贤"与"汉魏革命"》，《社会科学》2012年第6期。

索　　引

B

班固　80　126　127　128
鲍宣　175
鲍信　77
边韶　182
邴原　238
伯夷　174　175

C

蔡邕　273　276
蔡质　144
曹操　6　7　10　11　15　17　21　24　70　71
　　73　76　78　79　94　211　214　221　228
曹丕　6　13　142　144　152　211　212　214
　　216　217　218　219　221　222　223　224
　　228　229　230　231　236　248
陈蕃　179　195　201　202　203　218　220
陈胜　22　80　81　96
陈球　218　220
陈群　144　146
陈寿　7　70　71　73　74　98　126　150　236
　　237　239　247
陈余　80　81
崔浩　32
崔骃　178

崔猷　46

D

戴逵　252
戴颙　253　254
道武帝　30　31　33　93
邓渊　32
丁鸿　139
董卓　17　22　70　71　72　74　75　76　77　78
　　79　96
窦建德　98　101　102　104　105
窦太后　134
窦宪　138　139
《豆卢永恩神道碑》　49　50
杜伏威　105　110
杜密　218
杜乔　218
段颎　221
段灼　91

E

尔朱荣　94　158
尔朱兆　158

F

樊崇　84
樊英　180　181

繁阳 190 192 194 197

《繁阳令杨君碑》 186 187 188 189 190 191 192 194 196 197 203 205 207 209 210

范晔 85 86 87 97 126 129 130 131 132 172 180 185 205 244

房玄龄 126

房植 218

汾州 53

冯良 184

冯太后 157

傅亮 281

G

干宝 5 6

高欢 33 34 36 38 39 40 42 63 64 94 160

高洋 34 37 62

《高阳令杨著碑》 188 189 191 196 197

高祐 32

高允 32

更始帝 22

公孙度 72 77

公孙述 82 83 84 85 86 91

公孙渊 77 78

公孙瓒 70 72 76

龚舍 175

龚胜 175

《鞏伏龙造像记》 52 58

贡禹 175

谷熟县 225

关羽 77 78 89

管宁 233 237 239 247 251 253

郭泰 218 222

国渊 232 238

H

《海内先贤传》 231

寒贫者 234

韩陵 34

韩融 218 222

韩信 80 81

韩王信 80

汉景帝 134

汉文帝 134

汉武帝 134

汉献帝 11 13 15 17

汉章帝 135

何承天 20 26 94

何法盛 244

河阴 33 94

《纥干（田）弘神道碑》 50 51 58

洪适 187 189 190 191

胡奋 261

胡广 179 195 201 202 203 221

胡昭 233 237

扈累 234

华峤 86 131 149

华歆 216

桓温 26 92 280

桓玄 22 23 26 27 92 95 96 97 100 113 249

皇甫规 218 220 221

皇甫谧　240　248

黄琼　181

J

嵇康　240

《集圣贤群辅录》　211　212　213　215

贾谧　3　4　6　8　37　38

贾纬　108

贾诩　73

姜肱　179　218　222

姜维　78

江淹　28　171

焦先　234

晋安帝　22　24

晋武帝　278

晋阳　40

敬播　118

K

隗嚣　82　83　84　85　86

L

乐恢　138

郦炎　206

李百药　42　114　126

李彪　32　33

李宝　157　163

李承　157　163

李冲　157　161

李德林　35　36　37　38　39　40　41　114

李固　180　181　199　200　217　218

李晖仪　157　158　160　161　162　163　165　166　167

李广利　134

李密　98　101　102　104　107

李虔　163　164

李韶　164

李神俊　164　165

李咸　203

李渊　102　116　117　118

李延寔　161　162　164

李膺　218　220

《荔非广通合邑子五十人等造像碑》　54　58

凉茂　238

凉州三明　221

梁鸿　177　292

梁冀　140　200　218

梁商　199

梁师都　106

林士弘　110

令狐德棻　111　112　113　114　115　116　117　118　121　126

刘邦　15　81　88

刘备　17　73　74　75　76　77　78　79　94

刘表　72

刘禅　77

刘黑闼　106

刘基　78

刘盆子　82　83　84　85　86　91

刘秀　15　81　88　91

刘玄　82　83　84　85　86　91　96

刘焉　73

刘毅　26　95

刘义隆　281　282

刘繇　73　75　78

刘虞　76　77　78

刘裕　22　23　24　26　27　42　92　96　113
　　249　250

刘璋　73　78

刘知幾　70　71　72　73　79　80　85　86　98
　　99　116　117　125　127　129　130
　　230　231

柳虬　44

六镇　94

龙泉驿　61

卢辩　59

卢绾　80　81

卢循　26　92　95　97　100　113

鲁肃　89

陆机　7　8　9　14　37　38　279

洛阳　40

吕布　70　72　77

吕岐　227

M

马太后　135

毛曾　145

孟康　145

妙觉寺　54

《慕容宁神道碑》　49　58

N

牛凤及　111　112　117　118　119　120　121

O

欧阳修　187　188

P

沛国　190

《沛相杨统碑》　188　189　190　196　197

彭越　80

《普屯（辛）威神道碑》　50

Q

《七宝山灵光寺造像记》　39

前废帝　158　159　160　161　165　166

《强独乐建北周文王造像碑》　60　62

黥布　80

R

冉瑝　218　222

任旭　252

S

三祖　8　9　10　11　14　15　17　19　37　38

单雄信　105

申屠刚　144

申屠蟠　177　204　218　222

沈约　20　27　42　79　92　94　95　98　113
　　126　244

施延　218　222

士燮　73　75

士壹　78

司马彪　86　149

司马光　105

司马迁　79　125

司马谈　177

司马炎　3　6　10　19

《司马裔神道碑》　50　51　58

司马懿　3　5　6　7　10　14　21

《四八目》　211　212　213　214　215　231

四胡　29　34　36　37　39　63

四杨碑　188　189　190

肆州 39
苏绰 59
孙策 77
孙登 242
孙恩 92
孙坚 17 74 75 76 77 79 94
孙权 78
孙盛 5 6

T

《太傅燕文公于谨碑铭》 64
《太平御览·经史图书纲目》 104 241 243
《太尉杨震碑》 188 191 196 197
太史慈 73 75 78
太武帝 30
檀超 27 171 172 244
陶侃 258
陶谦 70 72 75 78
陶渊明 212 213
田畴 227 228 229 232 233 237 248
田儋 80
《田弘墓志》 51
《拓跋虎墓志》 51

W

王褒 241
王畅 218
王龚 199 200
王吉 175
王济 260
王俭 29 171 172
王郎 83 86

王莽 15 88 91
王铨 240
王沈 7 10 11 17 74 75 76 77 79 87 94 231 232 236
王世充 98 101 102 104 105 107
王信 134
王脩 238
王隐 5 6 8 150 240 241 242 243
《韦彪墓志》 56
《韦彪母柳敬怜墓志》 56
《韦彪妻柳遗兰墓志》 55 58
《韦隆墓志》 57 58
韦述 108 109 110 111 113 117 121
韦昭 74 75 76 79 87 94
魏豹 80 81
魏朗 218
魏明帝 145 215 217 219 231
魏收 34 35 36 37 40 41 79 116 126 157 161 162 163 165 166 167
魏延 78
魏征 126
魏子建 162 163 164 165
《为行军元帅郧国公韦孝宽檄陈文》 64
阌乡 187 188 197
闻人诠 102
《文帝令》 214
吴兢 111 112 117 120 121
吴芮 80
伍朝 261
武则天 120

X

西魏废帝 47 48 49 50

西魏恭帝 47 48 49 50
西魏文帝 47 48
夏侯惇 71
夏侯玄 145
向诩 218 222
项羽 80 81
萧道成 28 29
萧铣 105
萧子显 126 245
孝文帝 31 33 93 157
孝武帝 166
孝庄帝 158 159 160 161
谢承 86
谢灵运 172 244
谢晦 280 281
谢混 95
谢沈 86
新兴郡 39
徐幹 233
徐羡之 281
徐爰 20 21 22 23 26 27 29 34 41 95 96 97 98 99 100 113 116 172
徐穉 179 195 204 218 222
许冲 273
许敬宗 112 118
许善心 245
薛举 106 110
《薛氏造佛碑像》 53 58
薛莹《后汉记》 86
荀爽 204 218 222
荀彧 71 73 229 248

《荀岳墓志》 195

Y

严光 177
羊琇 260
杨秉 181 226
杨秋 77
杨王孙 174
阳休之 34 35 36 37 41 213
姚察 114
姚思廉 114 118 126
应劭 274
鱼豢 7 76 77 87 232 233 236
《宇文(郑)常神道碑》 50
《宇文(郑)常墓志铭》 50
宇文迥 63
宇文泰 45 47 59 61 62 63 64
《宇文显和墓志铭》 50
《宇文宪神道碑》 50 63
庾登之 280
庾亮 147 240
庾信 49 50 63
袁宏 280
袁涣 225 227 237
袁津 225
袁山松 86
袁尚 78
袁绍 17 22 70 71 72 74 77 79 96 221
袁术 70 72 77 78 221
袁豹 29 171 172 173 178 179

Z

臧洪 72

臧荣绪　5　6　245
翟汤　251
《张始孙造像记》　54　58
张耳　80　81
张范　232　237
张夯　218　221
张俭　218
张锛　237
张鲁　72
张汤　184
张绣　72　77　78
张玄　204
张燕　72
张杨　72
张莹　86
《长孙俭神道碑》　49
长孙无忌　112
《赵广墓志铭》　50
赵明诚　189　190　191
赵莹　103　107

《甄表状》　214　215　231
正平郡　53
郑伯猷　157　158　160　163　165
郑默　278
《郑伟墓志铭》　50　58
郑玄　216　218　222
钟繇　229
仲长统　140　141
周党　177
周景　182
周亚夫　134
周顗　258　259
诸葛亮　77　78
朱穆　218　220
朱寓　218　220
朱渊　225
卓茂　184
宗炳　254
笮融　73　75